해항도시 마카오와 상해의 문화교섭

이 저서는 2008년 정부(교육부)의 재원으로 한국연구재단의 지원을
받아 수행된 연구임(NRF-2008-361-B00001).

해항도시 마카오와 상해의 문화교섭

초판 1쇄 발행   2014년 4월 30일

지은이 ㅣ 최낙민
펴낸이 ㅣ 윤관백
펴낸곳 ㅣ 도서출판 선인

등록 ㅣ 제5-77호(1998.11.4)
주소 ㅣ 서울시 마포구 마포동 324-1 곳마루 B/D 1층
전화 ㅣ 02)718-6252/6257
팩스 ㅣ 02)718-6253
E-mail ㅣ sunin72@chol.com
Homepage ㅣ www.suninbook.com

정가   27,000원
ISBN   978-89-5933-722-4   93300

· 잘못된 책은 바꾸어 드립니다.

[해항도시문화교섭학연구총서 9]

해항도시 마카오와 상해의 문화교섭

최낙민 지음

발 간 사 _____

　한국해양대학교 국제해양문제연구소는 한국연구재단의 지원을 받아 2008년부터 2017년까지 인문한국지원사업인 '해항도시 문화교섭학' 연구를 수행하고 있다. 이 연구의 개요를 간략히 소개하면 다음과 같다. 먼저, 해항도시 문화교섭 연구는 바다로 향해 열린 해항도시 (seaport city)가 주된 연구대상이다. 해항도시는 해역(sea region)을 구성하는 요소로서 그 자체가 경계이면서 동시에 원심력과 구심력이 동시에 작동하는 공간으로, 배후지인 역내의 각지를 연결할 뿐만 아니라 먼 곳에 있는 역외인 해역의 거점과도 연결된 광범한 네트워크가 성립된 공간이다. 해항도시는 근대자본주의가 선도하는 지구화 훨씬 이전부터 사람, 상품, 사상 교류의 장으로서 기능해 온 유구한 역사성, 국가의 영역에 머무르지 않은 초국가적인 영역성과 개방성, 그리고 이문화의 혼교·충돌·재편이라는 혼효성의 경험과 누적을 사회적 성격으로 가진다.

　다음으로 해항도시 문화교섭 연구는 해항도시를 필드로 하여 방법론적 국가주의를 넘어 방법론적 해항도시를 지향한다. 연구필드인 해항도시를 점으로 본다면 해항도시와 해항도시를 연결시킨 바닷길은 선으로 구체화되며, 바닷길과 바닷길을 연결시킨 면은 해역이 된다. 여기서 해역은 명백히 구획된 바다를 칭하는 자연·지리적 용법과 달리 인간이 생활하는 공간, 사람·물자·정보가 이동·교류하는 장이

자 사람과 문화의 혼합이 왕성하여 경계가 불분명하여, 실선이 아니라 점선으로 표현되는 열린 네트워크를 말한다. 해역과 해역은 연쇄적으로 연결된다. 해항도시 문화교섭 연구는 국가와 민족이라는 분석단위를 넘어서, 해항도시와 해항도시가 구성하는 해역이라는 일정한 공간을 상정하고, 그 해항도시와 해역에서의 문화생성, 전파, 접촉, 변용에 주목하여 문화교섭 통째를 복안적이고 종합적인 견지에서 해명하고자 하는 시도다.

여기에 기대면, 국가 간의 관계 시점에서 도시 간 네트워크 시점으로의 전환, 지구화와 지방화를 동시에 반영하는 글로컬 분석단위의 도입과 해명, 중심과 주변의 이분법을 해체하고 정치적인 분할에 기초한 지리단위들에 대한 투과성과 다공성을 부여할 수 있다. 뿐만 아니라 해항도시 문화교섭 연구는 역사, 철학, 문학 등 인문학 간의 소통뿐 아니라 사회과학과 자연과학 등 모든 학문과의 소통을 전제한다는 점에서, 모든 학문의 성과를 다 받아들인다는 의미에서 '바다' 인문학을 지향한다.

이처럼 해항도시 문화교섭 연구는 '연구필드로서의 해항도시'와 '방법론으로서의 해항도시'로 대별되며, 이는 상호 분리되면서도 밀접하게 연관된다. 연구필드로서의 해항도시는 특정 시기와 공간에 존재하는 것이며, 방법론으로서의 해항도시는 국가와 국가들의 합인 국제의 틀이 아니라 해항도시와 해역의 틀로 문화교섭을 연구하는 시각을 말한다. 이런 이유로 해항도시 문화교섭학 연구총서는 크게 두 유형으로 출간될 것이다. 하나는 해항도시 문화 교섭 연구 방법론에 관련된 담론이며, 나머지 하나는 특정 해항도시에 대한 필드연구이다. 우리는 이 총서들이 상호 연관성을 가지면서 해항도시 문화교섭 연구의 완성도를 높여가길 기대한다. 그리하여 국제해양문제연구소가 해항도시 문화교섭 연구의 학문적 · 사회적 확산을 도모하고 세계적 담론의 생산 · 소통의 산실로 자리매김하는데 일조하리라 희망한다. 물론 연구총서 발간과 그 학문적 수준은 전적으로 이 프로젝트에 참여하는 연구자들의 역량에 달려있다. 연구 · 집필자들께 감사와 부탁의 말씀을 드리면서.

2014년 1월
국제해양문제연구소장 정문수

책머리에

이 책은 중국이 해금정책(海禁政策)을 실시한 이후부터 20세기 초까지 중국 연해 해항도시에서 펼쳐진 문화교섭의 모습을 마카오와 상해를 중심으로 살펴보고 있다. 15세기 초 정화(鄭和)가 대선단을 이끌고 인도양을 넘어 북아프리카 연해를 누비고 다닐 때만 해도 중국은 강력한 해상 세력이었다. 하지만 명(明)나라는 정화의 주검과 함께 대양을 항해하던 보선(寶船)을 불태우고 스스로 바다에서 물러났고, 이후 유럽의 선박들이 아시아의 바다에 모습을 드러내면서 조공과 책봉을 근간으로 하던 동아시아 바다의 질서는 혼란에 빠지게 되었다. 중국의 해상 후퇴와 유럽의 해상 진출은 세계사의 흐름을 바꾸어 놓은 중요한 계기가 되었을 뿐만 아니라, 중국 연해 해항도시의 변화를 야기하는 동인이 된 것이다.

16세기 동아시아의 바다에 출현한 포르투갈, 스페인, 네덜란드, 영국 등은 자유로운 무역 항구를 확보하기 위해 중국 측과 끊임없이 갈등을 빚었고, 마침내 명나라는 포르투갈 상인과 예수회 선교사들이 마카오에 체류할 수 있도록 허가하였다. 중국의 황제가 서양인에게 개방한 마카오는 새로운 해양세계의 시작과 함께 탄생한 해항도시인 것이다. 광주(廣州)의 외항이자 외국인의 거류지로 발전하기 시작한 마카오에는 유럽식의 성곽과 포대가 설치되고 교회와 상관들이 들어서면서 유럽의 도시문화가 이식되었다. 지금도 마카오는 도시 전체가 동서양의 문화교섭의 역사를 고스란히 담고 있다.

1840년 증기선과 함포를 앞세워 아편전쟁을 일으킨 영국은 중국을 위협하여 마침내 5곳의 항구를 개항하였고, 중국의 해항도시는 또 다른 변화의 시기로 접어들게 되었다. 광주를 떠난 영국인들은 상해(上海)에 대규모의 자본을 투여하여 항구와 조계지를 건설하고 내륙진출의 교두보로 삼았다. 지금도 황포강(黃浦江)변 외탄(外灘)에 남아있는 웅장하고 권위적인 유럽식 건축물들은 19세기 이후 서구 자본주의의 침탈을 중심으로 전개된 동서양의 교류 상황을 상징적으로 드러내고 있다. 세계 각국에서 모여든 이민자들은 중국인들과 함께 상해에 다양하고 혼종적인 해항도시문화를 건설하였다. 그 속에는 나라를 잃고 상해에 모여든 한국인들도 포함되어 있었다.

마카오와 상해는 서로 다른 시기 동중국해와 남중국해, 인도양을 넘어 대서양을 연결하는 네트워크의 결절점으로 기능한 해항도시였다. 각 해역의 해항도시와 연결된 네트워크를 통해 온갖 이문화가 교류하고, 혼종 되면서 마카오와 상해에는 새로운 문화가 만들어졌다. 해항도시 마카오와 상해는 중국의 종교와 지역문화를 표현하였을 뿐만 아니라, 외국인과 외국 문화의 존재로 인해 중국 사람들에게 낯선 해항도시의 문화를 건설한 것이다. 마카오와 상해라는 두 도시를 '해항도시'와 '문화교섭'이라는 개념을 얼개로 하여 한 권의 책으로 엮게 된 연유도 여기에 있다. 이 책에 수록된 10편의 문장에는 마카오와 상해라는 해항도시에서 펼쳐진 동서양의 문화교섭 활동이 담겨져 있다.

1부 '서론'에서는 명의 건국과 함께 시작된 해금정책으로 인해 빚어진 해항도시와 해항도시 사람들의 삶의 변화를 천주(泉州)를 중심으로 소개하였다. 명대는 중국고대 해상교통이 번성에서 쇠락으로 급변하는 시기였고, 해금(海禁)과 조공(朝貢)을 기초로 하는 명의 해외교통정책은 청(淸)나라 말기까지 이어졌다. 명과 청의 폐쇄적인 해양 정책은 세계사의 흐름을 변화시켰고, 불행한 근대사의 시작을 알리는 사건이었음을 상기하였다.

2부 '해항도시 마카오의 문화교섭'에서는 먼저 16세기 마카오의 개항을 둘러싸고 발생한 명나라 조정과 포르투갈의 갈등, 포르투갈과 네덜란드의 충돌을 소개하였다. 그리고 탕현조(湯顯祖)라는 문학가의 작품을 통해 16세기 후반 동서양의 접촉공간이었던 마카오의 낯선 모습을 소개하였다. 또한 17세기 초반 마카오에서 지천명의 나이로 예수회 신부가 된 오어산(吳漁山)의 시를 통해 마카오의 자연환경과 함께 서양의 종교, 마카오인의 삶의 모습을 조명해 보았다.

3부 '해항도시 상해의 문화교섭'에서는 아편전쟁 이후 상해 서가회(徐家匯)로 다시 찾아온 예수회신부들의 다양한 선교활동을 소개하고, 전근대와 근대의 차별성을 고찰하였다. 그리고 '동방의 파리, 상해'라는 이미지를 통해 프랑스조계의 모습과 중국인의 서양문화 수용태도를 소개하였다. '동양의 런던, 상해'라는 이미지를 통해 공공조계의 모습을 살펴보고 영국에 대한 중국인의 부정적인 인식을 확인했다. 이를 통해 근대적인 해항도시 상해에서 생활했던 중국인들의 타자인식, 서양인식을 드러내었다.

4부 '해항도시 상해의 한국인'에서는 일제강점기 식민지가 되어버린 조국을 떠나 상해에서 생활하게 된 한국인의 눈에 비친 해항도시 상해의 모습을 살펴보았다. 이와 함께 공공조계와 프랑스조계로 분할된 상해와 한국인 이주민의 관계를 고찰하였다. 또한, 김광주(金光洲)라는 작가의 눈을 통해 1930년대 상해 한인사회의 변화와 갈등을 살펴보고, 상해를 매개로 근대시기 동아시아지역에 건설된 해항도시의 본질에 대해 고민하는 것으로 본서의 '결론'을 대신했다.

인문한국사업 "해항도시 문화교섭학"연구단에서 새로운 공부를 시작한지 만 5년이 되었다. 중국고전문학을 전공한 필자에게 있어 바다와 해항도시, 문화교섭이라는 주제는 결코 익숙한 것이 아니었다. 본서에 수록된 10편의 문장은 필자가 중국고전문학이라는 연구범위를 벗어나 여러 가지 학문 경계를 넘나들며 '해항도시'와 '문화교섭'에 대해 학습하고 고민한 지난 시간들의 흔적들이다. 부족한 공부로 인하여 수정하고 보완해야 할 점이 여전히 많음을 잘 알고 있다. 돈오(頓悟)가 아닌 점수(漸修)의 길을 갈 수밖에 없음도 잘 알게 되었다. '해항도시'와 '문화교섭'이라는 화두를 안고 다시 새로운 결제를 하기 위해 지금 해제를 하려고 한다.

세상에 내놓기 부끄러운 연구이지만, 이런 수준의 책을 내면서도 많은 분들의 도움을 받았다. 그 모든 분들에게 지면을 빌어 감사를 드린다.

2014년 4월
최낙민

차례

제1부

서론:

명의 해금정책과 해항도시의 변화

서론: 명의 해금정책과 해항도시의 변화

1. 들어가는 말

 일반적으로 중국은 대륙국가, 농업국가로 인식되어지고 있다. 이는 중국의 마지막 두 봉건왕조 명(明)과 청(淸)이 해금정책(海禁政策)을 펼쳐 바다를 봉쇄했던 반면, 새로운 무역루트의 개발이 절실했던 유럽에서는 해상세력들이 목숨을 건 항해를 통해 신대륙을 발견하고 중국 근해에 진출하고, 급기야 20세기 초 중국의 일부 도시들에 조계지를 건설하면서 만들어진 근대적인 이미지일 것이다.

 전체 역사를 통해 볼 때 중국은 결코 대륙국가, 농업국가 만은 아니었다. 1982년 중국국무원(中國國務院)은 전국의 도시들을 대상으로 하여 "중국역사문화명성(中國歷史文化名城)" 24곳을 선정하였다. 이때, "중국과 해외(海外)를 연결하는 교통 중추" 광주(廣州)와 함께 "송원(宋元)시기 중국 최대 상업무역항"으로 선정된 천주(泉州)의 역사를 통해서도 해양국가 중국의 면모를 확인할 수 있다. 송원시기 '해상실크로드'의 중요 항구였던 천주에는 송대에 이미 세계 50여국[1]의 사람들과

---

[1] 남송(南宋)때 천주 시박제거(市舶制擧)를 역임했던 조여괄(趙汝适)이 보경원년(寶慶元年, 1225)에 편찬한『諸蕃志』상권「志國」에 기록된 국가는 모두 58개국이었다. 동으로는 지금의 일본·필리핀, 남으로는 인도네시아 각 군도(群島), 서로는 아프리카와 이탈리아 시실리섬, 북으로는 중앙아시아와 소아시아에까지 이르고 있다.

특산품, 불교·이슬람교·힌두교·경교·마니교 등 각종 종교가 유입
되었다. 그때 지어진 각종 종교건축물들이 오늘날에도 남아있어 천주
는 "세계의 종교박물관"이라 불리기도 한다. 해양을 통한 이문화간의
다양한 문화교섭이 남긴 풍부한 문화유산에 관심을 가진 유네스코는
2003년 중국정부와 함께 천주에 "세계 문화다양성 전시 센터(世界多元
文化展示中心)"를 건립하였다. 이를 통해서도 해양국가 중국의 일면을
살펴볼 수 있을 것이다.

송원 이래로 천주가 중국과 동양(東洋)·남양(南洋)·서양(西洋)을
잇는 바닷길이 폭주(輻輳)하는 해항네트워크의 결절점, 다양한 문화와
종교가 혼교하는 세계적인 항구가 될 수 있었던 것은 자연지리적인
조건 이외에도 해상무역이 가져다주는 경제적 이익에 대한 통치자의
명확한 인식이 있었기에 가능한 것이다. 북송(北宋) 원우(元祐) 2년
(1087) 중앙정부가 해상무역을 통한 안정적인 조세확보를 위해 외국
에서 찾아오는 수많은 상인과 선교사 등을 보호·관리하고, 해난사고
에 대처하기 위한 시스템－시박사(市舶司)－를 천주에 설치하면서부
터 국제적인 교역항으로서의 천주의 위상은 더욱 강화되었다.

1087년 천주에 시박사가 처음 설치된 이후부터 복건시박사(福建市
舶司)가 복주(福州)로 옮겨간 명 성화(成化) 8년(1472)까지 385년이라
는 긴 시간동안 천주는 중국과 한반도, 일본, 유구(琉球), 동남아의 여
러 나라, 페르시아를 연결하는 해상실크로드의 중심 도시였다. 하지
만, 원나라 말기의 전란을 거치고 명대에 들어 '해금정책'이 실시되면
서 천주의 위상은 약화하였고, 시박사가 복주로 옮겨가면서부터 국제
상업항으로서의 기능이 급속하게 줄어들었다.[2] 해상무역의 중심은

---

[2] 많은 연구자들은 천주가 200년 이상 세계 각국의 상인들이 모여들던 세계 최대
의 항구로서 번성할 수 있었던 원인과 급속하게 쇠락한 원인에 대해 많은 연구

대외에 개방된 유일한 해항도시 광주와 광주의 외항으로 발전한 마카
오로 옮겨갔다. 대외무역항으로서의 기능을 상실한 천주는 가정년간
(嘉靖年間, 1507~1566)에 들어서면서 왜구(倭寇)의 피해가 가장 심한
지역으로 손꼽히게 되었고, 생업의 방편을 잃은 많은 천주인들은 해
구(海寇)³⁾로 변해 또 다른 해상활동에 나서게 되었다. 본문에서는 명
대에 실시되었던 '해금정책'의 결과로 발생한 국가와 해항도시, 중앙
조정과 지방권문의 길항관계 속에서 '바다를 삶의 터전'으로 삼았던
천주인⁴⁾의 해상활동 변화를 살펴보고자 한다. 이를 위해 먼저, 해금

결과를 쏟아내고 있다. 2003년 중국항해학회(中國航海學會)와 천주시인민정부(泉
州市人民政府)가 편찬한『泉州港與海上絲綢之路』第1輯, 第2輯(中國社會科學院出版
社, 2003)에는 천주의 흥성과 관련한 풍부한 논의가 집중되어있다. 특히 서로 다
른 언어와 종교, 문화를 가진 여러 민족들이 모여 상품을 교역하고 공동의 부와
복합적인 지역문화를 이룩한 천주의 쇠퇴 원인과 관련해서는 원나라 말기 전쟁
으로 인한 '파괴설', '해금설', 국가 도읍의 북쪽 '이동설', 항구의 진흙 '침적설(沈
積說)', 서방 식민자의 '동래설(東來說)', 천주 자체의 '경제쇠퇴설' 등이 제기되었
다. 그러나 천주의 쇠퇴는 결코 위에서 제기된 하나의 원인에 의해서 진행된 것
이 아니라 여러 가지 원인들이 복합적으로 결합되어져 발생한 결과일 것이다.
3) 『표준국어대사전』에서는 해적(海賊)을 "배를 타고 다니면서, 다른 배나 해안 지
방을 습격하여 재물을 빼앗는 강도", 해구(海寇)를 "바다로부터 침입하여 들어오
는 도둑 떼"라고 정의하고 있다. 중국의『漢語大詞典』에서는 "해상 또는 연해지대
에 출몰하는 도적"을 해적, "해상 또는 연안에서 재물을 강탈하고 비합법적인 폭
력 활동을 하는 인간"을 해도(海盜)라 하고, 해도를 해구라 정의하고 있다. 하지
만 해구에 대한 명나라 사람들의 인식은 오늘날의 사전적 정의와는 차별성을 가
지고 있다. 한때 천남(泉南, 현 천주)에서 벼슬살이를 했던 임대춘(林大春)이『潮
陽縣志』「論海寇必誅狀」에서 언급한 해구를 정리하면 (1) 연해 성향(城鄕)의 사람
들은 모두 해구들이다. (2) 해상의 뱃사람들과 상인들은 모두 해구들이다. (3) 주
군(州郡) 감사(監司) 좌우의 서리(胥吏)들은 모두 해구들이다. (4) 연해의 빈민들
은 모두 해구들이다.(張增信,「明季東南海海寇與巢外風氣(1567~1644)」,『中國海洋
發展史論文集』第三輯(中央研究院, 民國91年版 재인용)이를 통해 명 말 사람들이
인식한 해구는 해금정책을 위반하고 해상활동을 하는 모든 사람들을 포괄하는
광범위한 의미로 사용되었음을 확인할 수 있다. 본문에서 사용하는 해구라는 용
어는 명대인의 인식에 근거한 것임을 밝힌다.
4) 명 홍무(洪武) 원년(1368) 로(路)에서 부(府)로 바뀐 천주는 "진강(晉江), 남안(南

이전 시박사가 활성화되어 있었던 천주의 모습을 살펴볼 것이다. 다음으로, 명대에 진행된 해금정책과 천주를 비롯한 민(閩)지역의 밀무역과 왜구의 피해를 살펴볼 것이다. 마지막으로, 가정년간 이후 중국 동남해안과 도서를 근거지로 삼고 중앙조정에 대항했던 임도건(林道乾), 이단(李旦), 정지룡(鄭芝龍)과 같은 해구를 통해 천주인의 해상활동과 함께 중국해에 나타난 서양 상인들의 모습을 살펴보고자 한다. 마르코 폴로가 "세계 최대의 항구"라고 극찬했던 천주가 '해금정책' 실시 이후 왜구가 준동하는 지방항구로 전락해버린 역사를 통해 우리는 해항도시가 성장하고 발전하기 위해 무엇이 필요한지 생각해 볼 수 있을 것이다.

2. 해금 이전 천주인의 해상활동

복건성(福建省) 동남부에 위치한 천주는 북쪽으로는 복주, 남쪽으로는 하문(廈門), 서쪽으로는 장주(漳州)와 인접하고 있고, 바다를 사이에 두고 대만(臺灣)과 마주한 중국 동남해의 중요한 해항도시이다. 산을 등지고 바다와 마주하고 있는 천주는 성의 전체모습이 잉어와 닮았다고 하여 이성(鯉城)이라 불렸고, 도시 전체에 올리브나무 자동수(刺桐樹)가 심겨져 있어 자동성(刺桐城)이라고도 불렸다. 중세 아랍의 여행가 이븐 바투타(Ibn Battutah)나 마르코 폴로도 천주를 '자이툰'이

安), 혜안(惠安), 안계(安溪), 동안(同安), 영춘(永春), 덕화(德化)" 등 7개의 현을 관할하였다. 본문에서는 위의 7개 현의 천주인을 중심으로 논술을 진행할 것이다. 하지만 천주를 전체 복건의 역사와 분리하여 생각할 수 없기 때문에 장주(漳州)를 비롯한 복건의 중요 도시와 함께 언급되는 경우가 발생할 수밖에 없었음을 밝힌다.

라 소개하고 있다.

　　우리가 바다를 건너 도착한 중국의 첫 도시는 자이툰시(泉州)였다. 이 도시
에는 올리브나무(zaitun)가 없다. 중국과 인도의 어느 곳에도 올리브는 없다.
그럼에도 그러한 이름을 취하였다. 항구는 세계 대항중의 하나, 아니 어찌 보
면 가장 큰 항구라고 할 수 있다. 나는 거기에서 약 1백 척의 대형 준크를 봤으
며, 소형 준크는 이루다 헤아릴 수가 없었다. 그곳 지형은 바다에서 육지로 쑥
파인 만이며, 게다가 큰 강이 합쳐진다.[5]

　　바투타의 소개처럼 진강(晉江)이 천주만(泉州灣)으로 흘러드는 하구
에 위치한 천주는 민해(閩海)의 요충지였고, 송원시기 중국과 세계를
연결하는 세계 최대의 항구였다.

　　하지만, 넓은 배후지와 풍부한 물산을 가진 광주(廣州)와 달리 천주
는 반달 모양의 높은 산맥들로 둘러싸이고 바다와 맞닿아[6] 땅이 좁고
물산이 부족하였다. 뽕나무는 광주리의 누에를 키우기에도 부족하였
고, 논밭은 땅을 갈고 김을 매기에 부족했다.[7] 때문에, 천주를 포함한
민남(閩南)지역은 항상 식량이 부족하여 다른 지역에서 도미(稻米)·
숙(菽)·맥(麥) 등 식량을 수입하지 않을 수 없었을 뿐만 아니라 사
(絲)·루(縷)·면(綿)·서(絮)등 의류도 수입에 의존하여야했다. 이들
식량과 의류는 바로 의식주가운데 가장 중요한 것이었으므로 민남은
그만큼 수입 의존도가 큰 사회라고 할 수 있다.[8]때문에, 천주인들이
배를 타고 나가 다른 지역과 교역을 진행한 것은 생존을 위한 자구책

---

5) 이븐 바투타, 정수일 역주, 『이븐 바투타 여행기』2(창작과비평사, 2001), 328쪽.
6) 明·萬曆『泉州府志』卷21:"泉負山跨海, 磽瘠之地."
7) 明·萬曆『泉州府志』卷20:"泉封疆甚狹, 物産磽瘠, 桑蠶不登于筐繭, 田畝不足于耕耘."
8) 원정식,「明末−淸 中期 閩南의 市場과 宗族」,『歷史學報』第155集, 87〜88쪽.

이기도 했다.

대외 교역항으로서 천주의 본격적인 발전은 지리적인 우세 외에, 정치적인 원인이 결부된 송대에 이루어졌다. 당(唐)의 개방적인 대외무역정책의 성공을 거울삼아 송은 건국 초부터 번국(蕃國)과의 호시(互市)를 중시하고 시박사제도를 확대 발전시켰고,[9] 북송 원우 2년(1087)에는 천주에도 시박사를 설치하였다. 해외무역을 촉진시키기 위해 송 조정은 시박사를 통해 '관리들을 직접 동남아 각국에 파견하여 조공관계를 강화'[10]하였고, 해외무역은 더욱 빠르게 발전하였다.

금(金)나라의 침입으로 인해 중국의 정치와 경제의 중심이 남쪽으로 이동하였고, 송 황족 2~300명이 천주로 이주해오면서 천주의 도시문화도 한층 성숙해졌다. 남송(南宋, 1127~1279)이 임안(臨安, 현 杭州)에 도읍을 정한 후, 천주는 경사(京師)의 외항으로 성장하게 되었다. 광주를 중심으로 활동하던 중요한 외국상인들이 천주로 옮겨와 항구와 가까운 성의 남쪽에 정착하게 되면서[11] 천주의 국제무역항으로서 지위는 더욱 높아졌다. 송 건염(建炎) 2년(1128)에서 소흥(紹興) 4년(1134)에 이르는 7년간 천주의 박세(舶稅) 수입은 이백만 민(緡)이었다. 그러나 소흥 32년에는 천주와 광주의 한 해 박세 수입이 이백만

---

9) 양박문(楊博文)은 『諸蕃志校釋』(中華書局, 1996) 머리말에서 『中華叢書·宋史研究集』 第7集, 『宋代市舶司的職權』(臺灣版)을 인용하여 송대 시박사의 담당업무를 다음과 같이 개괄하고 있다. ① 공사(貢使)의 접대와 번상(蕃商)의 초래(招來), ② 항구에 출입하는 번박(蕃舶)의 검사, ③ 박화(舶貨)의 추해(抽解)와 박매(博賣), ④ 박화의 판매·교역·관리, ⑤ 본조(本朝) 상인의 해외무역 관리, ⑥ 번항(蕃港, 외국인거류지)의 감독과 관리, ⑦ 왕래하는 상박(商舶)을 위한 기풍(祈風), ⑧ 조난해박(遭難海舶)의 구조 등.
10) 謝必震, 「論福建在古代中國海上交通的地位」, 『中國海洋文化研究』(海洋出版社, 2005), 99쪽 참고.
11) 桑原隲藏, 陳裕菁 譯訂, 『蒲壽庚考』(中華書局, 2009), 40쪽.

민에 달했다.[12] 그중 천주시박사의 수입이 백만 민에 달해 남송 조정
의 한해 재정수입의 20분의 1을 담당하였다. 송 태종(太宗)의 8세손인
조여괄(趙汝适, 1170~1242)이 복건제거시박사(福建提擧市舶使)를 역임
한 것은 송 조정이 천주의 해외무역을 얼마나 중시하였나를 확인할
수 있는 하나의 근거가 될 것이다. 조여괄은 복건제거시박사로 근무
하는 동안 천주를 중심으로 한 해외교통과 각국의 물화(物貨)를 정리
하여『諸蕃志』를 완성하였다.[13]『諸蕃志』에 따르면, 당시 천주를 기점
으로 한 해로가 6개나 되었고 58개의 국가와 무역왕래를 하고 있었다.
이를 통해 당시 천주인의 해상활동이 얼마나 활발했는지 확인할 수
있다.

　1250년경 해적 토벌에 큰 공을 세워 송나라 관리로 등용되고, 천주
제거시박까지 지낸 아랍인 포수경(蒲壽庚) 집안 역시 그의 부친 포개
종(蒲開宗) 때 광주에서 천주로 이주해왔다. 이후 천주는 페르시아와
아라비아를 잇는 해상무역의 중심지가 되었다. 남송 이후 원대를 거
치면서 천주는 광주를 제치고 중국 최대의 해외무역항으로 발전한 것
이다.

　원대 천주항에는 몽고인 외에도 아랍인, 페르시아인, 시리아인, 예
멘인, 아르메니아인, 캄파, 고아 등 각 지역의 사람들이 잡거하였고
외국인의 수나 국적 혹은 신분을 막론하고 송대보다 더욱 다양하였
다. 원대의 해상교통지리지인 왕대연(汪大淵)의『島夷志略』에는 200여

---

12)　李心傳,『建炎以來朝野雜記』: "紹興三十二年, 泉廣兩市舶司舶稅浄收入增至二百万緡."
13)　趙汝适,『諸蕃地趙汝适序』: "한가한 날에는 많은 번도(蕃圖)를 열람할 수 있었다.
　　그러나 이른바 석상(石牀), 장사(長沙)의 험준함과 교양(交洋), 축서(竺嶼)의 경계
　　는 그 뜻을 물었지만 그것을 아는 이가 없었다. 이에 고호(賈胡)에게 물어서 그
　　국명을 나열토록 하였고, 그 풍토를 말하게 하였다. 도로와 마을의 연결, 산택(山
　　澤)의 축산(畜産)까지도 모두 기록하게 하였다."

곳이 넘는 지역이 언급되어 있다. 상인 외에도 선교사, 신도, 여행가, 선원, 기사, 부녀자와 아이들도 있었다. 또한 왕자, 귀족과 사절도 있었다."14) 지정(至正) 2년(1342) 로마교황 베니딕토 12세의 명령으로 원나라 조정에 출사했던 선교사 마리뇰리(John de Marignolli)의 여행기에는 당시 천주에는 세 곳의 화려한 성당이 필요할 만큼 많은 천주교도들이 거주하고 있었다는 기록이 남아있다.15) 때문에 당시 천주는 "칠민(七閩)의 도회로 외국과 먼 지방에서 온 화물들과 이채로운 보물과 진기한 노리개의 집산지였다. 이국과 다른 지방의 부상거고(富商巨賈)의 거처로 천하제일이라 불렸다."16)

3. 명의 해금정책과 천주의 쇠퇴

명대는 중국고대 해상교통이 번성에서 쇠락으로 급변하는 시기였다. 이러한 변화는 '해금(海禁)'과 '조공(朝貢)'을 기초로 하는 명조정의 해외교통정책 속에 충분히 반영되어있다.17) 왜 명조가 이와 같은 대외정책을 선택하고 지속시킬 수밖에 없었는가에 대해서는 정론이 없다.

---

14) 莊景輝, 『海外交通史迹研究』(夏門大學出版社, 1996), 104쪽.

15) "자동성은 대상항으로 면적이 매우 넓고 인구도 많았다. 우리들은 이곳에 화려한 성당 세 곳을 가지고 있었다. 또한 목욕탕 한 곳을 가지고 있었으며, 잔방(棧房)도 한 곳이 있어 상인들이 왕래하면서 가져왔던 물건을 저장하였다." 張星烺 編注, 朱杰勤 校訂, 『中西交通史料匯編』 第1册(中華書局, 2003), 239, 254, 337쪽 ; 이경규, 「宋·元 泉州 해외무역의 번영과 市舶司 설치」, 『大邱史學』 第81集, 111쪽 재인용.

16) 吳澄, 『吳文正公集』 卷16: "泉七閩之都會也. 番貨遠物, 異寶珍玩之所淵藪, 殊方別域, 富商巨賈之所窟宅, 號爲天下最."

17) 陳高華·陳尚勝, 『中國海外交通史』(文津出版社, 1997), 167쪽.

하지만, 명의 해외무역은 해금정책이 부분적으로 해제된 융경원년(隆
慶元年, 1567)을 경계로 전기(1368~1566)와 후기(1567~1644)로 나눌
수 있다.[18] 전기는 시박사를 중심으로 한 조공무역, 공박무역(貢舶貿
易)이 주류를 이루었고, 후기는 민간의 해상을 중심으로 한 상박무역
(商舶貿易), 밀무역 위주로 진행되었다.[19] 명의 해외교통정책의 변화
에 따라 천주인의 해상활동 역시 확연히 다른 모습을 보여주고 있다.

1) 명의 해금정책

이민족의 지배를 물리치고 새롭게 한족(漢族)의 나라를 세운 명 태
조(太祖) 주원장(朱元璋)은 이학(理學)을 통치이념으로 삼아 원이 남긴
몽고풍의 문화를 청산하고자 하였다. 주자학을 국시로 삼은 태조는
토지의 적절한 분배를 통해 권력을 강화하고, 토지에서 걷어 들인 세
금으로 새로운 제국을 유지하고자 했다. 때문에, 그는 '숭본억말(崇本
抑末)'과 '중농경상(重農輕商)'을 강조하여 상업발전을 억제하였을 뿐
만 아니라, 대량의 재화를 유통시키는 해상무역을 봉쇄하는 해금정책
을 펼쳤다.[20]

건국 초, 짧은 기간 원의 개방정책을 쫓아 대외무역활동을 적극적
으로 장려하고자 했던 주원장은 홍무(洪武) 3년(1370) 복건의 천주와
광동의 광주, 절강(浙江)의 영파(寧波)에 시박사를 설치하였다. 영파는
일본과 천주는 유구(琉球)와 광주는 점성(占城)·섬라(暹羅)·서양제국

---

18) 위의 책, 219~220쪽.
19) 『續文獻通考』 卷26 「市糴」: "貢舶爲王法所許, 司于市舶, 貿易之公也. 海商爲王法所
不許, 不司于市舶, 貿易之私也."
20) 『明太祖實錄』 卷12: "以農爲本, 故常厚之. 以商爲末, 故常抑之."

(西洋諸國)과 통하도록 하였다.21) 이때, 천주 출신 해상 주도군(朱道君)은 태조를 알현하고 해외시장을 개척하고자 하는 뜻을 적극적으로 밝히기도 하였다.22) 그러나 당시 강소(江蘇)와 절강연안, 도서지역에는 염호(鹽戶) 출신 장사성(張士誠)과 해적 출신 방국진(方國珍)의 잔당들이 아직 남아있었고, 왜구가 준동하고 있었다. 주원장은 이 두 세력이 일으키는 소란을 막기 위해 해안지역 백성들이 사사로이 바다에 나가는 것을 법으로 금하고,23) 바닷가 백성들이 해외의 여러 나라와 사통하는 것을 금지하는 해금정책을 실시하게 되었다.24)

또한 병마와 병기, 금은, 동전, 비단 등이 해외로 유출되는 것을 방지하였을 뿐만 아니라,25) 민간에서는 외국에서 수입된 향료와 상품들을 사용하지 못하게 금지하였다.26) 영락제(永樂帝, 1403~1424) 역시 선친의 유지를 좇아 백성들이 사사로이 바다로 나가 무역에 종사하는 것에 반대하는 해금정책을 펼쳤다.27) 뿐만 아니라,복건지역 등 해안가 백성들이 원양항해를 할 수 없도록 모든 배를 평두선(平頭船)으로 바꾸도록 명령을 내렸다.28)

---

21) 『明史·食貨志』卷81: "復設於寧波泉州廣州. 寧波通日本, 泉州通琉球, 廣州通占城暹羅西洋諸國."

22) 王彝, 『王常宗集』 補遺: "朱君道山, 泉州人也, 以寶貨往來海上, 務有信義, 故凡海內外之爲商者, 皆推焉, 以爲師. 時兩浙既臣附, 道山首率群商入貢于朝."

23) 『明太祖實錄』 卷70 洪武4年(1371): "仍禁瀕海民不得私出海."

24) 『明太祖實錄』 卷139 洪武14年(1381): "禁瀕海民私通海外諸國."

25) 『大明律』 卷15 「兵律·關律」: "凡將馬牛軍需鐵貨銅錢緞匹紬絹絲綿私出外境貨賣, 及下海者兵, 杖一百."

26) 『明太祖實錄』 卷81 洪武27年(1394): "禁民間用蕃香蕃貨."

27) 『明太宗實錄』 卷10上 永樂元年(1404): "沿海軍民人等, 近年以來, 往往私自下蕃, 交通外國. 今後不許. 所司以遵洪武事到禁治."

28) 『明太宗實錄』 卷15 永樂2年(1405): "福建瀕海居民, 私載海船, 交通外國." 下詔 "禁民間海船原有民間海船悉改爲平頭船, 所在有司防其出入."

제국의 기초를 다진 두 황제는 자국민의 출해(出海)와 무역을 금지하였을 뿐만 아니라, 조공제도를 강화하여 감합(勘合)과 표문(表文)을 소지하지 않은 외국인의 무역을 불허하는 정책을 펼쳤다. 영락제가 절강과 복건, 광동의 시박사를 부활시킨 주요한 목적 역시 전대와 달랐다.[29]

> 해외 여러 나라가 입공(入貢)할 때 방물(方物)을 싣고 와 중국과 무역을 하는 것을 허락했다. 그래서 시박사를 설치하고 제거관(提擧官)을 두어 이를 관리하게 하였는데, 각국의 사정을 파악하고 간사한 상인을 억누르며, 법으로 금하는 것이 유효한 바가 있게 하여서 분쟁의 소지를 없애려는 것이었다.[30]

외국상인들을 초래하여 무역을 진작시키고, 자국 상인의 해외무역을 관리하던 송원대의 시박사와 달리 사인(使人)의 표문과 감합의 진위를 변별하여 외국과의 통행을 금지하고, 사화(私貨)를 정벌하여 교역을 공평하게 하기 위해,[31] 즉 무역을 감시하고 감독하기 위해 시박사를 설치한 것이었다.

영락제가 정화(鄭和)로 하여 7차례나 서양으로 항해하게 한 것도 조공체제를 공고히 하고자 한 목적이었을 뿐 해상무역을 강화하고자 한 것은 아니었다. 영락 초에 서양 랄니국(剌泥國)의 이슬람인 하지[哈只]마합몰기(馬哈沒奇)가 와서 입조하고, 싣고 온 후추를 백성들과 교역하자 유사(有司)가 그에 대해 세금을 징수할 것을 청하는 사건이 있었

---

29) 『明太宗實錄』, 卷10上: "以海外蕃國朝貢, 貢使附帶貨物前來交易者, 須有官以主之, 遂命吏部依洪武初制, 於浙江福建廣東設立市舶提擧司, 隸布政司."
30) 『明史·食貨志』, 卷81: "海外諸國入貢, 許附載方物與中國貿易. 因設市舶司, 置提擧官以領之, 所以通夷情, 抑姦商, 俾法禁有所施, 因以消釁隙也."
31) 『明史』, 卷75「職官志·市舶提擧司」: "掌海外諸蕃租貢市易之事, 辨其使人表文勘合之眞僞, 禁通番, 征私貨, 平交易."

다. 이에 대한 영락제의 대답을 통해 조공을 강화하고자 하는 통치자
의 견해를 읽을 수 있다.

> 상세(商稅)라는 것은 국가가 말업(末業)을 좇는 백성을 억제하려는 것인데
> 어찌 그것으로 이익을 삼을 수 있겠는가! 지금 이인(夷人)이 의(義)를 흠모하여
> 멀리서 왔는데, 그들의 이익을 빼앗아 얻는 것이 얼마나 되겠는가? 도리어 대
> 체(大體)를 어그러뜨리는 것이 많다.[32]

해외무역에서 발생하는 상세의 징수를 통해 군비를 충당하고, 황제
의 곳간을 채우려고 했던 전대의 황제들과 달리, '중농경상'정책을 채
택한 영락제는 각종 상행위에서 얻어지는 상세는 결코 국가 경영에
큰 도움이 되지 않는다고 생각하였을 뿐만 아니라, 오히려 대국의 체
면과 의를 훼손하는 일이라 여겼다. 명의 건국과 함께 실시된 바닷길
을 막는 해금정책과 시박사를 통한 공박무역(貢舶貿易)은 황제에 따라
부분적으로 완화되고 해제되기도 하였다. 하지만 해금정책과 공박무
역은 명대와 청대 전체를 관통하는 대외무역정책의 근간이었다.

명의 건국과 함께 시행된 해금정책은 연해지역의 백성들에게는 삶
의 터전을 빼앗는 것이었다. 빈민들은 목숨을 부지하기 위해, 부호들
은 해상교역을 통한 많은 이익을 포기할 수 없었기에 동남연해지역에
서는 밀무역이 번져나가게 되었다. 정덕년간(正德年間, 1505~1521)에

---

32) 『明史·食貨志』卷81: "永樂初, 西洋刺泥國回回哈只馬哈沒奇等來朝, 附載胡椒與民互
市. 有司請徵其稅. 帝曰: 商稅者, 國家抑逐末之民, 豈以爲利. 今夷人慕義遠來, 乃侵
其利, 所得幾何, 而虧辱大體多矣." 랄니국은 당시 인도의 캘리컷(calicut, 古里)에서
동쪽으로 700리 떨어진 곳에 있었다고 하나 지금 해당하는 지역은 불분명하다.
하지[哈只]는 아랍어로서 뜻은 '교장(敎長)'으로서 인명 앞에 흔히 쓰며 신분을 표
시한다. 마합몰기(馬哈沒奇)는 인명이다. 김성한 외, 『명사식화지 역주』(소명출
판, 2008), 383~384쪽 참고.

들어서면서 부분적인 제도를 수정하여 조공사절 이외의 민간선의 입항을 용인하고, 그들로부터 관세를 징수하여 지방의 재정난을 해결하고자 하였다. 그러나 해금정책의 완화는 연해 민간무역의 발전을 자극하였고, 이와 함께 많은 사회문제를 유발하였다. 여기다 정덕 12년(1517) 통상을 요구하며 광주일대에 상륙한 불랑기(佛郞機)의 출현은 중국인의 분노를 일으켰다. 또한 가정(嘉靖) 2년(1523) 영파에서 발생한 일본인 간의 '쟁공(爭貢)'사건은 다시 지배층의 위기감을 자극하였다. 그 결과 명 조정에서는 해금을 강화해야 한다는 주장이 다시 득세하였고 해금은 더욱 강화되었다.[33]

해금정책을 더욱 엄격하게 실시한 정덕 말년에서부터 해금정책이 조금 느슨해지기 시작한 가정 35년(1556)에 이르는 기간에는 조공국이 줄어들었다. 16세기 말에는 동남아지역의 여러 국가들이 포르투갈과 네덜란드 등 서방의 식민지가 되면서 조공을 바치는 국가들이 더욱 줄어들었다.[34] 엄격한 해금정책과 조공국의 감소는 외국에서 수입해야했던 상품과 향의 부족, 지방재정수입의 감소와 함께 해상 밀무역의 범람을 가져왔다. 특히, 시박사가 설치되지 않은 복건 장주(漳州)의 월항(月港)이나 절강 정해(定海)의 쌍서항(雙嶼港)에는 밀무역 거점들이 형성되었다.[35] 융경년간(隆慶年間, 1566~1572) 피폐해진 국고를 보충하기 위해 부분적인 개해정책(開海政策)을 실시했다고는 하나 조치가 완전하지 않았고, 관방의 제약이 많아 밀무역은 더욱 성행하였다. '해금'과 '조공'을 명대 해외교통의 중요한 특징이라고 한다면, 새롭게 등장한 서양세력과 결탁한 밀무역의 성행과 동남 연해민의 해구

33) 陳高華·陳尙勝, 『中國海外交通史』(文津出版社, 1997), 207~208쪽.
34) 위의 책, 217쪽.
35) 위의 책, 210~211쪽.

화(海寇化) 역시 또 다른 특징이라 할 것이다.

2) 밀무역과 해구의 발흥

성화(成化)와 홍치년간(弘治年間, 1465~1505) 관방을 중심으로 한 조공무역이 쇠퇴하고, 사인을 중심으로 한 해상활동이 활성화되기 시작하였다. 동남아시아와의 대외무역은 확대되고 많은 이익이 발생하게 되었다. 해상무역의 특징상, 이 밀무역을 주도하는 세력은 대양을 항해할 수 있는 큰 배와 많은 자본을 동원할 수 있는 지방호족과 대상들이 될 수밖에 없었다.

> 성화 및 홍치년간에는 권세가와 부유한 집안의 사람들이 거함을 타고 바다로 나가 무역에 종사했다. 부도덕한 백성들은 은밀히 관행을 오염시켰고, 관료들은 이권을 드러내놓고 받을 수는 없었다. 부도덕한 자들이 머지않아 엄청난 이익을 올리게 되면서, 관료들을 회유하여 (관세징수를) 혼란에 빠뜨렸다. 가정년간에는 그 폐해가 극에 달했다.[36]

해상무역을 통해 이미 막대한 이익을 얻고 있었던 지방호족과 대상인 집안은 가정년간 이후 해금정책이 더욱 강화되었음에도 불구하고 중앙정부의 명령을 무시한 채 밀무역을 지속하였다. 민광(閩廣)지역의 호족과 대상인들은 밀무역을 통한 이익을 확보하기 위해 지방 관리들을 매수하고, 그 지역출신 중앙관료들과 결탁하는 사례가 빈번하게 발생하였다. 그들은 중앙정부의 해금정책을 이용하여 해외무역에

---

36) 張燮, 『東西洋考』: "成弘之際, 豪門巨室間有乘巨艦貿易海外者. 奸人陰開其利竇, 而官人不得顯收其利權. 初亦漸亨奇贏, 久乃勾引爲難, 至嘉靖而弊極矣."

서 발생하는 이익을 독차지하려고 한 것이다.

지방관과 병립할 수 있었던 신사(紳士)나 향신(鄕紳)과 같은 지방사회의 유력자들 중에도 겉으로는 중앙정부의 해금정책을 지지하지만, 암암리에 밀무역에 가담하는 자들이 있었다. 천주부의 진사 출신 임희원(林希元)은 유학자로서도 명망이 높은 지역사회의 지도자였다. 하지만, 왜구진압에 큰 공을 세운 주환(朱紈)이 올린 탄핵문을 보면 그가 왜구와 결탁하고, 관청을 능가하는 권력을 행사했음을 알 수 있다.

> 대문에는 임부(林府) 두 글자를 써 붙이고 제멋대로 민들의 소장을 접수해서 마음대로 고문하고 심문하고, 혹은 제멋대로 고시(告示)를 내어 관을 업신여긴다. 오로지 금지된 대선(大船)을 만들어 나룻배란 구실 아래 도적들의 금제물품을 운반하고 있다.…… 장주와 천주 지역은 본디 도적들의 소굴로 향신들의 나룻배가 바로 도적들의 날개이다.[37)]

가정 26년에는 왜구선 100척이 영파와 태주(台州)에 오랫동안 정박하고, 수 천 명의 왜구가 해안에 상륙하여 가옥을 불태우고 약탈을 자행한 사건이 발생했다. 절강순무(浙江巡撫) 주환이 현지를 조사하여 알아보니, 큰 선박을 건조하고 많은 고용인을 부려 해상무역을 독점한 선주는 모두가 고관대성(高官大姓)이었다. 그들은 모두 헐값을 주고 외국 상품을 구입하여 이를 전매(轉買)하여 이익을 꾀하였다. 그들은 제때에 물건 값을 주지도 않아 이 때문에 분란이 생긴 것이었다. 이에, 주환은 해금을 엄하게 하고 돛대 두 개 이상의 대형 해선을 부수고는 훈계의 유시를 내려 대성(大姓)을 타일러야 한다는 주청을 올

---

37) 朱紈, 『甓余雜集』 卷2 ; 가시모토 미오·미야지마 히로시, 김현영 외 역 『조선과 중국 근세 오백년을 가다』(역사비평사, 2004), 147~148쪽 재인용.

렸다. 하지만 호부에서는 그의 주청을 받아들이지 않았다.[38]

주환은 이미 밀무역의 거점이 되어버린 절강 쌍서항을 공격하여 해구와 포르투갈상인들을 몰아내고, 복건 오서항(浯嶼港, 현 金門島)의 밀무역세력도 척결하였다. 가정 28년에는 황제의 명을 받들어 일본, 포르투갈과 사통하여 해금을 농단한 해상 이광두(李光頭) 등 96인을 연무장에서 처형하였다. 이에 두려움을 느낀 밀무역 세력들은 중앙에서 활동하는 복건과 절강출신 관료와 결탁하여 주환이 마음대로 죄인들을 주살한다고 무고하였다. 모함을 받은 주환은 황제에게 소를 올려 "외국의 도적을 제거하는 것은 쉬우나 중국의 도적을 제거하는 것이 어렵습니다. 중국 해안의 도적을 제거하는 것은 쉬운 것 같으나 중국의 의관(衣冠)을 없애는 일은 어려운 것 같습니다…… 비록 천자께서 저를 죽이지 않으시려고 하나, 민절(閩浙)의 백성들이 반드시 저를 죽일 것입니다"[39]라고 의분을 토로하였다. 황제의 명령을 받아 왜구와 포르투갈상인, 무장한 해구를 물리친 충신 주환은 이들의 배후가 지방호족-의관 세력임을 잘 알고 있었고, 의식(衣食)을 바다에서 구할 수밖에 없었던 연해 주민들의 불만도 충분히 알고 있었기 때문에 자살을 선택할 수밖에 없었다.

가정년간부터 심각해진 왜구의 발흥과 해상집단의 해구화는 은의 수요와도 밀접한 관련을 가진다. 요역(徭役)의 은납화가 진행되자 중국의 은 생산량(1450~1590년, 년 간 60~80만 냥)이 그 절반 정도로 줄었고, 정부운영에 필요한 은 공급에 차질이 생겼다. 상인들은 중국

---

38) 『明史·食貨志』 卷81: "(嘉靖)二十六年, 倭寇百艘久泊寧台, 數千人登岸焚劫, 浙江巡撫朱紈訪知舶主皆貴官大姓, 市番貨皆以虛直, 轉鬻牟利, 而直不時給, 以是構亂. 乃嚴海禁, 毀餘皇, 奏請鐫諭戒大姓, 不報."

39) 『明史·列傳』 卷93: "去外國盜易, 去中國盜難. 去中國瀕海之盜猶易, 去中國瀕海之盜猶難……縱天子不欲死我, 閩浙人必殺我."

의 상품을 내다팔아 일본의 은을 국내시장으로 들여왔다.[40] 뿐만 아
니라 신대륙의 은이 포르투갈 상인들에 의해 대량으로 중국에 유입되
면서 중국 동남연해지역의 밀무역은 더욱 성행하였고, 이 과정에 무
력한 해상집단들이 등장하였다. 그러나 군국(軍國)의 대계(大計)를 알
지 못하는 대부분의 서생들은 외국상인과의 통상을 금절시켜 왜구의
환을 막자고 주장하였다.[41] 급사중(給事中) 하언(夏言)은 왜환(倭患)이
시박(市舶)에서 일어난다고 여기고 시박사 폐지를 주장하였다. 하지
만, 시박이 폐지되었으나 일본 해상상인의 왕래는 변함이 없었고 법
금(法禁)은 펼쳐지지 않았다.[42] 평소 경국대업에 관심을 가지고 전국
을 돌며 각 지역의 현안을 관찰했던 당추(唐樞)는 왜구의 발생과 해금
정책과의 관계를 다음과 같이 명확하게 정리하였다.

> 본조에서는 조공무역만 허용하고 사무역을 금지하는 법을 세웠다. 대저 조
> 공은 반드시 공물과 호시를 겸행해야 하지, 그것을 단절시켜서는 안 된다. 가
> 정 6,7년 이후 명령을 받들어 엄격하게 해금을 시행하니 상업의 길이 통하지
> 않게 되고, 상인들은 이익을 잃게 되어 해구로 전락하게 되었다. 가정 20년 이
> 후에는 해금이 더욱 엄격해져 왜구가 더욱 극성했고 허동(許棟)이나 이광두 무
> 리들의 명성과 위세가 더욱 커졌고, 시간이 지남에 따라 화가 더욱 쌓이게 되
> 었다. 오늘날 벌어지고 있는 일은 실제 해금조치로 인한 것이다.[43]

....

40) Atwell, "international Bullion Flow," p. 76 ; 티모시 브룩, 이정 · 강인환 역,『쾌락의
   혼돈: 중국 명대의 상업과 문화』(이산, 2005), 131쪽 재인용.
41) 沈德符,『萬曆野獲編』卷12「戶部 · 海上市舶司」: "我朝書生輩, 不知軍國大計, 動云
   禁絶通蕃, 以杜寇患."
42)『明史 · 食貨志』卷81: "嘉靖二年, 給事中夏言言倭患起於市舶, 遂罷之, 日本海賈往來
   自如."
43)『皇明經世文編』, 卷270 唐樞「御倭雜著」: "本朝立法, 許其貢而禁其爲私. 夫貢必持貨
   與市兼行, 盖非所以絶之. 嘉靖六七年後, 奉令嚴禁, 商道不通, 商人失其生利, 于是轉
   而爲寇. 嘉靖二十年後, 海禁愈嚴, 敵伙愈盛, 許棟李光頭輩, 然後聲勢蔓延, 禍與歲積.
   今日之事, 造端命意, 實系于此."

해금조치 이후 가정년간 복건과 절강지역이 왜구의 약탈대상이 된
것은 이인(夷人)들이 배를 끌고 와 난을 일으키고, 이익을 노리고 그
들과 결탁하여 이익을 노려 길 안내자가 된 세력들이 존재했기에 가
능한 일었다. 처음에는 그들의 목적이 무역이익을 독점하는데 있었으
나, 나중에는 그 지역의 보화(寶貨)를 강탈하기에 이르게 된 것이
다.[44]

해금으로 인한 중앙과 지방의 갈등 속에서 가장 큰 피해자들은 해
상교역에 종사하던 중소상인과 일반백성들이었다. 자유로운 해상무
역이 불가능해진 이들은 권문가 밀무역선의 선원이 되거나 왜구에 가
담해 교역과 해적질을 겸하는 해상과 해구의 이중적 성격을 지닌 자
들로 변모해 갔다. 때문에 당시 활동하던 왜구들은 "진짜 일본인이 매
우 적고, 대부분 복건이나 절강의 사람으로 이국인과 결탁한 일당이
었다."[45] 송원시기 자유로운 해상활동을 통해 부를 이루었던 많은 천
주인들은 해금과 함께 황제의 법을 어기고 밀무역에 종사하는 해구집
단이 되었고, 세계 최대의 교역항구 천주는 해구의 소굴로 전락하게
되었다.

3) 천주의 쇠퇴

원대에 들어 광주를 제치고 중국 최대의 상업항구로 성장하였던 천
주는 명의 해금조치와 함께 쇠퇴의 길로 접어들었다. 홍무 3년 천주

---

44) 沈德符, 『萬曆野獲編』: "不知閩廣大家, 正利官府之禁, 爲私占之地. 如嘉靖間閩浙遭倭
患, 皆起于豪右之潛通島夷, 始不過貿易牟利耳, 繼而强奪其寶貨, 斬不與直, 以故積憤
稱兵, 撫臣朱執談之詳矣."
45) 鄭若曾, 『籌海圖編』 卷3.

에 시박사가 설치되었다고는 하지만 이미 유구의 조공사절단만을 받
아들이는 항구로 제한되었다. 때문에 전대에 성행했던 아라비아나 페
르시아와의 무역은 다시 번성할 수 없었다.

　다행히 유구는 공순(恭順)하여 명이 하사한 진공선(進貢船)을 이용
해 2년에 한 번씩 그 정해진 때에 따라 입공하였고, 홍무제는 북방 변
경을 지키는데 필요한 병마의 수요를 충족시키기 위해 유구의 빈번한
입공을 허락하였다. 유구는 명대에 총 208회(유구국 통일 이후 171회)
진공하였는데 그중 167회 이상이 천주를 통한 입공이었다.[46] 때문에
성화 8년까지 천주는 말, 라각(螺殼), 해파(海巴), 생숙하포(生熟夏布),
소가죽, 유황 등 자국의 토산물과 칼, 탁자선(擢子扇), 니금선(泥金扇),
생홍동(生紅銅) 등의 일본 생산품과 상아, 주석, 소목 혹은 향신료 등
의 동남아시아 생산품[47]을 실은 유구의 조공선이 매년 1~2차례 도항
하는 무역항으로 기능하고 있었다. 유구의 진공물을 통해 볼 때, 당시
까지도 천주는 유구를 통한 동남아시아 국가와의 간접적인 무역네트
워크를 유지하고 있었음을 알 수 있다.

　홍무년간부터 성화년간 사이 유구와의 조공무역이 성행하면서 천

46) 『明實錄』에 따르면 홍무년간(1368~98)에 32회, 영락년간(1402~1424)에 44회, 홍
　희・선덕년간(洪熙・宣德年間, 1425~1435)에 32회, 정통년간(正統年間, 1436~
　1449)에 29회, 경태년간(景泰年間, 1450~1456)에는 17회, 천순년간(天順年間, 1457
　~1464)에는 13회의 입공이 있었고, 천주의 시박사가 복주로 옮겨간 성화년간
　(1465~1487)에도 22회의 입공이 이루어졌다. 하지만, 홍치년간(弘治年間, 1488~
　1505)에는 9회로 줄어들었고 정덕년간(1506~1521)에도 10회 입공에 그쳤다. 유
　구는 명조 동안 총 208회 중국에 입공하였다. 이는 두 번째인 안남(安南)의 89회에
　비하면 두 배 이상에 달하는 최고의 횟수였다. 篠原陽一,『帆船の社会史─イギリ
　ス船員の証言─』(e-book) 第2部─中世─海上交易圏の結合, 第3章─ヨーロッパ進
　出前のアジア交易圏: 2・3・2 15~16世紀 朝貢と密貿易・琉球の世界 ; 曹永和,「明洪
　武朝的中琉關係」,『中國海洋發展史論文集』(中央研究院, 1989), 第3輯, 295~310쪽.
47) 高良昌吉,『琉球王國』(岩波書店, 1993) ; 원정식 역,『류큐 왕국』(소화, 2008), 97~
　98쪽.

주 일대에서는 유구와 장사하는 사람을 가리켜 '주유구(做琉球)'라는 말이 만들어졌다.[48] 이것은 천주의 사무역, 민간무역업자와 유구와의 관계를 암시하는 말인 것이다. 유구에는 '민인(閩人) 36성(姓)'이라 불릴 만큼 많은 복건인들이 이주해와 나하(那覇)항 가까이에 '당영(唐營)' 혹은 '당영(唐榮)'이라고도 불리던 구미촌(久米村)을 형성하고 생활하게 되었다.[49] 구미촌의 중국인 중에서 천주인의 비중이 얼마나 되었는지는 알 수 없으나 천주와 민남의 사람들은 유구 측의 환대와 중용을 받으며 유구의 외교와 대외무역에서 중요한 역할을 담당하였다.[50] 또한, 이들이 중국과 유구·동남아를 잇는 밀무역에 종사했을 것이라는 것은 쉽게 상상할 수 있는 일이다.

천주인들 중에는 일찍부터 국외로 나가 동남아시아 각지와 무역에 종사하는 사람들이 많았다. 특히 자와(爪哇)의 무역항에 거주하는 중국인 중에는 천주와 장주 사람들이 많았다.[51] 정화와 함께 서양항해에 참가했던 마환(馬歡)은 『瀛涯勝覽』에서 자와국에서는 사람을 3등급으로 구분하는데 그중 하나가 "당인(唐人)이며, 모두 광동이나 장주와 천주 등지의 사람이었다." 구항(舊港, 팔렘방)에 거주하는 중국인은 "대부분 광동, 장주, 천주에서 이곳으로 도망 온 사람들이었는데 모두 부유하였다"고 기록하고 있다.[52] 『安平志』에 따르면 "안해(安海) 사람들은 겨울에 사람들이 쉴 때 안계(安溪), 영춘(永春), 덕화(德化) 지역

---

48) 泉州港與古代海外交通編寫組, 『泉州港與古代海外交通』(文物出版社, 1982), 99쪽.

49) 高良昌吉, 원정식 역, 『류큐 왕국』, 103쪽.

50) 유구에서 발견된 『歷代實案』은 1424~1867년 사이 명과 유구의 외교 상황을 자세하게 기록하고 있다.

51) 周致中, 『異域志·爪哇』: "流寓于其地之粵人及泉漳人, 爲衆極繁."

52) 馬歡, 『瀛涯勝覽·爪哇』: "唐人, 皆是廣東漳泉等處人州, 竄居此地." 『瀛涯勝覽·舊港』: "國人多廣東漳泉人逃居此也. 甚富饒."

으로 들어가 미곡(米穀), 갈포(葛布), 수사포(水紗布) 등의 물품을 교환
하여 교지(交趾, 베트남), 여송(呂宋, 필리핀) 등의 국가로 가서 이익을
얻었다." 또한 천주의 비단이나 차, 설탕 등은 무두 환영받는 상품이
었다.[53] 특히 화교들이 많이 거주한 나라는 여송국이었는데 "지리적
으로 가깝고, 또한 부유하였기에 장사하러 그곳에 간 사람들 중에는
왕왕 오랫동안 거주하며 돌아가지 않아 아들 손자 대에 이른 자들이
있었다."[54] 만력 31년 "여송국에 장사하러 간 장주와 천주의 상인 수
만 명이 (스페인사람들에게) 죽임을 당해 돌아오지 못했다"[55]는 기록
을 통해서 보더라도, 당시 장사를 위해 동남아지역으로 이주한 천주
인의 수가 상당히 많았음을 알 수 있다.

이처럼, 명의 해금정책으로 인해 동남아시아 각국으로 장사를 위해
이주한 천주와 장주 등 민남 출신 교민들도 명의 해금정책으로 큰 타
격을 입었다. 그들은 유구에 정착한 구미촌 사람들처럼 현지 정권의
조공무역에 관여함으로써 무역수입을 얻거나 밀무역을 통해 이익을
추구하였다. 때문에 구미촌에 뿌리를 내린 천주인들은 동남아교민들
과 함께 동남아시아−유구−중국 사이에 무역네트워크를 형성할 수
있었을 것이다. 또한, 이들은 자연스럽게 명 말 중국 동남해에 등장한
천주방(泉州幇) 해구들과도 밀접한 관련을 가지게 되었을 것이다.

명이 유구에게 베풀었던 우대조치는 1470년대 후반부터 철회되었
고, 2년 1공의 조공으로 정착화 되기 시작한 것은 천주시박사가 복주
로 옮겨간 시점(1472)과 비슷하다. 명대의 시박사는 포정사(布政司)에
귀속되어 있었고, 복건포정사는 복주에 설치되어 있었다. 시박사를

---

53) 泉州港與古代海外交通編寫組, 『泉州港與古代海外交通』(文物出版社, 1982), 96쪽.
54) 『明史 · 呂宋傳』: "閩粤人以其地之近, 且富饒, 商販至者萬人, 往往久居不返, 至長子孫."
55) 『晉江縣志 · 雜志』 卷15: "是年泉漳人販呂宋者數萬人, 爲所殺無遺."

주관하는 관원과 환관들이 복주에 상주하고 있었기 때문에 유구 공사
의 입장에서는 복주에 도착하는 것이 더욱 편리하였다. 또한, 유구를
도와 조공과 무역을 수행하던 사람들 중에는 복주인들이 다수였기 때
문에 조공의 기회를 빌려 고향에 돌아가거나 친지를 방문하고자 하는
자가 많았다.[56] 결국 당시 시박제거 라륜(羅倫)의 반대[57]에도 불구하
고 성화 8년 천주시박사는 복주로 옮겨가게 되었다.

시박사가 복주로 옮겨간 이후 천주는 조공무역항으로서의 기능을
상실했다. 그리고 당시 천주부에는 위소(衛所)가 설치되지 않았으며
주둔하는 병력도 없었기 때문에 왜구의 침략에 대응할 방법이 없었
다.[58] 가정년간은 왜구에 의한 재난이 가장 심했던 시기로 절강의 해
안지역과 함께 천주부의 안계·영춘·남안·안해 등도 왜구에게 많은
피해를 입은 지역이었다. 천주지역에 대한 왜구의 침입은 매년 끊이
지 않았고 그 세력은 점점 강대해졌으며, 그 행동도 담대해져갔다. 가
정 38년(1559)에는 장주와 천주의 해적들이 왜구 만여 명을 끌어들여
해안지역을 약탈하기에 이르렀다.

가정 38년부터 왜구가 민(閩)에 침범하여 해마다 창궐하였다. 흥화부(興化
府)를 침략하여 무수한 백성들을 살육하였고, 연해지역의 위소도 연이어 함락
되었다. 또한 천주의 큰 도적 황원작(黃元爵) 등이 기회를 틈타 호응하니 군성
(郡城) 안과 밖의 형세가 촉급하여 보위하기 어려웠다.[59]

---

56) 顧炎武, 『天下郡國利病書』卷96: "後番船入貢, 多抵福州河口, 因朝陽通事三十六姓,
其先皆福州河口人也."
57) 高岐, 『福建市舶提舉司志』: "衙署設置, 自有其地, 遷移亦有其數. 盖以栢衙僻陋, 非可
設之地, 歲數未窮, 非可遷之時. 遂寝其事."
58) 黃中青, 「明代福建海防的水寨與遊兵」, 『中國海洋發展史論集』7卷(中央研究院, 1999),
423쪽.
59) 李清馥, 『閩中理學淵源考』, 卷72「太仆庄方塘先生用賓」: "自嘉靖三十八年倭寇犯閩

천주의 큰 도적이라 불린 황원작은 아마 밀무역에 종사하던 해적이었을 것이다. 밀무역에 대한 중앙의 통제와 무력진압이 강화되자 황원작과 같은 해적들은 시박사도 방위소도 없는 천주에 거점을 두고 왜구들과 결탁하여 흥화부와 같은 주변지역에 대한 약탈을 자행한 것이다. 생업의 수단을 잃은 인민들은 또다시 왜구와 해구의 약탈대상이 되었고, 조상의 무덤뿐만 아니라 자기의 안위도 담보하지 못하는 급박한 상황으로 내몰리게 되었다.

당시 남경에서 국자감박사(國子監博士)로 재직하던 천주인 이지(李贄)는 부친상을 당해 고향으로 돌아가던 길에 이 왜구의 화를 직접 경험하게 되었다.

당시는 왜구들이 슬그머니 발호하여 해안 지방에서는 병란이 잦았던 터였다. 거사는 밤에는 길을 걷고 낮에는 숨는 식으로 어렵사리 여행하여 여섯 달이 넘어서야 겨우 고향에 도착했다. 집에 닿자마자 그는 또 상주 노릇 할 겨를도 없이 검은 상복을 입고 아우와 조카들을 거느린 채 밤낮으로 성곽에 오르고 딱딱이를 치며 야경을 돌고 성을 수비하는 일에 매달려야 했다. 성 아래에는 화살과 돌이 난무했고, 만 냥을 주더라도 쌀 한 섬 구입할 곳을 찾을 수가 없었다.[60]

18세기 청나라 조정에서 규정한 표준 거리에 따르면, 북경에서 광주역참(廣州驛站)까지 가는데 56일(빠르면 27일)이 걸린다[61] 했으니,

中, 連歲猖獗, 攻入興化府, 戕殺民人無數, 沿海衛所相繼告陷. 而泉之劇賊黃元爵等, 因机交煽, 自郡之內外所在, 皇皇勢且不保.……當倭賊突犯時, 遠近村民爭入城逃生, 勢甚急, 城門晝閉, 避寇者不得入, 几相拥入水中.……時賊野掠无所得, 奸民導之, 發塚取贖."

60) 李卓吾, 『焚書』卷4「卓吾論略」: "數月, 聞白齋公歿, 守制東歸. 時倭夷竊肆, 海上所在兵燹. 居士間關夜行晝伏, 餘六月方抵家. 抵家又不暇試孝子事, 墨衰率其弟若姪, 晝夜登陴擊柝爲城守備. 城下矢石交, 米斗一斗斛十千無糴."

남경에서 천주까지 6개월 이상이 걸렸다는 것은 당시 왜구의 피해가 얼마나 광범위하고 심각했는지를 여실히 보여주는 것이다. 여러 해 동안 왜구의 침탈이 계속된 천주일대의 농지는 풀밭처럼 황폐해졌고, 전염병이 돌아 죽은 시체가 벌판에 뒹굴었다. 한때 전 세계에서 모여든 보석과 진주가 넘쳐나던 천주 시전은 돈이 있어도 쌀 한 섬 살 수 있는 곳이 없는 피폐한 공간으로 변해버렸다. 열린 바다가 닫힌 바다로 바뀐 탓이었다. 이미 해외무역이 끊기고 왜구의 살육장이 되어버린 천주, 천주인들은 그들을 보호할 수 없는 정부와 지방관원들에 대해 더 이상 기대와 희망을 갖고 있지 않았고, 중앙정부가 막아놓은 바다로 나가 또 다른 해상활동으로 삶의 방도를 찾을 수밖에 없는 처지였다.

땅이 좁고 물산이 부족한 천주에 뿌리를 내리고 살아온 천주인 중에는 생존을 위해 일찍부터 바다로 나가 삶을 영위해야만 하는 사람들이 많았고, 정화의 원양항해에 참가한 노련한 뱃사람들도 많았다. 천주사람들은 복건에서 광주에 이르는 해안을 따라 수많은 물길이 나 있고, 항구들이 서로 멀리 떨어져 있다는 것을 잘 알고 있었다. 때문에 그들은 작은 섬이나 인적이 드문 항구에서 관원들의 눈을 피해 일본사람 포르투갈사람들과 밀무역을 펼칠 수 있었다.

가정 연간 한층 강화된 해금정책은 복건·광동·절강의 해안지역과 도서에서 중앙정부와의 무력충돌을 불사하는 해상세력의 증가를 가져왔다. 이들 상인들은 관부의 집포(緝捕)와 해적에 대항하여 무장을 갖추고, 밀무역과 함께 약탈도 감행하는 해상이자 해적의 성격을 가지게 되었다. 천계(天啓)와 숭정(崇禎)년간 동남해역을 장악했던 허동,

---

61) 易中天, 『讀城記』(上海文藝出版社, 2006), 182~183쪽.

이광두, 왕직(王直), 임도건(林道乾) 뿐만 아니라 수많은 해구세력들이 복건과 광동의 해안을 따라 발흥하였고, 천주인은 그 주요한 세력중의 하나가 되었다.

4. 해구가 된 천주인

명왕조가 해외무역을 경시하고 '해금'을 국책으로 정한 이후, 선대부터 해양교역을 통해 삶을 꾸려왔던 천주의 바다사람들은 목숨을 부지하기 위해 국법을 어기고 바다로 나갈 수밖에 없었다. '중문경상(重文輕商)', '숭본억말(崇本抑末)'의 시대, 이들의 삶은 역사가들의 붓 아래에서 왜구니 해구라는 이름으로 기록되어졌다. 하지만, 그들은 처음부터 해구는 아니었다. 중앙정부의 엄격한 해금정책으로 해구로 변신하게 된, 국가로부터 소외된 천주의 해상세력들이었다. 때문에, 많은 연구자들은 '해도'와 '해상'이 결국은 동전의 양면과도 같다는 점에 대해 부정하지 않는다. 일부 학자들은 이들을 '해구상인'이라 부르기도 한다.[62]

가정년간 왕직의 해상세력에 뒤이어 등장한 임도건과 천계·숭정년간(1620~1644)에 활동한 주요한 동남 해구는 복건인으로, 장주와 천주인이 주류가 되었다.[63] 사관과 사대부들이 "멋대로 교활한 농간을

---

[62] 翁佳音, 「十七世紀的福佬海商」, 『中國海洋發展史論集』 7輯(中央研究院, 民國88年), 61쪽.

[63] 張增信, 「明季東南海海寇與巢外風氣(1567~1644)」, 『中國海洋發展史論文集』 三輯(中央研究院, 民國91年). 천계·숭정년간에 앞선 융경과 만력시대(1567~1620)의 주요한 동남해구는 광동인으로, 조주와 경주(瓊州, 현 해남도) 사람들이 월(粵) 해구의 주류였다.

벌이는 불한당들"로 기록했던 임도건과 이단(李旦), 17세기 전반 남해의 주인공이 된 정지룡(鄭芝龍) 등이 대표적인 천주출신 해구들이다.

1) 이지와 임도건

역사가의 필하에서 해적으로 기록된 많은 천주인처럼, 중국 역사에서 가장 이단적인 사상가로 알려진 이지(李贄) 역시 천주 바닷가 사람이다.[64] 이지 집안의 가세를 기록한『宗譜』는 원 말에서 명대에 이르는 천주의 흥망성쇠를 알려주는 중요한 사료이기도 하다.『鳳池林李宗譜』,『清源林李宗譜』 등에 따르면 이지의 집안은 대대로 상업에 종사하였다. 시조인 목재공(睦齋公) 임여(林閭)는 해외무역을 통해 천주의 대상인이 된 인물이었다. 성품이 너그럽고 가난한 사람을 구제하는데 적극적이었던 그는 이슬람교도들에게도 존경을 받았다고 한다. 원 말 1357년과 1362년 사이 서역혈통의 회교들이 천주를 점거했을 때에도 감히 임여를 건드리지 못하였다고 한다.[65] 이세조(二世祖) 임노(林駑) 역시 가업을 이은 거상이었다.『宗譜』에 따르면 임노는 홍무 9년(1376) "임금의 명을 받들어 서양으로 항해하였고, 색목인 여성을 아내로 맞이하여 마침내 그 풍속을 익히고 종신토록 바꾸지 않았다"[66]고 한다. 이미 홍무 3년에 천주시박사는 유구와의 조공무역만을 전담하게 되었지만, 실제는 당시까지 천주지역에서 호르무즈 등 서양

---

64) 이지(1527~1602)의 선조는 원래 임(林)씨였다. 그도 처음에는 임재지(林載贄)라는 이름이었지만 나중에 개명했다. 그의 원적은 하남(河南)의 여녕부(汝寧府)이다.

65)『鳳池林李宗譜』: "承籍前人蓄積之資, 常揚航海外諸國."『清源林李宗譜』: "元綱解紐, 夷人居泉, 干戈擾攘……夷人雖暴, 敬公德行, 不敢有犯." 신용철,『공자의 천하, 중국을 뒤흔든 자유인 이탁오』(지식산업사, 2006), 50~51쪽.

66)『鳳池林李宗譜』: "奉命發帆西洋, 取色目女, 遂習其俗, 終身不革."

으로의 합법적인 항해가 이어지고 있었음을 간접적으로 확인할 수 있
는 좋은 자료이다.

이지의 고조 임공혜(林恭惠)와 증조 임침(林琛) 부자는 천주와 유구
를 왕래하며 무역을 했고, 통사관이 되어 명 왕조에 대한 조공사절단
을 안내하기도 하였다.[67] 이때에 들어서는 천주의 해상교역범위가 이
미 유구에 제한되었음을 확인할 수 있다. 그러나 조부 임의방(林義方)
대에 이르러 집안의 형세가 기울어 다시 상업을 하지 못했는데, 그 내
력은 확실히 밝혀지지 않고 있다. 하지만 성화 8년 천주시박사가 복
주로 옮겨가면서부터 천주지역의 중소상인집단들이 해상을 통한 외
국과의 무역활동을 진행하기 어려워졌음을 짐작할 수 있는 간접적인
자료로 받아들일 수 있을 것이다.

이지는 가정 6년에 태어나 만력 30년 감옥에서 칼로 목을 찔러 생
을 마감한 인물이다. 그가 살았던 이 시기는 '북로남왜(北虜南倭)'라
불리는 북방의 몽골과 동남 연안의 왜구의 위협이 정점에 달했던 시
기였다. 당시 사람들은 "복건 사람을 놀릴 때면 반드시 임도건[68]을 거

---

67) 『淸源林李宗譜』: "易庵公率長子琛引琉球入貢.……初公諳曉譯語, 蒙道府荐爲通事官."

68) 임도건(민남어와 영어로는 Lim To Khiam / Tok Kayan)의 출생지에 대해서는 천주
와 징해(澄海)라는 이설이 존재하고 있다(『辭海』: "林道乾, 福建泉州人, 一說廣東澄
海人". 이 외에도 임도건의 출신지에 대한 자료는 http://baike.baidu.com/view/
745335.htm에 잘 정리되어 있다). 임도건은 복건성과 대만, 마카오 등지에서 30
여 년 동안 활동하며 수천 명의 무리를 모아 정부에 대항한 가정년간의 대표적
인 해구세력이었다. 가정 45년(1566) 남오도(南澳島)를 근거지로 한 임도건은 50
여척의 선박을 건조하고 세력을 키워나가기 시작했다. 그의 행동에 위기의식을
느낀 조정은 민도독(閩都督) 유대유(兪大猷)를 파견하여 토벌하게 하였다. 당시
남오도에는 척계광(戚繼光)에게 패해 숨어든 왜구가 함께 있었다. 임도건은 왜구
와 같이 한 무리로 취급되는 것을 두려워하고, 관군의 추격을 두려워해 일당을
이끌고 점성국으로 기지를 옮겼다. 다시 조주로 돌아온 임도건은 징해 번위계(藩
衛溪) 동채(東寨)를 몇 차례 공격해 점령하기도 하였다. 융경 4년(1570) 임도건은
조정에 투항하였으나, 불신임을 받게 되자 다시 바다로 달아났다.

론하게 마련이었는데" 이지는 그와 같은 천주사람이었다. 때문에, 이
지에 불만을 가진 고루한 독서인이 "공께서 임도건을 안다고 할 수 있
을까요?"[69] 라고 힐문하자 자기는 임도건의 만분의 일에도 미치지 못
한다고 대답하였다.

　　임도건은 바다 위에서 삼십여 년이나 횡행하였다. 절강과 남직예(南直隷)로
　부터 광동과 복건에 이르는 몇 개 성의 연근해 지역에서 재화가 많이 난다고
　이름났거나, 사람과 물산이 몰려드는 지역은 해마다 그에게 노략질을 당했다.
　성과 고을이 함락되고 관리들이 살육을 당하는 통에 조정에서는 임금조차 제
　때 식사를 못하는 판이었다. ……자칭 왕이라 하고 패자(覇者)로 호칭하는데도
　사람들은 그를 따르고 싶어 하며 아무도 배신하려 들지 않았다.[70]

　이지는 왜, 자신에게 직접적인 해를 끼쳤을지도 모르는 임도건을
식견과 담력이 뛰어난 인물이라 평가했을까? 왜, 백성들은 30년간이
나 연근해지역을 노략질 하고 왕이라 패자로 자칭하는 임도건을 배신
하려 들지 않았을까?

　당시, 천주를 비롯한 복건과 광동의 해안지역 백성들은 중앙정부의
해금정책을 받아들일 수 없었다. 해금정책은 결국 중앙권력과 결탁한
일부 지방향신들과 대상인의 이익을 극대화 하였을 뿐, 중소상인들과
일반 백성들의 생활은 더욱 힘들어지게 하였다. 결국 임도건의 휘하
에 모여든 해구들은 중앙정부에 포섭될 수 없었던 중소상인이나 뱃사
람들이었다. 임도건은 이들을 조직하여 바다를 터전으로 독자적인 세

---

69) 李贄, 『焚書』 卷4 「因記往事」: "曾戱余日: '公可識林道乾否?' 蓋道乾居閩廣之間, 故凡
　戱閩人者, 必曰林道乾云."
70) 李贄, 『焚書』 卷4 「因記往事」: "夫道乾橫行海上, 三十餘年矣. 自浙江南直隷以及廣東
　福建數省近海之處, 皆號稱財富之産, 人物陜區者, 連年遭其荼毒, 攻城陷邑, 殺戮官吏,
　朝廷爲之旰食. 稱王稱覇, 衆願歸之, 不肯背離.

력을 키우고 중앙에 대항한 대표적인 천주인이라 할 것이다. 이지는 중소상인들의 꿈이 결코 사회질서를 뒤엎고자 함이 아니라는 점을 밝히고, 그들이 이익을 추구하는 것은 자연스러운 일이라 변호했다.

> 그리고 장사치라 한들 어찌 비천함이 있겠습니까? 수많은 재물을 옆에 낀 채 바람과 파도의 험난함을 헤치며, 관문을 지키는 벼슬아치들에게 당하는 수모를 감내하고, 시장에서 욕설을 참아내는 등 온갖 고초를 이겨내야 합니다. 하지만 그들은 중요한 일을 하면서도 얻는 이익은 적습니다. 그들은 경대부(卿大夫)들에게 잘 보여야만 이익을 얻을 수 있고 해를 멀리할 수 있으니, 어찌 오만방자하게 공경대부의 윗자리에 앉을 수 있겠습니까![71]

20세를 전후하여 가족의 생계를 꾸리기 위해 오랜 시간 사방을 떠돌아야 했던 이지는 해상무역에 종사하는 상인들의 처지를 잘 이해하고 있었다. 가진 것 없는 해양도시의 중소상인이나 일반백성들은 바다를 벗어나 어떠한 삶도 영위할 수 없었다. 가난의 굴레를 벗어날 수 있는 유일한 길은 그들이 태어난 바다로 나아가 스스로의 운명을 개척하는 수밖에 없다는 사실도 잘 알고 있었다.

> 바다라고 하는 것은 청결한 적도 없고 맛이 감미로운 적도 없습니다. 그러나 만 곡(斛)의 거대한 배가 아니면 그 바다에 나아갈 수도 없고, 바다에서 자라난 것이 아니면 그 바다로 나아갈 수도 없는 법입니다. 원래 바다는 사람을 살릴 수도 있고 죽일 수도 있으며 부자로 만들거나 가난하게 만들 수도 있습니다. 따라서 바다란 마냥 믿고 편안하게 여기거나 일상적으로 의지할 수 있는 대상이 아님이 명백합니다. 그러나 바다는 '곤이 붕새로 변하는(鯤鵬化焉)'데고

---

71) 李贄,『焚書』卷2「又與焦弱侯」: "此商賈亦何可鄙之有? 挾數萬之資, 經風濤之險, 受辱於關吏, 忍訽語市場, 辛勤滿狀, 所挾者重, 所得者末, 然交結於卿大夫之門, 然後可以收利遠其害, 安能傲然而卿大夫之上哉."

이무기와 용이 숨어 있으며 만 가지 보물이 감춰진 보고입니다. 그리고 배를 삼킬 수 있는 거대한 물고기가 노니는 곳이기도 하지요.[72]

변화무상한 바다는 그들의 모든 희망을 실은 배를 삼킬 수 있는 위험한 공간이었다. 하지만 그 바다 속에는 만 가지 보물이 감춰져 있어 사람들을 부자로 만들 수 있는 모험과 도전의 공간이기도 했다. 때문에 가난한 바다사람들은 부자의 꿈을 안고 높은 파도를 헤치고 죽음을 무릅쓴 항해를 할 수밖에 없음을 이지는 알고 있었다. 또한, 바다란 곤이 붕새로 승화하는 변화의 공간이고, 용이 하늘로 날아오르는 공간이었다. 이지의 눈에 비친 임도건은 단순한 해구나 해적이 아니라 생존권을 박탈당한 천주인들에게 중앙에 맞설 수 있는 희망과 새로운 세상을 보여준 높은 식견을 가진 용으로 비친 것이다.

명 조정의 감시와 압제를 피해 집단을 이끌고 남쪽으로 근거지를 옮긴 임도건은 이슬람교로 개종하고, 태국의 서남부 해항도시 빠따니(Pattani, 北大年)에 귀착하였다. 빠따니 국왕은 임도건의 재능을 인정하여 그에게 공주를 시집보내고, 땅을 나누어 주어 임도건이 무리를 이끌고 살 수 있도록 해주었다. 임도건은 현지의 사람들과 화목하게 지냈으며, 현지의 '객장(客長)'으로 존중되었다. 도건이 죽은 후 당지 사람들은 빠따니항을 '도건항(道乾港)'이라 불렀다. 빠따니의 많은 사람들이 신앙하는 '임고낭(林姑娘)'은 임도건의 여동생이라 전해지고 있는 것[73]도 같은 맥락에서 이해할 수 있는 사실이다. 『明史』에 해적, 왜구, 해구로 기록된 임도건이 빠따니에 도착한 후 갑자기 도덕군자

---

72) 李贄, 『焚書』 卷1 「與焦弱侯」: "今夫海, 未嘗淸潔也, 未嘗甘旨也. 然非萬斛之舟不可入, 非生長於海者不可以履於海. 蓋能活人, 亦能殺人, 能富人, 亦能貧人. 其不可恃之以爲安, 倚之以爲常也明矣. 然而鯤鵬化焉, 蛟龍藏焉, 萬寶之都, 而吞舟之魚所樂而遊遨也."
73) 溫雄飛, 『南洋華僑通史』(東方印書館, 1829), 浙工工商大學百科(www.zjgsdx.com)

가 된 것은 아니다. 이지가 평가한 것처럼 해구 임도건은 단순한 해적이 아니었던 것이다.

2) 이단과 정지룡

천주는 임도건에 이어 수많은 해룡들을 배출하였다. 네덜란드상인들이 'Captain China'라고 불렀던 이단(미상~1625)과 안사제(顔思齊), 정지룡과 정성공 부자로 이어지는 바다의 제왕들이 그들이다. 동남해안에서 활동했던 해구집단들의 두목들은 혈연과 지연에 따라 서로 양자나 형제관계를 맺으며 집단화하기 시작하였다. 휘하에 모여든 부하들도 토지를 중심으로 형성된 전통사회의 조직들처럼 혈연과 지연, 언어를 매개로하여 모여들었기 때문에 중국의 남양에는 자연 천주방이 형성될 수 있었을 것이다.[74]

---

[74] 이러한 사실은 조선 현종 8년(1667) 5월 23일에 제주도 앞바다에서 난파당한 임인관(林寅觀) 일행의 사건을 통해 그 가능성을 확인할 수 있다.(『耽羅文化』 25號에 게재된 강창룡, 「17世紀 中葉 中國人의 濟州 漂到」 참고) 대명국 복건성 관상(官商) 임인관 등 95명이 한 배에 함께 탔다가 대정현(大靜縣) 예래리(猊來里) 포미(浦尾) 연근에서 배가 파괴되었다. 이 임인관 등 95명의 출신지를 살펴보면 천주부 69명, 장주부 26명이었다. 천주부 중에서는 동안현 사람이 11명, 진강현 사람이 9이고 나머지 49명은 천주부 사람이었다. 또 장주부 중에서는 장태현(長泰縣) 사람이 4명, 장주부 사람이 22명이었다. 이번 항해의 책임자인 관상 임인관 외에, 선주를 대행하는 총관(總管)과 회계와 장부를 책임지는 재부(財富)를 포함한 95명 중 임인관, 임서와 같은 임씨가 24명, 진(陳)씨가 20명, 정(鄭)씨와 증(曾)씨가 각각 4명으로 뒤를 잇고 있다.
이를 통해 추론할 수 있는 것은 이 배는 선주 임씨 집안과 자금을 제공한 진씨 집안이 공동으로 투자하고, 천주와 장주 지역에서 생활하는 종족원들을 선원으로 하여 일본으로 장삿길에 나선 집단이라는 것이다. 당시 원양항해를 할 수 있는 대형선박을 소유한 집단과 상인집단이 가장 안전한 항해의 조건을 마련하기 위해 집안 관련 사람들을 선원으로 채용하는 것이 가능했으리라 생각된다. 그러므로 농지의 개발을 바탕으로 형성된 종족집단과 마찬가지로 해상집단의 형성

이단은 17세기 중국 동남연안의 바다에서 이름이 잘 알려진 해도이
자 왜구상인이었다. 영국인이나 네덜란드인들은 그를 Captain China 혹
은 China Captain로 불렀다. 리단은 오봉대선주(五峰大船主) 휘왕(徽王)
이라 불렸던 왕직[75]의 부하였다고 알려졌다. 앞 장에서 살펴본 것처럼
명대 천주인이 가장 많이 이주한 곳이 바로 필리핀이었다. 이단은 한때
필리핀에서 '동면(冬眠)'하고 있는 중국인들의 대표자였으며, 그의 재산
과 영향력을 두려워한 스페인사람들에게 9년 동안 노예로 잡혀 있다가
갤리선을 탈출하여 남중국 밀수업자들의 우두머리가 된 전설적인 인물
이었다. 마닐라에서 상업을 통해 큰 재산을 형성한 이단은 천주교에 귀
의, 세례를 받고 Andrea Dittis라는 세례명을 받았다. 하지만 만력년간
수많은 천주와 장주의 상인들을 학살한 스페인상인들과의 불화로 인해
일본 나가사키(長崎)와 히라도(平戶)로 그 활동 무대를 옮겼다.

이단의 무장선대는 일본으로부터 유구를 거쳐 대만으로, 또한 남쪽
으로는 필리핀으로, 서쪽으로는 복건과 남중국 연안을 따라 안남과
통킹 만에 이르는 다양한 뱃길을 무역항로로 이용했다. 이미 도쿠가
와 이에야스(德川家康)로부터 통킹 만까지 무역할 수 있는 주인장(朱
印狀)을 받았지만 그의 배들은 대만 서쪽 팽호열도(澎湖列島)를 벗어
나는 경우가 적었다.[76] 팽호열도는 천주와 장주의 먼 바다에 있고, 대
만과 가까이 위치한 섬이다. 명나라 초에 그곳의 백성들을 모두 옮기
고 섬을 비웠기 때문에 해적이 모여들어 휴식을 취하고 식수를 공급
받는 요충지였다. 이단의 선대는 팽호도에서 현지인 자격으로 정박을

역시 동일 지역과 동일 성씨를 가진 종족을 중심으로 형성되었음을 추측할 수
있다.

[75] 당시 왕직은 여송도(呂宋島), 안남(安南), 섬라, 말라가(馬拉加), 살마도(薩摩島) 등
의 36개 해적집단이 그의 명령에 복종할 정도로 강력한 세력을 가지고 있었다.

[76] 조너선 클레멘츠, 허강 역, 『해적왕 정성공』(삼우반, 2008), 39쪽.

허가받았고, 복건으로부터 배가 터져 나갈 만큼 많은 비단을 싣고 온 자신들의 친척들과 거래를 하였다. 이처럼 이단이 이용한 항로는 천주가 유구와의 통상항구로서 기능하고 있을 때 이미 형성된 것이었다. 천주네트워크는 이단을 통해 한층 넓어졌고 강화되었다.

천계 3년(1623) 명나라는 군사를 파견하여 팽호열도를 점령하고 있던 네덜란드동인도회사를 몰아내었다. 이때 중국과 네덜란드의 상황을 잘 알고 있던 이단은 중재자로 나서 네덜란드인이 대만으로 옮겨갈 수 있도록 복건 관리와의 중개역할을 하기도 했다. 또한 당시 일본에서 활동하던 영국인들과 협력관계를 맺어 영국이 중국대륙에 기지를 건설할 수 있도록 중개하기도 했었다. 때문에 영국인들은 이단을 "나가사키와 히라도를 비롯하여 일본 내 모든 중국인들 중에서 선출된 우두머리"라고 기록했다.[77] 이단은 동향인 정지룡을 양자로 받아들여 중국 동남해에 천주방을 강화하기 시작하였다.

정지룡(1604~1661)은 복건 천주부 남안 석정향(石井鄉)에서 천주태수 엽선계(葉善繼)의 고리(庫吏)였던 부친 정소조(鄭紹祖)의 장남으로 태어났다. 네덜란드 문헌에는 그의 본명인 일관(一官)의 민남어 발음을 따라 Iquan이나 세례명 Nicholas Iquan이라 적고 있다.

과거를 통해 집안을 일으키려는 부친의 뜻과 달리 정지룡은 어려서부터 성격이 호탕했고, 책읽기를 좋아하지 않았지만 힘이 세고 무술을 좋아하였다.[78] 부친과의 불화와 어려운 가정형편으로 정지룡은 17세를 전후하여 두 동생들과 함께 당시 중서무역의 거점 중의 한 곳이었던 향산오(香山澳, 현 마카오)를 찾아, 그곳에서 무역에 종사하던 외

---

77) Cocks Diary, vol, 3, p. 34 ; 조너선 클레멘츠, 허강 역, 『해적왕 정성공』, 삼우반 (2008), 41쪽 재인용.
78) 『臺灣外記』: "性情逸蕩, 不喜讀書, 有膂力, 好拳棒."

삼촌 황정(黃程)에게 의탁하면서 비밀스러운 해상무역에 관심을 가지기 시작했다. 마카오에 정착한 정지룡은 포르투갈상인들과 교류하면서 포르투갈어를 배웠고, 천주교에 관심을 가져 니콜라스 이콴이라는 세례명을 받게 된 것이다.

천계 3년(1623)년 정지룡에게 중요한 사건이 일어났다. 밀무역상인 외삼촌 황정은 백당(白糖), 기남(奇楠), 사향(麝香), 녹피(鹿皮)와 같은 귀한 물품을 이단의 배에 실어 일본으로 보내야 했는데, 이때 정지룡을 감독관으로 파견한 것이다.[79] 히라도에 도착한 정지룡은 당시 해상무역을 장악하고 있던 이단의 총애를 받게 되었다. 정지룡은 이단의 상단에서 통역관을 맡아 외국인과 교류하는 한편 몇 척의 배를 이용해 베트남과 캄보디아의 무역을 전담하면서 많은 이익과 함께 이단의 두터운 신임을 받게 되었다. 또 일본인 전천칠좌위문송암(田川七左衛門松庵)의 독생녀 전천송(田川松)을 아내로 맞이하였다. 이들 두 사람 사이에서 태어난 아이가 훗날 중국의 해상왕이라 불렸던 정성공이다.

이단은 외국어와 사교능력이 뛰어났던 정지룡을 팽호에 있던 네덜란드동인도회사의 통역으로 파견하였다. 이곳에서 정지룡은 네덜란드상인들과 함께 해적질을 하면서 많은 재산을 모으고 일본과 네덜란드상인과의 관계를 강화하였다. 이때, 또 하나의 기회가 그를 찾아왔다. 이단과 친척관계를 맺고 있던 또 다른 천주방의 지도자 안사제의 딸과 결혼을 하게 된 것이다. 이단과 안사제가 죽은 후 그들의 부하들을 거느리게 된 정지룡은 하문을 근거지로 한 해상세력 허심소(許心素)와의 결전을 승리로 이끌면서 동남해의 패권을 장악하게 되었다. 이후 다른 해상집단을 습격해 세력 확대를 꾀하였고 관원이나 네덜란드 선대와도 격렬한 해전을 펼치면서 1,000척이나 되는 선단을 이끌

---

79) 『臺灣外記』 卷1: "程有白糖奇楠麝香鹿皮, 慾附李旦船往日本, 遣一貫押去."

고 중국 연해를 지배하였다. 또한, 정지룡은 천주의 굶주린 백성 수만 명을 대만으로 이주시켜 개간사업을 펼치니, 연해지역의 기민과 생산수단을 갖지 못한 백성들이 그에게 의탁하게 되었다.

천계 7년(1627), 더 이상 해상의 통제력을 행사할 수 없었던 조정은 '이구제구(以寇制寇)'를 목적으로 정지룡을 초무하였지만 그는 이에 응하지 않았다. 하지만, 다음해 "오랑캐와 해구를 제압하고, 여러 해적들을 평정하는 것이 나의 임무다"[80]라고 하며 조정에 투항하였고, 오호유격장군(五虎遊擊將軍)이라는 벼슬을 제수 받았다. 이때 정지룡을 따르던 부하들이 3만여 명, 선박이 천여 척에 달했다. 같은 해 민남 지역에 큰 가뭄이 들어 재해를 입은 백성들이 속출하자 정지룡은 장주와 천주의 이재민 수만 명에게 개인에게 은 3량, 3인에게 소 한 마리를 나누어주고 배에 태워 대만으로 이주시키고 황무지를 개간하게 하였다. 천주인 정지룡은 대만 역사에 있어 대규모 이민을 조직한 첫 인물이었고, 대만으로 이주한 사람들의 대부분은 천주와 장주 사람들이었다. 바닷길을 막아 생업의 기회를 박탈한 중앙정부를 대신해 천주인에게 배와 땅을 제공하고, 기아에서 구한 인물은 바로 해상을 장악한 천주방의 수령 정지룡이었다.

5. 나오는 말

천주와 광주는 대륙국가, 농업국가가 아닌 해양국가 중국의 역사를 품고 있는 대표적인 해항도시이다. 송원시기 상호 경쟁을 통하여 세

---

80) 『臺灣通史』 史卷29: "剪除夷寇, 剿平諸盜爲己任."

계적인 항구도시로 성장했던 두 도시의 운명은 명대에 들어 극명한 차이를 보였다. 명조정의 해금정책에도 불구하고 유일한 대외개방 항구로 지정되어 한 번도 폐쇄된 적이 없었던 광주는 지속적인 번영과 함께 근대사의 중심지로 남았다. 또한 광주의 외항으로, 외국인의 거류지로 개방된 마카오는 동서양의 접촉지대로 발전하였다. 하지만, 바닷길이 막혀 해항도시로서의 기능을 상실해버린 천주는 물류(物流)와 문류(文流)의 중심지가 아닌 왜구의 피해와 함께 수많은 해구들의 근거지로 역사에 기록되어졌다.

하지만, 높은 산에 둘러싸이고 바다와 바로 접하고 있어 농사지을 땅이 부족했던 천주인들은 선대부터 생을 유지하기 위해 바다로 나가 교역을 하고, 어디든 뿌리를 내리고 정착하는 강한 생명력을 가진 집단이었다. 그들은 바다에는 배를 삼킬 수 있는 거대한 물고기가 노닌다는 것을 잘 알고 있었지만, 또 바다는 만 가지 보물이 감춰진 보고라는 것도 알고 있었다. 태생적으로 개방성과 도전성을 가진 천주인들은 그들의 뱃길을 지켜줄 여신－마조(媽祖)를 배에 모시고 중앙정부가 막아놓은 바닷길을 넘어 일본과 교역하고 서양인과 무역하는 해적이요 해구의 길로 나아갔다.

땅에서 밀려난 임도건, 이단, 정지룡과 같은 천주의 자식들은 바다로 나와 새로운 세상을 꿈꾸었다. 이들은 동향인들을 결집해서 바닷길을 막아놓은 중앙정부에 맞서고, 항구마다 흩어져 있는 그들의 종족들과 연계하여 유구를 넘어 일본으로, 동남아로 관계망을 확대하였다. 그들은 언제나 떠나온 고향을 기억하고 있었고, 같은 피와 같은 말을 사용하는 사람들과 결합하여 바다 가운데 천주방이라는 거대한 성채를 만들어 내었다. 그들의 수호여신 마조는 이들이 새로운 신을 모시는 것을 금지하지 않았다. 때문에, 천주인들은 그들의 선조들이

천주를 찾아온 아랍인과 천주교인들과 공생의 길을 찾았던 것처럼 새
로운 환경 속에서 이슬람교로, 천주교로, 기독교로 개종하고 화합과
상생의 길을 찾을 수 있었다.

　명의 해금정책으로 야기된 해항도시 천주의 흥망성쇠는 '서세동점
(西勢東漸)'의 역사 속에서 서양에 밀려난 중국의 근대사와 닮은꼴을
이루고 있다. 하지만, 중앙정부와의 길항관계 속에서 기꺼이 해적이
되고 해구가 되고, 인도양을 넘어 중국해에 등장한 서양세력과 결합
하여 해상활동을 펼친 천주인들의 모습은 분명 중국의 근대사와 차별
성을 가진다. 해금정책으로 인해 광주와 마카오를 제외한 대부분의
해항도시는 쇠퇴의 길로 접어들었다. 하지만 해항도시가 키워낸 바다
사람들은 중앙정부의 규제와 탄압에도 불구하고 마카오와 같은 또 다
른 해항도시를 건설하고자 노력했고, 바다 위에 그들만의 세계를 만
들어가고 있었다. 제2부에서는 마카오에 대한 이야기를 이어갈 것이다.

제2부

해항도시 마카오의 문화교섭

1장: 마카오의 개항을 둘러싼 동서양의 갈등

1. 들어가는 말

『詩經』시대 이전부터 중국인들은 그들의 삶의 공간을 세계의 중심
-중국(中國) 혹은 중원(中原)이라 부르고, "모든 하늘 밑이 다 임금님
땅이며, 모든 땅의 물가 안 모두가 임금님 신하"[1]라고 하는 천조(天朝)
의식을 지니고 있었다. 또한, 천자의 교화 속에 예의와 아름다운 복식
을 갖춘 화하민족(華夏民族)이라 자부한 중국인들은 "변방의 사람은
중원을 도모하지 못하고, 오랑캐는 중화를 문란하게 할 수 없다"[2]는
중화의식(中華意識)을 가지고 있었다. 때문에 1368년 몽고족의 지배를
무너뜨리고 새로운 한족(漢族)의 왕조를 건설한 주원장(朱元璋)이 호
풍(胡風)을 털어내고, 중화질서 재건을 기치로 내세운 것은 자연스러
운 일이었다.

주원장은 '소국과민(小國寡民)'의 도가사상을 통해 국내질서를 확립
하고,[3] 화이질서(華夷秩序)에 근간한 책봉(册封)과 조공(朝貢)을 통해

---

[1] 『詩經』,「小雅·北山」: "普天之下, 莫非王土. 率土之濱, 莫非王臣."
[2] 『左傳·定公十年』: "中國有禮儀之大故稱夏, 有服裝之美謂之華." "裔不謀夏, 夷不亂華."
[3] 홍무(洪武) 7년(1374) 주원장은 노자(老子)의 『道德經』에 주를 단 『大明太祖高皇帝
御注道德眞經』 2권을 간행하였다. 주원장은 노자의 사상을 정치에 결합시켜 사회
질서를 확립하고자 하였다.

유교적인 대외질서를 확립하고자 했다. 그의 아들 영락제(永樂帝) 역시 수차례에 걸친 북방원정과 남방원정, 만리장성의 보수를 통해 제국 강역의 내외경계를 확정하였다. 그리고 환관 정화(鄭和)를 기용하여 7차례에 걸친 남양항해를 실행하고 말라카(滿剌加)[4]왕국 등 동남아 도서국가와 책봉과 조공에 근간한 새로운 해역질서를 확립하였다.

하지만 정덕년간(正德年間, 1506~1521) 인도양을 거쳐 동남아 해역에 출현한 불랑기(佛郎機, 포르투갈)[5]가 명의 조공국가인 말라카 왕국을 무력으로 점령하였다. 중국의 해상세력 등과 결탁한 서양인들이 중국 동남연해에 출현하면서 조공을 근간으로 한 이 지역의 해역질서에 변화가 일어나기 시작한 것이다. 1557년, 만력(萬曆)황제가 매년 일정한 지조(地租)를 납부하는 조건으로 포르투갈이 천자의 땅 마카오[澳門][6]에 거류할 수 있도록 허가함으로서 동아시아 해역은 새로운 시

---

4) 말라카(Malacca) 왕국을 일컫는다. 중국과 우호적인 관계를 유지하면서 1470년경 최고의 전성기를 구가하였으며, 1511년 인도 고아(Goa)를 점령한 포르투갈의 알부케르케에게 멸망당하였다.

5) 이슬람교도는 유럽인을 프랑크족의 이름으로 부르게 되었는데, 그것을 전해들은 중국인들이 '불랑기(佛郎機)'라는 한자로 표기했다고 한다. 마테오 리치는 "중국 문자에는 R 발음이 없다. 동시에 자음은 단독으로 발음나지 않는다. 따라서 실제로는 Frank를 Fulanci로 발음했다. 이후 그들은 유럽의 무기를 프랑크라고 불렀다"고 소개했다. 불랑기는 이중적 의미로 사용되었는데 첫 번째는 "명대 후반 중국의 동남지역에 등장한 포르투갈, 스페인 사람"을 나타내었고, 두 번째는 "그들이 가져온 화포"를 지칭하는 것이었다. 불랑기란 말을 통해 중국인들은 새롭게 등장한 이 세력이 화포라는 무기-무력을 기반으로 등장하였음을 부정적으로 인식하였음을 알 수 있다. 가정(嘉靖) 44년(1565) 포르투갈의 음역인 '포도려가(蒲都麗家)'가 처음 사용되었다. 본문에서는 1565년을 기준으로 내용에 따라 불랑기와 포르투갈을 혼용한다.

6) 오문(澳門)은 마카오의 중국어 표기이다. 초기 포르투갈 서적에서는 마카오를 Amacao라 표기하였다. 이는 '아마각(阿媽閣)' 혹은 '아마항(阿媽港)'의 음역이었다. 후에 포르투갈 문서에서는 "A"를 생략하여 Macao라고 적게 되었다. 본문에서는 내용에 따라 오문과 마카오를 병용한다.

대로 접어들게 되었다. 마카오는 중국과 포르투갈 나아가 동양과 서양, 서양과 서양이 접촉하고 갈등하며 상생의 길을 찾아가는 해항도시가 되었다.

그러나 명나라 조정은 포르투갈인의 마카오 거주를 허가한 후에도 견고한 범선과 강력한 화포로 무장한 그들이 약속을 어기고 천자의 땅을 침입할 것에 대해 경계를 늦추지 못하고 있었다. 때문에 광동정부는 본토와 오문을 연결하는 유일한 육상통로인 연화경(蓮花莖)에 관갑(關閘)을 설치하여 중국인과 서양인의 자유로운 출입을 통제하였다. 포르투갈인들 역시 명나라 조정의 반대에도 불구하고 네덜란드와 왜구의 침입으로부터 삶의 터전을 지킨다는 명목으로 마카오에 성벽과 포대를 건설하려는 노력을 포기하지 않았다. 개항과 함께 동서양 중개무역과 문화교섭의 중심이 된 마카오에서는 포르투갈인의 거류지 형성을 둘러싸고 다자간의 모순과 갈등이 끊이지 않았다.

본장에서는 불랑기의 출현과 함께 명나라를 정점으로 한 남중국해역의 조공질서가 동요하는 모습을 살피고, 마카오의 개항을 둘러싸고 중국 연해의 해항도시에서 발생한 동서양의 갈등과 충돌을 고찰할 것이다. 다음으로 동서양의 중개무역항으로 급성장한 마카오의 변화와 함께 관갑의 설치라는 사건을 중심으로 마카오에 거주하는 포르투갈인에 대한 명나라 조정과 광동정부의 통제와 감독을 살펴볼 것이다. 마지막으로 명나라 조정의 불허에도 불구하고 축성(築城)과 포대(砲臺) 건설을 강행한 포르투갈인과 광동정부의 갈등과 대립관계를 고찰하고자 한다. 16, 17세기 천자의 땅 오문, 포르투갈인에 의해 새로운 해항도시로 성장한 마카오에서 펼쳐진 천조와 불랑기의 갈등관계를 통해 새로운 해항도시의 탄생과 문화교섭을 위한 전제 조건이 무엇인지 고민해보고자 한다.

2. 불랑기의 출현과 오문(澳門)의 개항

융경원년(隆慶元年, 1567) 명나라 조정이 해금(海禁)정책을 포기할 때까지, 조공은 중국과 해외 각국이 합법적으로 무역을 진행할 수 있는 유일한 기회였다. 때문에 새롭게 동중국해에 등장한 불랑기인들은 공적이고 조직적인 무역을 진행하기 위해 명나라와 책봉, 조공관계를 맺기를 희망하였다. 1517년 포르투갈 국왕 마누엘 Ⅰ세의 공식사절 자격으로 광주에 도착한 토메 페레스는 양국 간의 정식적인 외교관계 수립을 위해 장기간에 걸쳐 많은 노력을 경주했지만 결국 목적을 달성하지 못하고 1524년 광주의 감옥에서 사망하고 말았다. 그 과정에 불랑기는 몇 차례 무력에 의한 무역을 시도하기도 했지만 모두 실패로 돌아갔고 명 조정의 불신만을 키웠다.

1) 불랑기의 출현과 조공질서의 동요

홍무제(洪武帝)는 31년간의 재위기간 동안 '천조거중(天朝居中)', '천하일가(天下一家)'라는 화이질서관에 따라 유구(琉球)와 동남아 도서국가 등 여러 나라에 35회에 걸쳐 사절을 파견하고 책봉조공관계를 수립하였다. 또한 해외의 여러 나라가 입공할 때 방물(方物)을 싣고 와 무역하는 것을 허락하였다. 동남아 해역의 여러 나라들 역시 '후왕박래(厚往薄來)'를 이상으로 하는 조공무역을 통한 경제적 이익뿐만 아니라, 주변 여러 나라와의 불안정한 역학관계 속에서 각기 명나라의 보호가 필요했기 때문에 명에 신복하여 부단히 사신을 보내 책봉과 조공을 구하였다. 동남아 도서 각국의 조공사절이 늘어나자 명나라 조정은 영락 3년 복건(福建)·절강(浙江)·광동(廣東)에 시박사(市

舶司)를 설치하고 역관(驛館)을 설치하여 사신들을 맞이했다. 복건의 역관은 래원역(來遠驛)이라 하고, 절강은 안원역(安遠驛), 광동은 회원역(懷遠驛)이라 불렀다.[7] 모두 "천자의 덕으로 원방에서 오는 조공사절을 품는다(以德懷遠)"는 중화적인 가치를 포함한 이름들이었다.

정덕(正德) 12년(1517) 조공제도를 무시하고 2척의 불랑기 무장선이 천지를 흔드는 듯한 예포(禮砲)를 쏘며 광주항의 회원역으로 진입하였다. 포르투갈국왕 마누엘 Ⅰ세의 사신 카피탄 모르(Capitao-Mor) 토메 페레스와 사절단을 태운 배였다. 큰 키에 높은 코, 고양이 눈을 한 서양인들은 관원들에게 방물을 바치고 책봉을 청하였지만, 오히려 광주지역의 관원들과 백성들을 크게 놀라게 하였다. 관리들은 불랑기라는 국명이 조공국을 밝혀놓은 『大明會典』에 없고, 사신이 본국의 외교문서를 가지고 있지 않았으므로 원방에서 온 불랑기를 덕으로 품을 수 없었다. 정덕제는 방물의 가치만큼 주어 돌려보내라는 조서를 내렸지만, 포르투갈 사신들은 광주에 오래 머물며 떠나지 않았다. 정덕 15년(1520) 토메 페레스는 현지에 파견된 환관에게 뇌물을 바쳐 남경(南京)에서 남순(南巡) 중인 황제를 알현하고, 마침내 입경(入京)을 허락받아 북경에 도착할 수 있었다.[8] 그러나 공교롭게도 말라카 국왕 소단마말(蘇端媽末)이 명나라에 구원을 청하기 위해 보낸 사신 도앙(圖昻)도 이때에 도착했다. 도앙은 알부케르케가 지휘하는 불랑기가

---

7) 『明史·食貨志』: "三年, 以諸蕃貢使益多, 乃置驛於福建浙江廣東三市舶司以館之. 福建日來遠, 浙江日安遠, 廣東日懷遠."

8) 『明史·外國傳』: "十三年遣使臣加必丹末等貢方物, 請封, 始知其名. 詔給方物之直, 遣還. 其人久留不去. 剽劫行旅, 且掠小兒爲食."; 胡宗憲 『籌海圖編』, 卷13 「經略」 3,: "佛郎機國名也, 非銃名也. 正德丁丑, 子任廣東僉事, 署海道事, 驀有大海船二只, 直至廣城懷遠驛, 稱係佛郎機國進貢. 其船主名加必丹. 其人皆深目高鼻, 以白布纏頭, 如回回打扮. ……査大明會典并無此國入貢, 具本參奏, 朝廷許之, 起送赴京."

커다란 범선과 강력한 함포를 앞세워 그들의 왕국을 점령하고, 그 왕을 축출하였음을 알려왔다. 이에 북경과 광동의 관리들은 황제에게 불랑기인들은 무역을 빌미로 중원 땅을 정찰하고 인도와 말라카에서처럼 나중에 무장침입을 계획하고 있다는 내용의 상소를 올렸다.[9] 감찰어사(監察御使) 구도륭(丘道隆)은 불랑기와 조공관계를 맺을 수 없는 이유를 구체적으로 밝혔다.

> 말라카는 칙서를 내려 책봉한 나라인데 불랑기는 감히 그 나라를 병합하였고, 또 이로움으로 우리를 꾀어 책봉과 진공을 구하고자 하니, 결코 허락할 수 없습니다. 마땅히 그 사신을 물리쳐서 순리(順理)와 역리(逆理)를 분명하게 보이고, 말라카에게 강토를 돌려주어야만 조공을 허락하겠다고 해야 합니다. 만일 이런 저런 핑계로 뉘우치지 않고 고치지 않으면 반드시 여러 번국(蕃國)에 격문을 발하여 죄상을 알리고 토벌해야 합니다.[10]

구도륭은 동남아 지역에 출현한 불랑기가 말라카 국왕을 축출하고, 그 영토를 점령한 사건을 명 황실을 중심으로 한 중화질서에 대한 엄중한 도전으로 받아들였다. 때문에 그는 화이질서를 위협하는 불랑기가 말라카를 반환하기 전에는 결코 조공을 허가할 수 없음을 밝혔다. 뿐만 아니라 중국과 책봉관계를 맺고 있는 주변의 여러 번국을 규합하여 포르투갈 세력을 몰아내어야 한다는 적극적인 주장을 펼친 것이다. 어사(御史) 하오(何鰲) 또한 같은 뜻의 상소를 올렸다.

---

9) 『若昂・德・巴羅斯亞洲史－旬年史之三』第6篇 第1章, 146쪽 ; 吳志良・湯開建・金國平 主編, 『澳門編年史』第1卷(廣東人民出版社, 2009), 36쪽 재인용.
10) 『明史・外國傳』: "十五年, 禦史丘道隆言: 滿剌加乃救封之國, 而佛郎機敢並之, 且唉我以利, 邀求封貢, 決不可許. 宜卻其使臣, 明示順逆, 令還滿剌加疆土, 方許朝貢. 倘執迷不悛, 必檄告諸蕃, 聲罪致討."

지금 그들(불랑기)이 왕래하여 무역하는 것을 듣건대, 위세를 내세워 반드시 싸우고 살상을 자행하니 남방의 환란과 위태로움이 끝이 없습니다. 선조들이 조공의 기한을 정하고 상규(常規)를 세워 방비함으로 해서 오는 사람이 많지 않았습니다. 근래에 …… 번인(番人)의 배가 해안에 끊이지 않고, 만인(蠻人)이 주성(州城)에 매우 번잡하게 많습니다. 이들을 금지하고 방비함이 이미 소홀해져 뱃길이 더욱 익숙해졌습니다. 이 때문에 불랑기가 기회를 틈타 돌진하여 이르게 된 것입니다. 청하옵건대 해안가에 있는 번인들의 배와 숨어서 거주하는 번인들을 모두 쫓아내고 사적인 통행을 금하여 수비를 엄히 하면, 머지않아 곧 안녕을 얻을 것입니다.[11]

하오는 포르투갈이 동남아 해역에서 무력에 의지하여 온갖 횡포를 자행하고 있고, 이들의 횡포로 인해 선조들이 세운 조공질서 자체가 동요되고 있으며, 해방(海防)에 엄청난 위협을 야기하고 있다는 의견을 제기했다. 이와 함께 외국과의 사적 무역에 대한 전면적인 금지가 있어야 제국의 안녕이 유지될 수 있다고 주장하였다. 구도륭과 하오의 상소 내용을 통해 당시 광동정부와 명나라 조정의 대신들은 포르투갈의 출현이 단지 동남연안을 소란케 하는데 그치는 것이 아니라, 말라카 왕국과 같은 조공국을 위협하여 국초부터 확립된 조공질서와 해금정책의 근간을 흔드는 심각한 상황으로 받아들이고 있었음을 알 수 있다.

포르투갈의 등장은 광주를 중심으로 평화롭게 진행되던 섬라(暹羅), 점성(占城), 자와(爪哇), 유구, 발니(浡泥) 등 동남아 국가와의 조공무역 등 대외무역에 큰 위협이 되었다. 광주항의 안전을 위협받은 광동정

---

11) 『明史・外國傳』: "禦史何鰲言: 今聽其往來貿易, 勢必爭鬪殺傷, 南方之禍殆無紀極. 祖宗朝貢有定期, 防有常制, 故來者不多. 近…… 致番舶不絕於海澨, 蠻人雜遝於州城. 禁防旣疏, 水道益熟. 此佛郎機所以乘機突至也. 乞悉驅在澳番舶及番人潛居者, 禁私通, 嚴守備, 庶一方獲安."

부는 정덕 15년 동남아 여러 나라와의 무역을 관장하던 시박사를 고주(高州)의 전백현(電白縣)으로 옮기고,[12] 이민족의 광주항 출입을 완전히 봉쇄하였다. 정덕 16년 4월 무종(武宗)이 사망하고 뒤를 이어 황위에 오른 신종(神宗)은 토메 페레스 등을 광주로 돌려보내고 칙서를 내려 불랑기를 꾸짖고 말라카의 옛 땅을 되돌려 줄 것을 명령하였다. 또한 섬라 등 여러 나라 왕에게 말라카의 재난을 구하고 이웃나라를 구휼해야 한다는 뜻의 유지를 내렸지만 끝내 이에 응하는 나라가 없어 말라카 왕국은 멸망하게 되었다.[13] 이처럼 포르투갈의 침략으로 말라카 왕국이 멸망하고, 동남아의 조공국가들이 명 왕실의 유시(諭示)를 무시한 일은 명을 중심으로 한 동남아시아의 조공체제와 해역 질서가 동요하고 있었음을 반증하는 중요한 사건임에 분명하다.[14]

2) 오문의 개항

무례한 포르투갈인들을 처음 접한 중국의 관원들은 불랑기라는 국명을 처음으로 알게 되었고, 이 유럽인들이 천성적으로 매우 강인한 전사들로서 세계를 정복하고, 그를 통해 지구 전체에 제국의 판도를 넓히고 있다고 굳게 믿게 되었다.[15] 특히, 정덕 14년(1519) 토메 페레

---

12) 『明史・外國傳』: "先是, 暹羅・占城・爪哇・琉球・浡泥諸國互市, 俱在廣州, 設市舶司領之. 正德時, 移於高州之電白縣."
13) 『明史・外國傳』: "後佛郎機强, 擧兵侵奪其地, 王蘇端媽末出奔, 遣使告難. 時世宗嗣位, 敕責佛郎機, 令還其故土. 諭暹羅諸國王以救災恤鄰之義, 迄無應者, 滿剌加竟爲所滅."
14) 양가빈(梁嘉彬) 선생은 「明史稿佛郎機傳考證」에서 "포르투갈인들이 동양으로 와 말라카를 점령한 사건은 실제 중국 외교의 실패가 시작된 것이다"라고 중요한 의미를 두었다. 王錫昌 等, 『明代國際關係』(臺灣學生書局, 1968).
15) 利瑪竇(Matteo Ricci)・金尼閣(Nicolas Trigault) 著, 何高濟・王遵仲・李申 譯, 『利瑪竇中國札記』(廣西師範大學出版社, 2001), 8쪽.

스 일행의 안전한 호송을 위해 파견된 시만 데 안델레데가 광주성에
서 부녀자와 아이들을 납치하고, 인도양과 동남아 해역에서 자행했던
것처럼 대포로 무장한 선박을 앞세워 섬라, 간포채(柬埔寨) 등 동남아
조공국가의 무역활동을 방해한 사건은 명나라와 공적인 조공무역관
계를 맺고자 했던 포르투갈국왕의 시도가 실패로 돌아가게 되는 중요
한 이유가 되었다.

안델레데의 횡포는 1521년 둔문해전(屯門海戰)으로 이어졌고, 1523
년에는 서초만(西草灣)에서 중국과 무력충돌이 벌어졌다.16) 동남아시
아 해역에서와 달리 두 차례 무력 충돌에서 패배한 포르투갈인들은
동아시아 해역에서는 무력에 의지하여 마음대로 행동할 수 없었다.
그들의 군사력과 경제력이 중국만큼 강력하지 못했음을 확인하게 된
것이다. 광동연안에서 밀려난 '사적' 포르투갈 상인들은 이 해역에 형
성된 밀무역시스템에 편입하여 최대한의 이익을 얻기 위해 노력할 수
밖에 없었다. 그들은 동남아 상인들 사이에 섞여 중국 상인들과 밀무
역을 진행하고, 영파 인근 쌍서(雙嶼)를 중심으로 불법적인 정착지를
구축하였다.17) 이들 사적 포르투갈인은 대부분 이익을 쫓아 유라시아
동방 해역까지 굴러들어온 부랑자들이요 무법자들18)이었기 때문에

16) 『明史 · 外國傳』: "嘉靖二年遂寇新會之西草灣, 指揮柯榮 · 百戶王應恩御之. 轉戰至稍
州, 向化人潘丁苟先登, 衆齊進, 生擒別都盧 · 疏世利等四十二人, 斬首三十五級, 獲其
二舟. 餘黨復率三舟接戰. 應恩陣亡, 賊亦敗遁."『澳門記略』: "海道副使汪鋐帥兵往逐,
猶以火器抗. 鋐募善泅者鑿而沈其舟. 逸出者悉擒斬之, 遺其銃機. 後鋐請如夷制爲銃,
頒諸邊鎭. 遂名爲佛郎機."
17) "닝포 마을에는 …… 3천 명 가량의 포르투갈인들은 백인과 인도인 혼혈 여성과
결혼해 살았고 2곳의 병원과 연간 3만 크루자도 가량으로 유지되는 성당 2곳이
있었고, 도시를 다스리는 의회에는 매년 6천 크루자도의 세금을 거둬들였다. 그
규모로 미루어 아시아에서 가장 고풍스럽고 부유하고 풍족한 도시라는 것은 분
명한 듯 했다." 페르낭 멘데스 핀투, 이명 역, 『핀투 여행기』(노마드북스, 2006),
640쪽.

부녀자와 아이를 유괴하는 등 지역정부와 끊임없이 충돌하였다.

1548년 영파 부근의 쌍서에서 발생한 정부군과의 무력충돌로 강절(江浙)과 복건(福建)에서도 밀려난 포르투갈인들은 장주(漳州)의 월항(月港)과 오서(浯嶼), 주강 유역의 상천도(上千島)와 랑백(浪白) 등지에 숨어들어 밀무역을 계속하였다. 하지만 1552년 포르투갈왕실 함대의 사령관자격으로 광주 만에 도착한 리오넬 데 소사는 그 일대에서 날뛰고 있던 포르투갈 해적선과 밀무역 상인들을 소탕하고 명나라 조정으로부터 신임을 받게 되었다. 데소사의 행동은 질서를 중시하는 포르투갈의 '바다의 제국'과 사적인 포르투갈인과의 차이를 주장하는 것이기도 했다.[19]

불랑기의 출현으로 인해 조공무역을 비롯한 해외무역이 정체상태에 빠지면서 큰 어려움을 겪게 된 집단은 대부분의 월봉(月俸)을 번화(番貨)로 대신했던 광동지방의 문무관원들과 불법적인 밀무역을 통해 막대한 이익을 챙기던 해안지역의 권문호족세력들이었다. 때문에 양광(兩廣), 복건, 강절 지역 출신 관리들과 광동의 관리들은 부분적인 해금(解禁)을 요청하였고, 불랑기와의 통상을 허락해야 한다는 논의가 다시 제기되었다. 가정 8년(1529) 급사중(給事中) 임부(林富)는 불랑기와의 교역을 재개하여 상세(商稅)를 걷어 들이면 어용(御用)을 충당하고, 군향(軍餉)을 보충하는 등 4가지의 장점이 있다는 상소를 올렸다. 마침내 중앙 조정에서도 임부의 건의를 받아들여 불랑기가 향산오에 들어와 교역할 수 있도록 허가하게 되었다.[20]

---

18) 하네다 마사시, 이수열·구지영 역, 『동인도회사와 아시아의 바다』(선인, 2012), 110~111쪽.

19) 같은 책 112~113쪽.

20) 『明史·外國傳』: "巡撫林富上言: "粵中公私諸費多資商稅, 番舶不至, 則公私皆窘. 今許佛郎機互市有四利. 祖宗時諸番常貢外, 原有抽分之法, 稍取其餘, 足供禦用, 利一.

가정 14년(1535)에는 전백현이 너무 한쪽에 치우쳐 있어 교역에 불편을 느낀 중국과 동남아의 상인들이 지휘(指揮) 황경(黃慶)에게 뇌물을 바치고, 상관에게 청하여 시박사를 호경(壕鏡)으로 옮겼다. 광동정부는 매년 2만금을 세금으로 부가하여 징수했고, 이때부터 불랑기는 오문에 혼입(混入)해 들어올 수 있었다.[21] 오문이 대외 무역장소로 개방된 것은 주로 명나라 초기부터 공적인 무역관계를 갖고 있던 동남아 해상국가를 위한 조치였다. 하지만 이미 말라카를 무력으로 점령한 불랑기는 말라카라고 거짓으로 칭하고 그들과 함께 오문에서 무역을 진행한 것이다.[22]

1553년 포르투갈 상인들은 풍랑에 젖은 화물을 말리고 싶다는 이유를 들어 광동해도부사(廣東海道副使) 왕백(汪柏)에게 뇌물을 바치고 오문반도(澳門半島)에 상륙허가를 받아 내었다. 1554년 데 소사가 포르투갈 왕자에게 보낸 서신에는 포르투갈 상인들의 경거망동을 자제시키고 중국의 국법이 정한 바대로 20%의 세금을 납부하기로 약속한 이후, 관계가 점차 개선되어 광주뿐만 아니라 다른 지역에서도 무역을 진행할 수 있게 되었다고 보고하고 있다.[23] 데 소사는 왕백과의 구두협상을 통해 무역세를 납부하기로 하고 마침내 오문에서의 자유무

兩粵比歲用兵, 庫藏耗竭, 籍以充軍餉, 備不虞, 利二. 粵西素仰給粵東, 小有徵發, 即措辦不前, 若番舶流通, 則上下交濟, 利三. 小民以懋遷爲生, 持一錢之貨, 即得展轉販易, 衣食其中, 利四. 助國裕民, 兩有所賴, 此因民之利而利之, 非開利孔爲民梯禍也."

21) 印光任・張汝霖, 『澳門記略』 上卷: "(嘉靖)十四年, 都指揮黃慶納賄, 請於上官, 移舶口于濠鏡, 歲輸課二萬金, 澳之有蕃市自黃慶始."

22) 『明史・外國傳』: "(嘉靖)四十四年(1565)僞稱滿刺加入貢. 已改稱蒲都麗家. 守臣以聞, 下部議, 言必佛郎機假托, 乃卻之."

23) Jordao de Freitas, *Macau: Materiasis para a Sua Historia no Seculo XVI*, pp. 8~13. 吳志良・湯開建・金國平 主編, 『澳門編年史』 第1卷(廣東人民出版社, 2009), 102쪽 재인용.

역을 허가받은 것이다.[24] 명의 문인 왕사성(王士性)은 불랑기의 출입
이 허용된 오문의 변화를 다음과 같이 개괄하고 있다.

> 향산오(香山澳)는 여러 나라 외국인들이 함께 머무르는 장소다. 해안은 (향
> 산)읍으로부터 2백리 떨어져 있으며, 육로로도 이를 수 있다. 자와, 발니, 섬나,
> 진석(眞臘), 삼불제(三佛齊) 등 여러 국가들이 모여 있었다. 처음에는 선상에서
> 거주(舟居)함에 그쳤다. 화물을 오랫동안 처리하지 못하자, 하나 둘 뭍에 올라
> 가건물을 짓는 자가 있었다. 여러 외국인들이 점차 이를 따르니 지금은 높은
> 집과 큰 건물들이 들어서 성시(城市)에 뒤지지 않고, 취락이 만여 곳에 달한
> 다.[25]

왕사성의 기록과 역사적 사실을 조합하여, 불랑기인들이 오문에 상
륙허가를 받은 이후부터 합법적인 거류지를 만들 때까지의 과정을 정
리하면 다음과 같이 3단계로 구분할 수 있다.[26] 첫 번째 단계는 명 조
정이 일찍부터 조공관계를 맺고 있던 동남아 해상국가들을 위해 오문
을 통상항구로 개방한 1529년 이후이다. 불랑기 상인들은 동남아 국
가의 상인들 사이에 섞여 마카오에 출입하였고, 선상에서 거주하며

24) 명나라 조정이 포르투갈에게 오문의 합법적인 거류를 허가한 원인에 대해서는
아직도 많은 의론이 있다. 명 말의 사회동란과 '북로남왜(北虜南倭)'라는 변경의
위기로 인해 동남연해의 무역사무에 대해 신경 쓸 여력이 없었던 명나라 조정,
도사들의 양생 · 방중술에 미혹되어 황음무도한 생활에 빠져 있던 가정제의 용연
향에 대한 욕망이 오문의 개항을 촉발하였다는 양가빈(梁嘉彬)의 주장은 일면 설
득력을 가지고 있다. 또한 군향(軍餉) 등 재정적 압박과 임전(林剪), 하아팔(何亞
八) 등 해상세력의 발호를 제압하기 위해 광동지역의 관원들이 불랑기와의 무역
을 허가하고 그들의 도움을 받은 것도 이유가 될 것이다.
25) 王士性,『廣志繹』, 卷 4「江南諸城」:"香山澳乃諸番旅泊之處, 海岸去邑二百里, 陸行
而至, 爪哇 · 渤泥 · 暹羅 · 眞臘 · 三佛齊諸國俱有之. 其初止舟居, 以貨久不脫, 稍有一
二登陸而拓架者, 諸番逐漸效之, 今則高居大厦, 不減城市, 聚落萬頭."
26) 廖大珂,「試論澳門葡萄牙人居留地的形成」,『澳門人文社會科學研究文選 · 歷史卷』上
卷(社會科學文獻出版社, 2010).

무역을 진행하였다. 두 번째 단계는 1535년 광동정부가 시박사를 호경으로 옮기고 교역장소로 개방한 이후, 소수의 포르투갈 상인들이 광동정부의 관리가 소홀한 틈을 타 오문에 상륙하여 포장을 치거나 초옥(草屋)을 지어 임시 거주(旅居)하던 시기이다. 세 번째 단계는 명조정과 광동당국이 포르투갈인들에게 거주권을 부여한 가정36년 (1557) 이후로 상천도, 랑백 등지에 흩어져 있던 포르투갈인들이 마카오로 이주하여 독자적인 포르투갈 거류지를 형성하던 시기이다.

3. 마카오의 성장과 관갑 설치

마카오는 포르투갈인들이 대포를 동원해 무력으로 점령한 말라카와 다른 공간이었다. 동남아 조공국가들을 위해 개방한 천자의 땅 오문이 점차 포르투갈의 독점적인 공간으로 변모한 것은 앞에서 살펴본 것처럼 끊임없는 접촉과 갈등의 과정이었다. 1557년 포르투갈인의 거주가 합법화 된 이후, 마카오는 무역 중개항으로서 급속한 발전을 이루었고 외국인의 출입 또한 더욱 빈번해졌다. 명나라 조정은 관갑을 설치해서 늘어나는 불랑기인을 통제하고, 천조의 강역을 지키고 자국민의 안전을 지키고자 하였다.

1) 해항도시 마카오의 성장

인도양과 동남아시아 해역을 연결하는 해상제국을 건설한 알부케르케 이후, 포르투갈인들은 인도양에서의 경험에 근거하여 해상무역에 있어서의 편리성뿐만 아니라 해군기지의 역할을 하는 한편, 대포로 무장한 함선에 의해 바다 쪽에서 방어가 가능한 전략적 거점으로 섬이나 반도를 확보하고자 했다.[27] 1552년 왕실 함대의 사령관으로서 광주만에 도착한 리오넬 데 소사가 광동정부의 왕광과 비공식적인 합의를 도출한 이후, 마카오는 점차 동서양 교류의 중심지로 성장하였다. 하지만 매번 교역이 끝나면 포르투갈 사람들은 즉각 모든 물품들을 가지고 인도로 돌아가야만 했다.

수년에 걸친 이러한 교역으로 중국 관리들의 두려움은 점차 없어졌다. 그들은 외국에서 온 상인들이 부근에 있는 조그만 섬 외곽에 교역소를 설립하도록 허가하였다. 이 조그만 섬에서는 신묘(pagoda) 한 곳을 경건하게 모시고 있었는데 Ama(阿媽)라고 불렀다. 그리고 이 지방을 Amacao(澳門)이라 부르는 것은 아마항(阿媽港) 내에 있기 때문이었다. 사적 상인들의 횡포를 단속하고 지속적인 교섭을 진행한 결과 광동정부로부터 'Amacao'라는 조금만 섬의 한 귀퉁이에 교역소 설치를 허가받은 포르투갈인들. 그들은 배를 정박시키기에 유리한 북쪽 만과 남쪽 만 사이, 즉 사리두(沙梨頭)와 마조각(媽祖閣) 사이의 해안에 항구와 부대시설들을 건축하면서 중국황제의 땅을 잠식하기 시작하였다. 포르투갈인들이 처음 지은 집들은 띠나 대나무 등 주변에서 쉽게 구할 수 있는 재료를 이은 간단한 형태였다. 시간이 지나면서 이익을 추구하는 상인들이 벽돌과 기와 서까래 등을 옮겨와 높은 처마와 나는 듯한 기와집이 즐비하게 늘어선 도시로 발전하였다.[28] 가정 43년(1564) 광동관찰어사(廣東觀察御使) 방상붕(龐尙鵬)은 황제에게 개항과 함께 급속한 발전을 이룩한 오문의 모습을 다음과 같이 보고하였

---

27) 카를로 치폴라, 최파일 역, 『대포 범선 제국: 1400~1700년, 유럽은 어떻게 세계의 바다를 지배하게 되었는가?』(미지북스, 2010), 170쪽.

28) 『澳門記略』: "初僅茇舍, 商人牟奸利者漸運領甓椽桷爲屋.……高棟飛甍, 櫛比相望."

다.29)

최근 수년 내, 처음으로 호경오(濠鏡澳)에 들어와 집을 짓고 거주하기 시작
하였습니다. 해가 지나지 않아 수 백 곳의 거처가 지어졌고, 지금은 천여 채에
가까운 거처가 있습니다. 날마다 화인(華人)들과 접촉하면서 매년 많은 이익을
꾀하니 벌어들인 것이 얼마인지 그 수를 헤아릴 수 없습니다. 그런 까닭에 거
국적으로 도래하니 노인을 업고 어린아이의 손을 잡고 꼬리에 꼬리를 이었습
니다. 지금은 또 지은 집이 얼마나 되는지 알 수 없지만, 현재 오랑캐 무리는
거의 만 명에 가깝게 늘었습니다.30)

방상붕의 기록에 따르면 당시 마카오에 모여든 중국인들은 주로 마
조(媽祖)의 고향인 복건 장주와 천주(泉州), 절강의 영파와 소흥(紹興),
광동의 동완(東莞)과 신회(新會) 등지에서 온 사람들이었다. 그들은
서양인의 복장을 하고, 서양인의 말을 사용하며 중국인과 포르투갈인
사이에서 통사(通事)로 활동하였다.31)그들은 상업 활동의 거간 역할
을 담당했을 뿐만 아니라, 황제의 음욕을 만족시키기 위한 용연향과
귀비들의 사치를 위한 서양 상품을 구하기 위해 마카오를 찾는 관원
과 환관, 외국에서 들어온 새로운 문물에 관심을 가진 많은 사람들에
게 통역과 함께 서양의 문화를 소개하는 중개자의 역할도 담당하였

29) 방상붕의 상소문은 가정 43년 겨울에 완성되었기 때문에 "근수년(近數年)"이란
대략 가정 36년에서 가정 41년(1557~1562) 사이를 말하는 것이다. 그러므로 오
문에 외국인 상인들이 정거하고 건축물을 짓기 시작한 것은 아무리 빨라도 1557
~1562년 사이이다.
30) 龐尙鵬, 「陳末議以保海隅萬歲治安疏」: "近數年來, 始入濠鏡澳築室居住, 不踰年多至
數百區, 今殆千區以上. 日與華人相接, 歲規厚利, 所獲不貲, 故舉國而來, 負老携幼, 更
相接踵, 今夷衆殆萬人矣."
31) 龐尙鵬, 「陳末議以保海隅萬歲治安疏」: "其通事多漳, 泉, 紹及東莞,新會人爲之, 椎髻
環耳, 效番衣服聲音."

다. 1582년 마카오에 도착한 마테오리치의 눈에 비친 마카오는 이미 번성한 상업도시였다.

  포르투갈사람 뿐 아니라 부근의 주민들까지 유럽과 인도 및 말루카 군도에서 운반해 온 물건들을 사려고 모여들었다. 돈을 빨리 벌려는 희망으로 많은 중국 상인들은 이 섬에 와서 살게 되었고, 오래지 않아 이 교역 기지는 도시로 변해갔다. 사람들은 집을 짓기 시작했고, 포르투갈사람들과 중국사람들은 서로 결혼도 했다. 이 조그만 섬은 매우 급속하게 항구로, 또 중요한 상업도시로 발전했다.[32]

  가정 연간 동남아 해역의 조공국가들 속에 섞여 마카오에 진출한 포르투갈인들은 시간이 지나면서 그 수가 더욱 증가하였다. 시간이 흐르면서 섬라나 점성 등 10여 개국에서 온 동남아 상인들은 포르투갈인들을 두려워하여 마카오를 떠나버렸다. 마카오는 점차 포르투갈인들만이 웅거(雄據)하는 왕국으로 바뀌어갔다. 포르투갈인들은 말라카를 점령한데 이어 만력연간에는 여송(呂宋)마저 점령하여 민월(閩粵)의 해상무역을 장악하고 더욱 강성해 졌다.[33] 오문에서 독점적인 지위를 구축하게 된 포르투갈은 마카오와 일본, 마카오와 고아, 고아와 리스본을 잇는 세계적인 무역네트워크를 건설하고, 바닷가에 성을 건설하여 강력한 세력을 형성하였다.

32) 利瑪竇(Matteo Ricci)·金尼閣(Nicolas Trigault) 著, 何高濟·王遵仲·李申 譯, 『利瑪竇中國札記』(廣西師範大學出版社, 2001), 8쪽 ; 마테오 리치, 신진호·전미경 역, 『마테오 리치의 중국견문록』(문사철, 2011), 169~171쪽.
33) 『明史·外國傳』: "久之, 其來益眾. 諸國人畏而避之, 遂專爲所據. …… 萬曆中, 破滅呂宋, 盡擅閩粵海上之利, 勢益熾."

2) 관갑의 건설과 거주공간의 분리

중국인들과 포르투갈인들이 마카오에서 혼거하게 되면서 명나라 조정과 광동정부는 행정관리에 있어 새로운 과제를 안게 되었다. 광동의 관리들은 포르투갈인들의 마카오 거주와 관련하여 세향(稅餉)을 통한 경제적 이익, 해강(海疆)의 안전이라는 군사적 득실에 대해 서로 다른 견해를 가지고 있었다. 때문에 새로운 과제에 대한 해결 방안도 서로 달랐다. 그 중 하나의 의견은 오문에서 포르투갈인들을 몰아내자는 것이었다. 어떤 이는 항구를 메워 포르투갈 선박이 마카오에 진입하는 것을 막자고 하였고, 어떤 이는 사람을 파견하여 불을 질러 거주지를 불태워 포르투갈 상인들을 내쫓아야 한다는 과격한 의견을 가지고 있었다. 또 다른 의견은 회유정책이었다. 선례에 따라 일상적인 무역은 허용하되 거래가 끝나면 반드시 가옥을 철거하고 배와 함께 철수시키자는 것이었다. 또 다른 의견은 관원을 두어 관리하자는 방안으로 그들을 왕조의 지방행정 관리체제 속으로 편입시키자는 것이었다. 소위 "성을 건설하고 관리를 두어 현에서 관리하자는 것(建城設官而縣治之)"이었다.[34] 당시 행정을 책임졌던 사람들은 절충적인 방안을 선택하였다.

만력 2년(1574) 광동정부는 전산채(前山寨)와 마카오를 연결하는 유일한 육로인 연화경에 관갑을 설치하고 관리를 두어 지키도록 결정하였다.[35] 관갑의 설치와 운영에 대해서는 강희(康熙)년간에 간행된 『香

---

34) 陳文源, 「明淸時期廣東政府對澳門社會秩序的管理」, 『廣東社會科學』, 2012年 6期, 112쪽.

35) 『澳門記略・官守篇』: "佛郎機旣據澳, 至萬曆二年建閘於蓮花莖, 設官守之而蕃夷之來日益衆."

山縣志』에서 볼 수 있다.

> (향산현) 전산촌(前山村)에서 남쪽으로 20리 떨어진 곳을 호경오라 부르고, 3
> 리가 되지 않는 곳에 관이 있다. 만력 2년에 세우고, 관관(關官)을 두고 지키게
> 하였다. 관갑 위에는 3칸의 망루가 있다. 관갑은 해마다 약간 석(石)의 쌀을 방
> 출하였고, 매달 6번 관문을 열었다. 광조남소도(廣肇南韶道)에서 봉조(封條) 6
> 도(道)를 발급하고 문무관이 회동하여 검증한 후 개방하라고 명령하였다. 일이
> 끝나면 관을 닫았다.36)

하지만 관갑을 설치하게 된 직접적인 원인에 관해서는 중국 측과
포르투갈 측의 기록에 약간의 차이가 있고, 관갑의 설치가 갖는 의의
를 두고도 상이한 해석이 존재하고 있다. 서양인에 의한 역사 기록에
는 다음과 같은 사건이 기술 되어있다.

> 1573년 중국 관원들은 흑인 노예가 그곳(香山)에 가서 도둑질을 했다는 이
> 유로 처음으로 포르투갈 사람들이 향산도에 진입하는 것을 금지 하였다. 이 때
> 문에 지협에 관갑(porta de cerco)이 출현하게 되었다. 처음에는 매주 1번 만 열
> 렸지만 후에는 매일 아침에 개방하고 저녁에 문을 닫았다. 파총(把摠) 한 사람
> 을 두고 다음날 아침에 관문에 붙인 여섯 장의 봉인을 때 내었다.37)

마카오에 거주하는 흑인 노예가 중국내지로 도망하는 것을 방지하
기 위해 관갑을 설치했다는 주장은 1784년 메로 카스트로라는 관리에
의해 작성된 『비망록』에 남아있다.38) 이 외에도 카스트로는 초기에

---

36) 『香山縣志』: "由前山村而南二十里日濠鏡澳, 未三里爲關, 萬曆二年建, 設關官守之,
關閘上爲樓三間, 關閘歲放米若干石, 每月六啓關. 廣肇南韶道發封條六道, 令文武官會
同驗放. 事已封關."
37) 施白蒂, 『澳門編年史』(澳門基金會, 1995), 28쪽 ; 湯開建, 「明朝在澳門設立的有關職
官考證」, 『暨南學報』 第21卷 第1期(1999).

포르투갈인들은 식량을 비축하기 위해 향산현에서 토지를 경작하였지만 아쉽게도 시간이 지나면서 중국인들에게 식량공급을 의지하는 오류를 범하였다고 하였다고 기록하고 있다.[39] 이를 통해 1573년 이전에는 마카오와 향산현의 왕래가 자유로웠고, 포르투갈인이 향산현의 토지를 이용하여 식량을 자급자족하려는 활동 과정에 흑인 노예의 불법적인 활동이 문제가 되었으리라 추론할 수 있다.

하지만 중국의 사료 중에는 관갑의 설치와 관련하여 그 원인을 명확히 밝히고 있는 자료가 없다. 하지만 만력 41년 포르투갈인들을 마카오에서 몰아내어야 한다는 형과급사중(刑科給事中) 곽상빈(郭尙賓)의 주장에 대해 반대의견을 제시한 양광총독(兩廣總督) 장명강(張鳴岡)의 상소내용을 통해 관갑을 설치한 이유를 찾아볼 수 있다.

　　호경은 향산의 내지에 있고 관군이 바다를 둘러싸 지키고 있으므로, 그들은 매일 필요한 먹을거리를 모두 우리에게 의지해야 합니다. 일단 다른 뜻을 품으면 우리는 곧 그들의 목숨을 마음대로 할 수 있습니다. 만일 이들을 외양(外洋)으로 옮기면 망망대해에서 간악한 무리들이 난동을 피우는 것을 어찌 꾸짖을 것이며, 이들을 어찌 제어하고 막을 수 있겠습니까? 마치 약속을 거듭 설명하는 것 같지 않으면서도 안으로는 단 한명의 간자(奸者)도 함부로 나가도록 허락하지 않고, 밖으로는 한 명의 왜구도 들어오도록 허락하지 않는 것이어서, 화근이 발생함이 없고 방비가 이완됨이 없으니, 점차 서로 편안하고 환란이 없게 될 것입니다.[40]

----

38) Andres Ljungstedt, 吳義雄等譯, 『早期澳門史』(東方出版社, 1997)에 따르면 Martinho de Melo e Castro의 『비망록』은 리스본 역사자료관에 소장되어있다.

39) 吳志良·湯開建·金國平 主編, 『澳門編年史』 第1卷(廣州, 廣東人民出版社, 2009), 163쪽 재인용.

40) 『明史·佛郞機傳』: "而壕鏡在香山內地, 官軍環海而守, 彼日食所需, 咸仰于我, 一懷異志, 我卽制其死命. 若移之外洋, 則巨海茫茫, 奸宄安詰. 制御安施. 似不如申明約束, 內不許一奸闌出, 外不許一倭闌入, 無啓釁, 無弛防, 相安無患之爲愈也."

명나라 조정과 광동정부가 관갑을 설치한 이유는 흑인 노예가 향산에 들어와 도둑질을 하는 것처럼, 가공할 화력을 지닌 포르투갈인들이 어느 날 시랑(豺狼)으로 변해 향산을 침범한다면 그 화는 차마 말로 옮길 수 없을 것이라는 위기감에서 출발한다.[41] 때문에 포르투갈인을 포함한 이민족들이 마카오 밖으로 나오는 것과 중국인들이 들어가는 것을 차단하고,[42] 식량을 포함한 생활필수품의 보급을 통제하여 그들을 제어하는 것이 관갑을 설치한 가장 큰 이유라 할 것이다. 이미 호시(互市)를 폐지할 수 없게 된 상황에서 "그 식량 공급을 끊는 것(絶其口食)"을 통해 포르투갈인을 제압하자는 장명강의 방안은 명 조정의 최종적인 지지를 받게 되었고, 청나라 때에도 절묘한 계책이라 받아들여져 유지되었다.[43]

중국은 관갑을 통해 포르투갈인 거주자의 수 만큼만의 쌀과 음식, 술 등 일상생활에 필요한 필수품들을 제공하고자 하였다. 광동정부는 외국인을 통제하기 위해 관을 통한 생필품 거래만을 허용하고, 이익을 쫓는 간악한 백성들이 사사로이 도움을 주는 행위를 엄금하였다. 하지만 당시 광동과 복건의 상인들 중에는 정부의 명령을 무시하고 사사로이 미곡을 제공할 뿐만 아니라 칼, 화약, 유황과 같은 군사물자를 제공하는 자들이 많았다. 형과급사중 곽상빈이 걱정한 것은 이처

---

[41] 마테오 리치가 그의 스승 파비오 데 파비에게 보낸 편지에 다음과 내용이 있다. "이토록 거대한 군대를 보유한 대국이 훨씬 작은 나라들을 오랫동안 두려워하고 있었다는 것은 우리로서는 믿기 어려운 일입니다. 그들은 매년 큰 재난을 두려워하면서도 이웃 나라들로부터 자기 나라를 지키기 위해서 별 노력을 기울이지도 않습니다. 그들은 무력에 호소한다든가, 사기술을 써서 우호적인 태도를 가장하지도 않습니다. 중국인들은 다른 어떤 나라에 대해서도 절대 신뢰하지 않습니다." 조너슨 D. 스펜스, 주원준 역, 『마테오 리치, 기억의 궁전』(이산, 1999), 82~83쪽.
[42] 王植, 『崇德堂稿』: "夷人出, 漢人入, 皆不得擅行."
[43] 祝淮, 『新修香山縣志』, 卷4 「海防·澳門」: "夷人居澳者, 數百年來, 時有縱恣, 地方官所以制之者, 牽絶其口食, 遂俯首受馭. 互市旣不可廢, 當以張鳴岡之言爲至計."

럼 법을 어기고 포르투갈 상인들과 밀무역을 자행하는 자들을 막을
수 없다는 데서 출발한 것이었다.

　서양의 역사연구자들은 "1573년 초―이 해에 중국인이 관갑을 설치
하였다. 그리하여 처음으로 이 지역의 경계가 명확히 구획되었다―
지조를 납부하는 제도가 발전하기 시작하였지만 어떠한 정식 조약에
서 나온 것이 아니라 지방당국의 조정에 근거한 것 이었다"[44]고 이해
하고 있다. 하지만 장명강의 소에서도 보이는 것처럼 당시 명나라 조
정은 관갑의 설치를 외국인 거주지의 경계를 확정하는 것으로는 이해
하지 않고 있다. 그들이 주요하게 고려한 것은 어떻게 중국인들의 왕
래를 차단하고 포르투갈인의 향산현 출입을 봉쇄하여 오문반도에 거
주하고 있는 포르투갈인들을 효과적으로 통제할 수 있을까 하는 것이
었다. 외국인 거주지의 경계를 확정하고자 하는 의도는 어디에도 보
이지 않는다. 명나라 조정은 천자의 땅을 지키고 자국민의 안전을 보
호하기위해 이 관갑을 설치한 것이다.[45] 때문에 오문반도의 포르투갈
인 거주지의 경계를 확인하는 작업은 포르투갈인들이 네덜란드인의
침공으로부터 생활거점을 방어하기 위해 자발적으로 건설한 성곽을
중심으로 살펴보는 것이 더 객관적인 접근일 것이다.

4. 포르투갈의 축성을 둘러싼 갈등

마카오라는 해항도시의 공간형성 과정에서 명나라 조정에 의해 설

---

[44] Geoffrey C. Gunn, 『Encountering Macau, 澳門史 1557~1999』(中央編譯出版社, 2009),
　　　23쪽.
[45] Andres Ljungstedt, 吳義雄等譯, 『早期澳門史』(東方出版社, 1997), 69쪽.

치된 관갑과 함께 또 하나의 중요한 구조물은 서양인 거주지를 보호
하기 위한 성벽이다. 1635년에 완성된 「澳門要塞圖」(그림 2)를 보면 포
르투갈인 거주지는 모두 성벽으로 둘러싸인 것을 확인할 수 있다. 성
벽은 중세 유럽의 도시에서 볼 수 있는 가장 일반적인 도시 방어체계
일 뿐만 아니라, 도시생활지구와 주변지구를 분할하는 표지이다. 그
러므로 포르투갈인들이 주거지를 보호하기 위해 성벽을 건설한 것은
외부로부터 스스로를 보호하고, 천주교를 중심으로 한 그들의 문화를
지키기 위한 자발적인 공간분리로 받아들여질 수 있다.

마카오에 거주하게 된 포르투갈인 상인들은 초기부터 인도의 부왕
과 일정한 거리를 유지한 채, 강력한 무역집단을 중심으로 하는 독자
적인 자치체제를 중심으로 많은 일들을 처리하였다. 1580년 포르투갈
이 스페인에 합병되자 마카오의 포르투갈인들은 더 이상 본국의 보호
를 기대할 수 없게 되었다. 때문에 여전히 소수에 불과했던 마카오 거
주 포르투갈인들은 외부침입자로부터 자신의 재산과 가족을 보호하
기 위해 성벽과 포대의 건설이 절대적으로 필요했다. 하지만 명나라
조정은 이를 허가하지 않았다.

> 중국인들은 포르투갈 사람들에게 고마움을 표시하기 위해 그들이 마카오에
> 거주할 수 있도록 허가하였다. 반비(叛匪)들이 거주하던 바로 그곳이었다. 하
> 지만 성을 쌓고 포대를 설치하는 것은 허락하지 않았다. 그들은 특히 포르투갈
> 사람들이 배반할 것을 두려워하였다. 이러한 중국인들의 양보에 포르투갈 사
> 람들은 잠시 만족하였다. …… 거주와 함께 건물을 짓고, 이후에 다시 짓기 시
> 작한 성장(城牆)을 건설해야만 했다. 그들은 큰 도로 양 측에 건물을 짓고, 대
> 포를 그 속에 감추었다.[46]

---

[46] Antonio Francisco Cardim, 『1644年前日本紀事』(Pari, 1646), p.6 ; 『澳門人文社會科學
研究文選』歷史卷 · 上卷(社會科學文獻出版社, 2007), 131쪽 재인용.

명 조정과 광동정부의 반대에도 불구하고 포르투갈인들이 성곽 건설을 시도한 것은 1569년부터이다.[47] 마카오의 선대가 일본으로 출발한 직후 광동 조양(潮陽) 출신의 해적 증일본(曾一本) 일당이 마카오에 상륙을 시도했다. 카피탄 모르 트리스타오 베이가는 남아있던 백여 명의 포르투갈인과 노예, 개종한 중국인들을 조직하여 악전고투 끝에 증일본 일당의 침입을 막아내었다. 이미 해적의 침입을 경험한 포르투갈인들은 외적의 침입을 방비하기위한 성벽의 필요성을 더욱 절실하게 느끼고 베이가의 지휘 하에 흙벽돌로 부분적인 성곽을 건설하였다.[48] 하지만 광동정부의 허가를 받지 않고 축조된 성곽은 이후 명나라 군사들에 의해 철거되었다.

중국 해구(海寇)와 왜구의 침입을 받기도 했지만 마카오의 안전을 위협하는 가장 큰 적은 중국 진출의 교두보를 찾고 있던 네덜란드인들이었다. 홍모번(紅毛番)이라 불린 네덜란드인들은 오문을 점령하여 동아시아에서의 포르투갈의 독점권을 빼앗고 향신료무역을 독차지하려고 했다.

불랑기가 향산에서 교역을 하면서, 여송을 점거하였다. 화란인들은 그 소식을 듣고 부러워하였다. 만력 29년(1601) 큰 함포를 장착한 거함을 몰아 곧장 여

---

[47] 포르투갈인들에 의한 성벽 건설은 크게 3단계로 나누어 볼 수 있다. 제1기는 1569년에서부터 16세기 말까지이다. 뒤에 명나라 군대에 의해 훼손되었다. 제2기는 1604년부터 1607년 사이에 기본적으로 축성되었다. 하지만 장명강이 양광총독으로 있을 때 훼손하였다. 제3시기는 1617년부터 시작된다. 마카오의 포르투갈인들은 해도부사 유안성의 규정을 어기고 관리들을 매수하여 진행하였다. 1621년 네덜란드의 위협 하에 축성작업은 빠르게 진행되었고, 1622년 기본적으로 북부 성벽의 건설이 완성되었다.

[48] 福魯圖奧佐, 「懷念故土(第二編手稿)」, 『16~17世紀伊比利亞文學視野里的中國景觀』, 157~163쪽. 吳志良·湯開建·金國平 主編, 『澳門編年史』 第1卷(廣東人民出版社, 2009), 145~147쪽 재인용.

송에 들어갔다. 여송 사람들이 힘을 다해 이에 항거하자, 방향을 바꾸어 향산오에 도착하였다. 오문의 사람들이 누차 캐묻자 통교를 하여 공시(貢市)를 하고자 함이지 감히 침범하려는 것은 아니라 하였다. 일을 담당하는 자는 이를 거절하였다. …… 오문의 사람들은 그들이 육지로 상륙할까 염려하여 엄히 경계하고 방어하니 비로소 물러갔다.[49]

1601년 오문 해상에 출현한 무장선은 야코프 네크가 지휘하는 3척의 네덜란드 선박이었다. 당시 오문에는 이렇다 할 성곽이나 방어진지가 없었기 때문에 현지의 사람들은 공포에 떨어야만 했다. 하지만 야코프 네크는 해안의 방어가 삼엄하다고 느끼고 경솔한 행동을 하지 않았다. 같은 해 말 네덜란드인은 정크선 5척을 앞세워 재차 오문을 공격하였다. 이때 포로로 잡힌 네덜란드인은 모두 20명이었고, 나이 어린 2명의 선원과 대리인 1명은 처형을 모면하였으나 나머지 17명은 모두 교수형에 처해졌다.[50] 1604년에는 비브란트 바르비크 선장이 지휘 하는 네덜란드 함대가 막대한 양의 비단을 싣고 일본으로 출항을 준비하고 있던 포르투갈 선박을 약탈하는 등 포르투갈과 네덜란드는 해상에서도 지속적으로 충돌하였다. 가톨릭교도로부터 오문을 빼앗으려는 네덜란드인들의 침입은 대만(臺灣)이라는 대체 장소를 확보할 때까지 20여 년 동안 중단되지 않았다.

계속되는 네덜란드인의 침입으로부터 도시와 가족, 재산을 지키기 위해 만력 32년(1605) 마카오의 포르투갈인들은 또 다시 성장(城牆)을 건설하기로 결정하였다. 포르투갈인들은 자신들이 마카오의 방비를

---

49) 『明史·佛郎機傳』: "自佛郎機市香山, 據呂宋, 和蘭聞而慕之. 二十九年駕大艦, 携巨礮, 直薄呂宋. 呂宋人力拒之, 則轉薄香山澳. 澳中人數詰問, 言欲通貢市, 不敢爲寇. 當事難之. 稅使李道即召其酋入城, 遊處一月, 不敢聞於朝, 乃遣還. 澳中人慮其登陸, 謹防禦, 始引去."

50) 조너선 클레멘츠, 허강 역, 『해적왕 정성공』(삼우반, 2008), 56쪽.

강화해서 네덜란드인의 공격을 물리칠 수 있어야 그들이 중국을 넘보지 못하게 된다고 광동정부를 설득했지만 받아들여지지 않았다. 포르투갈인들은 제한된 방어 시설이나마 구축할 수 있도록 하기 위해 관리들에게 뇌물을 제공하는 등 갖은 노력을 기울였다. 하지만 광동정부는 포르투갈인들이 마카오에 축성을 하는 것을 명나라에 대해 불손한 의지를 가진 것으로 받아들였고 끝내 성곽건설을 불허하였다. 광동정부의 허락을 얻지 못한 채 시작된 포르투갈인의 축성은 결국 명나라와의 충돌을 초래하였다. 이 과정에서 오문에 거주하던 왜인(倭人)들 문제가 부각되었다.

> 번인(番人)이 성을 쌓은 뒤, 해외의 잡번(雜番)들이 몰려들어 널리 무역을 하였는데, 만 여 명에 이르렀다. 그 지역에 있는 관리들은 모두 두려워하여 감히 꾸짖을 수 없었으며, 심지어 그들의 보화를 탐하여 금지하는 체하면서 남몰래 허락하는 자도 있었다. 총독인 대요(戴燿)가 재임한 13년 동안 그러한 화환(禍患)이 일어났다. 번인들은 또 은밀히 왜적(倭敵)을 은닉시키고 관군(官軍)을 적대시하여 죽였다.

적은 인원으로 계속되는 네덜란드의 침입을 방어해야만 했던 포르투갈인들은 네덜란드의 침입에 대비한다는 명목으로 일본인 2~3천 명을 받아들였다.[51] 만력 33년(1606)년 축성과정 중에 이들 중 일부가 명나라 군사와 충돌을 일으키고, 관군을 살해한 사건이 발생한 것이다. 당시 "북로남왜(北虜南倭)", 즉 북방에서 일어난 이민족과 남쪽 연해지역의 왜구문제로 어려움에 봉착해 있던 명나라에 있어 포르투갈인들이 왜인들을 양성하는 것은 호랑이에 날개를 단 것과 같이 두려

---

[51] 王以寧,『東粵疏草』5卷,「條陳海防疎」: "借口防番, 收買健鬪倭奴以爲爪牙, 亦不下二三千人."

운 일로 받아들여졌다.[52] 포르투갈인들은 양광총독 대요와 현지의 관
원들을 매수하여 이 사건을 무마하였지만 지식인들은 광동의 관리들
이 겉으로는 금지하는 것 같지만 뒤로는 허가하고 있다는 부정적인
여론을 형성하였다.[53] 이 일을 계기로 광동정부의 오문에 대한 통제
는 더욱 강화되었고, 마카오에서 포르투갈인과 왜노를 몰아내어야 한
다는 의견들이 늘어났다. 결국 1604년에 시작되어 1607년에는 기본적
으로 완성된 오문의 성벽은 또다시 명나라 군대에 의해 철거되었다.

만력 40년(1612) 양광총독으로 부임한 장명강은 해상경비를 강화하
고 천자의 땅을 지키기 위해서는 오문 연해의 안전을 개선해야한다고
판단했다. 장명강은 오문의 관리를 강화하기 위해 먼저 마카오에 거
주하고 있는 왜인들을 몰아내고자 하였다. 장명강의 명을 받은 광동
해도부사 유안성(俞安性)은 많은 병사와 전함을 이끌고 수륙 양방면
에서 마카오를 포위하고, 마카오에 숨어있는 왜인들을 철저하게 찾아
내어 98명을 강제 추방하였다. 마카오의 왜인 문제를 해결한 유안성
은 마카오에 거주하는 포르투갈인들에게 "왜인들 축양을 금한다(禁畜
養倭奴)", "현지 남녀를 사들이는 것을 금한다(禁買當地男女)", "병선과
군량 속이는 것을 금한다(禁兵船騙餉)", "밀무역품 구매를 금한다(接買
禁私貨)", "사사로운 건축을 금한다(禁擅自興作)" 등 5개의 조항을 내용
으로 한 『해도금약(海道禁約)』을 반포하고 반드시 준수하도록 하였다.

마카오에 성곽이 완성된 것은 결국 명나라 조정의 허가를 얻고 난
다음이었다. 1621년 만주족이 침입하자 희종(熹宗)은 오문에 성지를

---

[52] 『明神宗實錄』: "粵東之有澳夷, 猶疽之在背也. 澳之有倭奴, 虎之有傅翼. 萬曆三十三
年, 私築墻垣, 官兵詰問, 輒被倭抗殺, 竟莫誰何."

[53] 沈德府, 『萬曆野獲編』: "蓋其時澳吏擅立城垣, 聚集海外雜沓住居, 夷其土者, 皆莫敢
詰. 甚有利其寶貨, 佯禁而陰許之者. 時兩廣總督戴燿."

〈그림 1〉 1622년
오문의 요새도

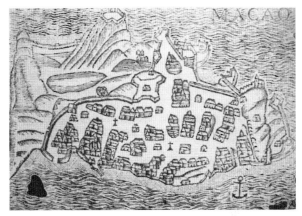

〈그림 2〉 1635년
오문 요새도

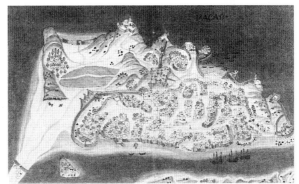

내려 "100명의 정예병, 약간 명의 뛰어난 포수(砲手)와 문사(文士, 천주
교 신부)"를 파견하여 관군들에게 대포 사용법을 가르치라고 명하였
다. 오문에서는 황제의 은혜를 입을 수 있는 천금 같은 기회로 생각하
고 적극적으로 수용했다. 이 일을 통해 마카오 거주민에 대한 고마움
을 가지게 된 희종은 포르투갈인들에게 중국 본지인과 같은 특권을
내리고, 그들이 군사방어시설을 세워 네덜란드인을 방비할 수 있도록
윤허하였다.[54] 1622년 네덜란드인의 대규모 침공을 성공적으로 방어
한 포르투갈인들은 1623년 5월 마카오의 군사책임자로 부임한 프란시

스코 마스카레냐스 장군의 지휘 아래 보루와 치첩(雉堞)을 갖춘 성곽 축조사업을 완성할 수 있게 되었다.[55] 1622년 전후에 그려진 「澳門要塞圖」(그림 1)를 보면 오문 북부의 성벽이 대체적으로 완성되었고, 성벽에 삼파문(三巴門)이라는 대문과 소삼파문(小三巴門), 사리두문(沙梨頭門), 화왕묘문(花王廟門) 등 3개의 작은 출입문과 포대가 설치되었음을 확인할 수 있다.

천자의 땅 오문에 거주할 수 있는 권한을 확보한 포르투갈인들이 왜구와 네덜란드인으로부터 생활의 터전을 지키기 위해 성벽과 포대를 건설하고자 했던 노력은 명나라 조정, 광동정부와 끊임없는 갈등과 충돌을 야기하였다. 결국 이 어려운 문제를 해결할 수 있었던 유일한 인물은 명나라 황제였다. 포르투갈인들이 마카오를 점령하고 그들의 중개무역항으로 발전시켰다고 하나, 이 모든 것이 쌍방 간의 끊임없는 접촉과 교섭의 결과 명 조정의 허가 위에 이루어진 일이라는 점은 명확한 사실이다.

5. 나오는 말

천자의 나라 대명제국은 무종(武宗) 정덕연간에 접어들면서 이미

---

54) 阿布列馬 整理, 『從1625年3月至1626年9月在葡萄牙及西方的東方各省事件總覽』, 7쪽 ; 吳志良 · 湯開建 · 金國平 主編, 『澳門編年史』第1卷(廣東人民出版社, 2009), 387쪽 재인용.

55) 오문의 침입의 기회를 엿보고 있던 신임 네덜란드 총독 얀 피터르스준 쿤 역시 이 기회를 놓치지 않고 1622년 600명의 유럽인과 기타 인종으로 구성된 200명을 태운 10여 척의 선박을 이끌고 마카오를 공략하기 시작하였다. 하지만 전투는 네덜란드인을 포함한 유럽인 136명이 사망하고 126명이 중상을 당한 네덜란드 동인도회사의 패배로 마감되었다. 조너선 클레멘츠, 허강 역, 『해적왕 정성공』(삼우반, 2008), 59~70쪽.

쇠퇴의 길로 접어들고 있었다. 이러한 때에 동남아 해역에 출현한 포르투갈인들은 중국의 오랜 조공국인 말라카 왕국을 무력으로 점령하고, 중국과의 안정적이고 조직적인 무역활동을 위해 광주 회원역을 찾아 조공관계를 맺고자 희망하였다. 하지만 명나라 조정은 이전에 경험하지 못한 불랑기에 대해 의심과 두려움을 떨쳐내지 못했고, 기나긴 갈등관계를 형성하게 되었다. 청나라 학자들에 의해 정리된『明史 · 外國傳』에서도 "대체로 번인의 본의는 교역을 구하는 것이어서 본래 반란을 도모할 생각이 없었다. 중국 조정은 이들에 대한 의심이 지나치게 심하여 끝내 이들의 조공을 허락하지 않았고, 또 이들을 제압할 힘이 없었기 때문에 논의만 분분하였다. 그러나 명조의 치세가 끝날 때까지 이들 번인들은 진실로 변란을 일으키지 않았다"[56]라고 결론짓고 있다.

때문에 오문(澳門) - 마카오의 포르투갈인 거류지의 형성과정은 상대를 제압할 힘이 없었던 명나라 조정이 포르투갈에 대한 의심과 두려움을 줄이고, 상대에 대한 이해와 믿음을 넓혀나가는 과정이라고도 할 것이다. 명나라는 포르투갈을 조공국으로 포용하지는 못했지만 천조의 땅 오문에 머물 수 있게 허락하였고, 관갑을 설치하여 포르투갈인의 내지출입을 통제했지만 결코 교역을 봉쇄하지 않았다. 네덜란드와 같은 외부 침입자로부터 생활의 터전을 보호한다는 명분으로 성벽 건설을 포기하지 않았던 포르투갈인들 역시 그들의 안전과 기독교선교를 허용한 명나라 조정을 위해 마지막까지 봉사하였다.

이러한 이문화간 문화교섭의 과정을 통해 명대의 중국인들은 천자의 땅 마카오가 점점 중국에 해를 끼치는 외국인의 본거지가 되어가

---

56)『明史 · 佛郎機傳』: "蓋番人本求市易, 初無不軌謀, 中朝疑之過甚, 迄不許其朝貢, 又無力以制之, 故議者紛然. 然終明之世, 此番固未嘗爲變也."

고 있다는 생각과 함께, 마카오에 출입하는 중국인에게도 적의를 드러내기도 하였다. 하지만 마카오를 통해 얻게 된 경제적 풍요, 서양의 새로운 사상과 선진적인 자연과학, 이채로운 종교와 예술은 중국인의 의심과 두려움을 녹여내었다. 천주교 성당과 이베리아풍의 서구 건물이 늘어서 중세 유럽의 도시와도 같은 도시풍격 속에 중국적인 색채를 함께 갖춘 마카오는 중국과 포르투갈의 접촉과 갈등이 빚어낸 문화유산이라 할 것이다.

2장: 마카오문학의 비조 탕현조(湯顯祖)

1. 들어가며

"명(明) 만력(萬曆) 19년(1591), 마카오를 방문한 강서(江西) 출신의 위대한 극작가 탕현조(湯顯祖, 1550~1616)는 많은 율시와 절구를 남겨 마카오문학사의 새로운 장을 펼쳤다." 이는 마카오문학의 발전과 원류를 탐구하는 모든 연구자들이 사용하는 상투적인 표현이다.[1] 마카오를 문학창작공간으로 하고, 마카오 사람들의 생활상과 문화를 내용으로 하는 마카오문학의 비조가 바로 탕현조라는 것이다. 그러면 강서출신의 위대한 작가 탕현조는 어떤 연유로 마카오와 인연을 맺게 되었을까? 『明史』에 수록된 「湯顯祖傳」의 기록을 보면 그 이유를 찾을 수 있다.

만력 18년(1590) 탕현조는 당시 조정에서 절대적 권력을 행사했던 장거정(張居正)과 수상(首相) 신시행(申時行)의 전횡을 비판하고, 황제로서의 권위를 상실한 무능한 만력황제를 직접적으로 비판하는 「論補臣科臣疏」를 올렸다. 진노한 황제는 탕현조를 축축한 땅에서 독기를

---

[1] 張劍樺, 「澳門文學原流與涵義之辨析」, 『廣西師大學學報: 哲學社會科學版』(2009년, 6기)에는 탕현조를 마카오문학의 원류 혹은 비조로 표현하고 있는 많은 자료들을 소개하고 있다.

뿜어내는 장우(瘴雨)의 땅, 머리를 짧게 자르고 온 몸에 문신을 새긴 사람들이 사는 야만의 땅 광동(廣東) 서문현(徐聞縣)의 전사(典史)로 폄적시켰다.[2] 위대한 문학가이기에 앞서 청렴하고 강직한 정치가였던 탕현조는 정치적 좌절을 맞게 된 것이다. 하지만 새로운 임지 광동 서문현으로 가는 길은 탕현조에게 새로운 세계를 접할 수 있는 기회를 제공했고, 이후 그의 문학창작활동에 많은 소재를 제공하였다. 탕현조는 당시 해상무역의 중심지였던 광주(廣州)를 방문하고, 중국인과 외국인이 함께 생활하는 마카오에 들러 해상무역에 종사하는 중국 상인, 대양을 건너온 포르투갈 상인들을 만나 그들의 삶을 엿볼 수 있었다. 탕현조가 마카오를 방문했을 때는 포르투갈 사람들이 합법적인 거주를 시작한지 35년이 되는 해였다. 탕현조는 마카오에서 보고 들은 서양인의 생활상을 사실적이고 생동적으로 표현한 5편의 시를 지었다.[3] 이때 남긴 시편들은 전통문인이 마카오를 소재로 해서 전통적인 시가형식으로 창작한 첫 번째 작품이었다. 이러한 연유로 많은 문학연구자들이 탕현조를 마카오문학사의 새로운 장을 연 비조라고 부르는 것이다.

한(漢)대부터 동남아무역의 출발지였던 해항도시 서문현에 머문 6개월여 동안,[4] 탕현조는 무너져 가는 향촌질서와 밀무역에 종사하는 지역민의 생명경시풍조, 도덕적 타락상을 목격하였다. 탕현조는 해항도

---

2) 『明史』, 卷230 「湯顯祖傳」: "湯顯祖, 字若士, 臨川人. 少善屬文, 有時名.……十八年, 帝以星變, 嚴責言官欺蔽, 并停俸一年. 湯顯祖上言曰, ……帝怒, 謫徐聞典史, 稍遷遂昌知縣."
3) 湯顯祖, 徐朔方箋校, 『湯顯祖全集』, 詩文卷11(北京古籍出版社, 1999)에는 「香嶴逢賈胡」,「聽香山譯者」二首, 「香山驗香所采香口號」, 「南海江」 등 5편의 시가 실려 있다.
4) 『湯顯祖全集』, 詩文卷43 「寄傅太常」: "委淸署而遊瘴海, 秋去春歸, 有似舊巢之燕, 六月一息, 無異垂天之雲也."

시 서문현에서의 짧은 관직생활을 통해 세상 그 무엇 보다 귀한 것이
사람의 생명이라는 '귀생(貴生)'의 도리를 깨닫게 되었다. 귀향(歸鄕)하
는 길에는 마테오 리치(1552~1610) 신부를 방문하여 서양의 종교와
문화를 접할 수 있었다.5) 절강(浙江) 수창현(遂昌縣) 지현(知縣)으로
재임하던 시절 황음무치(荒淫無恥)한 만력황제가 파견한 환관들의 횡
포를 막을 수 없었던 탕현조는 결국 관직을 포기하고 귀향하여 문학
창작에 전념하게 되었다.

마카오에서 목격한 성 바울성당과 서양 상인, 중국인 통역관, 대양
을 건너온 기이한 보물 등은 그의 대표작『牡丹亭還魂記』(이하『牡丹亭』
라 표기)를 더욱 풍성하게 하는 소재가 되었다. 탕현조는 우리에게 16
세기 말 마카오에서 생활하던 서양인들의 생생한 모습을 상상할 수 있
게 하는 좋은 자료를 제공하고 있다. 혹자는 탕현조의 죽음이 광동병
(廣東病)이라고 불리는 매독(梅毒)6)과 관련 있다는 주장을 제기하였
다.7) 탕현조 개인에게 있어 광동 서문현으로의 폄적은 분명 그의 삶에
커다란 변화를 가져온 중요한 사건이었음에 틀림없다. 또한 특수한 역
사를 가진 마카오의 지역문화 발전에 있어서도 중요한 계기가 되었다.

본장에서는 탕현조가 광동 서문현으로 가는 과정에 남긴 시편들을
통해 그가 걸었던 길을 함께 할 것이다. 또한 명·청대를 통해 유일하

---

5)『湯顯祖全集』, 詩文卷11「端州逢西域兩生破佛立義, 偶成二首」.
6) "매독으로 알려진 세균성 전염병은 15세기 말 유럽에서 갑자기 나타났는데 그것
    이 어떻게, 그리고 왜 발생했는가는 의학사에서 가장 많은 논란을 불러일으킨 문
    제의 하나다. 1495년 무렵부터 새로운 병으로 보이는 것이 유럽을 휩쓸었다고 한
    다. 그때부터 그 병은 인도와 중국과 일본에 퍼져나갔고 결국은 세계 전역으로
    퍼졌다. 중국 사람들은 그 병을 '광동병'이라 불렀고 일본에서는 '중국 병'이라 불
    렀다." 프레더릭 F. 카트라이트 외, 김훈 역『질병의 역사』(가람기획, 2004), 88~
    93쪽.
7) 徐朔方,「湯顯祖和梅毒」,『文學遺産』(中國社會科學院, 2000) 第1期 참고.

게 대외에 개방되었던 교역항구 광주, 중국인과 포르투갈인들이 공존
했던 마카오의 모습을 살펴볼 것이다. 그리고 마카오에서의 기억을
녹여 넣은『牡丹亭』을 통해 광동으로의 폄적이 그의 사상과 희곡창작
에 어떤 영향을 끼쳤는지를 알아볼 것이다. 이를 통해 우리는 마카오
문학사의 첫 페이지에 기록된 내용이 무엇인지 확인할 수 있을 것이다.

그리고 탕현조의 개인적인 경험에 객관성을 더하기 위해 마테오 리
치(1552~1610)의 기억들을 빌려올 것이다. 명나라가 '해금정책(海禁政
策)'8)을 펼친 이후, 처음으로 중국 내륙에 발을 디딘 이탈리아 출신 마
테오 리치 신부가 남긴 보고문과 서간문은 서양인의 눈에 비친 당시
의 사회상이다. 탕현조라는 중국 지식인의 눈에 비친 광동과 마카오
는 서양인이 본 모습과 자연 다를 수밖에 없을 것이다. 동서양 두 지
식인의 기억을 비교한다면 당시의 마카오와 광주에 대해 더욱 풍부한
상상을 할 수 있을 것이다.

2. 마카오로 가는 길

탕현조가 고향 임천을 떠나 길안(吉安), 공주(贛州)를 거쳐 대유령

---

8) 스페인과 포르투갈에 의한 거창한 지리상의 항해발견이 시작되기 수십 년 전인
15세기에 중국은 이미 그 유례를 찾아 볼 수없는 위대한 원양탐험사업을 펼쳤다.
하지만 1433년(宣德 8년) 대항해 원정사업은 중단되었고, 1477년 유학자들은 정
화의 항해기록을 모두 불태웠다. 한때 3,500척에 달하던 함대를 해산시키고 1500
년에는 민간에서 배를 건조하는 것을 금지시켰다. 1525년 여름에는 절강(浙江)
연안에서 발견되는 돛이 둘 이상 달린 선박은 모조리 잡아들여 조사하고 파괴하
겠다는 병부의 명령이 하달되어 원양항해를 할 수 있는 선박들이 모두 사라지게
되었다. 이로 인해 해양을 지배하던 중국은 내륙국가로 전락했고 결국은 서세동
점(西勢東漸)으로 이어졌다.

(大庾嶺)을 넘어 영남(嶺南)으로 폄적의 길을 떠난 것은 만력 19년
(1591) "단풍잎에 가을 그림자가 드리우고, 가을 매미 석양에 숨어드
는"9) 9월이었다. 영남이란 중국의 중원지역과 남방지역 사이에 병풍
처럼 펼쳐져 있는 남령산맥(南嶺山脈)에 위치한 대유령을 포함한 다섯
개 고개의 남쪽지역을 말한다. 강서와 광동을 연결하는 교통의 요충
지인 대유령은 『牡丹亭』의 백미라고 불리는 「驚夢」에서 아침잠에서
막 깨어난 두여낭(杜麗娘)이 바라보던 매관(梅關)이며, 「旅寄」에서 마
카오를 떠나 장안(長安)으로 가던 류몽매(柳夢梅)가 눈보라 속에 넘었
던 바로 그 고개인 것이다.10) 탕현조는 매령(梅嶺)에서 전별 나온 벗
들과도 작별하며 「梅花嶺立僧」이란 시를 남겼다.

> 마소의 울음소리 요란한 삼거(三車)의 땅
> 물이 쏟아지고 구름이 일어나는 먼 하늘.
> 매화령 위의 영락(零落)한 선원(禪院)
> 벗들과 헤어져 강남을 향해 소식을 전한다.11)

당시 일반인들에게 있어 광동지역은 알아들을 수 없는 소리를 깩깩
내지르는 백월족(白越族)의 땅이었다. 관원들에게 있어 영남지역은 축

---

9) 『湯顯祖全集』, 詩文卷11 「秋發庾嶺」: "楓葉沾秋影, 涼蟬隱夕暉. ……徘徊今夜月, 孤
鵲正南飛."
10) 湯顯祖, 『牡丹亭』, 第10齣 「驚夢」: "曉來望斷梅關, 宿妝殘." 第22齣 「旅寄」: "香山嶴
裏打包來, ……離船過嶺, ……一天風雪, 望見南安." 『牡丹亭』의 저본이라고 여겨지
는 『牡丹亭慕色還魂話本』에서는 광동 남웅부(南雄府)를 소설의 무대로 삼고 있지
만 탕현조는 이를 강서 남안부(南安府)로 바꾸고 매령을 등장시켰다. 또한 매령
을 넘던 유몽매의 입을 빌어 "힘들구나(好苦也)!"라고 소리칠 정도로 광동으로의
폄적이 그에게 깊은 영향을 끼쳤음을 상징적으로 드러내고 있다.
11) 『湯顯祖全集』, 詩文卷11 「梅花嶺立僧」: "馬鳴牛呵三車地, 水擊雲搖萬里天. 解向江南
傳信息, 梅花嶺上一枯禪."

축하고 더운 땅이 뿜어내는 독기(毒氣)가 자욱한 유배의 땅이자 두려움의 땅이었다. 풍토병이 만연하고 "독사와 날아다니는 독충, 독초가 가득해 백에 하나는 죽음에 이르는"[12] 땅으로 폄적의 길에 오른 탕현조는 험한 고갯길에 무거운 수레를 끌고 짐을 나르는 마소의 울음소리를 들으며 더욱 처량한 생각이 들었을 것이다.

강서와 광동을 잇고, 중원과 영남을 연결하고, 나아가 대륙과 대양을 이어주는 이 매화령은 한나라 초기 역도(驛道)로 개발되기 시작했고, 당(唐) 현종(玄宗)때에 이르러 본격적인 개발이 이루어졌다. 대외무역에서 걷어 들이는 세수의 중요성을 인식한 현종이 광주에 대외무역과 사신접대를 담당하는 시박사(市舶司)를 설치하자 광주를 통한 대외교류가 증가하기 시작했다. 개원(開元) 4년 현종은 장구령(張九齡)에게 명하여 역도를 넓게 확장하여 바다를 건너온 박래품(舶來品)의 수송이 원활하게 이루어질 수 있도록 하였다. 공사를 무사히 완수한 장구령은 고개 정상에 사당을 짓고, 길가에 매화나무를 심었다. 이후 사람들은 이 고갯길을 매령이라 부르게 된 것이었다.

서양의 셰익스피어(1564~1616)와 비견되는 희곡작가 탕현조가 활동했던 16, 17세기는 인류사에 있어 커다란 전환의 시기였다.[13] 대서양을 떠난 서양의 상인과 선교사들은 인도양을 거쳐 중국연해에 출현하였고, 동방과 서방은 새로운 타자와의 관계를 가지기 시작한 것이다. 탕현조보다 4년 늦은 1595년, 명이 해금정책을 펼친 이후 서양인으로서는 처음 중원에 발을 디딘 마테오 리치가 본 매령은 과연 바닷

---

12) 『湯顯祖全集』, 詩文卷35 「惠州府興寧縣重建尊經閣碑」: "萬里而走五嶺之南, 毒蛇飛蠱薏莨, 百有一死之地."
13) 탕현조의 대표작인 『牡丹亭還魂記』는 셰익스피어의 『한여름 밤의 꿈』이나 『로미오와 줄리엣』과 자주 비교하기도 한다.

길과 대륙을 연결하고, 동서양의 문물이 서로 교환되는 교통의 요충
지였다. 예수회 총장 클라우디오 아콰비바에게 보낸 마테오 리치의
통신문에는 수많은 사람들과 화물이 왕래하던 매령의 번성한 모습이
잘 기록되어 있다. 그의 보고 내용은 탕현조가 남긴 시와 확연히 다른
분위기를 보여준다.

> 남안(南安) 가까이에서 산을 하나 넘어야 합니다. 그 오르락내리락 하는 길
> 은 총 1리그를 넘지 않는데, 철(鐵)로 산 정상까지 통하는 길을 만든 것입니다.
> 산 정상에는 맑은 물이 콸콸 솟는데 그곳에 우상을 숭배하는 절이 있습니다.
> 이 산은 매령이라 불리며, 반은 광동, 반은 강서 관할입니다. 원래 밤중에는 통
> 행이 금지되어 있지만 사람들의 통행은 밤낮으로 그칠 때가 없습니다. 짐은 인
> 부들이 어깨에 메거나 말에 싣거나 해서 다른 도시로 옮겨집니다. 그렇게 짐을
> 운반하는 말을 2천 마리도 넘게 보았습니다. 신분이 높은 사람들은 가마를 타
> 고 가는데, 우리들도 가마를 탔습니다. 그리고 양쪽 마을에는 사람과 짐을 마
> 차로 운반하기 위한 큰 시설이 갖춰져 있는데 요금이 매우 저렴합니다."[14]

이탈리아 마체라타에서 약국을 경영하는 집안에서 태어나, 포르투
갈국왕과 상인들의 후원으로 중국 선교의 길에 나선 마테오 리치. 이
이방인에게 있어 바다와 내륙을 연결하는 매령의 번화함과 잘 갖추어
진 주변의 상업시설들은 너무나 인상적이었다. 매령을 넘어 광동 땅
으로 접어든 탕현조는 보창(保昌), 즉 지금의 남웅(南雄)에서부터는 배
편을 이용해 광주로 향할 수 있었다. 그는 남웅에서 광주로 흘러드는
북강(北江)의 거센 물줄기를 다음과 같이 노래하고 있다.

어지러운 돌 사이 급하게 흐르는 물

---

14) 平川祐弘, 노영희 역, 『마테오 리치』(동아시아, 2002), 233쪽.

릉강(綾江) 여울위로 배가 지난다.
배를 저어 여벽(黎壁)을 지나니
그제 사 가볍게 선회한다.[15]

남령산맥에서 발원한 북강은 서남쪽으로 흘러 광주 인근에서 서강, 동강과 합류하여 주강(珠江)을 이룬다. 탕현조와는 반대로 주강을 이용해 남웅에 도착한 마테오 리치가 남긴 기록에는 탕현조의 시에서 느껴지는 빠른 물살과 험난함은 전혀 느껴지지 않는다. 서양 신부의 눈에 비친 남웅은 내륙에 위치한 번화한 중개 무역항이요, 상업도시였다.

> 남웅은 소주(紹州)에서 북경으로 혹은 그 밖의 북쪽에 있는 많은 중요한 지방으로 가는 사람들이 모두 거쳐야 하는 통로에 해당됩니다. 이 도시는……교역량이 대단히 많은 상업도시로 유럽, 인도, 말라카, 모리오카(盛岡) 등이나 중국 서부 및 남부 여러 지역에서 생산되는 산물이 모두 이곳을 통해 중국 전역으로 보내집니다. 중국 산물 또한 이곳을 거쳐 앞서 말한 각 지로 나갑니다. 그런 까닭에 이 도시는 배로 가득합니다.[16]

주강수계(珠江水系)에 속한 남웅은 남중국해를 통해 수입된 수많은 남방의 상품들과 중국의 서부 및 남부에서 생산된 특산물이 북경이나 기타 중요한 도시로 수송되기 위해 반드시 거쳐야 하는 내륙에 위치한 하항(河港)도시였다. 이곳에서 하역된 물품들은 마소가 끄는 수레와 짐꾼들에 의해 대유령을 넘었고, 다시 장강수계(長江水系)와 이어진 공강(贛江)에서 배에 실려 대운하(大運河)를 통해 북경 등지로 운송

---

15) 湯顯祖, 『湯顯祖全集』, 詩文卷11 「保昌下水」: "亂石水濺濺, 綾江下瀨船. 撑腰過黎壁, 纔得小翩旋."
16) 平川祐弘, 노영희 역, 『마테오 리치』(동아시아, 2002), 224쪽.

되었다.

대외교역을 촉진시키기 위해 개발된 이 길의 중요성은 명·청대에 들면서 더욱 강조되었다. 명나라는 건국초기부터 민간의 대외무역을 금지하는 해금정책을 펼쳤기 때문이다. 명 조정은 "아무리 조그만 배라도 바다에 내리는 것을 허락하지 않았고", 모든 해항도시를 폐쇄하고 오직 광동성의 광주만을 개방하여 해양무역의 창구를 단일화한 것이다. 때문에 대양을 통해 광주에 도착한 박래품들은 모두 이 길을 통과할 수밖에 없었다.[17] 마테오 리치는 그가 지나는 지역의 위도와 경도를 기록하고, 그 도시들이 갖는 경제적인 역할에 대해 객관적이고 자세한 기록을 남겼다. 그러나 탕현조는 이 길을 통해 처음 경험하는 남방의 자연풍광을 묘사하고, 불교와 도교의 사원과 도관을 방문하며 고인들의 자취를 기억하는 적지 않은 시편들을 남겼다.

남웅에서 배를 탄 탕현조가 도착한 도시는 외국상인들이 광동이라고 부르는 광주였다. 당시 광주는 해외에서 온 상인들이 중국 상인들과 합법적으로 교역할 수 있는 유일한 도시로 아주 크고 중요한 항구도시였다.

> 강을 따라 떠들썩한 번화가
> 순식간에 수천척의 배가 솟아났다.
> 기맥의 웅혼함이 이와 같으니
> 과연 광주로고.[18]

영남의 젓줄인 주강에 위치한 광주는 순식간에 수많은 배들이 나타

---

17) 平川祐弘, 노영희 역, 『마테오 리치』(동아시아, 2002), 232쪽
18) 『湯顯祖全集』, 詩文卷11 「廣城」 二首: "臨江喧萬井, 立地湧千艘. 氣脈雄如此, 由來是廣州."

났다 사라질 만큼 상업이 번성하고 물동량이 많은 항구도시였다. 강변을 따라 늘어선 수많은 상점에서는 대양의 높은 파고를 헤치고 도착한 박래품과 물길을 따라 모여든 중국남부의 특산물들이 거래되고 있었다. 광주는 과연 세계의 상인들이 모여드는, 웅혼한 기상이 느껴지는 해항도시임에 분명했다. 생의 대부분의 시간을 강서에서 보냈던 전통적인 지식인 탕현조는 광주에 도착한 후 중원과 차별화된 영남의 상업문화를 목격하고 감탄하였으며, 해상무역에 종사하는 광동사람들의 삶에도 관심을 가지게 되었다. 그는 시 속에 번우(番禺)에서 진랍(眞臘)으로 가는 이 지역 뱃사람들의 삶을 담았다.

> 빈낭(檳榔)나무로 만든 배 위에서 어디로 가는가 물으니
> 웃으며 참파 가는 열흘 항로를 가리키네.
> 타향에서 이별의 정을 일으키지 말라
> 언제고 앵무, 제비, 두견의 지저귐은 없었으니.[19]

탕현조가 광주에 도착한 것은 대륙에서 북서풍이 불어오는 겨울이었다. 북쪽에서 차가운 바람이 불어오면 이 지역사람들 뿐만 아니라 수많은 외국인들은 범선에 비단이나 차와 같은 상품들을 범선에 가득 싣고 남쪽으로 항해 길에 올랐다. 사람들은 많은 이윤을 남기기 위해 멀리 참파국[貞浦 혹은 占城][20]이나 진납(眞臘, 현 캄보디아)까지 항해했고, 포르투갈

---

19) 『湯顯祖全集』, 詩文卷11 「看番禺人入眞臘」: "檳榔舶上問郎行, 笑指貞浦十日程. 不用他鄕起離思, 總無鶯燕杜鵑聲."
20) 베트남 위에지방에서 남부에 걸쳐 세워졌던 인도네시아계 참족의 왕국. 중국에서는 임읍(林邑) · 점성(占城)이라고 불렸다. 2세기 말 후한(後漢)의 지배로부터 독립하여 건국하였으며 제2왕조시대에는 지방 세력을 통합하여 인도풍의 왕국을 세웠다. 17세기 말 멸망하였다.

상인들은 인도양을 넘어 모국으로 돌아가기도 하였다. 계절풍과 조류의 흐름에 따라 이 항구에서 저 항구로 항해하는 뱃사람들의 생활은 철따라 온갖 새가 지저귀는 고향의 전원생활에 익숙한 탕현조에게 낯선 풍경이었다.

융경년간(隆慶年間, 1567~1572) 이후 해금정책이 조금 완화되면서 번우지역 사람들처럼 남양(南洋)과 서양(西洋), 일본을 오가며 해외무역에 종사하는 사람들이 증가하였고, 늘어난 해외와의 경제교류는 사회 각 방면의 변화를 촉진시켰다. 탕현조는 강서와 남경과 같은 내륙도시에서 느끼지 못한 해항도시의 역동성과 다양성을 광주에서 경험하게 된 것이다. 탕현조의 발길은 자연 불랑기(佛郞機)라고 불리는 포르투갈사람들이 모여 산다는 마카오로 향했다.

3. 마카오에서 접한 서양문화

탕현조가 광주에서 배편을 이용하여 호문(虎門)을 거쳐 향오(香嶴),[21] 즉 오늘날의 마카오에 도착한 것은 1592년이었다. 16세기 초 중국해역에 나타난 포르투갈사람들이 매년 2만금(萬金)의 지조(地租)를 내는 조건으로 합법적인 마카오거주권을 확보한지 35년이 되는 해였다. 명나라 조정은 그들에게 중국적 생활방식을 강요하지 않았고, 그들 집단의 수장(首長)의 영도 하에서 포르투갈의 독자적인 법률과 습관에 따라 생활할 수 있게 허락하였다.

탕현조가 도착했을 당시 마카오는 마테오 리치의 말처럼 이미 중요

[21] 앞 장의 내용을 참고 바람.

한 상업도시가 되어있었다. 포르투갈인들은 중국인들과 마카오에서 혼거하며 활발한 경제활동을 펼치고 있었고, 그들과 함께 마카오에 도착한 선교사들은 성당을 짓고 전교활동을 진행하고 있었다. 당시 마카오는 동서양의 중요한 교역항이었을 뿐만 아니라 중국인에게 서양의 문화와 종교를 소개하는 훌륭한 창구역할을 담당하고 있었다.

선편으로 마카오에 도착한 탕현조의 눈에 제일 먼저 눈에 들어온 것은 많은 돛대를 가진 포르투갈상인들의 배와 의복이었다. 마카오에 거주하는 서양인들은 농사를 짓지도, 누에를 치지도 않았지만 모두 비단옷을 입고 호화로운 생활을 영위하고 있었다. 이런 모습은 농업을 기반으로 한 향촌사회에서 생활한 탕현조에게는 신선한 충격이었던 것 같다.

> 전원에 살지 않고 뽕나무도 심지 않지만
> 마노장식에 비단옷을 입고 구름 같은 돛대에서 내리네.
> 밝은 구슬 바다 위에 별빛이 흐르고
> 백옥같은 강변에서 달빛을 바라본다.[22]

중국 해안에 나타난 포르투갈상인들은 중국과 일본을 연결하는 중개무역을 독점하게 되면서 막대한 이윤을 남겼고,[23] 황제나 귀부인의 사치를 만족시키기 위한 각종 보물과 용연향(龍涎香)이나 침향(沈香)과 같은 향료교역을 통해서도 큰 부를 쌓게 되었다.

특히 용연향은 포르투갈사람들을 마카오에 거주할 수 있도록 해준

---

22) 『湯顯祖全集』, 詩文卷11 「香嶴逢賈胡」: "不住田園不種樹, 琅珂衣錦下雲檣. 明珠海上傳星氣, 白玉河邊看月光."
23) 1567년을 전후로 명 왕조는 해금정책을 완화하여 민간의 해상무역을 부분적으로 허락하였지만, 아직 위험시되었던 일본과의 무역은 변함없이 금지 대상이었다.

일등공신 중의 하나였다. 도사들의 양생술에 미혹되어 황음무도한 생
활에 빠져 있던 가정제는 용연향을 구하기 위해 사람들을 사방으로
파견하였지만 10여 년 동안이나 구하지 못했다. 마침내 사람들을 광
주시박사에 사람들을 보내어 마카오에서 구할 수 있었다.[24] 용연향과
서방의 진귀한 물품에 대한 황제의 필요를 만족시키기 위해 향산(香
山)에는 험향소(驗香所)가 설치되었고,[25] 양광(兩廣)의 관리들은 포르
투갈 상인들을 통해 황제의 욕망을 만족시켜줄 수 있었다. 탕현조는
'향산험향소'에서 보고 들은 바를 한 편의 시 속에 담아내었다.

> 명주실처럼 끊임없이 해룡(海龍)을 희롱하고
> 봄물이 불어나면 큰 물고기 부용(芙蓉)을 토하네.
> 한 조각에 황금 천량 예사로이 사용하니
> 원컨대 구름이 일어 구중궁궐을 보호하시길.[26]

　　많은 연구자들은 탕현조가 말한 "대어춘창토부용(大魚春漲吐芙蓉)"
구절 중의 '대어(大魚)'는 대양을 항해하는 무역선을, '부용(芙蓉)'을 양
귀비라고 해석한다. 당시 서양 상인들이 봄·여름에 적도 아래쪽에서
불어오는 동남계절풍을 이용해 마카오로 돌아오는 것이 일반적이었
기 때문에 이러한 해석이 가능하다. 하지만『廣東通志·外誌』의 당시
용연향 한 근에 1200백량이라는 기록[27]과 "천금일편(千金一片)"이라는

---

[24] 『明史』卷八二「食貨志」六: "(嘉靖間) 又分道購龍涎香, 十餘年未獲, 使者因請海舶入
澳, 久乃得之."
[25] 吳志良,「澳門歷史的"香""煙"論」,『行政』第55卷, 2002年.
[26] 『湯顯祖全集』, 詩文卷11「香山驗香所采香口號」: "不絶如絲戲海龍, 大魚春漲吐芙蓉.
千金一片渾閒事, 願得為雲護九重."
[27] 『廣東通志·外誌』: "嘉靖三十四年(1556)……尚有龍涎香, 出示京城採買, 未得. 奏行
浙江等十三省及各沿海蕃舶等收買. 本年八月, 戶部文移到司, 又奉撫按牌案行催, 再照

금액을 근거로 본다면 아편(芙蓉) 가격이라기에는 과도한 금액이다. 이보다는 해룡(海龍)이나 대어, 즉 향유고래가 토해낸 용연향이라 보는 것이 타당할 것이다. '부용'이 아편이든 용연향이든 차제하고, 탕현조는 험향소가 황제와 귀족들의 사치와 음욕을 만족시키기 위한 진귀한 물품들을 사들이는 중요한 장소로 작용하고 있었음을 확인하였다.

서양 상인들의 생활에 관심을 가지게 된 탕현조는 그들에게 고용되어 통역을 담당하던 역관을 통해 서양인의 사업과 항해에 대해 더 많은 이해를 할 수 있었다. 그때 만난 통역들의 모습은『牡丹亭』에서 관원과 서양 상인을 연결하는 통사(通事)로 등장하게 된다.

> 점성(占城)에서 열흘이면 교란(交欄)을 지나네
> 열두 개의 돛을 날려 미끄러지듯 돌아오네.
> 쌀 점을 쳐서 삼불국(三佛國)에 정박하였다가
> 구주산(九州山) 근처에서 향을 사들이네.[28]

통사의 설명에 따르면 포르투갈 상인들의 선단은 거만(巨萬)의 가치를 지닌 화물들을 배에 가득 싣고 동남아와 인도에 있는 그들의 또다른 항구로의 이동을 준비하고 있었다. 마카오를 떠나 먼저 점성(占城)으로 항해하고, 점성의 영산(靈山)에서 다시 항해를 해 십일이면 교란산(交欄山)[29]에 도착할 계획이란다. 그 다음 목적지는 명 왕조가 구항선위사(舊港宣慰使)를 설치한 말라카해역 남단의 향료무역중심지 삼불제왕국(三佛齊王國) 스리비자야로 이동하고, 구주(九州, Sembilan

----

前香每斤一千二百兩."
[28] 『湯顯祖全集』, 詩文卷11「聽香山譯者」一首 : "占城十日過交欄, 十二帆飛看溜還. 握粟定留三佛國, 采香長傍九州山."
[29] 費信,『星槎勝覽』前集,「交欄山」: "自占城靈山起程, 順風十晝夜可至."

군도)30)에서 중국 황실이 필요로 하는 용연향이나 침향과 같은 사치품들을 구입하여 다음 해 봄, 남동계절풍을 이용하여 마카오로 돌아온다는 것이다. 탕현조는 통사의 설명을 통해 동짓달 북풍을 이용해 남쪽으로 출항한 배들이 다음해 4월이나 5월 남풍을 이용해 돌아오는 뱃사람들의 생활을 이해하게 되었다.31)

매년 계절풍을 이용한 중개무역을 통해 막대한 이익을 독점하게 된 마카오의 포르투갈 사회는 더욱 번성해졌고, 여성 거주자의 수도 늘어났다. 마카오에서 서양여성들을 처음 접하게 된 탕현조는 그녀들의 모습을 다음과 같이 시에 남기고 있다.

> 꽃 같은 얼굴의 오랑캐 여인 열다섯
> 장미 이슬로 아침 단장을 하네.
> 서해 끝에 새 달이 떠오르면
> 동림(東林)에 나가 거꾸로 향을 단다네.32)

시의 내용으로 보아 탕현조가 만났을 포르투갈 여인들은 일반적인 여성들이라기보다는 객지에서 생활하는 선원이나 상인들의 욕망을 채워주기 위한 직업여성이었을 가능성이 있어 보인다. 그녀들은 유럽에서 발생한 매독(梅毒)을 중국과 일본, 나아가 세계 전역으로 확산하는 보균자였을 가능성도 존재한다. 포르투갈 상인이 중국에 나타난

---

30) '九州'는 말레이어로 "아홉 개의 주"를 뜻하는 Sembilan의 음역으로 말레이반도 서안의 霹靂(Bagan Datoh: 말라카해역 서쪽)河口 밖에 있는 Sembilan군도라고 한다.
31) 龔翔麟, 『珠江奉使記』: "蕃舶之出以冬月, 冬月多北風. 其來以四五月, 多南風. 旣出, 則澳中黑白鬼一空. 計期當返, 則婦孺遶屋號籲, 以祈南風, 亦輒有驗者. 其舵工素與海習, 雖卒遇颶母浮椒, 亦萬不一失云."
32) 『湯顯祖全集』, 詩文卷11「聽香山譯者」二首: "花面蠻姬十五强, 薔薇露水拂朝妝. 盡頭西海新生月, 口出東林倒掛香."

이후 수많은 중국인들이 서양에서 전래된 매독으로 죽음을 맞이하게 되었으며, 탕현조 역시 그 희생자의 한 사람일 수 있다는 가정은 여전히 가능한 것이다.

이러한 추론이 가능한 것은 강희(康熙) 19년(1680)부터 3년간 마카오 삼파정원(三巴靜院)에서 신학교육을 받았던 오어산(吳漁山)이 남긴 시가 있기 때문이다. 오어산의 시에는 온 몸에 붉고 화려한 비단옷을 걸치고, 머리부터 베일을 쓰고 살포시 얼굴을 드러낸 서양 여인들이 먼 항해를 떠나는 남편을 배웅하는 모습[33]이 담겨져 있다.

> 젊은 부인 화장한 얼굴 비단으로 가리니
> 뒤로 모아 올린머리 길게 그린 눈썹 어찌 알겠는가.
> 장부는 큰 이문을 위해 언제나 객의 신세
> 매번 조수가 생기면 생이별을 한다네.[34]

당시 마카오에서 생활하며 남편의 안전항해를 기원하던 여성들은 얇은 비단으로 얼굴을 가리고 있었기 때문에 그녀들의 얼굴을 확인하고 아침 단장을 하는 모습을 보는 것은 불가능한 일이었을 것이다. 베일을 쓰고 생활을 하던 포르투갈 여인들의 모습은 1606년에 처음으로 인쇄된 마카오판화(표지에 사용된 판화)에서도 확인이 가능하다.

탕현조가 남긴 여러 시편들은 분명 마카오에서 생활하던 포르투갈인 사회의 초기 모습을 반영한 중요한 작품들이다. 하지만 매독이 무엇인지 모른 채 죽음을 맞이했던 수많은 중국인들처럼 탕현조도 서양

---

33) 吳歷撰, 章文欽箋注, 『吳漁山集箋注』(中華書局, 2007), 「嶴中雜詠」 第八首: "宅不樹桑, 婦不知蠶事. 全身紅紫花錦, 尖頂覆挑, 薇露眉目半面, 有凶服者皂色."
34) 『吳漁山集箋注』, 「嶴中雜詠」 第七首: "少婦凝妝錦覆披, 那知虛髻畫長眉. 夫因重利常爲客, 每見潮生動別離."

상인들의 출현이 포르투갈과 스페인을 중심으로 한 서방국가의 자본
축적과 대외 확장의 수단임은 결코 의식하지 못했던 것 같다.

4. 서문현 귀생서원(貴生書院)

탕현조가 마카오를 거쳐 임지 서문현에 도착한 것은 대략 음력 11
월경이었다. 서문현은 뢰주반도(雷州半島) 남단에 위치한 곳으로, 해
남도(海南島)와 바다를 사이에 두고 마주한 곳이다. 당시 광동은 동서
양을 잇는 중요한 상업기지로서의 역할을 담당하였지만 문화적으로
는 상당히 낙후한 지역이었다. 특히 명대에 들어 문화적 전성기를 맞
이한 강서와 비교한다면 그 차이가 더욱 심하다고 할 것이다.[35] 내륙
의 문화도시 강서에서 성장한 탕현조는 이번 폄적을 통해 광주와 마
카오 등 광동의 여러 곳을 둘러볼 수 있는 좋은 기회를 가졌으며, 재
화를 얻기 위해 위험을 불사하고 원양항해를 감행하는 중국과 서양
상인들의 생활을 살펴볼 수 있었다.

비록 명초부터 해금정책이 실시되었다곤 하지만 성화(成化)·홍치
(弘治)년간(1465~1505)에 들어서면서 광동의 일부 해안지역에서는 권
세가와 부유한 집안의 사람들 중에 대형선박을 건조하여 바다로 나가
서양 상인들과 밀무역을 하는 자들이 생겨났고, 가정년간에 들어서는

---

35) "300명의 진사 중에서 남창(南昌)출신 ─ 강서 지역의 다른 도시 출신자를 제외한
─ 이 8명이나 있습니다. 그에 비해 광동은 지방 전체에 합격자가 6명밖에 없습
니다. 이로 보아 남창에는 아주 많은 거인이 있음을 알 수 있습니다. 이것은 뒤
집어 말하면 우리들이 지금까지 있던 광동 지방은 중국에서 그다지 중요한 곳이
아니며, 개중에는 광동 지방을 중국 안에 포함시키는 것조차 꺼리는 사람이 있을
정도라는 것입니다." 平川祐弘, 노영희 역, 『마테오 리치』(동아시아, 2002), 248쪽.

더욱 심해졌다.[36] 원양항해를 통해 교역을 하던 상인들은 경쟁이 점차 심해지자 사업기회를 잃지 않으려고 배가 전복되거나 선박과 화물을 모두 잃는 한이 있더라도 항해를 연기하지 않았고, 태풍이 불어도 출항하곤 했다.[37] 당시 상업이 발달한 도시의 사회분위기는 이미 "금령(金令)이 하늘을 맡고, 전신(錢神)이 땅에 우뚝 솟았다. 탐욕은 한이 없고 골육상쟁이 벌어지고, 저 혼자 쓰고 누려도 바닥이 날 수밖에 없다. 다른 사람과의 거래에서는 터럭 한 올까지 놓치지 않으려는"[38] 상업의 시대가 시작되었다. 상업 활동의 결과 부의 편중과 사회적 분화가 심화되었을 뿐만 아니라 사치가 만연하게 되었다. 이러한 상황은 탕현조가 부임했던 서문현 역시 예외는 아니었다.

서문현은 산을 뒤로 하고 바다를 면하고 있어 물산이 풍부하였지만 대부분의 백성들은 오히려 곤궁한 생활을 하였다. 일부 서문현 향신들과 외지에서 온 부호들은 재산을 모으기 위해 "배를 탈취하여 바다로 나가 도적이 되거나, 진주를 키우는 양식장에 가서 진주를 훔치거나, 훔친 진주를 사들이기도 하는" 사람도 있었다. 뿐만 아니라 "나룻배를 세내고, 봉전(葑田)을 짓고, 염세(鹽稅)를 징수하는 데 분쟁이 끊이지 않았으며, 심지어 고리대를 놓고 부채를 갚지 못하는 사람을 기둥에 묶어놓고 매질을 하여 죽음에 이르게 하는 일이 발생하기도 하였다."[39] 탕현조는 왕운양(汪雲陽)에게 보낸 편지 속에서 서문현의 상

36) 張燮, 『東西洋考』: "成弘之際, 豪門巨室間有乘巨艦貿易海外者.……至嘉靖而弊極矣」";
 Timothy Brook, 『縱樂的困惑』(三聯書店, 2004), 131쪽 재인용.
37) 『龍溪縣志』(1535) 卷一, Timothy Brook, 『縱樂的困惑』 131쪽 재인용.
38) 顧炎武, 『天下郡國利病書』 卷32: "金令司天, 錢神卓地, 貪婪罔極, 骨肉相殘, 受身於亨, 不堪暴殄. 因人作報, 靡有落毛."
39) 『湯顯祖全集』, 詩文卷36 「爲守領喩東粵士大夫子弟文」: "不如式船爲盜, 或出池盜珠, 或受盜珠,……租渡船有爭, 業葑田有爭, 領稅領鹽有爭……其他擧債鎖人于柱笞沒之."

황을 다음과 같이 소개하고 있다.

> 제가 뢰주 서문현의 벼슬아치가 되었을 때, 판부사도(判府司道)와 여러분들
> 이 거처를 마련하여 저를 머무르게 해 주셨는데, 귀생서원(貴生書院)이 바로
> 그곳입니다. 그곳 사람들이 목숨을 가볍게 여기고, 예의를 알지 못하므로 귀생
> 이라 이름 하였습니다.[40]

 자신의 생명을 가볍게 여기고, 예의를 중시하지 않는 광동의 상황
에 주의한 것은 탕현조만이 아니었다. 오랜 기간 광동에 체류했던 마
테오 리치는 예수회총장에게 보내는 통신문에서 "광동밖에 모르는 포
르투갈인이 중국의 사정에 대해 욕하거나 중국인은 예의를 모른다고
보고문에 적더라도, 그것은 중국 전체에 통용되는 것이 아니라 광동
지방 일대에만 해당되는 관찰이라는 점을 알고 계십시오"라고 적었
다.[41] 탕현조의 이야기를 증명할 충분한 자료라 할 것이다.
 탕현조는 당지의 백성들이 생명을 중시하지 않고 예의를 모르는 것
은 사대부들이 그들의 자재들을 올바로 교육하지 못했기 때문이라 생
각하고[42], 당지의 수재와 생원들을 모아놓고 강학을 시작하였다. "서
문현의 인사들은 온 천하에 탕현조의 재명이 알려진지 오래임을 알고
있었기 때문에 그가 도착하자, 의관을 갖추고 뵙기를 청하는 자가 줄
을 이었다. 그의 음성을 한번 듣기만 해도, 문득 듣지 못한 바를 들었
다고 여겼다. 이에 탕현조가 온 세상에 중시되는 이유가 단지 문재(文
才)만이 아님을 알게 되었다."[43] 탕현조를 찾아 평소 품어왔던 의문점

---

[40] 『湯顯祖全集』, 詩文卷 「與汪雲陽」: "弟爲雷州徐聞尉, 判府司道諸公計爲一室以居弟,
　　則貴生書院是也. 其地人輕生, 不知禮義, 故以貴生名之."
[41] 平川祐弘, 노영희 역, 『마테오 리치』(동아시아, 2002), 248쪽
[42] 『湯顯祖全集』, 詩文卷36 「爲士大夫喻東粵守領文」.

을 묻고 가르침을 구하는 자들이 언제나 그의 숙소를 가득 매웠기 때
문에 지현(知縣)은 따로 강학할 수 있는 장소를 준비하였다. 건물이
세워지자 탕현조는 그곳을 귀생서원이라 이름하고, 스스로 「貴生說」
을 지어 가르침의 근본을 세웠다.[44]

　'천지지성(天地之性)'은 사람을 귀하게 여기는데, 사람이 오히려 스스로를 천
하게 여기는 것은 왜일까? ……생명의 도리를 알게 되면 스스로를 귀하게 여길
줄 알게 되고, 또 천하에 생명 있는 모든 것이 귀중한 것임을 알게 될 것이다.
그러므로 천지지성이란 큰 것이다, 내 어찌 감히 재물로서 그것을 제한하겠는
가. 하늘과 땅이 생명을 지은 것이 오랜데 내 어찌 몸으로 그것을 망치는 것을
참겠는가."[45]

　재물을 얻기 위해 생명을 가볍게 여기는 광동지역 해안가 사람들의
삶을 돌아보며 '귀생(貴生)', '귀인(貴人)', '애인(愛人)'의 도리를 깨우치
게 된 탕현조는 함께 도리를 논할만한 사람을 만나면 "군자는 도를 배
운즉 사람을 사랑한다(君子學道則愛人)"는 생명존중의 사상을 알려나
갔다. "백이면 하나는 죽는다(百有一死之地)"는 장우(瘴雨)의 땅에서,
물질적 이익을 위해 목숨을 돌보지 않는 바닷가 사람들과 함께 생활
하면서 탕현조는 '귀생'이라는 큰 깨달음을 얻은 것이다. 서문현을 떠

---

43) 劉應秋, 『劉大司成集』, 卷四 「徐聞縣貴生書院記」: "徐聞之人士, 知海以內有義仍才名
　　久. 至則躡衣冠而請謁者, 趾相錯也. 一聆謦欬, 輒競傳以爲聞所未聞, 乃又知義仍所縣
　　重海內, 不獨以才. 於是學官諸弟子, 爭先北面承學焉."
44) 『徐聞縣志』卷九: "貴生書院, 萬曆十九年, 添注典史湯顯祖知縣熊敏, 共損資俸, 建于
　　公館東. 建會館曰貴生書院, 自爲說以紀."毛效同編, 『湯顯祖研究資料彙編』上(上海古
　　籍出版社, 1986), 95쪽.
45) 『湯顯祖全集』, 詩文卷37 「貴生書院說」: "天地之性人爲貴. 人反自賤者, 何也. ……知
　　生則知自貴, 又知天下之生皆當貴重. 然則天地之性大矣. 吾何敢以物限之, 天下之生久
　　矣, 吾安忍以身壞之."

나며 탕현조가 남긴 「徐聞留別貴生書院」은 그의 오도송(悟道頌)이었다.

> 하늘과 땅 사이에 무엇이 귀한가
> 건곤(乾坤)은 오직 이 생명만을 낳았다.
> 파도는 종일 밀려드는데
> 누구라 '귀생'의 정 알겠는가.[46]

5. 마카오를 기억하며

서문현에서 6개월여를 보낸 탕현조는 절강 수창현(遂昌縣)의 현령으로 자리를 옮겼다. 수창현의 부모관이 된 탕현조는 스스로를 귀하게 여기고, 다른 사람의 생명을 소중하게 여기며, 나아가 모든 생명의 존귀함을 중시하는 정치를 실천하고자 노력하였다. 하지만 황제의 사치와 욕망을 채우기 위한 광세(鑛稅)의 위협이 산골 수창에까지 이르자 이를 막을 길이 없었던 탕현조는 관직을 버리고 낙향을 결심하였다. 만력26년 고향으로 돌아온 탕현조는 6년 전 서문현으로 폄적되어 가는 길에 보았던 많은 일들을 회상하며 『牡丹亭』을 완성하게 되었다.

『牡丹亭』의 저본인 『杜麗娘慕色還魂話本』은 광동 남웅부를 배경으로 하였지만 광동에 대한 언급이 없다. 하지만 『牡丹亭』 곳곳에는 광동에 대한 언급들이 남아있어 광동 서문현으로의 폄적이 그에게 얼마나 깊은 인상을 남겼는지 알 수 있게 한다. 먼저 탕현조는 화본(話本)의 남자 주인공 광동 남웅부윤(南雄府尹)의 자제 유몽매를 영남으로

---

[46] 『湯顯祖全集』, 詩文卷37 「徐聞留別貴生書院」: "天地孰爲貴, 乾坤只此生. 海波終日鼓, 誰悉貴生情."

폄적된 적이 있었던 유종원(柳宗元)의 후예로 바꾸어 놓았다. 유몽매의 친구로 등장하는 한수재(韓秀才) 역시 한유(韓愈)의 후손으로 광주의 북쪽 월수산(越秀山)에 자리 잡은 월왕대(越王臺)에서 한유의 사당을 지키며 살아가고 있다. 탕현조가 유몽매를 유종원의 후예로 설정한 의도는 유몽매가 한수재에게 늘어놓은 다음과 같은 넋두리를 통해 알 수 있다.

　　예를 들어 나의 조부이신 유종원과 그대의 조부이신 한퇴지(韓退之)는 모두 박식한 재자(才子)들이셨지만 시운이 좋지 않았네. 그대의 조부는 그만「佛骨表」를 지어 조양(潮陽)으로 귀향 가셨고, 나의 조부께서는 조양전(朝陽殿)에서 승상(丞相) 왕숙문(王叔文)과 바둑을 두시다 황제의 어가를 놀라게 하여 유주사마(柳州司馬)로 폄적 되셨네. 두 곳은 모두 바닷가에 위치해 풍토병이 창궐하는 지역이었지.[47]

탕현조는 뛰어난 학식을 지녔던 한유가 황제에게「佛骨表」를 올려 조양으로 폄적되고, 왕숙문과 함께 정치개혁을 도모했던 유종원이 유주로 폄적된 일을 빌어 6년 전 부당하게 광동으로 폄적되었던 자신의 원망을 간접적으로 드러내었다. 그의 기억 속에 남아 있는 영남의 자연환경은 풍토병이 창궐하는 바닷가였다.

탕현조는 마카오에서 목격한 천주교성당과 외국인 상인과 신부, 그들이 대양을 건너 가져온 아름다운 빛깔과 화려한 광택을 띤 보물들을 기억해 내었다. 또한 황제의 음욕과 귀부인들의 허영심을 만족시키기 위해 설치한 '향산험향소'와 그곳에서 일하던 관리들도 작품 속

---

[47]　湯顯祖,『牡丹亭』, 第6齣「悵眺」: "比如我公公柳宗元, 與你公公韓退之, 他都是飽學才子, 劫也時運不濟. 你公公錯題了佛骨表, 貶職潮陽. 我公公則爲在朝陽殿與王叔文丞相下碁子, 驚了聖駕, 直貶做柳州司馬. 都是邊海煙瘴地方."

에 등장시켰다. 탕현조는 한수재를 통해 유몽매에게 황제를 위해 진
귀한 보석과 향료를 사들이는 흠차식보중랑(欽差識寶中郞) 묘순빈(苗
舜賓)이 올 가을 임기를 마치고 귀경하기 전, 관례에 따라 마카오의
다보사(多寶寺)에서 외국 상인들로부터 사들인 보석들을 전시한다는
말을 전했다. 다보사는 예수회 선교사들이 포르투갈 상인들의 도움을
받아 마카오에 지은 성 바울(San Paolo)성당으로, 작품 속에서는 보물
을 구매하러 온 중국관원을 영접하는 장소로 사용되기도 하는 곳이라
적고 있다.[48] 우리는 이 짧은 대사를 통해 탕현조는 예수회 회원들의
선교활동이 서양 상인들의 경제활동과 밀접한 관계를 가지고 있었음
을 알고 있었다고 추론할 수 있다. 또한 당시 마카오에서는 성당의 기
능이 단순한 신앙의 공간으로서 뿐만 아니라 상업 활동이 이루어지는
공간으로도 활용되었음을 상상할 수 있다. 이러한 상황은 이슬람교가
광주에 처음 전래되었을 때 모스크가 종교적인 공간임과 동시에 상인
들의 회합장소로 활용되었던 것과 같은 맥락에서 이해될 수 있을 것
이다.

　탕현조는 과거 길에 오른 유몽매의 발길을 다보사로 옮겨놓았고,
흠차식보중랑과의 대화를 통해 만력황제의 사치와 끝없는 물질욕망
에 대해 비판하였다. 흠차식보는 유몽매에게 서양 상인들이 가져온
성한신사(星漢神砂), 자해금단(煮海金丹), 철수화(鐵樹花) 등 이름조차
생소한 각가지 보물들을 소개하면서[49] 이 보물들 중에 "멀리서 온 것은
삼만 리를 넘고, 가까운 곳도 만 리를 넘어서 온 것이다"라고 자랑을
널어놓았다. 이 말을 듣던 유몽매가 보물들이 "그렇게 먼 길을 날아왔

---

48) 湯顯祖,『牡丹亭』, 第21齣 「謁遇」: "香山嶴裏巴.……這寺原是番鬼們建造, 以便迎接
　　收寶官員."
49) 상동: "這是星漢神砂, 這是煮海金丹和鐵樹花.……."

는지, 걸어왔는지 되묻자" 묘순빈은 웃으며 "보물이 어떻게 날아오거나 걸어올 수 있겠는가! 모두 조정에서 비싼 가격으로 구매하기 때문에 상인들이 먼 곳에서 가져와 황제에게 바치는 것이라고 하였다."[50] 흠차식보의 말을 들은 유몽매는 크게 탄식하며 "대인이시여, 이 보물들은 진짜입니다. 하지만 배가 고파도 먹을 수 없고, 추워도 입을 수 없기에 제 눈에는 빈 배나 떠다니는 기와장처럼 아무런 소용이 없습니다"라고 대답하였다. 탕현조는 유몽매의 입을 빌어 만력황제의 사치와 낭비에 대해 직접적인 비판을 쏟아낸 것이다. 6년 전 마카오에서 황제의 음욕(淫慾)을 만족시키기 위해 용연향을 구입하는 것을 목격하고도 아주 완곡하게 풍자하고 말았던 시에 비하면 그 비판의 강도가 더욱 강해졌음을 알 수 있다.

　탕현조는 유몽매의 입을 빌어 바닷길을 건너온 보물들은 진정한 보물이 아니라고 힐난한 것이다. 유몽매는 진정한 보배란 인재이며, 자신이야말로 진정한 현세보(現世寶)로 조정에 있는 그 어떤 인물도 자기와 비교될 수 없다고 자부하였다. 하지만 "가난한 서생은 관부의 동정을 살피기도 어려운데 어떻게 천자를 알현할 수 있을까!"라고 탄식하며, 장안까지 삼천리길이지만 여비가 없어 과거 길에 나서지 못한다고 자신의 신세 한탄을 늘어놓는다. 탕현조는 바닷길을 건너온 보물들에 미혹된 황제의 사치와 무능을 풍자하고, 나아가 천하를 경략할 수 있는 진정한 보배들이 인의 장막에 가려 황제를 알현할 수도 없고, 경제적 어려움으로 뜻을 펼칠 수 있는 기회조차 얻지 못하고 있음을 웅변하며 만력황제의 실정을 풍자한 것이다.

　탕현조는 광주와 마카오, 서문현을 통해 해외무역이 가져다주는 물

---

50) 상동: "有遠三萬里的, 至少也有一萬里程. (生)這般遠, 可是飛來, 走來(淨笑介)那有飛走而至之理. 都因朝廷重價購求, 自來貢獻."

질적 풍요를 목격하였다. 또한 물질적 풍요를 위해 목숨을 아까워하
지 않는 해안가 사람들의 삶도 알게 되었다. 하지만 탕현조는 말업(末
業)인 상업보다는 농업을 근본으로 하는 전통 향촌사회를 지향하였
다. 그는 『牡丹亭』 속에서 청락향(淸樂鄕)이라는 이상향을 설정하고
"산도 맑고, 물도 맑아, 사람들이 경치 좋은 곳에서 노니네. 때 맞춰
봄 구름이 일어나는 구나"라고 그곳의 자연경관을 노래하였다. 청락
향의 사람들은 큰돈을 벌기 위해 전답을 버리고 멀리 대양을 넘어 장
삿길에 나서는 포르투갈상인이나 광동인 들과는 다른 삶을 살았다.

　　붉은 살구꽃이 활짝 피고 창포 잎이 돋아날 무렵, 봄의 들판은 새 계절의 생
　　명을 따사롭게 하는 구나. 대나무 울타리 초가지붕위로 주막집 깃발이 올라오
　　고 비가 지나간 후 부엌에선 밥 짓는 연기가 피어오른다.

　　미끄러운 진흙 질퍽대는 소리 짧은 써레, 긴 쟁기, 미끄러질라 꽉 잡아라. 간
　　밤에 비온 뒤에는 고미(菰米)와 삼의 씨를 뿌려라, 하늘이 맑으면 거름을 내어
　　라. 그러면 묵은 생선젓 비린내가 산들바람을 타고 풍겨 오리라.[51]

청락향에서는 향약과 보갑(保甲)제도가 잘 지켜지고, 재앙을 대비
한 의창(義倉)이 운영되고 있으며, 향촌마다 사학(社學)이 있어 촌민들
도 교육을 받을 수 있는 곳이었다.[52] 탕현조가 상상한 청락향은 "관원
도 청렴하고, 아전들도 청렴하여, 촌민들이 관청에 송사하러 갈 일이
없는"[53] 맑은 정치가 펼쳐지는 도화원이었다. 탕현조를 비롯한 대부

---

51)　湯顯祖, 『牡丹亭』, 第8齣 「勸農」: "紅杏深花, 菖蒲淺芽. 春疇漸暖年華. 竹籬茅舍酒旗
　　兒又. 雨過炊煙一縷斜. ……泥滑喇, 脚支沙, 短耙長犂滑律的拏. 夜雨撒菰麻, 天晴出
　　糞渣, 香風醃鮓."
52)　상동: "凡各村鄕約保甲, 義倉社學. 無不擧行. 極是地方有福."
53)　湯顯祖, 『牡丹亭』, 第8齣 「勸農」: "你看山也淸, 水也淸, 人在山陰道上行. 春雲處處

분의 지식인들은 여전히 농업을 국가의 기간산업으로 인식하였고, 광주와 마카오에서 펼쳐지는 상업활동은 국가의 근간을 흔드는 금지해야할 사업이라 받아들였다. 하지만 동서양의 접촉이 이루어지던 마카오는 분명 탕현조에게 큰 충격으로 기억되고 있었던 것이다

탕현조가 살았던 16, 17세기는 대서양을 건너온 포르투갈 상선과 태평양을 돌아온 스페인 상선들이 세계 각처에서 끌어 모은 은을 싣고 광동으로 모여들었다. 하지만 중국의 차와 비단, 도자기를 갈망했던 서구인들은 광주에 거주할 수 없었다. 때문에 그들은 마카오에 거주공간을 확보하고 광주를 통한 무역에 종사하고 있었던 것이다. 1591년 마카오를 방문하게 된 탕현조는 농사를 짓지 않고도 비단옷을 입고 화려한 생활을 하는 포르투갈 상인들의 생활을 보게 되었다. 포르투갈 상인들과 함께 활동하는 통사들을 통해 동남아를 무대로 펼쳐지는 그들의 상업 활동에 대해서도 알게 되었다. 또한 마카오에서 생활하는 서양 여인들의 아름다운 자태로 경험할 수 있었다. 탕현조가 남긴 5편의 시와 『牡丹亭』에 형용된 마카오는 16세기 후반 마카오의 생생한 생활상을 보여주는 중요한 작품임에 틀림없다. 때문에 마카오 사람들은 탕현조를 마카오 문학을 개창한 시조라고 자랑스럽게 말하는 것이다.

生.…官也淸, 吏也淸, 村民無事到公庭."

3장: 마카오의 중국인 신부 오어산(吳漁山)

1. 들어가는 말

오어산(吳漁山, 1632~1718)[1]은 청(淸)나라 산수화단을 대표하는 '청초육가(淸初六家)'[2]중의 한 사람으로, 시와 음악에 있어서도 자기만의 세계를 이룩한 명망 높은 명(明)의 유민이었다.[3] 강소(江蘇) 상수(常熟)에서 출생한 오어산은 집 근처에 천주교 교회가 있어서 어려서부터 세례를 받았다고 알려져 있다. 하지만 언제 신앙을 가지게 되었는지, 누구에게 세례를 받았는지에 대해서는 아직 명확하게 밝혀져 있지 않다.[4] 분명한 것은 강희(康熙) 19년(1680)부터 3년간 마카오 삼파정원(三巴靜院)에서 성직자가 되기 위한 신학교육을 받았고, 1682년

---

[1] 오어산은 원명이 계력(啓歷)이었으나 력(歷)으로 개명하였다. 자는 어산(漁山)이고 호는 묵정도인(墨井道人)이라 하였다.

[2] '청초육가'란 왕시민(王時敏), 왕감(王鑒), 왕운(王惲), 왕원기(王原祁), 오력(吳歷), 운수평(惲壽平)을 말한다. 명(明) 동기창(董其昌)의 뒤를 이어 청나라 초기 산수화단을 영도하였다.

[3] 『吳漁山集箋注』, 卷首 「漁山先生行狀」: "問學于陳孝廉確庵(陳瑚), 問詩于錢宗伯牧齋(錢謙益), 學畵于王太常烟客(王時敏), 學琴于陳高士民阮(陳眠), 均得其心傳." 본문에서 인용한 오어산의 시와 1차 자료들은 吳歷撰, 章文欽箋注, 『吳漁山集箋注』(中華書局, 2007)를 저본으로 하였다. 이후 별도 서지사항이 필요한 부분을 제외한 나머지는 서지사항을 생략한다.

[4] 方豪, 『中國天主敎史人物傳』 中卷(中華書局, 1988), 204쪽.

정식으로 예수회에 입회(入會)하여 사이몬 하비에르(Simon Xaverius, 西滿·沙勿略)라는 교명을 받았으며, 1688년 8월 1일 유온덕(劉蘊德)[5], 만기연(萬其淵)[6]과 함께 신부가 되었고, 선종 때까지 상해(上海)를 중심으로 선교사업에 종사했다는 사실이다.

오어산이 유럽과 아시아의 문화가 교류했던 '접촉지대(contact zone)' 마카오와 인연을 맺게 된 것은 예수회의 중국선교사업과 밀접한 관련을 가지고 있다. 1666년 '강희역옥(康熙曆獄)' 이후 예수회의 총책임을 맡게 된 인물은 페르비스트(Ferdinand Verbiest, 南懷仁) 신부였다. 그는 나이가 많더라도 배우자가 사망한 사람 중에 덕이 있는 인사를 선발하여 단기간 내에 집중적인 교육을 시켜 사제 서품을 하고, 중국말로 미사 집전과 성사 집행을 할 수 있어야 교회의 기초가 튼튼해 질 수 있다고 생각하였다. 페르비스트는 1680년 새로 관리자직[7]에 임명된 필립페 쿠플레(Philippe Couplet, 柏應理)[8]를 로마 교황청에 파견하

---

[5] 유온덕은 호광(湖廣) 사람으로 명 숭정원년(崇禎元年, 1628) 출생하였다. 자가 소공(素公), 세례명은 바실리오(Basil, 巴西略)이고 서양 이름은 Verbiest이다. 흠천감(欽天監) 우감부(右監副)로 근무할 때부터 선교사들과 교류가 많았고, 강희 23년(1684) 입회하였다.

[6] 만기연은 강서(江西) 건창(建昌) 사람으로 숭정 8년(1635) 출생하였다. 자가 삼천(三泉), 세례명이 바울(保祿)이고 서양 이름은 Banhes 혹은 Vanhes라고 한다. 강희 15년(1676) 입회하였다.

[7] "관리자의 임무는 저명한 사람들을 방문하고 학자들과의 접촉 그리고 출판물의 교화를 통하여 선교에 대한 대중적 관심을 불러일으키는 것도 포함되었다. 관리자가 신입 지원자, 재정적 지원 그리고 호의적인 교황의 재가를 얻어내는 일은 예수회 선교사업을 좌우하는 절대적으로 필요한 것이었으므로 가장 유능하다고 생각된 예수회원만이 그 임무에 선발되었다." 데이비드 E. 먼젤로, 이향만 외 역, 『진기한 나라, 중국: 예수회 적응주의와 중국학의 기원』(나남, 2009), 413쪽.

[8] 순치(順治) 16년(1659) 중국에 온 쿠플레 신부는 광서, 호광, 절강 그리고 강남 지방에서 선교활동을 수행했다. 중국어로 된 7편의 짧은 저작을 지을 정도로 중국어를 통달하였으며 사대부들과 긴밀한 접촉을 하였다. 한학에도 밝아『西文四書直解』를 저술했고, 예수회신부들과 함께 라틴어로 쓴 『중국 철학가 공자

여 중국에서 선교사들이 중국어로 미사를 집전할 수 있도록 허락을
받고자 하였다. 이때 4명의 중국인 후선인(候選人)⁹⁾을 동행시켜 그들
이 사탁(司鐸)의 직위를 충분히 수행할 수 있음을 바티칸에 보여주고
자 하였다. 1661년 한 해에 어머니와 아내를 잃은 후, 삶과 죽음이라
는 본질적인 문제에 대한 답을 찾고 있던 오어산은 이 예비후보 4명
중의 한 사람이었다.¹⁰⁾

오어산과 육희언(陸希言) 등 예비후보들을 마카오로 인도한 것은
쿠플레였다. 하지만 마카오의 포르투갈 정부는 중국인에게 사제 서품
을 주는 것에 반대하였다. 신임 예수회 중국부성회장(中國副省會長)이
된 가비아니(Jean-Dominique Gabiani, 畢嘉)는 이들 4명 중 라틴어를
구사할 수 있고, 나이가 어린 심복종(沈福從)과 공상실(龔尙實) 두 사
람만 대동할 것을 허락하였지만 로마에 도착한 것은 심복종 혼자였
다.¹¹⁾ 쿠플레 신부와 함께 유럽으로 건너가 새로운 학문을 배우고자
했던 계획이 좌절된 후, 오어산은 마카오의 성 바울대학(Colégio de
São Paulo, 聖保祿學院)의 화인초학원(華人初學院)에서 신학공부를 하
기로 결심하게 되었다.

마카오에서 사제가 되기 위한 교육을 받는 3년 동안 오어산은 틈틈

(Confucius Sinarum Philosophus)』는 1687년 파리에서 출판되어 유럽에서 상당한
화제를 불러일으켰으며, 유럽의 중국학연구의 시작에 중요한 역할을 담당하였
다. 데이비드 E. 먼젤로,『진기한 나라, 중국: 예수회 적응주의와 중국학의 기원』,
411~417쪽.
9) 필리페 쿠플레 신부는 심복종, 공상실, 오력, 육희언 등과 함께 로마교황청을 방
문하고자 하였다.
10) 邵洛羊,『吳歷』(上海人民美術出版社, 1962), 3쪽. 章文欽,『澳門歷史文化』(中華書局,
1999), 382쪽 재인용 ;『吳漁山集箋注』, 卷首「吳漁山先生行狀」: "生也必有所由來, 其
卒也必有所攸歸. 思久之, 不得透其昧. 嗣聞天主教名, 與教士交善, 考問敎理."
11) 吳志良・湯開建・金國平 主編『澳門編年史』第2卷(廣東人民出版社, 2009), 646쪽 ;
章文欽,『吳漁山集箋注』, 6쪽.

이 시를 지었고, 후에 이를 모아『三巴集』을 간행했다. 전질(前帙)「嶴中雜詠」속에 7언절구 30수, 후질(後帙)에「聖學詩」에 82수를 담은 담았다.12) 그가 시집을 두 부분으로 편집한 것은「嶴中雜詠」이 문인이자 산수화가인 오어산의 눈에 비친 마카오의 자연환경과 인문환경을 묘사한 경물시(景物詩)라고 한다면,「聖學詩」는 천주교수사 하비에르가 구도 생활 속에서 만나게 된 예수회의 선현들을 찬양하고 교리의 이해를 통한 깨달음의 즐거움을 담고 있는 성학시(聖學詩) 혹은 천학시(天學詩)13)로 구분하였기 때문이라고 생각된다.

본 장에서는 산수화가 오어산이 성 바울대학에서 학습하는 동안 마카오의 자연환경, 사람들의 생활, 동서양의 문화가 혼종 되어가는 마카오의 모습을 사실적으로 묘사한「嶴中雜詠」의 시편들을 통해 17세기 후반 마카오의 모습을 소개하고자 한다. 또한 천계령(遷界令)이 해지되기 직전 특정시기(1680~1682)에 성 바울대학에서 신학교육을 받은 중국지식인 오어산의 기독교학습과정을 살펴볼 것이다. 이를 통해 기독교 종교행사를 중심으로 한 서양문화가 마카오에 정착되어가는 과정을 고찰하고, 이문화간 문화접촉에 따른 혼종의 모습 등을 살펴보면서 해항도시라는 특정한 공간에서 발생하는 변용과 창조의 구체적 사례를 확인하고자 한다.

---

12) 1690년『三巴集』이 간행되었으며, 동향인 송실영(宋實穎)과『明史·外國傳』을 편찬한 우동(尤侗)이 서를 적었다.
13) 오어산은 강희 35년(1696) 상해에서 선교 사업을 수행하면서 그의 교우 조륜(趙崘)에게 "作天學詩最難, 比不得他詩"라고 하였다. 여기서 이야기 하는 천학시란 천주교 교의를 내용으로 하는 시를 지칭하는 것으로 이해된다.

2. 성 바울대학의 기억

오어산과 같은 시기 쿠플레 신부와 함께 마카오에 도착한 육희언의 기록에 근거하면 그들이 마카오에 도착한 것은 강희 19년(1680) 음력 11월경이다.[14] 당시는 청나라 조정이 대만(臺灣)을 본거지로 하여 '반청복명(反淸復明)'을 주도하던 해상세력 정성공(鄭成功) 등에 대한 대대적인 정벌전쟁을 진행하고 있었다. 때문에 연해지역 주민들을 모두 내지 50리 안으로 강제 이주시킨 천계령(遷界令, 1661～1683)이 엄격하게 집행되고 있었다. 이 기간 동안에는 마카오 해상의 선박 항행도 금지되어 있었다.[15] 때문에 강남을 떠난 오어산 일행이 마카오로 들어갈 수 있는 유일한 길은 향산현(香山縣) 전산채(前山寨)를 경유하는 육로뿐이었다.

「墺中雜詠」 제1수는 사람이 태어나고 죽는 것은 결코 우연한 일이 아니니, 이 땅에 태어난 유래와 죽은 후 어디로 가는 지에 대한 해답을 찾고자 오랜 고민에 빠져있던 오어산이 지천명(知天命)의 나이에도 불구하고 마카오를 찾게 된 이유와 대청제국(大淸帝國)이라는 육역 세계의 경계－관갑(關閘) 앞에서 바라본 주변 환경을 담백하게 묘사하고 있다.

---

14) 陸希言,『開天寶鑰』,「墺門記」:「吳漁山的生平及其著作」: "子於康熙庚申之冬仲, 追隨信未柏先生至其地." 오어산이 마카오에 도착한 년대에 대해서는 진원(陣垣), 방호(方豪), 용경(容庚) 등 연구자에 따라 약간의 차이가 존재한다. 본 논문에서는『吳漁山集箋注』의 전언(前言)「吳漁山的生平及其著作」의 정리에 따른다.

15) 천계령의 실시와 함께 청나라 조정은 마카오에 거주하는 외국인에게 본국으로 돌아갈 것을 명하였다. 하지만 당시 황제의 총애를 받고 있던 페르비스트 등 신부들과 평남왕(平南王)이 노력한 결과 강희 2년 마카오의 주민들이 마카오에 머물 수 있게 되었다. 하지만 마카오 해상의 선박의 항행은 금지되었다. 吳志良 · 湯開建 · 金國平 主編,『澳門編年史』第2卷(廣東人民出版社, 2009),587쪽.

관갑 앞에서 월(粵) 땅이 다하여 모래톱에 내려서니
호경(濠鏡)의 산세는 꽃송이를 닮았구나.
거객(居客)이 놀라지 않음은 경솔한 난입이 아니라
멀리서 도를 배우고자 삼파(三巴)에 왔기 때문이다.[16]

전산채의 남문을 나서면 멀지 않은 곳에서 마카오와 연결된 유일한 통로 평사(平沙)가 시작되었다. 평사는 멀리서 바라보면 마치 그 모습이 연꽃잎의 줄기처럼 바다위에 횡으로 펼쳐져 있어 연화경(蓮花莖)[17]이라고도 불리는데 길이가 10리이고 폭이 5~6장에 불과한 모래톱이었다. 명 만력 2년(1574)에는 대서양을 넘어온 불랑기(佛郎機)와 내지 중국인의 내왕을 통제하기 위해 연화경에 관갑이 설치되었다. 당시에는 직사(職司)들이 그 문을 열고 닫았고, 경비가 더욱 강화되어 허가 없이 지척이라도 넘는 자가 있다면 잡아 주살하였다.[18] 관갑은 천계령에서 정한 제국의 안과 밖을 나누는 경계였던 것이다.[19] 쿠플레와 함께 연화경 관갑에 도착한 예비후보들에게 마카오는 대청제국(大淸帝國)이라는 육역세계의 경계 밖으로, 대양을 넘어 로마로 이어진 해양세계의 시작으로 받아들여졌을 것이다.

관갑을 통과한 오어산 일행의 눈앞에 펼쳐진 마카오는 높고 낮은 층층의 누각으로 다가섰다. 높은 건물은 산꼭대기에 의지하고, 낮은

---

16) 「澳中雜詠」第一首: "關頭粵盡下平沙, 濠鏡山形可類花. 居客不驚非誤入, 遠從學道到三巴." 「澳中雜詠」은 『吳漁山集箋注』, 卷二 「三巴集」에 수록되어 있다.

17) 印光任·張汝霖, 『澳門記略』上卷 「形勢篇」: "環以海, 惟一徑達前山. 前山爲拊背扼吭地, 北距香山縣一百二十里而遙遠, 南至澳門十有五里而近. ……出南門不數里一爲蓮花莖, 卽惟一徑可達者."

18) 屈大均, 『廣東新語·地語·遷海』: "有關出咫尺者, 執而誅戮." 杜臻, 『粵閩巡視紀略』卷二: "士人有非時關出者, 關吏呼止之, 彝亦不得輒入焉."

19) 陸希言, 『開天寶鑰』, 「墺門記」: "未至前山, 遙望如一葉荷葵, 橫披水面; 迨其莖, 則有關焉, 職司啓閉, 以別界之內外也."

것은 해변을 따라 지어져 해안의 굴곡을 따라 문득 한 폭의 아름다운 산수화가 펼쳐진 듯하였다.[20] 새로운 종교와 학문을 배우기 위해 로마로 가고자 했던 오어산이 마카오에서 머물게 된 곳은 사람들에게 삼파라고 불린 성 바울대학에 부속된 3층 건물의 2층에 위치한 방이었다. 동아시아 지역에 설립된 첫 번째 서양식대학인 바울대학(1594)은 대포대(大砲臺)와 바울성당 사이 산언덕에 위치하여 도시 전체를 조망하기에 아주 좋은 장소였다.

> 이 층 방은 삼면에서 파도소리 들리니
> 바람 없어도 해랑(海浪)은 천둥소리 같다.
> 가고 옴은 필경 바다갈매기만 자유롭지 못하니
> 언제나 무리지어 나는 새들 화병(畫屛)에 들어온다.[21]

로마행에 대한 최종 결정을 기다리는 5개월 여 동안 오어산은 2층 방에서 밀려드는 파도와 해조음(海潮音)을 들으며 지난 50년의 삶을 되돌아보았다. 그는 지금의 선택이 옳고 지나온 날들이 잘못되었다고는 생각하지 않았지만, 대해(大海)와 세해(世海)의 파도 중에 무엇이 더 위험한지 분별할 수 없어 고민하고 있었다.[22] 오어산 등 4명의 후보생을 로마로 파견하겠다던 계획은 취소되었고, 예수회원장은 그에게 마카오에 남아 수성(修省)할 것을 권하였다. 오어산은 마침내 마카

---

20) 陸希言, 『開天寶鑰』, 「澳門記」: "進而稍近, 則樓閣層層, 高者依山巓, 低者傍海邊, 緣崖屈曲, 恍然一幅佳山水."

21) 「澳中雜詠」第十七首: "第二層樓三面聽, 無風海浪似雷霆. 去來畢竟輸鷗鳥, 長保群飛入畫屏." 自注: "樓房槪有三層, 予眠食二層上."

22) 「墨井題跋」: "墨井道人年垂五十, 學道於三巴, 眼食第二層樓上, 觀海潮度日, 已五閱月於玆矣. 憶五十年看雲塵世, 較此物外觀潮, 未覺今是昨非, 亦不知海與世孰險孰危. 索筆圖出, 具道眼者, 必有以敎我."

오에서 구도의 길을 가는 수사로서의 생활을 시작하기로 결심하였다.

당시 예수회에 입회하고자 하는 사람은 절색(絕色)과 절재(絕財), 오직 상관의 명령을 따르겠다는 절의(絕意)뿐만 아니라 높은 곳에 거하지 않고자 하는 절위(絕位)의 마음을 가져야만 했다.[23] '삼절(三絕)'의 서약을 하고 사탁의 길을 가고자 결심한 오어산은 수도회의 성직자와 수도자들과 함께 시편과 성서말씀, 기도문으로 이루어진 교회의 공적 공동기도 성무일과(聖務日課)를 행하고, 하루에 7번 기도하고 종소리를 듣고 휴식에 들어가는 생활을 시작했다.

> 성학(性學)은 해외의 스승을 만나기 힘들고
> 먼 곳에서 모인 학생들은 모두 아이들.
> 성무일과는 묘시(卯時)와 유시(酉時)로 정하였을까
> 조용히 요령 소리를 들으며 아침저녁 공부한다.[24]

오어산과 함께 초학원에서 교육을 받는 학생들은 16, 17세 전후의 신도들 자녀들이 대부분이었다.[25] 예수회를 창설한 이냐시오는 「예수회 회헌(會憲) 초안(Prima Summa)」에서 "먼저 상당한 기간 면밀한 시험을 받지 않고서는 누구든지 본회에 받아들여지지 않을 것이다. 그

---

[23] 陸希言, 「墺門記」: "不特絕色絕財, 幷絕意而惟順長之命, 且絕位而無居上之心."

[24] 「墺中雜詠」第二十五首: "性學難逢海外師, 遠來從者盡兒童. 何當日課分卯酉, 靜聽搖鈴讀二時."

[25] 당시 바울성당에는 신자들의 자녀 중 16, 17세 전후의 아이들을 받아들여 10년, 20년간의 엄격하고 체계적인 교육을 통해 선교사를 양성하는 의숙(義塾)이 부설되어 있었다. 육희언의 「墺門記」에 따르면 의숙에서는 "영재를 가르칠 뿐만 아니라 천한 사람들도 가르치고 돌보며 모두 반드시 소학(小學)에 취학하여 배운다. 소학에서 이룸이 있으면 대학(大學)으로 올라가고, 의식에 관한 비용을 더하여 재목이 되기를 바란다. 배움에 통달하고 지혜가 밝아지면 수도를 원하거나 경영을 원하면 자주적으로 결정할 수 있었다."

리스도 안에서 현명하고 학식과 경건한 생활에 있어서 탁월한 인물임
이 드러난 연후에야 비로소 예수 그리스도의 군대에 받아들여질 것이
다"[26]라고 밝혔기 때문에 오어산과 아이들은 예수회의 엄격한 교육을
수학해야만 했다.

육희언은 마카오에서 생활하는 문사, 즉 수사들은 "쉼 없이 기도문
을 외우고, 책을 읽고 도를 논하며, 격물을 익히고 이치를 깊이 연구
하면서 천주가 내리신 초성(超性)의 은총을 공부하였다"고 했다.[27] 이
를 통해 당시 오어산은 라틴어뿐만 아니라 신학, 철학, 자연과학에 대
한 교육을 받았음을 알 수 있다.[28] 하지만 당시에는 아직『聖經』이 중
국어로 번역[29]되지 않았기 때문에, 그들이 사용하는『聖經』과 교재는

26) 이냐시오 저, 한국 예수회 역,『로욜라의 성 이냐시오 자서전』(이냐시오 영성연
구소, 2009), 159쪽.
27) 陸希言,『墺門記』: "有文士焉, 衣服翩翩, 吟哦不輟, 從天主堂而出入, 讀書談道, 習格
物窮理而學超性者."
28) 당시 엄격했던 사제 서품을 위한 예수회 교과 과정은 이냐시오 로욜라의「예수
회 회헌」(Constitutions)에 명시되었다. 즉 모든 예수회 사제들은 먼저 2년간 라틴
어와 그리스어 수업을 이수하고 추가로 2년간 인문학적 수련을 더 받아야만 사제
가 되기 위한 철학과 신학수업을 시작할 수 있었다. 철학을 위해서는 3년의 교과
과정, 그리고 신학을 위해서는 모두 4년의 추가 교육과정이 부가되었다. 따라서
사제로 서품을 받기 전 예수회 사제들은 12년의 엄격한 교과과정을 이수해야만
했다. 김상근,『동서문화의 교류와 예수회 선교역사』(한들 출판사, 2006), 125쪽.
16세기 말 일본 선교지의 경우 로마대학보다 간략화 된 교과과정이 적용되었다
는 기록이 있음을 볼 때, 마카오에서도 어느 정도 축소된 신학교육이 적용되었을
것으로 추정된다. 아시아 선교관찰사(Visitor) 알렉산드로 발리냐뇨에 의해 확립
된 16세기 일본 예수회 대학의 교과과정에 대한 간단한 설명은 Michael Cooper,
Rodrigues the Interpreter: An Early Jesuit in Japan and China(New York: Weatherhill,
1974), p. 64. 위의 책 139쪽 재인용.
29) 19세기 이전, 천주교 선교사들에 의해『성경』의 부분적인 번역이 이루어지고 있
었다. 1700년경 프랑스 천주교 선교사(Jean Basset)에 의해 시작된 부분적인『성
경』의 중국어 번역은 19세기 초 기독교 선교사들이 중국 선교에 참가하면서 본
격화되기 시작하였다. 영국런던회의 로버트 모리슨(Robert Morrison)이 1813년 신
약을 1823년 구약을 번역하면서 최초의 완역『성경』이 출현하게 되었다.

대부분 라틴어로 된 것이었다. 오어산에게 있어 가장 어려운 문제는
라틴어 학습 그 자체였다.

> 등 아래 고향 말은 동서양이 서로 달라
> 이해하지 못한 바는 필담이라야 통하네.
> 나는 한자를 쓰고 그대는 서양글자를 쓰고,
> 가로로 보고 세로로 읽어도 더욱 이해하기 어렵네.[30]

   당시는 중국어로 미사를 집전하고 성사를 집행하는 것이 허용되지
않았기 때문에 사제가 되려는 사람은 반드시 라틴어를 배워야만 했
다. 하지만 50이라는 나이에 새로운 언어로 교리를 학습하고, 생소한
서양의 학문을 수용한다는 것은 결코 쉬운 일이 아니었다. 때문에 수
사 하비에르는 일과를 마친 밤에도 서양인 교사들에게 이해하지 못한
내용을 질문했고, 중국어가 통하지 않으면 필담을 통해서라도 해결하
고자 했다. 하지만 횡으로 적어내는 서양글자는 눈이 녹은 진창 위에
남긴 기러기 발톱자국과도 같아 읽기조차 어려웠다. 성령을 깨우쳐
나고 죽는 문제를 해결하고자 하는 열망과 달리 지지부진한 학습은
늦깎이 수사 하비에르에게 시간에 대한 초조함만 가져다주었다.

> 늙어감에 누구라 젊은 날을 더해 주리
> 매일같이 배우고 익히지만 더디고 더딤이 두렵다.
> 구습을 생각함에 먼저 연적을 불사르고,
> 그림 그리기를 그만두고 시 짓기도 폐하였다.[31]

....

30) 「粵中雜詠」第二十六首: "燈前鄕語各西東, 未解還敎筆可通. 我寫蠅頭君寫爪, 橫看直
   視更難窮."
31) 「粵中雜詠」第二十八首: "老去誰能補壯時, 工夫日用恐遲遲. 思將舊習先焚硯, 且斷塗
   鴉並廢詩."

모든 종교의 궁극적인 목표는 깨달음이다. 오어산은 밤을 꼬박 세워가며 모든 노력을 기울였지만 깨달음에 대한 진척은 보이지 않았고 학업 역시 지지부진하기만 했다.[32] 급기야 늦깎이 수도승 하비에르는 지금의 그가 있게 한 그림 그리기를 단념하고 시를 짓는 것까지 포기하면서 깨달음에 대한 열정을 불태웠다. 성 바울대학에서의 중국인 수사 하비에르가 보여준 구도생활은 '회개하라, 천국이 가까이 왔느니라'라는 성경의 말씀처럼 나를 변화시키려는 노력을 통해 옛날의 나를 죽이고 새로운 나를 만나는 깨달음과 성령을 경험하기 위한 치열함 그 자체였다.

3. 마카오의 기억

삶과 죽음이라는 본질적인 문제에 대해 답을 찾고자 했던 오어산은 두 아들을 버려두고 수도원으로 들어갔다. 화가로서의 명예를 가져다 준 붓을 내려놓고 촌음을 아껴가며 깨달음을 위한 용맹정진에 돌입했다. 하지만 남국의 신비로운 자연풍광, 동서양의 온갖 인종들이 어울려 펼쳐내는 해항도시의 다채로운 생활, 종교행사와 축제에 따라 한 해가 흘러가는 마카오의 이국적인 정취는 예수회수사 하비에르의 굳은 맹세도 무르게 하였다. 오어산은 다시 붓을 잡아 시를 짓고 그림을 그리게 되었다.

---

32) 「粵中雜詠」第十九首: "紅荔枝頭月又西, 起看風露眼猶迷. 燈前此地非書館, 但聽鐘聲不聽鷄."

1) 마카오의 사계(四季)

깨달음을 얻기 위한 하비에르의 치열한 수행과 관계없이, 마카오의 일상은 너무도 평안하고 조용하게 흘러갔다. 늦깎이 수사의 긴 겨울밤을 밝히던 등불도 그 빛을 잃어가는 새벽이 밝아오면, 전산(前山) 성모당의 작은 종이 울리고 도시의 크고 작은 성당에서 일제히 맑은 종소리로 화답하니 수도자들은 한가로운 꿈에서 깨어나 경건한 마카오의 아침을 맞았다.[33]

지겹게 이어지던 겨울장마가 그치고 신선한 아침공기가 마카오에 퍼지면, 화가 오어산은 대자연의 유혹을 떨치지 못하고 포르투갈 모직물 라샤로 만든 소매가 좁은 단삼(短衫)을 입고 성 바울성당 옆 포대산(砲臺山)을 오르기도 하고,[34] 관갑과 이어진 연봉산(蓮峰山) 정상에 올라 도시 전체와 멀리 동월(東粵) 땅을 조망하였다.

> 연봉산 높은 곳 홀로 깊은 곳을 찾으니
> 나막신 바닥에선 진흙 내음 무서운 호랑이도 많다.
> 무슨 일로 구름은 관갑으로 내려가는 길을 막는가
> 문득 두려움이 일어 돌아가고자 한다.[35]

노을 녘, 높은 곳에 오른 오어산은 마카오 남쪽 4개의 작은 섬을 마주하고 섰다. 섬들 사이로 바닷물이 흘러들면 마치 십자모양을 이룬

---

33) 「澳中雜詠」第二十首: "臘夜如年寒漸短, 舊裘欲覆衣還暖. 前山後嶺一聲鐘, 醒卻道人閒夢斷."

34) 「澳中雜詠」第六首: "短毛衣衫革履輕, 砲臺山上踏新晴. 偶逢鄉舊談西鑛, 近覺黃金不易生." 自註曰: "俗喜短毛衣衫, 兩袖窄小, 中間四旁鈕扣重密. 著革履, 展只一齒."

35) 「澳中雜詠」第二十二首: "亂山高處獨幽尋, 屐底泥腥畏虎深. 何事雲遮關下路, 來看恐起憶歸心." 自註曰: "關口高山, 登之可望東粵."

다고 하여 사람들은 이곳을 십자문(十字門)이라고 불렀다. 죽음이라는
화두를 풀기위해 기독교에 귀의한 만큼 십자문을 바라보던 시인은 십
자가를 지고 골고다 언덕을 오르는 예수의 수난을 떠올렸을지도 모를
일이다.

> 십자문 앞에 해는 지려하고
> 노을이 퍼진 저녁이라 구주(九洲)는 그 모습이 흐리다.
> 두 곳을 지나온 객 한가로이 고개를 돌리니
> 안력(眼力)이 미치지 못하는 속세간 눈물은 쉬 마른다.[36]

　보일 듯 말듯 한 아홉 개의 소라껍질 같은 작은 섬 구주를 바라보던
오어산은 "바다 밖에 또 구주(九州)가 있다는 이야기를 쓸데없이 들었
나 보오"라는 이상은(李商隱)의 시를 떠올렸다. 이미 죽어 저승에 간
양귀비(楊貴妃)를 잊지 못하는 현종(玄宗)의 사모의 정을 통해 젊은 날
함께 고생하던 죽은 아내를 회상했을지 모른다. 하지만 시인은 노을
이 지고나면 밤이 오듯 모든 살아있는 것들은 죽음을 피할 수 없다는
현실을 받아들이고 눈물을 거두었다.
　계절의 변화에 따라 다른 옷을 갈아입는 산천의 모습을 화폭에 담
고, 그 속에 자기를 기탁해온 화가 오어산에게 사계절의 변화가 분명
하지 않은 마카오는 낯설게 다가왔다. 아열대에 속한 마카오는 겨울
에도 장맛비가 내리고, 언제나 도시를 가득 채운 것은 대양에서 밀려
오는 바다의 기운이었다.

---

[36] 「澳中雜詠」第十五首: "十字門前日欲晡, 九洲霞散晚模糊. 人過兩處休回首, 目斷塵間
　　淚易枯." 自註曰: "十字門與九洲相對. 李義山詩云 : '海外徒聞更九州' 卽此也. 遠望之
　　或隱或見, 如九點靑螺."

동지부터 봄까지 서설은 내리지 않고
언제나 장마철처럼 의복을 적신다.
날마다 누대 끝에 앉아 해룡이 승등하는 기운을 듣고
못 물에 언제나 해우(海雨)의 짠 기운을 더한다.[37]

혹한을 이기고 가장 먼저 꽃을 피우는 매화는 사군자(四君子) 중에
서도 화가들의 가장 좋은 벗이다. 지난겨울 강서(江西)의 매령(梅嶺)
를 넘어와 마카오에서 생활한지도 이미 반년, 봄날은 깊어가지만 어
디에서도 매화를 구경할 수 없었다. 매화 가지를 꺾어 친구에게 보냈
다는 육개(陸凱)의 옛 이야기를 기억한 오어산은 타향의 객이 된 친구
에게 가슴 속에 가득한 매화를 그려내어 보내고자 하였다.

대유령을 넘어서면 매화나무 없어
반년의 깊은 그리움 붓 끝에 담아낸다.
어제 쓴 편지 오늘 먼 곳의 친구에게 보내려고
밝은 창 앞에서 다시 펼쳐본다.[38]

여름이 오고, 남쪽에서 큰 바람이 일어나면 고아나 말라카에서 후
추와 같은 향신료를 가득 실은 배들이 마카오에 입항하기 시작한다.
하지만 이때는 북태평양 서남부에서 발생한 태풍도 함께 북상하였다.
험한 바다를 무대로 생활해야하는 마카오사람들은 기상변화에 민감
할 수밖에 없었다. 그들은 하늘가에 무지개 반쪽 모양의 큰 달무리가
지면 큰 바람이 뒤따른다는 것을 잘 알고 있었다.[39]

----

37) 「澳中雜詠」第二十一首: "九九不飛宜瑞雪, 常如梅候潤衣衫. 樓頭日坐聞龍氣, 池面時
添海雨鹹."
38) 「澳中雜詠」第二十三首: "經過庾嶺無梅樹, 半載幽懷托筆端. 昨寫今將寄隴客, 晴窗且
復展來看."

무지개가 뜨면 다음 파도에는 태풍이 일고,
배를 삼킬 듯한 파도 거침없이 몰아친다.
9만 리 바다길 바람과 파도 알지 못하니
돌아가는 뱃길에 누구라 생사를 말하겠는가.[40]

한여름이 지나가고 절기는 가을에 접어들었다. 하지만 마카오에는
서리가 내리지 않으니 집 앞의 버드나무는 여전히 푸르고, 온갖 꽃들
과 과일이 익어가고 있었다. 깊은 가을에도 귤과 유자는 절로 노랗게
익고, 초여름에 먹는 비파가 익어가는 마카오의 가을은 오어산의 시
심을 자극하기에 충분하였다.

구월에도 서리 내리지 않으니 귤유(橘柚)는 노랗게 익고
삼동에도 비가 내려 비파(枇杷)가 익어간다.
겨울철새 날아와 쪼아 먹어야만 하는 것은 아니니
몸을 깨끗이 하고 오차(午茶) 마실 때를 위해 남겨둔다.[41]

하지만 가을바람에 문득 각자 살길을 찾아 동서로 흩어진 두 아들
을 떠올리고, [42]먼저 세상을 떠난 아내를 그리워하는 고뇌에 찬 오어
산의 모습을 통해 아직 속세의 정을 떨치지 못한 일면을 엿볼 수 있
다. 하지만 새로운 종교를 통해 깨달음의 길을 가고 있던 오어산은 사

---

39) 屈大均, 『廣東新語 · 天語 · 半虹』: "雷之州, 每見天邊有暈若半虹, 長數十丈.……半虹
則以將颶而後見."
40) 「澳中雜詠」第十六首: "虹見來潮狂颶起, 吞舟魚勢又縱橫. 不知九萬風濤去, 歸向何人
說死生."
41) 「澳中雜詠」第十四首: "九月無霜黃橘柚, 三冬有雨熟枇杷. 未須寒鳥頻來啄, 留待清齋
當午茶."
42) 「澳中雜詠」第二十四首: "每歎秋風別釣磯, 兩兒如燕各飛飛. 料應此際俱相憶, 江浙鱸
漁先後肥."

계절의 변화 속에서도 삶과 죽음에 대한 답을 찾고자 하는 노력을 내려놓지 않았다. 종교에 귀의하여 얻게 된 안정은 오어산에게 늠름하고 의연한 삶을 살 수 있는 자유를 가져다주었다.

2) 마카오의 사람들

한겨울 마카오에 도착한 오어산은 대양을 향해 열린 해역세계에서 새로운 봄을 맞이하였다. 동리마다 복사꽃이 활짝 피고, 들판에는 미끄러운 진흙 질퍽대는 소리, 벼와 삼의 씨를 뿌리는 사람들 소리로 소란스러운 강남의 봄을 기억하는 오어산에게 아무도 들일을 하지 않는 마카오의 봄은 무척 낯선 풍경이었다.

> 5리 백사장 굽이마다 높은 집들,
> 향음(鄕音)이 들리는 곳 객들이 모여 사네.
> 어리석은 바다비둘기 홀로 농사일 최촉하다
> 물가 밭을 떠나 파도 맞아 비껴 날아오른다.[43]

대나무 울타리의 초가지붕 위로 주막집 깃발이 오르고, 봄비가 지나간 후 부엌에선 밥 짓는 연기가 피어오르는 강남의 평야지대와 달리, 사방 5,6리에 불과한 마카오에는 동서양 각지에서 모여든 사람들이 해안선을 따라 높은 건물들을 짓고 모여살고 있었다. 밭이라 해야 개울가에 붙은 좁고 척박한 땅이 다인 마카오에는 봄이 와도 농사일 최촉하는 뻐꾸기도 울지 않고, 그 누구하나 들판으로 나와 밭을 갈고

---

43) 「嶴中雜詠」第二首: "一曲樓臺五里沙, 鄕音幾處客爲家. 海鳩獨拙催農事, 抛卻濠田隔浪斜." 自註曰: "地土縱橫五六里, 隔水濠田甚瘠, 居人不諳春耕, 海上爲商."

씨 뿌리는 사람이 없었다. 뽕나무도 심지 않고 누에치는 일조차 모르
는 부녀자들이 화려한 비단옷을 입고 생활하는 모습을 통해 오어산은
이들의 생활의 터전이 땅이 아니라 험한 파도가 넘실되는 바다임을
비로소 자각하기 시작했다.

하지만 오어산 일행이 마카오에 도착했을 때는 이미 천계령이 실시
되고 20년이나 지난 시점이라 마카오를 출입하는 무역선의 숫자는 줄
어들었고, 지역경제는 극도로 쇠퇴한 상황이었다. 육희언은 당시 마
카오에 거주하는 외국인 무리는 500을 넘지 않았고, 식량을 비축하고
있는 집들도 찾아보기 어려운 처량하기 그지없는 상황이었다고 회고
하였다.[44] 급기야 강희 17년(1678), 포르투갈 국왕 알폰소 6세는 마카
오의 경제회복을 위해 페레이라를 사신으로 보내 정상적인 무역관계
를 회복할 수 있기를 희망해 왔다. 1680년 청나라 조정은 형부랑중(刑
部郎中) 홍니객(洪尼喀) 등을 마카오에 보내 조사한 결과 마카오에는
이렇다 할 군사력이 없고, 인구도 많지 않으며, 주로 무역에 의지하여
살고 있다는 보고와 함께 육로를 통한 경계무역(界口貿易)을 허가할
것을 주청하였다. 마침내 강희제는 제한적이기는 하지만 관갑을 중심
으로 한 육로무역을 허가하게 되었고, 오랜 만에 개시된 육로무역은
마카오에 활기를 불어넣어 주었다.

> 인도양에서 배가 도착하니 객들이 먼저 듣고
> 후추를 사고파는 소리 황혼녘까지 소란하다.
> 십일 동안 종횡으로 모래톱을 막으니
> 검은머리 흰머리의 짐꾼들이 무리 지어 달린다.[45]

---

44) 陸希言,「墺門記」:"至入其境, 見城無百堵, 衆無一旅, 家無積粟, 凄涼滿襟."
45)「墺中雜詠」第十八首:"小西船到客先聞, 就買胡椒鬧夕曛. 十日縱橫擁沙路, 擔夫黑白
一群群."

오랜만에 인도와 동남아에서 후추와 각종 향신료를 가득 실은 배들이 남동계절풍을 타고 마카오에 도착하니, 각지에서 모여든 상인들이 서로 먼저 구입하려고 관갑으로 모여들었다. 연화경에는 상인들과 짐꾼들이 뒤섞여 부산한 모습을 연출하고, 관에서 파견한 관리는 경계를 강화하여 세금거두기에 열중하였다.

하지만 육로를 통한 제한적인 무역만이 허용되었기 때문에 마카오를 출입하는 선박의 수는 여전히 많지 않았고, 중국과 포르투갈무역에 관련된 업무와 마카오 통치를 책임진 의사정(議事亭)의 대문은 오랫동안 닫혀있고 누각은 텅 비어있었다. 남쪽 만에 위치한 의사당 앞 방파제의 나뭇가지에는 선상에서 생활하며 고기를 잡아 생활하는 연인(蜑人)들이 걸어놓은 어망이 비린내를 날리고 있었다. 바다를 땅이라 여기고, 배를 집이라 생각하는 그들은 뭍에 정착하지 않았다. 그들은 바닷가에 어선을 가지런히 정박시키고 배에서 취사를 하며 생활했다.[46] 단민들은 잡은 생선을 내다판 돈으로 삼삼오오 주막을 찾아 술을 사는 한가로운 생활을 보냈다.[47]

휘늘어진 용수(榕樹)나무 가지 아래 선술집. 소매가 좁고 반짝이는 단추가 주렁주렁 달린 라샤로 지은 짧은 윗옷을 걸치고 구두를 신은 포르투갈사람, 소매가 넓은 장삼(長衫)을 입고 헝겊신을 신은 중국인들이 모여들어 저마다 고향소식을 묻는 즐거운 목소리가 퍼져 나오고 있었다.

---

[46] 「澳中雜詠」第五首: "海氣陰陰易晚天, 漁舟相並起炊煙. 雁飛地遠知難到, 島月來宵十二圓." 自註曰: "蜑人放舟捕漁, 以海爲家, 終歲不歸."

[47] 「澳中雜詠」第八首: "晚隄收網椅頭腥, 蠻蜑群沽酒滿甁. 海上太平無一事, 雙扉久閉一空亭."

용수나무 그늘 아래 맨땅이라 차지 않고
새 지저기는 봄이 오니 선술집이 소란하다.
술 마시는 사람들 고향 소식을 전하는데,
주객이 서로 만나 모자 벗어 인사함만 다를 뿐.48)

선술집에 모여든 중국인과 서양인은 별다른 차별이 없어 보였다. 다만, 의관을 정제하고 손님을 맞이하는 중국인의 습관과 달리, 묶은 금발을 어깨까지 내리고 삿갓과 비슷한 검은 모자를 쓴 포르투갈 사람들이 손님을 만나면 모자를 벗어 예를 표하는 모습만은 중국인들에게 낯설게 여겨졌다.49)

제한적이기는 하지만 무역이 재개되면서 위축되었던 마카오 외국인들의 생활도 활기를 뛰게 되었다. 흑인들이 메는 가마를 타고 언제나 꽃이 만발한 마카오를 유람하는 포르투갈사람들의 모습도 이채롭게 보였다.

겨울에도 산꽃들이 흐드러지게 피었으니
그물로 만든 가마 한쪽 어깨 메고 온다.
드러누워 바라보니 이름을 물어도 누군지 알겠는가
꽃이 피고 져도 봄바람은 언제나 최촉하지 않네.50)

여름이 오면 예수회의 수사들은 마카오 서북쪽에 위치한 작은 섬 청주(靑州)를 찾아 목욕을 하고 한 여름의 더위를 식히곤 하였다. 광

---

48) 「墺中雜詠」第九首: "榕樹濃陰地不寒, 鳥鳴春至酒家歡. 來人飮客言鄕事, 禮數還同只免冠."
49) 屈大均『廣東新語·地語·澳門』: "以黑氈爲帽, 相見脫之以爲禮."
50) 「墺中雜詠」第十一首: "臘候山花爛漫開, 網羅兜子一肩來. 臥看欲問名誰識, 開落春風總不催."

랑(桃榔)과 빈랑(檳榔)나무가 우거진 숲에는 명나라 때 지어진 예수회 휴양소가 있어 수사와 사제들은 이곳에서 더위를 피할 수 있었던 것이다. 마카오에서 바라보면 환하게 불이 밝혀진 청주의 모습이 파도에 비쳐, 흐르는 유성처럼 아름답게 보였다.[51]

마카오에는 성직자와 군인들뿐만 아니라 상인과 그들의 가족들도 함께 거주하고 있었다. 그들은 대양항해를 통한 무역활동에 종사하는 자들이었기 때문에 계절풍의 변화에 민감하였다. 가을 태풍이 그치고 대륙에서 북동계절풍이 불기시작하면, 그동안 준비한 상품들을 배에 실고 말라카와 고아를 거쳐 대서양으로의 항해를 준비하기 시작했다. 겨울이 오면 마카오부두에서는 온 몸에 붉고 화려한 비단옷을 걸치고, 머리부터 베일을 쓰고 살포시 얼굴을 드러낸 서양 여인들이 먼 항해를 떠나는 남편을 배웅하는 모습을 볼 수 있었다.[52]

> 젊은 부인 화장한 얼굴 비단으로 가리니
> 뒤로 모아 올린머리 길게 그린 눈썹 어찌 알겠는가.
> 장부는 큰 이문을 위해 언제나 객의 신세
> 매번 조수가 생기면 이별을 한다네.[53]

계절풍을 따라 이동하는 사람들은 상인과 선원들만이 아니었다. 마카오는 동방 선교의 중심지였기 때문에 일본으로 가는 사람, 고아를 거쳐 포르투갈로 돌아가는 신부들이 언제나 들고 나는 중요한 항구였

51) 「澳中雜詠」第十二首: "一髮青州斷海中, 四圍蒼翠有涼風. 昨過休沐歸來晚, 夜渡波濤似火紅." 自註曰: "青州多翠木, 爲納涼休沐之所. 海濤夜激, 絕如散火星流."
52) 「澳中雜詠」第八首: "宅不樹桑, 婦不知蠶事. 全身紅紫花錦, 尖頂覆搋, 薇露眉目半面, 有凶服者皂色."
53) 「澳中雜詠」第七首: "少婦凝妝錦覆披, 那知虛髻畫長眉. 夫因重利常爲客, 每見潮生動別離."

다. 유럽각국에서 모여든 예수회신부들과 다른 종파의 수사들도 함께
승선하여 항해의 안전과 선원들의 평안을 기도하고, 돌발적인 죽음을
수습하기도 했다. 때문에 북서계절풍이 부는 겨울, 마카오는 친숙한
사람들을 남쪽으로 떠나보내는 이별의 공간이 되었다.

  오어산과 함께 로마로 가기로 했던 쿠플레신부도 강희 20년(1681)
양력 12월 4일 심복종과 공상실만을 동행하고 고아로 가는 포르투갈
선박에 올랐다. 그 길은 언제나 험한 파도와 죽음이 함께하는 위험한
길이었기 때문에 오어산은 교우들의 안위를 염려하지 않을 수 없었다.

  > 범선은 밤낮으로 세차게 달리니
  > 누구라 편히 누워 고향을 꿈꿀 수 있을까.
  > 태서(泰西)로 가는 뱃길 헤아리니
  > 오늘쯤은 적도를 지나리라.[54]

  적도의 바로 아래에 해당하는 아프리카 기니아만 일대는 언제나 바
람이 없는 것을 걱정해야 하고, 또 날씨는 몹시 무더워서 배들이 여기
에 이르면 음식물이 모두 상하고, 사람들은 쉽게 병이 든다[55]는 사실
을 알게 된 오어산은 적도를 지나고 있을 것으로 생각되는 쿠플레 신
부의 안전한 항해를 간절히 기원할 수밖에 없었다.

  유교적인 소양위에 승려들과의 친교를 가졌던 오어산은 마침내 기
독교수사로 변신하였다. 종교의 기본인 사랑과 자비는 나와 남, 우주
만물이 하나라는 생각에서 나오는 자연스러운 표현임을 체득한 오어
산은 마카오에서 생활하는 다양한 사람들의 모습을 사랑과 자비의 마

---

54) 「澳中雜詠」第十首: "風舶奔流日夜狂, 誰能穩臥夢家鄉. 計程前度太西去, 今日應過赤
   道旁."
55) 줄리오 알레니, 『職方外紀·海狀』(일조각, 2005), 311쪽.

음으로 시속에 담아내게 되었다.

3) 종교 활동의 기억

동서양의 문화가 접촉하고 공존하는 공간 마카오에는 해상무역에
종사하는 상인들 외에도 성직자와 군인, 그 가족들을 포함한 500여명
의 포르투갈인과 흑인노예, 기독교인이 된 중국인들이 함께 생활하고
있었다. 그들의 삶은 계절풍과 해류라는 자연의 힘에서 결코 자유로
울 수 없었기 때문에 절대자에 대한 의지 역시 강할 수밖에 없었다.
성당을 출입하는 성직자들이나 칼을 차고 포대를 오르내리는 무장한
병사들 모두 하나님의 밝은 명령을 지키고 조금도 어기려하지 않았
다.[56] 또한, 마카오의 포르투갈인 사회는 고국의 전통풍습을 지켰고
새롭게 유행하는 모국의 문화에 대해서도 민감하게 반응하고 있었다.
때문에 기독교를 중심으로 한 다양한 서양의 행사와 축제들이 펼쳐지
는 마카오는 중국 내지와 차별화된 서구문화를 체험할 수 있는 이문
화접촉의 공간이기도 하였다.

바울대학에서 생활하는 예수회 사제 오어산의 일상은 황제가 하사
하신 월력(月曆)이 아닌 기독교식 일력(日曆)에 따라 진행되었다. 일
주일이면 크고 작은 미사가 진행되었고 사순절, 부활절과 성탄절과
같은 그리스도의 탄생에서 죽은 이들의 축일에 이르는 가톨릭 전례에
관련된 축제에 따라 한 해가 흘러갔다.[57] 1682년 정식으로 예수회에
입회한 오어산은 내지에 기독교를 전파하겠다는 사명감으로 하비에

---

56) 陸希言, 『開天寶鑰』, 「澳門記」: "是諸文武之士, 恪守上帝之明命而不敢違."
57) 미셸 페로 편집, 전수연 역, 『사생활의 역사』 4 – 프랑스 혁명부터 제1차세계대전
　　까지(새물결, 2002), 322쪽.

르라는 교명을 가지게 되었다. 예수회의 창립 회원이자 동방선교의
선구자로, 성 바울 이후 가장 많은 사람을 기독교에 입교시킨 모든 선
교사의 수호성인 프란시스코 하비에르를 특히 존경한 오어산은[58] 상
천도(上川島)에 있는 그의 묘지를 방문하기도 하고,[59] 12월 3일 하비에
르축일을 전후한 종교행사에 관해 귀중한 기록을 남기고 있다.

마카오의 기독교인들은 동방선교의 개척자로 중국 선교를 꿈꾸었
지만 끝 내 중국 땅에 발을 딛지 못하고 상천도에서 죽음을 맞이한 하
비에르에 대해 특별한 애정을 가졌다. 그들은 하비에르가 성인으로
시성(諡聖)되기 전부터 그를 기념하는 행사를 진행하였고, 이를 통해
로마교황청이 하비에르를 성인으로 지정하도록 은근한 압박을 가했
다.[60] 1622년 로마교황청이 하비에르를 성인으로 선포한 이후, 마카
오의 포르투갈인들은 하비에르축일 2주 전부터 외(畏)·위(威)·회
(懷)·덕(德)이라 이름 지워진 네거리를 꽃과 화초로 장식하였다.[61] 중
국과 일본 조선에 파견할 선교사를 양성하던 바울대학 광장에는 성인
의 모습을 그린 깃발들을 세워 성대한 행사를 준비했다. 축일의 전날
저녁거리에 어둠이 내리면 많은 사람들이 참가하는 출유행사가 진행
되었다.

촛불 높이 들고 성상(聖像)을 맞이하니
깃발에는 바람 가득하고 예포 소리 우레 같다.

58) 吳漁山,『三巴集』「聖方濟各·沙勿略」: "辭樂迎艱, 就貧棄富. 神注中華, 鐸開印度.
流厚澤於殊方, 揚聖名於亘古."
59) 吳漁山,『三巴集』: "聖會光埋利藪中, 可憐前聖創基功. 三洲舊穴今猶在, 望裏悲天午夜
風."
60) Liam Matthew·BROCKEY, *Journey to the East: The Jesuit Mission to China, 1579-
1724*, Harvard Univ Pr, 2008, p. 1.
61)「澳中雜詠」第四首. 自註曰: "沙勿略聖人出會, 滿街鋪花與草爲敬, 街名畏威懷德"

네거리 화초로 장식하니 푸르기 비단 같아
구경꾼들 함부로 못 밟도록 하네.[62]

출유행사가 진행되면 포대에서는 하비에르를 기리는 21발의 예포
를 쏘았다. 주교를 비롯한 성직자와 지역 귀족은 물론 일반 신도들이
성인의 팔뼈를 보관한 성해함을 모시고 행진을 하였다. 머리를 풀어
헤치고 천사의 날개로 장식한 옷을 입은 어린아이들도 노래를 부르며
행렬을 따랐다. 하비에르의 모습이 그려진 깃발을 앞세운 퍼레이드에
는 마카오의 모든 구성원들이 참가하였고, 정성스럽게 장식된 거리를
돌아 그의 생애를 그려놓은 그림들로 가득한 바울대학 광장에서 멈췄
다.[63]하비에르에 대한 이러한 신앙은 아마 마카오만의 특별한 행사였
을 것으로 생각된다.

마카오에서는 하비에르 외에도 기독교 성인의 성상을 모시고 도시
를 행진하는 다양한 출유행사가 진행되어왔다.[64] 그 중 가장 큰 출유
행사는 사순절기간에 진행되는 예수고난성상출유(耶穌苦難聖像出遊:
Procession of the Passion of Our Lord the God Jesus)로 오늘날에도 이
어지고 있다. 출유행사 전야에는 성 어거스틴 성당(聖奧斯定教堂, 龍
鬆廟)에서 예수 수난상을 모시고 주교성당으로 돌아온 후 다음날 아
침까지 등을 밝힌다. 다음날, 마카오의 모든 사람들이 모이면 흑인 노

---

[62] 「嶴中雜詠」 第四首: "捧蠟高燒迎聖來, 旗幢風滿砲成雷. 四街鋪草青如錦, 未許遊人踏
作埃."

[63] Liam Matthew · BROCKEY, *Journey to the East: The Jesuit Mission to China, 1579–
1724*, Harvard Univ Pr, 2008, p. 1.

[64] 『澳門記略』의 기록에 따르면 년 중 천주출유행사가 펼쳐졌는데 시기는 각 성당
마다 달랐다. 삼파에서는 10월, 도밍고성당(板樟堂)에서는 3월과 9월, 지량묘(支
粮廟, 仁慈堂)은 3월, 대묘(성 베드로)에서는 2월, 5월, 6월 세 번 진행하였다고 한
다.

예들이 예수 수난상 앞에서 행진하고, 서양아이들은 기도문을 외우며 그 뒤를 따른다. 또 천사처럼 머리를 풀어헤친 서양아이들이 날개옷을 입은 채 뛰어 다닌다. 여러 신부들이 손에 향촉을 받들고 그 뒤를 따르고, 노신부들은 예수상을 안고 비단 차양으로 가리며 무리를 따랐다. 이러한 출유행사에 참가하는 각 수도회는 자신들 고유의 수도복을 입어 다채로움을 더하였고, 군악대까지 참가하는 출유행사는 마카오 전체를 퍼레이드 하였다고 한다.

　당시 많은 중국인들은 십자가에 못 박힌 예수의 그림이야 말로 예수가 모반을 기도한 지도자로, 그의 죄 때문에 처형을 당하는 장면이라는 잘못된 이해를 가지고 있었다.[65] 출유행사는 마카오 사람, 이교도들에게 예수가 십자가에 못 박힌 것은 인류가 저지른 죄를 대신 속죄하기 위함이었음을 알리고 교리를 전파하기 위한 기회로 사용되었다. 주요 성당들이 펼치는 성인들의 출유행사는 각 성당 교도들의 단결을 강화하고, 마카오에 거주하는 전체 기독교인의 단합을 강화하는 역할을 담당했을 뿐만 아니라 예수에 대한 부정적인 이미지를 털어내는 선교의 역할을 담당했다는 사실을 알 수 있다.

　사순절 기간 동안에는 예수 그리스도의 수난을 묵상 하는데 방해되는 귀의 즐거움을 참는다는 의미로 모든 성당에서는 종을 울리지 않았다. 교인들은 광야에서 금식하고 시험받은 그리스도의 수난을 되살리기 위하여 단식과 속죄를 행하게 되는데 삼일 동안은 술과 고기를 먹지 않았고, 먹는다고 하여도 배부르게 먹지 않았다.[66]

65) 데이비드 문젤로, 김성규 역, 『동양과 서양의 위대한 만남-1500~1800』(휴머니스트, 2009), 113~114쪽.
66) 『澳門記略』: "歲三月十五日爲天主難日, 寺鐘胥瘖, 越十七日復鳴. 諸蕃撤酒肉三日, 雖果餌啖不至飽."

황금 빛 모래사장 흰 띠 집에 흑인 살고
문 앞의 버드나무 가을 되어도 낙엽지지 않는다.
깊은 밤 단민(蜑民)들 배가 이곳에 정박하면
사순절 점심에는 신선한 생선이 오른다.[67]

오어산의 시를 통해 사순절 기간 동안 마카오의 성직자와 교도들은 오후에 소식 한 끼만을 허용하되 육식을 금하고 해산물은 허용하는 공제(公齋)[68]가 행해졌음을 알 수 있다. 이 기간에는 아직 붉고 달콤한 여지(荔枝)도 익지 않고 죽순도 나지 않았다. 때문에 흑인 노예들은 단민들에게서 준치나 숭어와 같은 생선을 구입하여 올리브유로 구워 교회의 학생들에게 제공하였다.[69] 음식의 고상한 맛을 최고로 풍요롭게 하여 그것을 먹을 때 입안에 침을 감돌게 하는 올리브유[70]로 요리한 생선이라고는 하지만 부족한 감이 없지 않았다. 사순절이 끝나면 잠시 고향으로 돌아가야 했던 오어산은 그 길에 고기를 먹을 수 있다는 행복한 상상에 빠지는 진솔한 모습을 보여주고 있다.[71]

오어산은 크리스마스를 전후한 마카오의 교회활동에 관한 귀중한 기록도 남기고 있다. 당시 가톨릭의 폐해에 맞서 새롭게 그 세력을 확장하고 있던 근엄한 프로테스탄트들은 크리스마스를 가톨릭의 축일이라 비난하고, 폭음폭식, 댄스, 도박, 대소동 등 악으로 연결되는 축

---

67) 「澳中雜詠」第三首: "黃沙白屋黑人居, 楊柳當門秋不疏. 夜半蜑船來泊此, 齋廚午飯有鮮魚."
68) 마테오 리치, 『天主實義』第五篇: "或餐時味皆有所拘, 只午時茹素一頓, 而惟禁止肉食屬陽者, 其海味屬陰者不戒, 此謂公齋."
69) 「澳中雜詠」第三首. 自註曰: "黑人俗尙深黑爲美. 魚有鰣鯔兩種, 用太西阿里襪油炙之, 供四旬齋素."
70) 줄리오 알레니, 『職方外紀』, 134쪽.
71) 『吳漁山集箋注』, 卷五「墨井畫跋」67則: "四旬淸齋, 海鮮蔬果, 供幾殆盡. 獨庭中紅荔未熟, 竹笋遲出, 不及嚼耳. 齋後東歸, 過屠門, 甚快意."

제로서 공격하였고, 1647년 영국의회에서는 크리스마스를 법으로 금지하기에 이르렀다.[72] 하지만 동방의 바티칸이라 불렸던 마카오에서는 크리스마스가 중요한 교회행사로 진행되고 있었다.

> 수많은 등불 작은 동산을 비추고
> 비단으로 구름과 구릉 만들고 촛불로 꽃을 꾸몄네.
> 겨울 산에 집을 꾸미고 선물들 펼쳐 놓으니
> 흑인들 비파소리 맞춰 춤춘다.[73]

　일 년 사시사철 눈이 내리지 않는 마카오에 크리스마스가 다가오면, 교회들은 나무와 비단으로 겨울 산과 산골짜기를 꾸미고, 붉은색과 푸른색을 물들인 초로 꽃과 나무를 장식한 산대(山臺)와 같은 임시무대를 만들었다. 무대 위에 꾸며진 겨울 산 앞에는 성탄 구유 대신 작은 집을 만들고 그 앞에 흑인노예들에게 줄 선물들을 가지런하게 놓아두었다. 이러한 모습은 오늘날 크리스마스트리 앞에 아이들에게 줄 선물들을 놓아두는 모습을 연상시킨다.[74]

　아기 예수의 탄생을 축하하는 연극을 상연하고, 아기와 아이들에 대한 관심과 가족 구성원간의 사랑이 특별히 강조되어 가던 유럽의 크리스마스와 달리 마카오의 크리스마스는 일 년 동안 그들을 위해

---

[72] "크리스마스는 주 예수의 탄생을 축하하는 날이 아니라, 바쿠스 신의 축제다. 이 교도는 이를 보고 예수는 탐식한 향락주의자, 음주가, 악마의 친구라고 생각할 것이다." 한국사전연구사 편집부,『종교학대사전』(한국사전연구사, 1998)
[73] 「澳中雜詠」第二十七首: "百千燈耀小林崖, 錦作雲裙蠟作花. 粧點冬山齊慶賞, 黑人舞足應琵琶."
[74] 크리스마스트리의 기원은 스칸디나비아 반도로 알려져 있다. 17세기 전반 30년 전쟁 당시 스웨덴 사람들이 이것을 독일 땅에 전파했으나, 대중화된 것은 19세기에 이르러서이다. 미셸 페로 편집, 전수연 역,『사생활의 역사』4-프랑스 혁명부터 제1차세계대전까지(새물결, 2002), 322쪽.

노력을 아끼지 않은 흑인 노예들을 위로하기 위해 작은 선물들을 전달하고, 중국인들이 연주하는 비파소리에 맞춰 흥겹게 노래하고 춤추는 연회가 진행되었음을 알려주는 귀중한 자료라고 할 것이다.[75] 오어산의 시들은 기독교 종교행사를 중심으로 진행되는 마카오의 다양한 생활들을 내부자의 시선으로 기록하고 있다.

5. 나오는 말

이상에서 살펴본 바와 같이 「澳中雜詠」 30수는 그리 많지 않은 시편을 통해 17세기 동서양 문화교섭의 장이었던 마카오의 다양한 생활상을 잘 드러내주고 있다. 특히, 지천명의 나이로 성 바울대학에서 기독교를 학습하게 된 오어산의 삶 자체가 이미 이질적인 문화가 교류하는 해항도시의 특징을 잘 드러내고 있다. 또한, 해항도시 마카오라는 특별한 접촉공간과 그 속에서 발생한 동서양의 만남과 변화의 모습을 중국 전통의 칠언절구 속에 담아내었다는 것도 내용상의 혁신이라 할 것이다.

「澳中雜詠」이 가지는 의미를 다음과 같이 두 가지로 개괄하는 것으로 결론을 대신하고자 한다. 먼저, 화가 오어산은 마카오의 자연환경과 인문환경을 시 속에 잘 녹여내고 있다. 시불(詩佛) 왕유(王維)의 시를 "시 가운데 그림이 있고, 그림 속에 시가 있다(詩中有畵, 畵中有詩)"라 평가하는 것처럼, 청초 산수화단을 대표하는 오어산은 예수회수사

---

75) 「澳中雜詠」 第二十七首. 自註曰: "冬山以木爲石骨, 以錦爲山巒, 染蠟紅藍爲花樹, 狀似鼇山. 黑人歌唱, 舞足與琵琶聲相應, 在耶穌聖誕節前後."

로서 마카오의 자연을 관조하며, 자연의 아름다움과 자연 속에서의 삶과 죽음에 대한 고민을 시로 노래하였다는 것이다. 다음으로, 오어산의 시는 두보(杜甫)의 사실주의적인 시풍인 '시사(詩史)'의 정신을 잘 계승하고 있다는 것이다. 두보의 시들이 그 시대의 사회상을 무엇보다 잘 반영하고 있기 때문에 그의 시를 '시사'라 부르는 것처럼, 오어산의 시는 17세기 마카오에서 생활하던 포르투갈사람들의 삶의 모습과 흑인노예, 단민들의 삶을 반영하고 있다. 특히, 마카오에서 진행되었던 성 하비에르 출유행사나 크리스마스에 관한 시들은 마카오 역사연구의 텍스트라 불리는『澳門記略』에도 언급되지 않는 중요한 자료들이다. 때문에 오어산의「嶴中雜詠」30수는 이미 시 자체로서의 가치뿐만 아니라 동서양의 문화가 서로 혼용되어가는 해항도시 마카오의 다양한 생활상을 보여주는 역사자료로서의 가치를 지니고 있다고 할 것이다.

제3부

해항도시 상해의 문화교섭

1장: 서가회(徐家匯)와 근대 상해

1. 들어가며

서가회(徐家匯)는 중국의 경제성장을 주도하고 있는 상해시 시중심의 서남쪽에 위치한 번화한 상업·상무지역이자 문화의 중심지다. 이곳에는 유럽풍의 고급주택가, 상해교통대학(上海交通大學)·상해의과대학(上海醫科大學)·상해중의학원(上海中醫學院) 등 10여 개의 고등교육기관, 중국과학원상해학술중심(中國科學院上海學術中心)·중국과학원상해분원(中國科學院上海分院)·상해과학원(上海科學院)과 부속연구소 70여 곳, 상해도서관과 천문대 같은 과학문화시설이 위치하고 있다. 뿐만 아니라 이 지역은 상해에서도 인구밀도가 가장 낮고 문화수준이 가장 높은 지역으로 지역구민 5명중에 한명은 전문대학 이상의 학력을 소지하고 있는 것으로 조사되었다.[1] 이와 같은 서가회의 우수한 인문환경은 결코 우연히 형성된 것이 아니다.

1843년 개항 전까지 상해의 정치와 경제의 중심은 상해현성(上海縣城)이었다. 현성에서 몇 리 떨어진 곳에 위치한 서가회는 결코 세인의 주목을 받는 장소는 아니었다. 그러던 서가회가 개항과 함께 돌아온 예수회 신부들에 의해 상해, 나아가 전 중국에서 가장 중요한 천주교

---

[1] 熊月之 主編, 『上海通史』第1卷(上海人民出版社, 1999), 134~136 참고.

선교기지로 서방과학문화의 중심지로 발전하게 된 것은 16세기 중반 상해에서 출생한 대학사(大學士) 서광계(徐光啓)[2]와 밀접한 관련을 가지고 있다. 1607년 항주(杭州)에서 선교사업을 하고 있던 카타네오 (Lazzaro Cattaneo, 郭居靜) 신부를 상해로 초청하고, 성 마리아 기도소를 마련하여 주위의 지인들에게 천주교를 전교한 사람이 바로 서광계인 것이다.[3]

과학과 학술을 중심으로 천주교 선교활동을 펼치던 예수회(耶蘇會, Society of Jesus)[4] 신부들을 통해 서양의 종교와 과학지식을 접하게 된 서광계는 "만약 다른 문화를 능가하려면, 반드시 충분히 이해해야 하고, 충분히 이해하기 위해서는 반드시 번역이 이루어져야 한다"[5]라는 선진적인 사고를 갖게 되었다. 서광계는 새롭게 접하게 된 서방의 수

---

[2] 서광계(1562~1633)는 자가 자선(子先)이고 호가 현호(玄扈)이며 시호는 문정(文定)이라 한다. 세례명은 바울(保祿)이다. 1604년 진사가 된 후 예부좌시랑(禮部左侍郎), 상서(尚書)를 거쳐 1632년 대학사(大學士)가 되었으나 재임 중에 사망하였다.

[3] 서광계와 카타네오 신부의 헌신적인 노력으로 2년 후에는 상해에서 천주교에 귀의하여 세례를 받은 사람이 2백 명이 넘었다. 서광계 사후에도 그의 손녀 허문서씨(許門徐氏)와 같은 후손들을 중심으로 상해 지역의 천주교는 지속적으로 발전하였다. 1644년경에는 송강부(松江府)에만 66개의 예배당과 5만여 천주교도가 있었다고 한다. 上海通史編, 『舊上海史料匯編』 卷下, (北京圖書館出版社, 1998), 720쪽.

[4] 예수회란 1540년 이냐시오 데 로욜라(Ignatius de Loyola)가 프란치스코 하비에르 (Francisco Xavier) 등 6명의 동지들과 함께 파리에서 창설한 남자 수도회. 이들은 칼뱅을 중심으로 한 종교개혁운동에 반대하여 교황의 권한을 보호하는 성격이 강하였으며, 봉건적인 성격과 군사적인 조직을 갖춘 교파였다. 특히 이들은 학교교육을 통한 선교에 관심을 가져 1547년 처음으로 예수회 대학을 개설한 이래, 세계 100여 개 국가에 진출하여 226개의 단과대학과 종합대학을 설립하였다. 예수회의 교육과정은 매우 엄격해서 라틴어와 그리스어는 물론 수사학·문학·사학에 대해서 깊이 있게 공부해야 했다. 그 후 논리학·물리학·철학·윤리학 및 수학을 공부하게 하였다. 예수회 선교사가 중국에서 성공을 거둔 큰 이유 중의 하나는 그들이 수련과정 중에 르네상스시대의 여러 과학적 성과를 체득하고 있었기 때문이다.

[5] 徐光啓, 『泰西新法』: "欲求超勝, 必須匯通, 匯通之前, 必須飜譯."

학, 물리학을 완전하게 이해하기 위해서 마테오 리치(Matteo Ricci, 利瑪竇)[6]와 무릎을 맞대고 앉아 유클리드의 기하학을 번역하여『幾何原本』을 편찬하였다. 숭정제(崇禎帝)의 명을 받아 이지조(李之藻), 아담 샬(Johann Adam Schall von Bell, 湯若望)과 함께 서양천문학 지식을 정리하고 번역하여『崇禎曆書』를 완성하기도 하였다.

개항과 함께 상해로 돌아오게 된 예수회 신부들 역시 마테오 리치나 아담 샬이 그랬던 것처럼 "자연과학연구를 통해 주의 영광을 빛내고, 사람들의 영혼을 구원하며, 종교사업에 이바지하고자"[7] 서가회에 기상대를 건설하고 천문학연구에 종사하기 시작하였다. 서광계로부터 면면히 이어져온 중국 지식인과 예수회의 만남이 오늘날의 서가회 문화를 만들어낸 동력인 것이다. 또한 새로운 학문을 편견 없이 수용하고 이해하여, 이를 초월하고자 했던 서광계의 '해납백천(海納百川)'과 같은 포용적인 태도와 과학적이고 합리적인 정신은 오늘날 해항도시 상해 사람들이 계승하고자 하는 것이다.

본장에서는 먼저 서가회라는 지명을 탄생시킨 명 말 상해출신 대학자 서광계와 예수회 신부들과의 교류에 대해 알아볼 것이다. 다음으로는 아편전쟁 이후 다시 상해로 돌아온 예수회 회원들이 서가회에 '서가회교구', '동방의 바티칸'을 건설하게 되는 과정을 살펴볼 것이다. 그리고 서가회성당을 중심으로 활동했던 예수회 선교사들이 수행한 과학·교육·문화사업의 구체적인 내용들을 확인할 것이다. 이를 통

---

6) 마테오 리치(1552~1610) : 이탈리아인. 1571년 예수회에 가입, 1583년 조경(肇慶)에서 정주 허락을 받고 선교활동을 시작했다. 그는 중국에서 선교하기 위해서는 독서인(讀書人)들의 신임을 얻어야 한다고 믿고, 서양의 학술을 중국어로 번역하였다. 그 중에서도 가장 유명한 것이『幾何原本』과『坤輿萬國全圖』이다. 저서에는『天主實義』와『交友論』등이 있다.
7) 史式徽,『江南傳敎史』(上海譯文出版社, 1983), 209쪽.

하여 개항 이후 상해의 발전과 예수회 선교사들의 활동이 어떤 관련
성을 갖는지, 그리고 근대 이전과 근대 이후 동서양의 문화교섭이 어
떠한 차별성을 가졌는지 확인할 것이다.

2. 서가회의 탄생

서가회라는 지명이 생겨난 것은 명대 후기 상해현(上海縣) 법화진
(法華鎭) 출신의 진사 서광계와 관계되어 있다. 상해 사람들은 두 강
물이 만나는 곳을 회(匯)라고 부른다. 조가빈(肇嘉濱)과 법화경(法華
涇)이라는 물길이 서로 만나는 곳에 위치한 서광계의 묘를 중심으로
그의 후손들이 모여 살았기 때문에 서가회(徐家匯)라는 지명이 생겨
나게 된 것이다.

『明史』에서는 서광계를 "상해 사람으로 서양인 마테오 리치에게서
천문(天文)·역산(曆算)·화기(火器)를 배웠고, 그의 학술능력을 다해
마침내 병기(兵機)·둔전(屯田)·염전(鹽田)·수리(水利) 등의 여러 책
을 두루 익혔다"[8]고 기록하고 있다. 후대에 출판된 대부분의 서적에
서도 서광계를 명 말의 천주교도로 천문학자·농업과학자·동서 문화
교류의 선구자로 소개하고 있다. 어떤 이는 근대적인 상해 문화는 바
로 서광계로부터 시작되었고, 엄격한 의미에서 그를 첫 번째 '근대 상
해인'이라고 부를 수 있다고 말하기도 한다.[9] 서가회는 바로 첫 번째
근대적 상해인, 동서 문화교류의 선구자라 불리는 서광계가 태어나고

---

8) 『明史·徐光啓傳』: "上海人…從西洋人利瑪竇學天文·曆算·火器, 盡其術, 遂徧習兵
   機·屯田·鹽田·水利諸書."
9) 余秋雨, 『文化苦旅』(東方出版中心, 2002), 165쪽.

묻힌 곳이다.

〈그림 1〉 서광계와 마테오리치

　서방의 천주교 선교사가 처음 중국에 들어온 것은 16세기였다. 당시 중국은 봉건제가 쇠락하고 상품경제가 발전하고 있었으며, 일부 지역에서는 새로운 경제관계가 발생함에 따라 자연과학연구 붐이 일어나고 있던 때이기도 했다.10) 포르투갈 국왕과 상인들의 지원을 받아 중국내 전교활동을 전담했던 예수회 선교사들은 마테오 리치나 아담 샬의 경우에서 보듯 르네상스시대 이후 비약적인 발전을 이룬 과학적 성과에 대해 해박한 지식을 갖춘 최고의 지식인들이었다. 종교적 신념으로 무장한 예수회 회원들은 시계, 지도, 프리즘 등과 같은 과학적인 문물들을 매개로 하여 고위관리와 지식인계층을 주요대상으로 선교 사업을 펼쳤다.11) 예수회 선교사들의 풍부한 과학지식과 치밀한 준비, 인간적인 성실성은 중국의 지식인들에게도 받아들여졌고, 1601년 그들의 도움으로 마테오 리치가 만력제(萬曆帝)를 알현하게 되면서 마침내 중국내 천주교의 선교가 허용되었다.12)

10) 蕭萐父,「十七世紀中國學人對西方文化轉入的態度」, 許明 主編,『中國知識分子的人文精神』(河南人民出版社, 1994), 234쪽.
11) 당시 포르투갈의 후원을 받는 예수회 이외에도 스페인을 중심으로 한 도미니크교단, 아우구스티누스교단, 프란체스코교단 등 여러 교단들이 중국으로 왔다. 하지만 이들 교단의 포교활동은 하층민을 중심으로 하였기 때문에 마카오 등 중국의 남부지역에 국한되었다.

상해현 출신의 서광계가 예수회 선교사를 처음 만난 것은 1596년경 광서성(廣西省) 소주(韶州)에서 카타네오 신부와 교제하면서부터였다. 신부들의 숙소에 걸려있는 세계지도 『輿地山海全圖』를 보게 된 서광계는 바다 건너편에 과학문명이 발달한 유럽이 존재함을 알게 되었고, 그들의 종교에도 관심을 가지게 되었다. 1603년 남경에서 로챠(João Da Rccha, 羅如望) 신부를 만난 서광계는 그로부터 세례를 받고 '바울(保祿)'이라는 세례명을 얻게 되었다. 다음해 회시(會試)에 급제하여 한림원(翰林院) 서길사(庶吉士)에 임명된 서광계는 북경에 거주하고 있던 마테오 리치와 빈번한 접촉을 하게 되었다. "나라를 부유하게 하기위해서는 농업기술을 개선해야하고, 나라를 강하게 하기위해서는 병사를 정예화 해야 한다"[13]는 실학정신에 충실했던 서광계는 한림원 서길사라는 신분에도 불구하고 선교사들의 숙소를 찾아가 천문·역산·지리·수학·수리·무기제조에 관한 그들의 선진학문을 배웠다. 종교에 관해서나 서양과학의 여타 미묘한 사항에 관해서도 자신이 듣고서 좋다고 생각되는 것은 모두 기록하였다. 또한 서광계는 조정에서 자신의 지위를 이용하여 선교사들을 위해 노력하였고, 서방 선교사들에게도 조언을 아끼지 않았다.

서광계는 마테오 리치에게서 수학을 배우면서 논리적이지 못하고 증명을 중시하지 않는 중국의 학문태도를 반성하고, 부국강병을 실현

---

12) 만력제는 리치가 진상한 여러 가지 진기한 물품 중에서 작은 향합(香盒)만하고, 금으로 정교하게 만들진, 하루 열두 번 스스로 시간을 알리는 자명종(自鳴鐘)에 큰 관심을 보여 그것을 밤낮을 가리지 않고 자신의 곁에 두고 싶어 했다. 환관들은 만일 시계가 부서졌을 때 그것을 수리할 신부들이 없으면 곤란하겠기에 신부들이 궁궐에 머물게끔 공작을 했고, 만력제는 선교사들이 북경에서 거주할 수 있도록 허가하였다. 히라카와 스케히토, 노영희 역, 『마테오 리치』(동아시아, 2002), 348~354쪽 참고.

13) 徐光啓, 『徐光啓集』, 卷10 「復太史焦座師」: "富國必以本業, 強國必以正兵."

하기 위해서는 서양의 논리적이고 과학적인 학문을 배워야한다고 생각하게 되었다. 1606년 서광계는 리치에게 천문학연구에 기초가 되는 유클리드의『幾何原本』을 번역할 것을 요청했고, 두 사람은 2년간의 노력 끝에 15권 중의 6권을 번역하여 북경에서 출판하게 되었다. 마테오 리치는『幾何原本』을 출간하게 된 과정과 의미를 다음과 같이 기록하고 있다.

서바울 박사는 신앙과 도덕에 대한 책들은 이미 출간되었으므로 이제는 유럽 과학에 대한 책을 출간해야겠다는 생각을 가지고 있었다. 이러한 책은 증명을 통해서 새로운 것을 확립하는 공부를 촉진하는 소개서가 될 것이었다. 그리하여 우리는 이러한 일을 하였는데 그 중에서도『幾何原本』만큼 중국 사람들을 기쁘게 한 책은 없었다. 그 이유는 아마도 중국 사람들이 어느 민족보다도 수학을 높이 평가하기 때문일 것이다. 그러나 중국에서 수학을 가르치는 방법은 온갖 명제를 증명 없이 제시하는 것이었다. 그 결과로 누구나 자유롭게 확실한 증명 없이 수학에 대한 상상력을 마구 발휘 하였다. 반면에 유클리드 기하학에서는 명제들이 체계적으로 제시되고, 매우 확실하게 증명되므로 가장 고집이 센 사람도 그것을 부정할 수 없다는 사실을 알게 되었다.[14]

『幾何原本』의 번역과 출판은 중국학술계에 있어 일대사건이었다. 중국전통학문의 집대성이라고 하는『四庫全書』에서도 "『幾何原本』이 번역된 이후 수학을 배우는 사람은 반드시 먼저 그 책을 잘 익혀야 했다. 가령 어떤 법칙의 의미를 해설할 때『幾何原本』과 같은 곳이 있으면, 단지 그 책의 몇 권 몇 절을 보라고 주석을 달았을 뿐, 다시 그 말을 인용하지 않았다"[15]라고 기록하고 있다.『幾何原本』이 번역되면서

14) 소현수,『마테오 리치』(서강대학교 출판부, 1996), 102쪽.
15)『四庫全書總目提要』·「測量法義條」: "自是之後, 凡學算者必先熟習其書. 如釋某法之義, 遇有與幾何原本相同者, 第注曰見幾何原本某券某節, 不復更擧其言."

부터 증명을 중시하는 서양의 수학사상과 방법이 중국에 큰 영향을 끼치게 되었음을 알 수 있다. 서광계가 『幾何原本』 번역을 시작한지 250년 후, 1852년 이선란(李善蘭)은 상해에서 강남제조국(江南製造局)의 영국인 선교사 와일리(A. Wylie, 偉烈亞力)의 도움을 받아 『幾何原本』의 나머지 9권을 번역하였다. 서방의 과학지식을 주체적으로 수용하고, 이를 번역하고 완전히 이해하여 그들을 초월하고자 했던 서광계의 노력이 근대 지식인들에게 계승되어져 마침내 유클리드 기하학의 전체모습이 소개된 것이다.

한림원이라는 최고의 학문기관에서 관직생활을 하면서 선교사들과 함께 서방의 수학이론과 천문학지식을 소개하는데 힘을 기울였던 서광계는 부친상을 당하여 상해로 돌아왔다. 1607년 상해에서 수제(守制)하는 동안 서광계의 관심은 국가의 기간산업인 농업에 관한 연구에 집중되었다. 가난한 농민의 집안에서 태어나 어려서부터 논밭에 나가 농사일을 도와야 했던 서광계는 상해에 돌아오자 작으나마 농장별업(農莊別業)을 세우고, 농업실험과 저술에 착수하였다. 그가 상해로 돌아온 다음해 강남지역에는 200년 만에 처음 보는 수재가 발생하여 농토가 모두 물에 잠겨 벼를 수확할 수 없었다. 홍수가 지나간 후 따라온 것은 기황이었고, 곡식 값이 폭등하여 수많은 농민들이 끼니를 잇지 못하게 되었다. 이때 복건성(福建省) 보주(莆州)에서 온 한 상인으로부터 가뭄과 비바람에 강하고, 쌀이나 보리보다 수확량이 많은 고구마를 소개받은 서광계는 상해에서 시범재배를 시작하였다. 처음 몇 번 실패를 경험하였지만 서광계의 과학적인 연구와 노력으로 마침내 고구마 재배에 성공하게 되었다. 그는 이 과정에서 얻은 경험을 상세하게 정리하고, 재배와 가공방법에 관한 내용을 보충하여 「甘薯疏」를 완성하였다.[16] 그의 노력으로 고구마 재배범위가 전 중국으로 확

대될 수 있었고, 수많은 백성들이 굶주림을 면할 수 있었다. 서광계의
또 다른 성과는 당시 상해의 주요 산업이었던 면화재배에 관한 경험
을 총결하고, 생산증대방안을 제시한「吉貝疏」를 완성한 것이다. 상해
에 머무르는 3년 동안 서광계는 선교사에게서 배운 과학지식을 정리
하여『幾何原本』과『測量法義』를 교정하고 보충하였으며, 논밭에 나가
직접 농사일에 종사하며『農政全書』저술을 위한 토대를 마련하였
다.[17]

　부친의 삼년상을 무사히 치른 서광계는 1610년 다시 북경으로 돌아
갔다. 1613년 흠천감(欽天監)에서 일식의 계산에 착오가 있었음을 기
회로 서광계는 예수회신부들을 흠천감에 추천하였지만 받아들여지지
않았다. 전통사회에 있어 천문역법은 국가의 근본사상과 관련된 학문
이었기 때문에 명나라는 건국초기부터 민간에서 사사로이 천문역법
을 익히는 것을 금지하였다. 그 결과 명대 후기에는 정확하지 못한 역
법체계를 개선하고자 해도, 이 일을 담당할 수 있는 인재를 구할 수
없는 상황이었다. 새로 등극한 숭정제는 1629년 서광계에게 이지조
(李之藻)와 함께 선교사 우르시스(Sabatino de Urisis, 熊三拔), 판토하
(Diego de Pantoja, 龐迪我) 등과 서양의 역법서를 번역하라는 성지를
내렸고, 1634년 이들은 135권의『崇禎曆書』를 완성하였다. 1632년 상
서(尙書)에 임명된 서광계는 조정에 있는 다른 가톨릭신자 고관들과
힘을 합쳐 예수회의 활동기반을 확보해 나갔으며, 그 결과 예수회 선
교사들은 흠천감에서 일을 하게 되었다. 특히, 마테오 리치의 요청에

---

16) 王靑建,『科學譯著先師徐光啓』(科學出版社, 2000), 70～71쪽 참고.
17) 陳子龍,『農政全書・凡例』: "其生平所學, 博究天人, 而皆主于實用. 至于農事, 尤所用
　心. 蓋以爲生民率育之源, 國家富强之本, 故嘗躬執耒耜之器, 親嘗草木之味, 隨時採集,
　兼之訪問, 輒而成書."

의해 파견되어온 아담 샬은 흠천감의 책임자가 되어 청나라 순치제
(順治帝)와 건륭제(乾隆帝)의 총애를 받았으며, 천주교 전교에 중요한
역할을 담당하게 되었다. 뿐만 아니라 선교사들에 의해 서방에 소개
된 중국의 고전과 각종 견문록은 서구 지식인들에게 중국에 대한 새
로운 정보를 제공하였으며 몽테스키외, 볼테르, 라이프니치 등과 같
은 계몽주의철학자들에게도 깊은 영향을 주어 동서양의 문화발전을
촉진시켰다.[18]

　상해인 서광계는 평생을 통하여 제자와 주위의 친지들에게 실사구
시(實事求是)의 학문태도를 강조하고, 서양의 선진학문을 소개하여 명
대 과학발전을 책임질 인물들을 길러내었다.[19] 17세기 서방의 문명을
접촉하고, 타자에 대한 존중과 수용의 태도를 견지하며 그들을 넘어
서고자 했던 상해인 서광계와 예수회의 정중한 만남은 중국의 과학발
전과 명말청초 실학(實學)의 발전에 큰 영향을 주었다. 개항 이후 상
해로 귀환한 예수회가 서가회에 천문대를 건설하고 과학에 기반 한
선교를 펼치게 된 것은 이러한 역사적 배경에서 기인하는 것이며, 근
대 이후 서가회가 서방의 종교와 과학문명을 전파하는 중요한 기지가
되고 상해문화 중 최고급문화로 불리는 서가회문화를 낳게 된 배경이
되는 것이다.[20]

---

18) W. 프랑케, 김원모 역,『동서문화교류사』(단대출판부, 2002), 121~131쪽 참고.
19) 서광계의 외조카 진우계(陳于階)는 서양의 역법에 정통 하여 흠천감박사(欽天監
　博士)를 역임하였고,『崇禎曆書』편찬에 참여하였다. 서광계의 학생 손원화(孫元
　化)는 서양의 수학에 정통하여『幾何體論』등의 편찬에 참가하였으며, 서양의 화
　기(火器)를 수입하는데 탁월한 공로가 있었다. 서광계의 제자 진자룡(陳子龍) 역
　시 서양의 수학에 정통하여『泰西數法』을 인쇄하는데 참여하였다. 熊月之 主編,
　『上海通史』卷6(上海人民出版社, 1999), 99~100쪽 참고.
20) 余秋雨,『文化苦旅』(東方出版中心, 2002), 167쪽 참고.

3. 예수회의 귀환과 서가회의 발전

예수회보다 뒤늦게 중국포교에 참여한 프란치스코회, 도미니코회 등의 선교사는 교리에 엄격해서 현지적응주의적인 예수회의 전교방식에 반감을 나타내고 교황청에 제소하면서 전례(典禮)문제가 발생하였다. 옹정제(雍正帝) 이후 중국에서는 천주교 금교(禁敎)정책과 박해정책이 백년이상 지속되었다. 하지만 예수회 선교사들은 학술과 예술활동을 통해 천주교를 보호하고 천주교가 중국에 뿌리 내릴 수 있도록 노력하였다. 하지만 1773년 7월 21일 교황 클레멘스 14세가 지난시대의 내부 분쟁, 펠리페 3세와의 충돌, 타 수도회와의 다툼 등을 이유로 예수회에 해산 명령을 내렸다.[21] 내우외환을 맞이한 예수회는 잠시 역사 속으로 사라지게 되었지만, 1814년 비오 7세에 의해 다시 부활하게 되었다.

예수회는 역사상 가장 중요한 과도기 가운데 하나인 16세기 르네상스 시대에 탄생해 또 다른 전환기인 19세기 민주주의, 산업혁명 시대에 다시 태어나고 있었다. 정치와 사회 체계에서도 새로운 세계였다.[22] 1831년 신임 교황 그레고리오 16세는 선출되자마자 얀 로트한 예수회총장에게 예수회가 18세기까지 활약한 각지의 선교지에 재차 예수회원을 파견하고 싶다는 뜻을 전해왔다. 로트한 총장은 교황의 희망을 받아들여 1833년 12월 3일 프란시스코 사베리오(하비에르) 축일

---

21) 이 소식이 중국에 전해지자 북경 교외의 한 집에는 "예수의 이름으로 아멘, 오랜 세월 미동조차 없더니 이번에 대풍(大風)을 만나 무너지고 말았다. 나그네여 발을 멈추고 읽어 주시오. 그리고 잠시 생각해 보오, 인간 세상의 변하기 쉬움을"이라고 적힌 묘비명이 새겨졌다. 후안 카트레트, 신원식 역, 『예수회역사』(이냐시오영성연구회, 2013), 249~251쪽.
22) 위의 책, 262쪽.

에 모든 예수회원 앞으로 선교에 나갈 것을 권유하는 편지를 보냈다. 반향은 컸다.[23] 1841년 4월 15일 파리예수회소속의 고트란드(Claude Gotteland, 南格祿) 신부는 상해예수회회장으로 임명되었고,[24] 28일에는 에스테브(Francois Estève, 艾方濟)와 브뤼예르(Benjamin Bruyère, 李秀芳) 신부와 함께 중국을 향해 출발하였다. 1842년 7월, 14개월이 넘는 여정을 통해 고틀란드와 에스테브 신부가 포동(浦東)의 김가항(金家巷)에 도착하면서 예수회는 다시 상해로 귀환하였고, 예수회와 상해의 새로운 역사가 펼쳐지게 되었다.

상해에 가장 먼저 거류지를 확보했던 영국은 1842년 청나라와 남경조약을 체결하면서도 중국내 기독교 선교문제에 대해서는 관심을 보이지 않았다. 그러나 포르투갈로부터 동양에 대한 '보황권(保皇權)'을 넘겨받은 프랑스는 중국에 대한 천주교 선교사업에 큰 관심을 가졌고, 나폴레옹 3세와 그의 부인은 선교사들을 물심양면으로 지원하였다.[25] 프랑스의 외교관 라그르네(Théodore de Lagrené, 剌萼尼)는 1844년 10월 청나라와 황포조약(黃埔條約)을 체결하면서 프랑스인이 자유롭게 교회를 건설할 수 있도록 한다는 내용을 조약에 포함시켰다.

프랑스왕가의 후원 아래 상해에서 선교활동을 펼치게 된 고트란드 신부는 1834년부터 중국에서 선교 사업을 수행해 왔던 이탈리아 출신 베시(Bishop Lodovico Maria (dei Conti) Besi, 羅伯濟) 주교를 도와 상해지역의 포교활동에 종사하였다. 가톨릭 선교를 보장하는 황포조약이 체결된 이후 상해로 들어오는 예수회 회원들이 늘어나자 고트란드 신

23) 위의 책, 272~273쪽.
24) 『上海宗敎志』 編輯委員會, 『上海宗敎志』(上海社會科學院出版社, 1999), 328쪽.
25) Ch. B. Maybon & Jean Fredet, *Histoire dela Concession francaise de Changhai*(Paris: Librairie Plon, 1929); 倪靜蘭 譯, 『上海法租界史』(上海社會科學院出版社, 2007), 9쪽.

부는 포동(浦東)의 금가항에 이들을 위한 임시숙사를 마련하였다. 이
후 베시 주교가 청포현(靑浦縣) 횡당(橫塘)에 있던 숙사를 희사하여 예
수교회원의 거처로 사용하게 하였지만 횡당이 상해로부터 너무 멀리
있고, 위생적이지 못해 새로운 장소를 물색할 필요가 있었다.

　1846년 도광제(道光帝)는 1723년 옹정제(雍正帝)가 내린 가톨릭교
금교조치를 해제하고 예수회가 중국에서 추방당하기전 소유했던 교
회 부지를 돌려주라는 칙령을 내렸다. 당시 남경교구의 주교였던 베
시는 예수회가 소유했던 동가도(董家渡)와 양경빈(洋涇濱) 두 곳의 옛
땅을 돌려받게 되면서 많은 토지를 보유하게 되었다. 하지만 인사의
배치와 물자의 안배에 있어 베시 주교와 고트란드 신부 사이에 의견
차이가 생겼다. 르메트리(梅德爾: Lemaitre) 신부가 동가도천주당 서편
에 방 하나를 빌려 신부들의 숙소를 건설하려고 하였다. 하지만 베시
주교가 이곳에 주교당을 건설하고자 했기 때문에 다른 곳을 찾을 수
밖에 없었다. 또한 주교가 성내에 거처를 정하지 못하도록 했기 때문
에 부득이하게 성 밖에서 거처를 구할 수밖에 없었다. 이때 그들이 관
심을 가진 곳이 바로 상해와 송강(松江)을 잇는 교통의 요지이기도 한
서가회였다.[26]

　서가회에는 천주교 중국 선교의 기둥이었던 서광계가 생전에 지은
대별장과 그의 묘가 남아있었다. 그곳에는 작은 교회를 지어놓고 아
직도 천주교에 대한 믿음을 지키며 예배와 기도를 하는 서광계의 후
손들이 몇 가구 생활하고 있었다. 1840년 이후 이들은 예수회 신부들
이 상해로 돌아올 수 있도록 교황청에 몇 차례 탄원서를 제출하기도
했다.[27] 1847년 고트란드 신부는 마침내 서가회를 예수회 선교본부로

---

26)　上海通史編, 『舊上海史料匯編』 下卷(北京圖書館出版社, 1998), 719~728쪽.
27)　上海通史編, 『舊上海史料匯編』 下卷(北京圖書館出版社, 1988), 721쪽.

정하고, 이곳에 성당과 수도원을 건립하기로 결정하였다. 예수회 선교사들이 서가회에 교회를 건설하는 과정에 중국인과 아무런 모순이 없었던 것은 아니었다. 서가회에 선교의 총본부를 설치한 선교사들은 이 지역의 넓은 땅을 강점하고 교회를 건설하려 하였으나 분노한 지역민들의 반대에 부딪치게 되었다. 토지를 강점당한 수백 명의 지역민들은 선교사들에게 토지 반환을 요청하였지만, 선교사들은 상해주재 프랑스영사관을 통해 상해 현령을 위협하여 지역민과의 마찰을 무마시켰다. 이것이 근대사상 첫 번째 교안인 서가회교안(徐家匯敎案, 1847)이었다.[28]

예수회는 지역민들과의 마찰에도 불구하고 1,700여 무의 토지를 겸병하고 1851년 서가회천주당을 건설하였다. 이 성당은 예수회의 창시자인 성 이나시오를 주신으로 모셨으며, 1910년에는 3,000여 명을 동시에 수용할 수 있는 대규모의 성당으로 재건축되었다. 식민화를 정당화하는 하나의 제도로서 교회는 그 위계와 종교적 질서를 통해서 식민화와 사회통제의 핵심도구인 교회, 학교, 수도원, 수녀원, 대학, 병원 등을 건설했다.[29] 예수회도 서가회천주교당을 중심으로 각종 교회시설들을 건설하였고, 그들이 강점한 토지 역시 더욱 넓어졌다. 상해지역의 공업과 상업이 비약적인 발전을 이룩하자 부동산가격이 크게 높아졌고, 서가회에 선교본부를 둔 천주교 상해 교구는 세계에서도 몇 안 되는 부유한 교구 중의 하나가 되었다. 또 예수회는 서가회 선교본부 내에 신도들을 중심으로 '보위단(保衛團)'이라는 무장병력을 두어 교회와 관련시설을 보호하고, 사설 공당(公堂)과 감옥을 설치하기도 하여 프랑스의 식민주의적 정치적 이권추구정책과 결탁한 식민

---

28) 顧長聲, 『傳敎士與近代中國』(上海人民出版社, 1991), 105쪽.
29) 앤소니 킹, 이무용 역, 『도시문화와 세계체제』(시각과 언어, 1999), 60쪽.

지교회로서의 일면을 보이기도 하였다.

1860년 북경조약(北京條約)에서는 "어느 성(省)에서도 선교회건물을 짓기 위한 토지 또는 부지를 자유롭게 임대, 매입할 수 있는 권리"가 프랑스 가톨릭선교회에게 보장되어있다는 조항을 두었다.[30] 이와 같이 프랑스는 선교와 교회건설에 관해 공식적인 개입을 함으로써 예수회 선교사, 특히 로마 가톨릭교 선교사를 보호하는 역할을 담당하였고, 가톨릭교 신앙과 선교사를 보호하기 위하여 자주 국가권위를 최대한도로 발휘하였고 심지어 무력개입도 불사하였다.[31]

1942년 7월 14일 프랑스혁명기념일 날 프랑스 주상해영사 마르즈리(Margerie, 馬日里)는 프랑스영사관에서 거행된 '예수회 강남 귀환 100주년 기념회' 치사를 통해 "1842년부터 지금까지 프랑스선교사들이 완수한 사업은 천주교회의 영광일 뿐만 아니라, 우리나라의 영광입니다"[32]라고 하였다. 1841년 4월 15일 고트란드 신부가 상해예수회 회장이 된 이후 조계가 반환될 때까지 16명의 회장 중 15사람이 프랑스인 신부였다는 사실을 통해서도 예수회가 중국에서 펼친 선교 사업과 각종 문화, 교육 사업이 프랑스와 밀접한 관계 속에 진행되었다는 것을 알 수 있다.[33] 이러한 상황을 통해 중국인들은 중국 내에서의 가톨릭교 전도행위는 서구열강이 식민지 확장을 위해 무력을 정치적으로 이용하고 있다는 것과 동일하게 인식하였고, 그들의 선교활동도 기만적 책략에 의해 수행되고 있다는 것을 알게 되었다.[34]

서가회가 근대시기 상해지역의 천주교와 서방문화전파의 중심지로

---

30) 顧長聲,『傳敎士與近代中國』(上海人民出版社, 1991), 54~57쪽.
31) W. 프랑케, 김원모 역,『동서문화교류사』(단대출판부, 2002), 151쪽.
32)『上海宗敎志』編輯委員會,『上海宗敎志』(上海社會科學院出版社, 1999), 326쪽.
33) 위의 책, 328쪽 참고.
34) W. 프랑케, 김원모 역,『동서문화교류사』(단대출판부, 2002), 155쪽.

발전하게 된 것은 서광계와 예수회 선교사들의 만남에서 비롯된 것이었다. 하지만 17세기 초 서가회에서 진행된 선교활동이 서광계와 카타네오 신부의 개인적인 인간관계와 카타네오 신부의 인간적 풍모와 수완, 그리고 그의 중국문화에 대한 이해에 바탕을 둔 것이었다면, 19세기 중엽 이후의 선교사들은 식민주의를 표방하는 강력한 제국주의 국가의 비호 하에 중국으로 들어왔기 때문에 16, 17세기 선구자들이 취했던 태도와는 근본적인 차이가 있었다.

4. 중서문화의 교량 서가회

19세기 중엽에 재개된 예수회선교사들의 중국 내 전교활동은 프랑스를 위한 정치활동과 밀접한 관계를 가지게 되었으며, 식민지 교회 발전을 위한 그들의 노력은 중국인들과의 마찰을 불러일으키기도 하였다. 하지만 그들이 중국의 근대화에 끼친 긍정적인 영향 역시 무시할 수 없는 부분이다. 19세기 중엽에서 20세기 40년에 이르는 동안 서양인 선교사들에 의해 소개된 지식은 그 양이나 질에 있어서 분명 전대의 성과를 뛰어넘는 것이었으며, 미션스쿨이나 각 지역 교회병원과 청년회 등을 통한 서방문화와 과학의 전파는 서가회의 발전뿐만 아니라 중국의 근대화에 중요한 의미를 가진다.

특히 예수회선교사들은 서가회성당을 중심으로 1850년 서회공학(徐匯公學)을 세웠고, 1896년 서가회장서루(徐家匯藏書樓)를 건설하고, 1867년 박물원(博物院)을, 1870년엔 천문대(天文臺)를 건설하는 등 서가회와 상해의 교육과 문화발전에 큰 기여를 하였다. 예수회신부들의 활동 중 가장 특징적인 사업은 천문대를 건설하였다는 것이다.

1) 서가회관상대와 과학사업

아편전쟁 이후 중국으로 들어온 예수회 선교사들 중에는 16, 17세기 마테오 리치나 아담 샬과 같은 그들의 선배 선교사들처럼 과학을 통해 중국 내 선교를 수행하고자 하는 사람들도 있었다. 그들은 과학과 선교를 결합하고, 과학의 힘을 이용해 선교하고, 교회의 영향력을 확대하고자 하였기 때문에 과학연구 사업을 상당히 중시하였다. 1872년 천주교 강남교구와 예수회강남선교회는 서가회에서 '과학과 문화연구 방안'에 대한 토의를 펼치고 '강남과학위원회(江南科學委員會)'를 설립하였다.[35] 다음해에는 서가회의 허름한 가옥을 개조하여 천문대를 설립하였다. 예수회본부는 이를 위해 과학지식을 갖추고 소정의 과학연구 훈련을 받은 약간 명의 신부들을 서가회에 파견하였다.[36] 1873년 예수회에 의해 설립된 서가회기상대에는 "자연과학연구를 통해 주의 영광을 빛내고, 사람들의 영혼을 구원하며, 종교사업에 이바지한다"[37]는 믿음을 가진 예수회회원들이 천문학연구에 종사하였다.

17세기 북경 흠천감에서 활동한 예수회 선교사들은 중국 황제와 국가의 근본 산업인 농업을 위해 천문관측을 하였다. 하지만 개항 이후에는 해상무역이 가장 중요한 경제 활동이 되었기 때문에 프랑스 선박의 안전한 항해를 위해 기상관측을 하고, 그들의 등대 역할을 담당하였다. 상해가 개항된 이후 상해항을 출입하는 선박들은 급격하게 증가하였고, 해상사고의 가능성 또한 증가했기 때문에 항해에 앞서

---

35) 陳澄泉・宋浩杰 主編,『留存的歷史・上海徐匯文物保護單位』(上海文化出版社, 2008), 150~151쪽.
36) 熊月之 主編,『上海通史』第6卷(上海人民出版社, 1999), 363~364쪽 참고.
37) 史式徽,『江南傳敎史』(上海譯文出版社, 1983), 209쪽.

당일 혹은 이후의 일기변화에 관한 정보를 필요로 하는 사람들이 늘
어나게 되었다. 1879년 상해는 태풍으로 인해 많은 피해를 입었는데,
특히 황포강을 항해하는 선박들이 많은 피해를 보았다. 기상대는 북
으로는 시베리아, 남으로는 마닐라, 동으로는 일본, 서로는 인도 등지
의 기상대와 연계해 기상자료를 교환하여 먼 바다에서 발생하는 태풍
을 관측하고, 진로를 예측할 수 있게 되었다. 신부들은 대양을 항해하
는 선박의 안전과 재산손실을 막을 수 있도록 노력하였다.[38) 기상예
측의 정확도가 일정수준에 도달했다고 생각되자 천문대는 주동적으
로 강해관(江海關) 등 기상예보가 필요한 기관에 대해 기상정보를 제
공하였다.

1883년 프랑스조계 공동국과 공공조계 공부국은 공동으로 출자하여
외탄의 프랑스조계와 공공조계의 경계인 양경빈(洋涇濱)에 기상신호대
(외탄신호대)를 건립하기로 하였다. 처음에 건설된 신호대는 목재로
만들어졌지만, 기상정보에 대한 요구가 많아지면서 1907년에는 그 자
리에 높이 36.8m의 높은 석조 원기둥을 세워 멀리서도 기상신호를 확
인할 수 있도록 하고,[39) 황포강을 항해하는 각국선박에게 매일 5차례
기상예보를 제공하였다.[40) 이 기상신호대는 깃발로 신호를 보내어

---

38) 陳澄泉·宋浩杰 主編,『留存的歷史·上海徐匯文物保護單位』(上海文化出版社, 2008),
   152~153쪽.
39) "에두아르(Edouard)로 어귀에 하늘을 찌를 듯이 우뚝 솟아 있는 기상대 위에는
   검정색 폭풍 경보구(球) 몇 개가 둥실 떠올라 있었다. 이것은 해마다 여름철이면
   몇 번씩이나 상하이를 강타하는 폭풍에 대한 경보인데, 올해에는 이번이 첫 폭풍
   이었다." 矛盾, 김하림 역,『칠흑같이 어두운 밤도』(한울, 1997), 290쪽.
40) 아침 9시와 오후 3시에는 장강의 남쪽으로 항해할 때 반드시 경과해야 하는 대
   산(大山, 대산은 열도부근에 위치해 있다)의 바람과 안개 상황 등 기상을 알려주
   었는데 선박의 항해에 중요한 영향을 주었다. 오전 10시와 오후 5시에는 야간과
   다음날의 일기를 예보했고, 오후 4시에는 기압에 대한 정보를 제공했다. 또한 날
   씨가 돌변하면 기상대의 꼭대기에 깃발이나 구를 통해 경보를 알렸다. 外灘信號

항해사가 선박의 위치를 정확히 계산할 수 있도록 도움을 주었을 뿐만
아니라, 높은 원기둥에 게양된 깃발을 통해 황포강을 운행하는 선박에
풍향과 풍속에 대한 정보를 제공하였다. 뿐만 아니라 상해주민들 역시
태풍에 대비할 수 있게 되었다. 당시 상해사람들은 기상대의 대장을
'태풍신부(颱風神父)'라고 불러 그들에 대한 친근감을 나타내었다.[41] 예
수회신부들에 의해 진행된 기상연구는 일차적으로 프랑스국적 선박의
안전한 항해를 가능하게 하였으며, 나아가 근대시기에 개항된 상해항
이 국제적인 항구로 발전할 수 있는 토대를 마련해 주었다.

　　1882년부터 기상대는 상해에서 발간되는 신문에 당일과 내일의 기
상정보를 제공하여 보다 많은 사람을 위해 봉사할 수 있었다. 또한 이
들은 각종 자료를 정리하여『중국의 기온』3권,『중국의 우량(雨量)』
2권,『원동의 날씨』1권,『260차례 태풍의 진로』등을 서가회에서 출
판하였다. 그들이 작성한 2만 여장에 달하는 일기예보도는 동아시아
기상학의 기본토대를 마련하였다.[42] 1901년에는 서광계의 묘소 동쪽
에 3층 높이의 벽돌건물을 지어 새로운 기상대로 사용하고, 천문·자
기·기상과 지진 등 4개의 학부를 두고 기상관측을 실행하게 되었다.
서가회기상대는 일기예보 외에도 "시정부(時政部)"를 설치하여 매일
정오와 오후 9시에 정확한 시간을 알려 선박의 운항과 상해시민의 일
상생활에 도움을 주었다.[43]

　　塔, http://baike.baidu.com/view/5129343.htm
[41]　孫金富 主編,『上海宗敎志』(上海社會科學出版社, 2001), 372쪽.
[42]　上海通史編,『舊上海史料匯編』下卷(北京圖書館出版社, 1998), 439~441쪽 참고.
[43]　"매일 11시 45분이면 공이 기둥의 반까지 올라가게 하고, 11시 55분이면 기둥의
　　　정상까지 올라가게 하였으며, 12시가 되면 공이 원위치로 떨어지게 하여 주민들
　　　이 시간을 확인할 수 있게 하였다." 吳友如等畵,『點石齋畵報·日之方中』(上海文藝
　　　出版社, 1998).

2) 교육문화사업

학교를 세우고 교육을 통해 종교를 전파하는 것은 서방 선교사들이 일반적으로 사용하는 선교방식이었다. 특히 교육 사업을 중시했던 예수회는 서가회에 최초의 근대적인 미션계학교를 세웠다. 1849년 강남지역에 큰 수재가 발생하여 상해근교의 많은 수재민들이 서가회성당부근으로 밀려오자 조토리(Ange Zottoli, 晁德莅) 신부는 교회 안의 '광계사(光啓社)'를 빌어 수용시설을 만들었다. 또한 난민의 자녀들 중에서 총명한 아이들 12명을 모집하여 독경반(讀經班)을 개설하고, 이들을 선교사로 양성하고자 하였다. 다음해 입학을 희망하는 학생이 더욱 늘어나자 조토리는 처음의 계획을 바꾸어 독경반을 교회부속의 공공학교로 바꾸고, 1850년 서회공학(徐匯公學)이라 명명하였다. 예수회의 창시자인 성 이냐시오를 수호성인으로 하였기 때문에 성 이냐시오공학이라고도 불리는 상해 최초의 미션계학교가 세워지게 되었다.

초기에 서회공학은 중국어만을 가르치는 순수 중국학교였지만, 나중에는 중국어와 프랑스어로 수업을 진행하고 라틴어를 배우게 하여 교회와 프랑스조계를 위해 일할 인재를 교육하게 되었다. 마상백(馬相伯), 서종택(徐宗澤), 이체(李杕) 등 서회공학 졸업생들은 상해지역의 천주교 발전뿐만 아니라 과학발전에도 중요한 영향을 끼쳤다. 서광계의 12대손 서종택 신부는 서가회장서루의 책임자가 되었고, 이체는 서가회에서 발행된 『格致益聞匯』와 『時事科學匯報』를 주간하며 서양의 과학지식을 전문적으로 소개하였으며, 주지요(朱志堯)는 그의 동생과 함께 『格致新報』를 간행하여 서양의 선진과학을 전파하기도 하였다.[44]

---

44) 陳伯海 主編, 『上海文化通史』 下卷(上海文藝出版社, 2001), 1186~1191쪽 참고.

이들 가운데 상해의 근대화와 교육문화 사업에 가장 큰 영향을 끼친 사람은 "애국노인(愛國老人)"이라 불린 마상백이었다. 부유한 전통 사대부집안에서 태어난 마상백은 1871년 신학박사학위를 받고, 예수회에 입회하여 신부가 되었으며, 1874년에는 서회공학의 교장에 취임하였다. 뒤에는 이홍장(李鴻章)의 부탁을 받고 양무운동(洋務運動)을 주도하며 양계초(梁啓超)와 채원배(蔡元培) 등과 교류하였다. 마상백은 청 정부의 제국주의에 대한 굴욕적인 태도에 불만을 가지고 고등교육을 통해 중화민족의 자긍심을 회복하고자 하였다. 1903년 그는 예수회의 협조 아래 서가회천문대 옆에 진단대학원(震旦大學院, 震旦大學의 전신)을 세우고, 학생들에게 애국사상을 고취하였으며 교내 정치혁신운동을 주도하기도 하였다. 마상백의 이런 애국주의적인 행동은 예수회 선교사들과의 마찰을 초래하였다. 1905년 마상백은 마침내 프랑스 선교사들의 독단적인 학교운영에 항거하여 환속하고, 학생을 이끌고 나와 서가회에 복단대학(復旦大學)을 설립하였다. 그는 고등교육을 통해 상해지역의 교육과 문화발전에 영향을 끼쳤을 뿐만 아니라 상해지역의 항일운동을 주도하기도 했다.

이 외에도 예수회는 서가회에 숭덕여중(崇德女中, 1867), 법문서관(法文書館, 1886), 계명여자중학(啓明女子·中學, 1904), 유사소학(類思小學, 1914), 서회사범(徐匯師範, 1920) 등의 학교를 설립하였다. 예수회가 학교를 세운 목적은 당연히 교육 사업을 통해 천주교의 영향을 확대하는 것이었지만, 객관적으로는 상해에 문화과학지식을 전파하고 서방의 선진과학기술을 소개하는 작용을 하게 되었다.

3) 근대적 도서관과 박물관사업

박물관은 인류 활동의 흔적을 보존하는 기관이고, 도서관은 인류의 활동에 관한 기록을 보존하는 기관으로 서로 보완적인 작용을 하기 때문에 그 어느 하나도 없어서는 안 되는 것이다. 근대시기 문명도시라 자부하는 도시들 중 도서관과 박물관을 가지지 않은 곳이 없었다. 근대적인 도서관과 박물관이란 근대적 사회상과 밀접하게 관계된다. 전근대사회에서는 귀한 책이나 역사적인 문물들이 모두 왕이나 귀족, 부호들 이른바 특권층의 점유물이었으며 개인재산으로 간주되어 개인의 창고에 감추어졌기 때문에 일반에게 공개되지 않았다. 그러므로 대중들에게 개방된 근대적인 도서관과 박물관이 상해에 처음 세워진 것은 선교사들에 의해서라고 할 수 있다.

1847년 서가회가 예수회의 상해지역 선교의 총본부가 되자 수많은 선교사들이 전교에 필요한 경전뿐만 아니라 다양한 참고서적들을 가지고 모여들었다. 서적들이 늘어나자 성당은 임시로 수사루(修士樓)를 개조하여 서고로 사용하게 하였지만, 오래지 않아 이곳도 늘어나는 책들을 감당할 수 없게 되었다. 성당은 늘어나는 서적을 수용하기 위해 1897년 동서양의 장서(藏書) 전통을 결합한 2층 건물을 건축하게 되었다. 당시 중국에는 도서관(Library)이라는 개념이 존재하지 않았기 때문에 이 건물을 중국의 전통적인 호칭에 따라 서가회장서루(徐家匯藏書樓)라고 명명하였다. 이 장서루에는 불어, 독어, 그리스어, 라틴어 서적들이 보관되었을 뿐만 아니라 각국의 유명한 백과사전이 거의 모두 갖추어져 있었다. 마상백, 이문어(李問漁), 서종택과 같은 중국인 신부 등의 노력으로 중국의 문헌들도 풍부해 졌다. 특히, 상해에서 발행된 초기의 중·서방 잡지와『申報』,『北華捷報』등 신문자료를 대량

수장하게 되어 장서가 20여만 권에 달했다. 그들은 서방에서 가져온 책들을 편찬하고 인쇄하였으며 번역작업도 수행하였다.

서가회장서루의 문헌 수집활동은 100년이나 지속되었고, 1941년 12월 태평양전쟁이 발발한 후에 중단되었다. 서가회장서루는 선교사의 소개서나 직접 방문하여 열람신청을 하는 일반인들에게 모두 참관이 허용되었기 때문에 상해지역 근대 도서관사업의 시작으로 평가받고 있다.[45] 이후 상해지역에 설립된 미션계학교는 모두 도서관을 설치하였고, 변화를 추구하던 지식인과 문화명사들은 도서관을 통해 서양의 과학과 문화전통을 접할 수 있게 되었다.

서가회에 근대적인 도서관이 출현한 뒤 박물관이라는 참신한 공공시설이 등장하였다. 1868년 식물학, 조류학, 지질학에 정통했던 예수회신부 휴더(Pere Heude, 韓伯祿)는 장강유역에서 직접 수집한 동식물표본과 교회에서 소장하고 있던 역사문물과 광산물 표본들을 모아 성당 옆에 "Museum of Natural History"를 건립하였다. 또 이 박물관이 서가회에 있었기 때문에 "서가회박물원(徐家匯博物院, Siccawei Museum)"이라고도 불렸다. 이곳에는 살아 있는 동물 12종 외에 일층에는 포유류와 어류의 표본이 전시되었고, 이층에는 갑각류와 곤충 · 패류 · 맹금류의 표본이 전시되어 있었다. 박물관의 전시품은 장강과 동남아지역의 동식물 표본을 중심으로 5만여 종에 달하였다. 대부분의 소장품이 선교사들이 수집한 것이고, 경비역시 교회가 부담하였기 때문에 초기에는 일반인들에 대한 개방이 제한적이었지만 1883년 이후에는 매일 오후 일반인들에게 참관이 허용되었으며 전문가의 안내를 받을 수도 있었다.

---

45) 陳伯海 主編,『上海文化通史』上卷(上海文藝出版社, 2001), 721쪽.

예수회선교사들에 의해 만들어진 근대적인 도서관과 박물관은 결국 교회에 속한 시설물이었기 때문에 일반 중국인의 이용은 그리 많지 않았다고 할 수 있다. 그러나 선교사들이 지은 공공문화시설을 통해 중국인들은 서방의 학문풍토를 체험할 수 있었고, 공공문화에 대한 인식을 가지게 되어 민국 이후 공공문화사업 발전의 토대를 마련할 수 있었다.

5. 나오며

이상에서 살펴본 바와 같이 상해시 시중심의 서쪽에 위치한 서가회가 근대에 들어 '동방의 바티칸'이라고 불리는 천주교전파의 중심지가 되고, '동방의 파리'라고 불린 상해에서 가장 중요한 서방문화중심지로 빠르게 성장한 것은 17세기 서광계라고 하는 한 상해인과 예수회 신부와의 만남에서 비롯된 것들이다. 이들은 서로의 문명에 대해 존중과 수용의 태도를 견지하였으며, 선교사들에 의해 소개된 서양의 과학지식은 중국의 과학발전과 명말청초 실학의 발전에도 큰 영향을 끼쳤다. 뿐만 아니라, 선교사들에 의해 번역된 중국의 고전과 각종 견문록은 몽테스키외, 볼테르, 라이프니츠 등과 같은 서구의 계몽주의 철학자들에게 상당한 영향을 끼쳤다.

근대 산업혁명 이후, 식민지 확대와 이윤추구에 급급한 상인들과 제국주의가 동서양 교류의 주체가 되면서 지식인들 사이에도 '유럽 중심주의적 견해'가 팽배해져 갔다. 동양과 중국에 대한 비하가 시작되어 부도덕한 전쟁과 약탈의 역사가 끊이지 않게 되었으며 선교사들은 식민지개척의 첨병역할을 담당하기도 하였다. 19세기에 진행된 예수회 선교사들의 활동은 서구열강의 식민주의적 정치적 이권추구 정책과 결탁함으로써, 그들 본연의 신성한 선교사업을 더럽혔다고 하는 비난을 면하기 어려웠다. 그러나 선교사들이 중국의 근대화에 끼친 긍정적인 작용 역시 분명히 존재한다.

19세기 말 마테오 리치나 아담샬처럼 "자연과학연구를 통해 주의 영광을 빛내고, 사람들의 영혼을 구원하며, 종교사업에 이바지하고자" 했던 예수회 선교사들이 상해 서가회로 모여들기 시작했다. 그들은 17세기 서광계와 마테오 리치의 만남처럼 과학과 학문을 중심으로 동서양의 정중한 만남을 이어나가고 서가회에 학교, 병원, 도서관, 박물관, 기상대와 같은 문화시설을 건설하여 평화적인 선교사업을 펼쳤다. 비록 그들의 목적이 선교에 있었고, 프랑스를 포함한 열강의 이익을 위한 것이었다고 하지만, 선교사들이 상해 서가회에 남긴 영향은 큰 것이었다.

서가회에서 진행된 동서양의 정중한 만남은 이후 상해를 점령한 일본인들에게도 영향을 주었다. 1931년 일본은 서가회에 상해자연과학연구소(上海自然科學硏究所)를 세우고 종합적인 과학연구기관으로 발전시키게 하였다. 1945년 상해의 새로운 주인이 된 국민당 역시 중앙연구원(中央硏究院)의 식물생리연구소(植物生理硏究所) 등의 기구를 서가회로 옮겼고, 1949년 이후 중국공산당 역시 서가회의 문화중심으로서의 지위를 더욱 강화하여 과학기술과 교육, 문화, 위생, 체육의 중심지로 발전시켰다.[46] 이처럼 17세기에 시작된 예수회선교사와 상해인의 정중한 만남은 근대시기 서가회를 상해의 과학과 문화의 중심

---

[46] 熊月之 主編,『上海通史』第1卷(上海人民出版社, 1999), 134~136쪽 참고.

지로 탄생시켰으며, 오늘날 상해 도시문화 중 최고급 문화로 불리는
서가회 문화를 탄생시킬 수 있는 저변이 되었다.

2장: '동방의 파리' 상해

1. 들어가며

타자에 대한 인식은 언제나 일정한 추상화나 개념화를 수반하거나 이로부터 시작할 수밖에 없다. 낯선 도시를 처음 방문하게 될 때 우리는 쉽게 그 도시와 도시의 사람들을 자기가 익숙한 도시와 비교하거나, 자기가 익숙한 어떤 유형 속에 귀납시키려고 한다. 사람들이 낯선 도시의 공간과 경관(景觀)에 대해 갖게 되는 일련의 반응, 생각, 인상의 총체를 한 개인이 갖는 도시 이미지라고 한다면, 동일한 공간에 대해 많은 사람들이 갖게 된 공통의 이미지를 우리는 한 도시가 갖는 도시 이미지라 부를 수 있을 것이다.

1843년 개항 이후 영국과 미국, 프랑스 등 서구와의 직간접적인 관계 속에서 비약적인 성장을 이룩한 해항도시 상해를 방문했던 많은 외국인들은 상해를 파리, 런던, 뉴욕과 같은 도시에 비유하였다. 1934년 상해에서 출판된 *All About Shanghai*라는 가이드북은 당시 외국인들이 상해에 대해 가졌던 도시 이미지를 다음과 같이 모아 내었다.

Shanghai, sixth city of the World!
Shanghai, the Paris of the East!

Shanghai, the New York of the West![1]

　외국인들이 상해를 '동방의 파리', '서방의 뉴욕'이라 불렀다는 것은 1930년대 이미 '세계 6대 도시' 중의 하나로 성장한 해항도시 상해가 파리와 뉴욕으로 상징되는 서구적인 근대도시의 모습을 갖고 있었음을 대변하는 것이다. 상해에 부여된 '동방의 파리', '서방의 뉴욕'이라는 호칭이 활자화되고 출판시장을 통해 유통되면서 상해의 도시 이미지는 일반화되었다. 상해를 찾는 외국인들이 외탄(外灘, bund)을 찾아 가이드북에서 소개한 이미지를 확인하고, 기억 속에 담게 되면서 '동방의 파리'라는 상해의 도시 이미지는 더욱 공고해졌다. 1937년 뉴욕에서 출판된 *Shanghai-the Paradise of adventure*[2]라는 가이드북은 '동방의 파리', '서방의 뉴욕'이라는 이미지를 답습하였고, 『모험가의 천국 상해』라는 가이드북의 이름 또한 새로운 상해의 이미지로 자리 잡았다.

　도시의 이미지는 타자에 의해서만 형성되는 것은 아니다. 중국인들 역시 늦어도 1881년 경 부터 상해의 경제적 번성함을 파리와 비교하기 시작하였고, 뉴욕 혹은 런던과도 비교하기 시작하였다. 1920년대와 1930년대에는 이러한 경향이 더욱 일반화되었다. 상해에 부여된 수많은 도시 이미지[3] 중에서 중국인들, 특히 상해 사람들이 즐겨 사용한 것은 '서방의 뉴욕', '동양의 런던'이 아니라 '동방의 파리'였다. 19세기

[1] Anon, *All About Shanghai, a Shanghai guidebook from 1934* (the University Press, 1934), p.1.
[2] G. E. Miller, *Shanghai-the Paradise of adventure* (Orsay, 1937).
[3] 熊月之, 『上海通史』 第1卷(上海人民出版社, 1999), 96쪽. 상해는 '동방의 시카고', '모험가의 천국', '魔都', '중국의 현대를 이해하는 열쇠', '노동자계급의 대본영', '부자들의 천당, 가난사람들의 지옥', '제국주의 침략의 교두보' 등 수많은 이미지를 가지고 있다.

말 20세기 초에 걸친 상해의 경제적 성장과 서구적인 도시 경관으로 인해 사람들의 기억 속에 각인된 '동방의 파리'라는 도시 이미지는 중국의 공산화라는 거대한 역사적 변화를 거치면서도 결코 사라지지 않았다. 1990년대 이후 황포강(黃浦江)의 외탄에 남아있는 근대적 유산을 '올드 상해 노스탤지어Old-Shanghai Nostalgia'로 상품화하는 각종 광고 속에서 '동방의 파리, 상해'라는 도시이미지는 여전히 사용되어지고 있다.

본장에서는 근대 이후 상해인들, 나아가 중국인들이 왜 '서방의 뉴욕'이나 '동양의 런던'이라는 이미지보다 '동방의 파리'라는 도시 이미지를 선호하는지 그 원인을 찾아보고자한다. 이 목적을 수행하기 위해 먼저 '동방의 파리'라고 불린 중국의 다른 도시-대련(大連)과 하얼빈[哈爾濱]을 살펴볼 것이다. 그리고 '동방의 파리'라는 이미지를 형성하는데 토대가 되었던 프랑스조계의 형성과정과 함께 거리와 도시 공간을 설계하고 건축한 공동국(公董局)의 활동을 살펴볼 것이다. 그리고 프랑스조계라는 공간에서 생활했거나, 이 공간을 경험했던 프랑스인과 중국인 그리고 한국인 등이 남긴 삶의 흔적들을 통해 '동방의 파리'라는 도시 이미지가 갖는 의미를 찾아볼 것이다.

2. '동방의 파리'

근대시기에 있어 동방의 파리라고 불린 아시아의 도시는 상해만이 아니었다. 식민지 통치를 통해 자국의 문화를 세계에 전파하려고 했던 프랑스는 베트남의 수도 사이공에 프랑스의 건축문화와 생활양식을 이식했다. 때문에 사이공을 방문한 외국인들이 '사이공은 동방의 파리다(Saigong is the Paris of the East)'[4]라고 부른 것은 별 이상한 일이 아니다.[5] 일본 근대화의 중심지였던 오사카 사람들 역시 근대적인 교량과 서양식건물, 일본식 근대건축물이 늘어선 키타하마(北濱)의 풍경을 바라보며 '동방의 베니스', '동양의 파리'라 부르기도 했다.[6]

중국에서는 상해와 함께 하얼빈과 대련이 '동방의 파리'라고 불렸다. 1898년 청(淸)나라로부터 대련만과 여순(旅順)을 포함한 관동주(關東州)일대를 조차한 러시아는 오랜 염원이었던 부동항을 가지게 되었다. 러시아는 대련을 교통과 무역의 중심기지로 건설하기 위해 항구와 함께 여러 가지 산업 기반시설을 건설하였다. 뿐만 아니라 대련 시가지를 '동양의 파리'로 개발하고자 했다. 도시설계자는 파리의 에투알광장(현 샤를드골광장)을 모델로 하여 니콜라예프스카야광장(당시 러시아황제 니콜라이 2세)을 건설하였다. 원형광장으로부터 방사상(放射狀)으로 뻗은 넓은 도로에는 웅장하고 화려한 유럽풍의 건물을 짓고, 가로수를 심어 파리와도 같은 도시 분위기를 만들어내기 시작하였다. 러시아에 이어 대련을 차지하게 된 일본은 러시아가 마련한 도시개발계획을 기본으로 하여 시가지를 확장해 나갔다. 1916년 일본에서 태어나 어린 시절 대련에서 생활했던 마츠바라 카즈에(松原一枝)는 자신이 어린 시절을 보낸 대련거리를 아래와 같이 묘사하고 있다.

시내 중앙에는 직경 700피트(약200미터) 크기의 광장(대광장이라고 불렀다)

---

4) Grabrielle M. Vassal, *On And Off Duty in Annam*, (London : W. Heinemann, 1910), p. 21.
5) 우동선, 「하노이에서 근대적 도시시설의 기원」, 『대한건국학회논문집』 제23권 제4호(2007. 4) 참고.
6) 橋爪紳也, 『繪はがきで読む尾お大大阪』(倉元社, 2010), 23쪽.

이 조성되어 이 광장에서 방사선 모양으로 10 갈래의 큰 도로가 뻗어나갔다. 저녁 무렵이 되면 광장중앙을 둘러싸고 있는 가스등에 청백색 불이 밝혀져 신비한 분위기를 자아냈다 …… 주택은 돌로 만든 집도 있었지만 주로 기와집이 많았다. 건축양식은 영국 풍으로 정원이 집 앞쪽에 있는 것이 아니라 뒤편에 있었다. 적, 녹, 청, 회색의 기와로 쌓아올린 지붕은 집집마다 아름답게 색을 발하고 있었다. 도로는 어디나 아스팔트로 포장되어 있었다. 아스팔트도로를 보수할 때 나는 자극적인 콜타르 냄새를 맡으면 나는 지금도 대련에 대한 향수가 되살아나곤 한다.[7]

대련의 넓은 광장, 아카시아가 심겨진 가로수, 서구풍의 건축물을 추억하는 많은 일본인들처럼 일본에서 출판된 『國民百科辭典』(1934~37)에서는 대련을 "일본인이 건설한 최초의 근대적 도시이다. 시가지가 웅장하고 화려하여 '동양의 파리'라고 불린다."[8]라고 설명하고 있다.

만주어로 "그물을 말리는 곳"이라는 뜻을 가진 하얼빈은 송화강(松花江) 연변에 위치한 작은 어촌마을이었다. 1898년 제정러시아가 동청(東淸)철도를 건설하면서 근대적인 도시로 성장하기 시작하였다. 러시아인들은 1km가 넘는 하얼빈의 중심가 키타이스카야거리(현 中山路)에 르네상스양식, 바로크양식, 절충주의 현대적 스타일의 건물들을 지었다. 20세기 초, 이 공간에는 33개국 16만 명의 교민들이 함께 생활했고 16개 국가의 영사관이 위치하고 있었다. 이곳을 방문한 많은 외국인들은 하얼빈을 '동방의 작은 파리' 혹은 '동방의 모스코바'라고 부르기 시작했다. 하얼빈을 여행했던 음악가평론가 김관(金管)은 키타이스카야 거리를 내려다보면서 조화를 중시하는 서구의 도시전통

7) 松原一枝, 『幻の大連』(新潮新書, 2008), 5쪽 ; 이수열, 「지배와 향수」, 『日語日文學』 제50집(2011), 339쪽 재인용.
8) 淸岡卓行, 『偶然のめぐみ』(日本經濟出版社, 2007), 10~11쪽.

을 느꼈다.

> 나는 키타이스카야 가를 M호텔 창을 통하여 내다보고 조화, 즉 하모니란 것을 생각해 본적이 있다. ……눈앞에 내려다보이는 이 거리에는 모두가 낡아빠졌고, 벽이 야위었고, 하지만 어딘지 모르게 커다란 한 개의 굵은 선이 그려져 있다. 다시 말하면 탈선이 없는 절단되지 않은 하모니였다. 일개 러시아의 식민지에 지나지 않는 조그만 도시, 그나마도 그 하편 구석에 남겨진 헌신짝 같은 좁은 구획이련만 그것이 상징하는 것은 뚜렷한 전통의 입김이다.9)

식민지도시는 외래 식민권력의 현지 거점지이다. 따라서 외현적으로 한눈에 드러나는 식민지도시의 경관을 특징짓는 것은 토착집단과 뚜렷이 구분되는 외래 지배집단의 문화적 특성이다.10) 근대시기 '동방의 파리'라고 불린 대련과 하얼빈에는 식민모국과 식민지를 연결하는 항구를 중심으로 곧게 뻗은 넓은 거리, 무성한 가로수, 길을 따라 늘어선 웅장하고 화려한 유럽식 건축물 등을 건설하여 식민지제국의 권위를 드러내고자 했던 러시아와 일본의 이상이 투영되어 있었다. 하지만 이러한 특징들은 '동방의 파리' 대련과 하얼빈에서만 나타나는 것이 아니라 식민시기에 건설된 많은 해항도시에서 찾아볼 수 있었던 경관일 것이다.

상해는 '동방의 파리'라고 불렸던 대련과 하얼빈에 비해 좀 더 복잡한 역사와 도시 이미지를 가지고 있다. 영국과 미국, 프랑스는 상해의 공공조계와 프랑스조계에 독자적인 특성이 인식되는 항구, 거리, 가로수, 건축물 등을 건설했다. 때문에 황포강을 따라 이어진 외탄에는

---

9) 김관, 「하르빈」, 『인문평론』 제2권 제2호(1940), 41쪽.
10) 김백영, 「천황제제국의 팽창과 일본적 근대의 기획」, 『도시연구: 역사·사회·문화』 창간호(2009), 55쪽.

'동방의 파리'뿐만 아니라 '동양의 런던', '서방의 뉴욕' 등 다양한 이미지가 부여된 것이다.

> 영국이 통치하는 공공조계에서는 마천루, 공공 아파트와 백화점을 지을 때, 프랑스 조계는 완연히 다른 풍경을 보여주었다. 전차를 타고 중심가를 따라 프랑스조계 하비로(霞飛路, Avenue Joffre)로 들어갈수록 조용한 분위기로 바뀌어 갔다. 도로 양측에는 플라타너스가 심어져 있으며, 여러 가지 양식의 우아한 전원주택도 볼 수 있었다. …… 11)

20세기 30년대 영국과 미국이 중심이 된 공공조계(Shanghai International Settlement)에서는 제국의 영광과 권위를 상징하는 신고전주의 양식의 건축물, 강철과 유리 그리고 콘크리트로 대표되는 마천루의 형식을 띤 아파트, 은행, 산업문명의 전형을 보여주는 백화점과 같은 고층 건물들이 중요한 랜드마크가 되었다. 이에 반해 프랑스조계(French Concession)에서는 곧게 뻗은 넓은 도로, 프랑스오동나무[法國梧桐]라고 불리는 플라타너스가 심겨진 거리, 정원이 딸린 넓고 우아한 유럽풍의 전원주택 등이 조화되어 고유한 이미지를 만들어 내었다. 이것이 바로 '동방의 파리, 상해'만이 갖는 독특한 풍격이라 할 것이다.

3. '동방의 파리', 프랑스조계의 건설

1865년 전체 인구가 7만이 되지 않았던 상해는 국내외의 이민자를 끊임없이 받아들여 1930년대에는 인구 300만이 넘는 '세계 6대 도시',

11) 리어우판, 장동천 외 역, 『상하이모던』(고려대학교출판부, 2007), 59쪽.

'동방의 파리' 라고 불리는 동양 최대의 해항도시가 되었다.[12] 하지만,
20세기 초 상해를 방문했던 사람들은 그들의 손에 쥐인 지도에서 보
는 것처럼 상해가 붉은색의 공공조계, 초록색의 프랑스조계, 황색의
화계로 나누어져 있음을 확인하게 되었다.[13] 아래에서는 상해총영사
의 영도 아래 프랑스조계의 시정을 담당했던 공동국과 그들이 건설한
조계의 모습을 살펴볼 것이다.

1) 공동국과 프랑스조계의 건설

1928년 『상해프랑스조계사』를 출간한 장 프러드(Jean Fredet)는 책
머리의 「독자에게 드리는 글」을 통해 이 책을 저술한 목적이 "우리나
라(프랑스)가 이 자그마한 땅에 쏟은 놀랄만한 노력을 알리기 위함"이
라고 밝히고, 80년이 채 되지 않은 프랑스조계의 발전상을 다음과 같
이 적고 있다.

첫 번째 프랑스인이 상해에 와서 거주할 때만 해도 이곳은 여기저기 소택

[12] 상해의 인구변화, 단위는 명(%)

년도	華界	공공조계	프랑스조계	총인구수
1865	543,110(78.5)	92,884(13.42)	55,925(8.08)	691,919
1910	671,806(52.11)	501,541(38.90)	115,946(8.97)	1,289,353
1915	1,173,653(58.49)	683,920(34.08)	149,000(7.43)	2,006,573
1927	1,503,922(56.94)	840,226(31.81)	297,072(11.25)	2,641,200
1930	1,702,130(54.13)	1,007,868(32.04)	434,807(13.83)	3,144,805

鄒依仁, 『舊上海人口變遷的硏究』(上海人民出版社, 1980). 김태승, 「上海人의 上海,
중국인의 上海」, 『도시연구』 제2호(2009), 33쪽.

[13] 상해는 1863년부터 공공조계(公共租界: Shanghai International Settlement), 프랑스
조계(法租界: Shanghai French Concession)와 華界로 나누어지게 되었다. 당시 일
반적으로 보급되었던 상해 영문지도는 공공조계를 붉은색, 프랑스조계를 초록
색, 화계를 황색으로 표시하고 있다.

(沼澤)과 묘지가 흩어져 있는 황량하고 외진 곳이었습니다. 초기의 초라하던 '프랑스구역(法國區)'은 지금은 이미 거대한 상해지역의 중심, 번화한 시내 지역이 되었습니다. 이곳에서 프랑스인은 독자적인 생활을 영위하고 있습니다. 면적은 1,015㎡, 인구는 35만 8,453명, 거리는 92km에 달하며 공공사업은 프랑스의 대도시와 차이가 없습니다.[14]

프러드는 1847년 파리를 떠나 이역만리 상해 황포강변의 소택지에 정착한 첫 번째 프랑스인들로부터 시작해, 지난 80년의 노력을 통해 본국의 대도시에 손색이 없는 근대적인 메트로폴리스를 건설한 것에 대해 강한 자부심을 느끼고 있었다. 또한 이 책을 출간하는데 물심양면으로 적극적인 지원을 아끼지 않은 프랑스 외교부와 프랑스조계 공동국(公董局)에 대한 감사를 잊지 않고 있었다. 프랑스조계의 성격과 시정운영방식을 결정하고, 도시건설에 관한 기록을 보관하고 있는 곳이 바로 공동국과 프랑스 외교부였기 때문이다.

경쟁국 영국이 중국에 합법적인 무역항을 가지게 되었다는 소식을 접한 프랑스는 1844년 10월 전권대사 라그르네(Théodore de Lagrené, 剌萼尼)을 파견하여 청나라와 황포조약(黃埔條約)을 맺어 5곳의 통상항구를 개항하는 등 영국과 동등한 권한을 가지게 되었다. 1847년 1월 정부로부터 초대 상해영사로 임명된 몽티니(Charles de Montigny, 敏體尼)는 다음해 1월 가족들과 함께 상해에 도착하여 잠시 영국인의 여관에 머물렀다. 이후 몽티니는 동가도(董家渡)에서 선교활동을 관장하고 있던 남경교구 주교 마레스카(F. Xavier Maresca, 趙方濟) 신부의 도움으로 양경빈(洋涇濱)과 상해현성 중간에 위치한 교회 소유의 땅에 프

[14] Ch. B. Maybon & Jean Fredet, *Histoire dela Concession francaise de Changhai*(Paris: Librairie Plon, 1929) ; 倪靜蘭 譯, 『上海法租界史』(上海社會科學院出版社, 2007).

랑스영사관을 개관하게 되었다. 1849년 몽티니가 상해도대(上海道臺) 인계(麟桂)와의 협상을 통해 상해현성과 영국조계 사이의 986무(畝)의 땅을 조차하면서 프랑스조계의 역사가 시작되었다. 프랑스는 영국에 비해 상해를 무역항으로 개발하려는 의지가 약했다. 초대 상해영사 몽티니는 본국의 투자를 이끌어 내기 위해 백방으로 노력하였지만 큰 성과는 없었고, 선교사들을 제외하면 프랑스교민은 10여명에 불과하였다.

프랑스조계의 확장을 가져온 것은 1861년 태평천국(太平天國)의 군대가 상해를 공격하면서부터이다. 본국인을 보호하고 조계를 확보하기 위해 파견된 프랑스 군대는 영국과 연합군을 형성하여 태평군에 맞서기 시작했다. 하지만 당시 프랑스조계지의 서쪽 지역은 사방이 터인 농토였기 때문에 군사작전을 펼치기에 불리한 지역이었다. 연합군은 이곳에 군사작전도로를 건설하여 군인과 대포의 이동에 편리를 도모하게 되었다. 소위 월계축로(越界築路)가 시작되어 조계지 서남쪽에 위치한 서가회와 조계지를 잇는 영서가회로(英徐家匯路)와 법서가회로(法徐家匯路)가 건설되었다. 월계축로는 서가회지역이 프랑스조계로 편입되는 계기가 되었다. 태평군이 진압된 이후 열강의 군대와 대포가 지나다니던 이 거리에(지금의 徐家匯路와 華山路)는 식민주의자들의 '이성과 아름다움의 원리'에 따라 유럽풍의 주택과 별장들이 지어지게 되었다. 1914년 서가회가 프랑스조계로 정식 편입되면서 프랑스 조계지는 처음 건설될 때보다 30배 이상 확대된 15150무로 확장되었다.

태평천국운동과 소도회기의가 벌어지던 혼란의 시기 상해의 외거인 거류지는 프랑스, 영국, 미국이 함께 공부국(工部局, Shanghai Municipal Council)에 참가하여 통일된 운영을 하였다. 하지만 1862년 태평천국군이 진압되자 역사적으로 영국과 불편한 관계를 유지했던 프랑스는 영국인에 의해 주도되었던 공부국을 탈퇴하고 독자적인 시정운영체계를 가지게 되었다. 1862년 4월 29일 프랑스 영사 에당(Edan, 愛棠)은 영사 법령을 통해 독자적인 시정기구 공동국(公董局, Conseil d'Administration Municipale de la Concession)의 설립을 공포하게 되었다.

> 본 영사는 삼가 본 조계의 거주민들에게 알립니다. 중국과 차례로 맺은 두 가지 조약에서 규정한 조계관할에 관한 권리에 근거하여 프랑스조계 내의 질서와 안정 그리고 공공복리를 모색하기 위해 특별히 동사 5인으로 구성된 공동국 동사회를 설립합니다. 전권을 위임받아 조계 내의 모든 사무를 처리하고 관장할 것입니다.[15]

프랑스영사 에당은 공동국의 동사회(董事會) 임원 5인을 임명하고, 동사회의 총동(總董)을 겸직하였다.[16] 관련 법규에 따르면 공동국 동사회는 영사의 지도를 받아야 했을 뿐만 아니라, 영사가 직접 참여하여 주재하는 기구였다. 또한 영사는 동사회를 해산하고 임시위원회를 구성할 수 있는 절대적인 권한을 가지고 있었다. 공동국의 실질적인 권력은 프랑스영사 한 사람의 손에 놓여있었기 때문에 연구자들은 "공공조계의 지위가 자유항에 가깝다고 한다면 프랑스조계는 파리 정부의 관할 하에 있는 식민지와 비슷하다"고 정의한다.[17] 공동국은 프랑스영사의 통제를 받아야만 했고, 영사는 파리에 있는 본국 외교당

---

15) 위의 책 221쪽.
16) 1862년 5월 공동국 성립 당시에는 동사회와 총판(總辦)으로 구성되었다. 1864년 시정총리처(市政總理處, Secrétariat), 공공공정처(公共工程處, Service des Travaux Publique), 경무처(警務處, Services de Police) 3개 기구를 설치하였다. 이후 공동국의 부서는 더욱 확대되었고, 시기에 따라 변화가 있었다.
17) 馬學强·曹勝梅,『上海的法國文化』(上海錦繡文章出版社, 2010), 17~18쪽.

국의 직접적인 명령을 받아야만 했다.[18]

　당시, 프랑스 본국의 식민지정책 입안자들은 아프리카 식민지정책
의 방향, 특히 도시 공간의 근대화에 따른 재편성을 놓고 많은 논란을
벌이고 있었다. 식민지 도시 공간 재편성방식은 프랑스 본국의 대규
모 도시 공간 재구조화의 경험을 식민지들에 어떻게 투영시키는가 하
는 것과 밀접한 관련을 맺는다. 특히 눈에 뛰는 것은 식민지의 문화와
공간을 식민 종주국인 프랑스의 그것들에 이어지는, 즉 '확장된 자아'
로 인식했는지, 아니면 프랑스의 그것들과는 확실히 구분되는 '특수하
게 다른 타자'로 인식했는지에 대한 것이다.[19] 프랑스 본국 외교부로
부터 재정적인 지원뿐만 아니라 직접적인 통제를 받아야만 했던 공동
국의 위상을 고려한다면, 상해프랑스조계 건설과정에 있어서도 식민
지 도시 공간의 재편성에 관한 프랑스의 식민정책이 적용되었을 것이
다. 공공조계와 프랑스조계의 성격을 비교한 상해사 연구자들의 연구
성과를 통해서도 이러한 내용을 확인할 수 있다.

　　공공조계는 상해에 시장관념, 자본의 운영, 현대 과학기술과 기업관리 등 완
　전히 새로운 자본주의 발전 패턴을 가져왔다. 프랑스조계는 시정관리, 도시건
　설, 종교와 공공이익의 보호 등 전형적인 관료주의 통치의 모범을 가져왔다.
　공공조계가 외탄에 극동 최대의 금융무역중심을 건설하고 많은 현대 공업기업
　을 설립하였다면, 프랑스조계는 우월한 인문사상과 해납백천(海納百川)의 문화
　풍격 방면에 중요한 영향을 끼쳤다.[20]

----

18) 熊月之, 『異質文化交織下的上海都市生活』(上海辭書出版社, 2008), 48~49쪽.
19) 송도영, 「상징공간의 정치: 프랑스의 북아프리카 식민도시정책」, 『한국문화인류
　　학』 35~2 (2002), 128쪽.
20) 熊月之, 『異質文化交織下的上海都市生活』(上海辭書出版社, 2008), 49쪽.

공부국을 중심으로 자치가 운영되던 공공조계와 달리, 상해총영사를 정점으로 하는 프랑스조계의 도시개발계획은 일정한 규칙과 질서가 있었고, 엄격한 관리가 수반되었다. 공동국은 도로의 통행을 방해할 수 있는 일체의 건축물을 짓지 못하도록 규정하고, 거리의 광고판, 가로등, 보행도로의 구조물, 우체통 설치 등에 관한 구체적인 규정을 제정했다. 뿐만 아니라 수도꼭지의 설치, 공공화장실, 가로수 등에 대해서도 구체적인 법규를 마련하였다. 또한 일부 주택보호구를 확정하여 아름답지 않고 위생적이지 못한 리농(里弄)주택의 진입을 차단하였으며, 새로 개발된 조계의 서부지역에는 서양식 건물들만 짓도록 하여 도시경관에 대해 많은 주의를 기울었다.[21] 프랑스조계는 본국의 대규모 도시 공간 재구조화의 경험에 기초하여 상해에 우월한 자국의 문화를 이식하려는 문화정책을 수행하였고, 그 결과 공공조계와는 확연한 차별성을 가진 조용하고 깨끗한 '동방의 파리'를 건설할 수 있게 되었다.

2) '동방의 파리', 프랑스조계의 발전

'동방의 파리, 상해'의 모델 도시, 모든 근대 도시들의 전형으로 여겨지게 된 파리의 모습은 1853년부터 1870년까지 파리지사를 지낸 오스만(Georges-Eugène Haussmann)남작과 나폴레옹 3세가 수행한 파리 재개발의 결과이다. 그 결과 파리는 다른 어떤 도시도 가지지 못한 거대함과 규모를 지니게 되었고, 다른 도시들은 그것을 모방하고자 노력했다.[22] 파리에 대한 재개발이 한창 진행되고 있던 1861년, 프랑스

21) 馬學強・曹勝梅, 『上海的法國文化』(上海錦繡文章出版社, 2010), 45~47쪽.
22) 마크 키로워드, 민유기 역, 『도시와 인간』(책과함께, 2009), 448쪽 참고.

조계의 시정운영을 관장하는 공동국이 설립되고 프랑스에 의한 독자적인 도시개발이 시작되었다. 앞에서 살펴본 것처럼 공동국을 실제 지배한 것은 프랑스총영사였고, 총영사는 외교부를 통해 본국과 밀접한 관계를 유지하고 있었다. 때문에 1861년 월계축로를 통해 프랑스조계의 범위가 확장되면서 본격적으로 진행된 프랑스조계 개발은 같은 시기 본국에서 진행되고 있던 파리의 도시 공간 재구조화의 영향을 받게 되었을 것이다.

상해에 처음 도착한 프랑스인들은 예수회 신부였고, 상해에 프랑스풍의 건축을 이식한 첫 번째 건축가들 역시 예수회 소속의 선교사들이었다. 이후, 프랑스조계의 공간 건설에서 중요한 역할을 했던 인물은 1893년부터 15년간 프랑스조계 최고 엔지니어로 일했던 솔로(Joseph-Julien Chollot)였다. 그는 1896년 황포강가에 르네상스건축양식을 채용한 프랑스총영사관을 완공했고 같은 해 조계에 전기를 끌어들여와 전등을 설치하였으며, 1898년경에는 여과된 수돗물을 중국인을 포함한 모든 조계 거주민에게 무상으로 공급하였다.[23] 솔로의 공화주의적인 조계건설 활동은 나폴레옹 3세와 오스만 남작이 인구 급증으로 비위생적인 상태에 빠진 파리를 개조하기위해 시내도로망과 상하수도를 정비하고, 시내를 관통하는 오늘날의 대로(大路, 馬路) 체계를 고안하고, 공공위생시설을 개선하고, 거리마다 가스등을 설치했던 정책들과 맥을 같이한다.[24] 아래에서는 프랑스조계의 도시 이미지

---

[23] 熊月之 外, 『上海的外國人(1842~1949)』(上海古籍辭出版社, 2008), 106쪽.
[24] "근대도시 생활에서 접하는 절대 다수의 시설물이 19세기 중엽이 지나자마자 상해조계에 흘러들어 오기 시작했다. 은행은 1948년 들어왔고, 서구식 거리는 1856년 조성되었으며, 가스등은 1865년 설치되었고, 전기는 1882년 가설되었다. 1881년 전화가 개통되었고, 상수도 시설은 1884년 공급되었으며 자동차는 1901년 거리를 달리기 시작했고, 1908년 전차가 거리를 누볐다." 唐振常, 『近代上海繁華錄』

〈그림 1〉 두 조계의 경계 양경빈

출처: http://baike.baidu.com/picview

를 구성하는 물리적 형태인 경계(Edge) – 양경빈과 통로(Path) – 하비로를 중심으로 '동방의 파리'라는 이미지를 살펴볼 것이다.[25]

프랑스조계와 공공조계는 황포강으로 흘러드는 양경빈(洋涇濱)이라는 하천을 자연적 경계점(Edge)으로 삼았다. 양경빈은 두 개의 다른 형태 간 구분을 나타내는 선형(線型) 요소로 프랑스조계와 공공조계를 구분하는 벽이 되기도 하고, 두 영역을 상호 관련시키는 이음새가 되기도 하였다. 양경빈의 북안(그림 1의 오른쪽)에는 영국조계의 송강

(商務印書館, 1993), 240쪽.
[25] 케빈 린치(Kevin Lynch)는 도시 이미지를 구성하는 물리적 형태의 다섯 요소를 규정하였다. 통로(Path), 경계(Edge), 지역(Dstrict), 집중점 혹은 결절점(Node), 랜드마크(Landmark) 등 5개의 요소이다. 이들 요소들은 도시환경의 중심적 물리적 형태이며 도시이미지를 형성시키는 원재료이다. Kevin Lynch, *THE IMAGE OF THE CITY*(Massachusetts: The MIT Press, 1960), pp. 46~49.

로(松江路), 남안(그림 1의 왼쪽)에는 프랑스조계의 공자로(孔子路)가
건설되었고, 두 조계는 9개의 다리로 연결되어 있었다.

하지만 두 조계를 잇는 다리는 좁고 불편했을 뿐만 아니라, 다리 근
처에 땔감이나 분뇨를 처리하는 선박들이 많이 정박해서 수질을 오염
시키는 등 도시위생에 많은 문제점을 낳았다.[26] 때문에 영국과 프랑
스는 양경빈을 매립하기로 합의하고, 1914년부터 1916에 걸쳐 매립을
마쳤다. 두 조계는 합의를 통해 새로 만들어진 이 길에 영국 국왕 에
드워드 7세의 이름을 따서 에드워드로(Avenue Eduard Ⅶ, 愛多亞路:
현 延安東路)라고 명명하였다. 수로를 중심으로 운영되었던 상해의 운
송체계가 도로를 중심으로 하는 육상운송시스템으로 점차 바뀌어가
고 있음을 보여주는 사건이었다.

물길이 매워지고 도로가 건설되자 상해현성(上海縣城)의 상인들이
두 조계의 경계지역인 에드워드로 옮겨와 장사를 시작했고, 이곳은
중국인과 서양인의 발길이 끊이지 않는 교통과 상업의 요충지가 되었
다. 정식적인 영어교육을 받지 않은 중국 상인들은 외국인과의 교역
을 위해 문법을 고려하지 않고 중국 글자에 따라 소리 내는 특별한 영
어로 대화를 나누었다. 양경빈영어(洋涇濱英語)라고 하는 피진잉글리
시(pidgin English)가 탄생한 것이다. 프랑스조계와 공공조계, 그리고
중국인의 거주지인 화계(華界)의 경계점인 '양경빈'은 중국인과 외국
인의 문화교섭이 펼쳐지는 접촉 장소(contact zone)가 되었고, '조계'를
나타내는 또 다른 대명사가 되었다.

1884년 프랑스공동국은 양경빈과 황포강이 만나는 지점에 목제골조
건축 기상신호탑인 외탄신호대(外灘信號臺, The Gutzlaff Signal Tower)

---

26) Maybon et Jean Fredet, 倪靜蘭 譯, 『上海法租界史』(上海: 上海社會科學院出版社,
2007), 53~54쪽 참고.

〈그림 2〉 외탄신호대(外灘信號臺)

출처: http://baike.baidu.com/picview

를 설치하였다. 1907년에는 그 자리에 새로운 건물을 짓고 높이 36.8m
의 높은 석조 원기둥을 세워 멀리서도 기상신호를 확인할 수 있도록
하였다.[27] 당시 상해사람들은 이곳을 천문대(天文臺) 혹은 천문대외
탄(天文臺外灘)이라고 불렀다. 프랑스조계와 공공조계를 구분하는 경
계에 세워진 이 신호탑은 프랑스조계의 랜드마크로 자리 잡았다.

프랑스조계와 공공조계는 서로 다른 교통시스템을 운영했기 때문
에 공공조계의 전차는 프랑스조계에 진입할 수 없었고, 프랑스조계의
공공버스도 공공조계로 들어갈 수 없었다. 두 조계를 왕래하는 사람
들은 먼저 천문대외탄까지 와서 차를 갈아타야만 목적지에 도착할 수
있었다.[28] 성격이 다른 두 조계의 경계이자 교통의 중심지인 양경빈

---

[27] '외탄신호대'에 대한 자세한 내용은 앞 장을 참고.

에 설치된 천문대는 근대적 과학을 숭상하고, 모든 사람이 과학기술이 가져온 편안한 생활을 향유할 권리가 있음을 강조하는 프랑스의 정치이념을 표방하는 상징적인 공간이었다.

상해를 방문했던 춘원 이광수는 황포차(黃布車)를 타고 공공조계와 프랑스조계의 경계인 에드워드로를 지나며 느낀 감회를 다음과 같이 남기고 있다.

> 응장한 鴉片廛(아편전), 銃砲廛(총포전)에 간담이 서늘하면서 얼마를 다라나니 여긔는 法界(법계)라 어느덧 10여분이 다 못되여 支那(지나)와 英國(영국)을 지나 法國(법국)에 도달한 섬이로소이다. 法租界(법조계)는 一街路(일가로)를 隔(격)함에 불과하것마는 종용하고 쓸쓸하기가 딴 세계라 그 본국의 노쇠하는 표상인가 하야 슬그면히 설음이 나더이다. 그러나 도로의 淨潔(정결)함 長林(장림)과 가옥의 肅洒(숙쇄)함은 경쾌하고 詩趣(시취)잇는 라던式(식)을 발휘하엿더라.[29]

황포부두(黃浦埠頭)에서 배를 내린 이광수는 인력거를 이용해 상해 중에 제일 화려한 남경로(南京路)를 지나고, 아편과 총포를 파는 상점이 늘어선 공공조계를 벗어나 에드워드로에 도착하였다. 이광수의 눈에 비친 '동방의 파리', 프랑스조계는 중국의 재정을 주무르고 있는 HSBC은행 등 수많은 금융기관과 양행들이 경쟁하는 소란한 공공조계와 달랐다. 가로수가 우거진 깨끗하고 조용한 거리, 전원주택과도 같은 단정한 가옥, 그래서 시적인 분위기가 물씬 풍기는 바로 문학과 예술의 도시 '동방의 파리'였던 것이다.

사람들은 통로를 통해 이동하면서 도시를 관찰한다.[30] 때문에 통로

---

28) 薛理勇, 『舊上海租界史話』(上海社會科學院出版社, 2002), 132쪽 참고.
29) 이광수, 「名文의 香味 - 上海에서」, 『삼천리』 제6호(1930. 5).

는 사람들이 어떤 도시에 대한 이미지를 형성하는데 있어 중요한 물리적 공간으로 작용한다. 천문대외탄 부근의 십육포(十六浦)를 출발해 황포탄로(黃浦灘路, QUAI DE FRANCE), 공관마로(公館馬路, Rue CONSULAT), 하비로(霞飛路, Ave. JOFFRE), 요주교로(姚主教路, Rte. PROSPER PARIS), 해격로(海格路, Ave. HAIG)를 거쳐 서가회(徐家匯)에 이르는 유궤전차 2호선은 프랑스조계의 중심을 가로지르는 중요한 통로Path였다.[31] 프랑스조계의 범위가 확장되고, 도로가 증가하자 공동국은 도로의 명명(命名)을 통해 프랑스조계의 특색을 드러낼 수 있기를 희망하였다. 1906년 공동국 동사회는 '공관마로' 등 몇몇 거리만 원 이름을 유지하고, 대부분의 거리는 "중국에서 활동한 외교관, 상해에서 근무한 영사, 공동국의 동사, 상해를 여행한 프랑스인, 상해에서 활동한 선교사 등" 서양인의 이름으로 바꾸기로 의결하였다.[32] 공동국은 통로-거리의 이름을 통해 상해와 관련 있는 많은 사람들을 기억하게하고, 프랑스만의 분위기를 강화하고자 한 것이다.[33]

오늘날 상해 사람들은 "파리에 샹젤리제거리가 있고, 뉴욕에 5번가가 있다면 상해에는 회해로(匯海路)가 있다"고 자랑한다. 회해로, 즉 하비로는 당시 프랑스조계에서 가장 대표적인 통로요, 상해에서 가장 긴 거리였다.[34] 1차 세계대전 기간, 독일의 침공으로부터 프랑스를 구

---

[30] 통로란 관찰자가 이동하는 경로로 사람들이 지나다니는 길, 가로, 보도, 수송로, 운하, 철도, 고속도로 등으로 대부분의 사람들에게 도시의 이미지를 결정하는 지배적인 요소로 작용한다.

[31] 薛理勇, 『舊上海租界史話』(上海社會科學院出版社, 2002), 123쪽 참고.

[32] 馬學强・曹勝梅, 『上海的法國文化』(上海錦繡文章出版社, 2010), 49쪽.

[33] 프랑스어로는 길을 의미하는 3가지 말이 있다. 'rue'란 양측에 민가가 늘어선 가로, 'avenue'는 가로수가 있는 큰 가로를, 'boulevard'는 원래 성벽이 있던 곳을 허물고 만든 도로로 폭이 넓은 가로수 길을 의미한다.

[34] 하비로(Avenue Joffre, 현 匯海中路)라는 이름은 1915년부터 사용되었다. 처음 사

했다는 조프르(Joffre) 장군의 이름을 딴 이 하비로가 1901년 처음 개
통되었을 때에는 진흙과 돌로 된 길이었다. 이후 석판을 깔아 다시 포
장하면서 바둑판처럼 정비되고 전망이 확 트인 대로로 바뀌었다. 조
계당국은 1902년부터 프랑스에서 플라타너스를 들여와 조계의 거리
에 가로수로 심기 시작했다. 상해 사람들이 프랑스오동나무(法國梧桐)
라고 부르는 플라타너스는 오늘도 옛 프랑스조계의 거리를 지키는 상
징으로 남아있다.

　오스만이 파리를 개조할 때 파리 중심부의 시테섬에 행정기관과 공
공기관을 집중시킨 것35)과 같이 공동국은 하비로에 시정기관인 공동
국대루(公董局大樓), 경찰서 하비포방(霞飛捕房), 소방서 하비소화참
(霞飛消火站)과 같은 공공기관들을 위치시켰다. 1920년대 30년대가 되
면 프랑스조계의 간선도로인 하비로는 상해의 유행과 패션을 선도하
는 명소가 되었다. 약 4Km에 달하는 이 거리에는 러시아인의 호화
상점과 프랑스조계 내에서 최고의 가게들이 자리 잡고 있었다. 세계
유명브랜드 상점과 명품가게들은 유럽에서 들여온 상품을 전시하고
있어서 상해에서 생활하는 외국인들은 유럽이나 미국의 대도시에서
와 같은 고급스러운 소비생활을 할 수 있었다. 서양음식점, 베이커리,
양복점과 일용백화점뿐만 아니라 영화관, 출판사, 학교와 교회 등 각
종 문화시설들이 집중되어 있어 파리에서와 같은 생활을 영위할 수
있었다.36) 클레망Clement, 발칸 밀크스토어Balkan Milk Store, 마르셀
Marcel 등과 같은 유럽풍의 카페는 외국인들뿐만 아니라 중국인 작가

용된 이름은 서강로(西江路)였다. 이후 여러 가지 이름으로 불리다가 1950년부터
회해로라는 이름이 사용되고 있다.
35) 相田武文, 이정형 역,『도시디자인의 계보』(발언, 2002), 90쪽 참고.
36) 百度百科, http://baike.baidu.com

와 예술가들에게도 환영을 받았다. 하비로를 찾은 많은 지식인과 문학청년들은 작품 속에서 이 거리를 더욱 아름답게 형상하였다. 공동국 동사회는 1900년 10월부터 하비로의 경관을 유지하고, 더욱 아름답게 발전시키기 위해 하비로와 교차하는 거리에서의 건축물 신축에 관한 규정을 발표하였다.

숭산로(崇山路)에서 시작해서, 그 서쪽의 조계 확장구역 내에 새로운 건물을 짓고자 한다면, 반드시 유럽의 관례에 따라 반드시 벽돌이나 석물로 지어야 한다. 그리고 최소한 건물의 기층(基層) 위에 온전한 일층건물을 지어야 한다. 이러한 건물의 설계는 반드시 공동국 시정공정사의 허가를 받아야 한다. 어떠한 상황에서도 목재나 흙으로 지은 허름한 건물은 허락하지 않는다.[37]

다음해에는 "서강로(西江路)와 법화로(法華路) 양측에는 예술성을 갖춘 건축물만을 지어야 한다"고 규정하였다.[38] 아름다운 도시경관을 구축하고자 했던 공동국의 높은 요구는 1910년 12월 중국인들의 반대로 폐지되었다.[39] 하지만 하비루를 따라서는 통일된 파사드(façade)를 가진 프랑스식 주택 회해방(匯海坊)[40]이 즐비하게 늘어섰고, 조계의 서쪽에는 고급스러운 새로운 주거지가 들어서게 되었다.

프랑스조계의 서쪽 지구는 상해에서도 유일하게 심혈을 기울여 설계한 주택지역으로 잘 정비된 넓은 도로가 있다. 상해에 거주하는 외국인들의 주택 부족

---

37) 「上海公董局公報」(1932. 1. 18).
38) 「舊上海故事: 從霞飛路到匯海路」, 『文匯報』(2009. 5. 20).
39) 馬學强·曹勝梅, 『上海的法國文化』(上海錦繡文章出版社, 2010), 46쪽.
40) 1924년 천주교에서 투자해 지은 건물들이다. 원래 이름은 하비방(霞飛坊)이다. 건물 점유면적만 17,333㎡이며 벽돌과 목조 구조의 널찍한 3층 건물로 담장 높이는 2.5m로 제한하였다.

문제는 이 지역에서 해결방법을 찾을 수 있을 것이다. 1920년 전의 8년 동안 프랑스조계에는 모두 423동의 유럽인 주택이 있었다. 1920년과 21년, 불과 2년 사이에 552동의 건물이 지어졌다.[41]

하비로를 중심으로 아름다운 도시경관을 구축하고자 했던 공부국 의 노력으로 새롭게 형성된 조계의 서쪽 지구에는 프랑스식, 독일식, 영국식, 스페인식, 이태리식과 르네상스식, 바로크지중해식, 신고전주 의식, 현대주의식의 호화 주택들이 건설되어 만국건축박람회의 풍모 를 드러내게 되었다.[42] 지금도 이 거리에는 '우수근대건축물'이 46곳 이 남아있고, 그 중 '시급문물보호단위'가 7곳에 달한다.

3. 프랑스조계와 도시인의 삶

프랑스인들은 그들의 생활공간인 프랑스조계에 종교와 문화를 중 심으로 하는 자국문화의 특징들을 옮겨 놓아 독특한 분위기를 연출하 였다. '동방의 파리'라는 애칭을 가진 프랑스조계에 거주하는 프랑스 교민들은 본국에서의 생활과 다름없는 나날들을 보냈고, 중국인들과 의 직접적인 교류를 피하였다. 하지만 많은 중국인들은 프랑스조계의 거리를 산책하며 이국의 문화를 향유하고, 하비루를 거닐며 파리를 연상하였다.

---

[41] 「舊上海故事: 從霞飛路到匯海路」, 『文匯報』(2009. 5. 20).
[42] 上海徐匯文物保護單位, 『留存的歷史』(上海文化出版社, 2008), 20~21쪽.

1) 프랑스인들의 삶과 흔적

1898년 여름, 상해를 방문한 독일인 기자 폴 골드만(Paul Goldmann)은 공공조계에서 출발하여 두 조계의 경계인 양경빈에 도착하였다. 그는 다리 건너편에 펼쳐진 프랑스조계의 부두와 프랑스혁명기념일을 준비하고 있는 거리의 모습을 다음과 같이 기록하였다.

> 다리 건너편으로 외탄은 계속 이어져 있었다. 하지만 명칭은 '프랑스부두'라고 불렸다. 이곳에는 전부 프랑스오동나무(플라타너스)가 심겨져 있고, 가로등은 돌로 포장된 강변도로의 가운데 설치되어 있어 파리의 대로와 완전히 같았다. ……현재의 공화국이 프랑스혁명기념일로 정한 7월 14일 저녁, 프랑스부두는 불야성을 이루었다. 거리에는 장식등과 화환장식이 걸려는데 그 모양은 차르가 방문했을 때 파리의 번화가 모습과 한가지였다.[43]

상해에 거주하는 전체 외국교민 중에서 프랑스인이 차지하는 비중은 높지 않았고, 가장 많았을 때도 3,872명에 불과했다.[44] 뿐만 아니라 공업방면에 대한 프랑스교민들의 투자도 적었고, 상업과 무역에 종사하는 사람 또한 많지 않았다. 하지만 프랑스 특파원으로 파리에서 근무한 적이 있었던 이 독일 기자는 프랑스조계의 모습을 통해 파리의 모습을 떠올리고 있었다. 제3국인의 눈에 비친 프랑스조계는 파리의

---

[43] 馬學强・曹勝梅,『上海的法國文化地圖』(上海錦綉出版社, 2010), 4쪽.

[44] 〈표 3〉 1910~1949년 상해 거주 프랑스교민 인구 통계표(단위: 명)

년도	1910	1915	1920	1925	1930	1935	1942	1945	1946	1949
프랑스조계	436	364	530	892	1208	2340				
공공조계	330	244	316	282	198	212				
합계	766	608	846	1174	1406	2552	200	2109	3872	1279

熊月之,『異質文化交織下的上海都市生活』, 44쪽 ; 鄒依仁,『舊上海人口變遷的研究』, 145~146쪽.

이미지를 닮았고, 프랑스교민들은 본국의 수도에 비유되는 상해프랑
스조계에서 그들만의 독자적인 생활을 유지하고 있었다.

오스만 시대를 대표하는 파리의 새로운 건축물로는 오페라극장을
들 수 있다. 오페라 감상은 당시 부르주아지 계층 최대의 오락이었다.
화려하게 장식한 남녀들이 마차를 타고 시내의 큰 도로를 다니는 모
습은 그야말로 19세기 수도 파리의 광경 그 자체였다.[45] 1886년 상해
를 방문한 한 여행객은 어느 날 저녁 프랑스에서 한창 유행하고 있는
경가극 - 오페레타를 관람하게 된 놀라운 경험담을 남겼다.

> 저녁을 먹은 후, 몹시 피곤했지만 어쩔 수 없이 사람들에게 이끌려 극장으로
> 갔다. 당연히 극단은 결코 일류는 아니었다. 하지만 중국에 도착하자마자 이처
> 럼 품위 있는 홀에서 로베르 프랑케트(Robert Planquette)의 "도시 교외의 유랑
> 자(Les cloches de Corneville)"를 감상하게 될지는 꿈에도 생각하지 못했다.……
> 무대는 완전히 서구식이었고, 홀은 서양 색채가 더욱 짙었다. 남자들은 검은색
> 예복을 입고 흰 나비넥타이를 매었다. 여자들도 넓은 이브닝드레스를 입었고
> 화려한 머리장식을 얹었으며 온 몸에서 사람을 매혹시키는 향수향이 진동하였
> 다.[46]

파리에서 나고 자란 음악가 플랑케트의 출세작 "도시 교외의 유랑
자"는 1877년 파리에서 초연된 후 전 유럽에서 환영을 받고 있었다.
상해에 막 도착한 이 여행객은 프랑스조계 내에 위치한 독일영사관에
서 펼쳐진 플랑케트의 오페레타 공연을 보면서, 상해에 거주하고 있
는 교민들의 삶이 파리의 상류사회 모습과 그다지 차이가 없음을 느
꼈을 것이다. 상해 프랑스교민들의 일상에서 오페라 관람과 같은 사

---

[45] 相田武文, 이정형 역, 『도시디자인의 계보』(발언, 2002), 91쪽.
[46] 熊月之 外, 『上海的外國人(1842~1949)』(上海古籍出版社, 2003), 109쪽.

교행위는 이미 생활의 일부분이 되어있었으며, 교민들은 정교하고 아름다운 예복을 차려입고 본국의 에티켓을 쫓아 나름의 교양을 자랑하고 있었다. 이곳 부녀자들의 일상 또한 본국 귀부인들과 별반 다르지 않았다.

> 정오가 되어 우리가 점심을 마치고 나면 손님들이 연이어 도착했다. 그들은 오후 3시까지 머무른다. 이후에는 우리도 마차를 타고 사람들을 방문하기 시작한다. 우리는 날씨가 아주 맑은 날에는 바구니를 들고 외출을 하고, 날씨가 추울 때는 마차를 탔다. 보통 우리들은 쇼핑을 하러 가기도 했다. 당시의 유행처럼 상해의 샹젤리제 거리(Avenue des Champs-Elyse'es, 香榭麗舍)-정안사로(靜安寺路, 현 南京西路)를 산책하였다. 사람들은 그곳에서 만나 서로의 옷차림과 마차, 시종들을 비교하기도 하였다. 우리의 복장과 마차는 이곳에서는 충분히 상류사회에 속하는 것으로, 이곳의 생활여건은 상당히 만족스러운 것이었다.[47]

상해에 거주하는 프랑스교민들에게 있어 가장 매력적인 사교장은 프랑스총회(法國總會)였다. 1900년 프랑스원정군 병영 내에 소박한 2층 건물로 시작한 프랑스총회는 늘어나는 프랑스교민의 수요를 만족시키기 위해 새로운 건물을 지었다. 1926년에 완공된 새 건물은 프랑스 르네상스시대 신고전주의와 아르데코 양식을 채택하여 "동양의 도시에 세워진 가장 아름다운 건축물로 예술적인 비범한 매력과 프랑스의 예술적 취향을 가장 잘 드러낸 건축물"로 평가되었다.[48] 이곳에서는 화려한 무도회뿐만 아니라 각종 음악회와 공연들이 펼쳐졌다. 개항 초기에는 상해에 거주하는 외국인, 특히 서구 여성의 수가 극히 적

[47] 熊月之, 『異質文化交織下的上海都市生活』, 44~47쪽.
[48] 熊月之 外, 『上海的外國人(1842~1949)』(上海古籍出版社, 2003), 108쪽 참조.

었기 때문에 무도회는 단조롭기 그지없었다. 하지만 조계의 생활이
안정되면서 본국에 있던 아내와 가족들이 들어와 함께 생활하는 가정
들이 늘어나게 되면서 일정한 규모와 격식을 갖춘 무도회가 열리게
되었다. 하지만 남성들은 그레이하운드(greyhound racing) 경주장을
찾아 도박을 즐기거나, 아편굴과 비밀스러운 구락부(俱樂部)를 찾아
환락에 빠지기도 하였다.

　　그러나 비교적 조용한 法租界(법조계) 한모퉁에는 식민지 뿌르들만이 출입
하는 비밀낙원이 잇스니 찬란한 네온.싸인이 무지와 갓치 뜨고 일미네이슌이
눈부시게 도는 나이잇트.클넙(밤의 구락부)― 이것은 밤에 상해에 特別(특별)
歡樂境(환락경)이요 獵奇(엽기)의 세계이다. 이곳에 출입하는 인물들은 상해
사교계의 花形(화형)들노 모든 淫樂(음락)에 몸을 액기지 안는 사람들 뿐이다.
그리고 이 구락부에는 한 방방마다 잠을쇠를 채는 작은방이 만히 잇고, 흑인의
째스뺀드, 춤추는 게집, 목욕장, 비밀영화 등등의 설비가 완전을 자랑하고 잇
다. 나이트.클넙 넓은 칸에는 순루네쌍쓰식에 대리석으로 조각한 天使像(천사
상)이 장식되고 꼿의 샌데리아, 五彩(오채)로 물걸치는 테푸―농후한 색채의
支那燈(지나등), 華美(화미)한 草花(화초)를 넌 氷柱(빙주)―환락의 우슴, 쌈펜
의 瀑音(폭음), 째쓰의 狂燥(광조), 이가운데는 밤의 단장을 한 신사숙녀의 무리
금발, 적발, 흑발, 백발들이 물걸친다. 담배연기 향수냄새, 술남새 속에서 관능
에 흐득이는 남녀의 얼골들이 황금과 향락의 영원한 세계를 구가하고 잇다.[49]

매년 7월 14일 프랑스혁명기념일이 되면 공동국은 프랑스공원(현
復興公園)에서 거대한 연회를 마련하였다. 아침에는 조계의 중요 인사
들이 모두 참여하는 의식이 거행되고, 오후에는 프랑스공원에서 다양
한 공연을 펼쳤다. 저녁에는 프랑스교민들이 모두 참가하여 손에 횃

[49] 上海居士, 「上海 佛租界에서 생긴 千古의 祕史, 比律賓運動者 大檢擧 祕錄」, 『삼천리』
　　제3권 제12호.

불을 들고 공관마로와 하비로를 지나 프랑스공원에 도착하면 불꽃놀이가 펼쳐졌다. 교민들은 공원 안에 있는 클럽에서 군악대, 러시아인, 중국인, 필리핀인으로 조직된 관현악단의 연주에 맞춰 밤늦게 까지 무도회를 즐겼다.[50] 공부국은 이날만은 프랑스공원을 모든 사람들에게 개방하여 상해에 거주하는 각국의 많은 사람들이 공원에 모여들어 불꽃놀이와 댄스를 즐길 수 있었다.

> 7월 14일은 佛蘭西革命紀念日(불란서혁명기념일)이다. 아츰에는 式(식)과 가장 행렬이 잇고 오후에는 불란서 공원에 모히여 가진 작란을 다 한다. 물싸움, 나무잡이, 줄다리기 등. 밤에는 회관 압마당에 술과 딴쓰와 게집이 잇다. 廣場(광장)에서는 活動(활동) 사진을 놀닌다. 불란서 공원은 不夜城(불야성)을 이루고 法大馬路(법대마로)는 사람으로 꽉 맥힌다. 中國服(중국복)이나 日服(일복)을 닙고는 1년 내내 불란서 공원에 못 들어간다. 불란서 공원에 들어가려면 반듯이 洋服(양복)을 닙어야 한다. 그러나 7월 14일 하로만은 大公開(대공개)이다. 中服(중복)을 닙엇건, 日服(일복)을 닙엇건 마음대로 그 날 하로는 들어가 놀 수 잇다. 그러나 밤에는 入場料(입장료)를 조곰 밧는다. 佛人(불인)들은 밤새도록 춤을 춘다. 요새는 中國人(중국인), 日本人(일본인)들도 더러 그 춤에 석겨 춘다. 밤새도록 불노리를 계속한다.

"중국인과 개는 들어갈 수 없다"라는 간판(1927년 폐지되었다)이 세워졌던 만국공원(萬國公園) 보다야 상황이 나앗지만, 프랑스공원 역시 평상시에는 양복을 입지 않은 동양인의 출입을 허용하지 않는 제한된 공간이었다. 중국인들은 공공 공원에서 반식민(반봉건)상태를 경험하고 굴욕감을 느끼기도 했지만, 울타리 넘어 들려오는 음악소리에 귀 기울이고, 그 내부에서 벌어지는 많은 행사들에 관심을 기울이며 프

---

[50] 熊月之外, 『上海的外國人(1842~1949)』(上海古籍出版社, 2003), 123쪽.

랑스인들의 생활을 동경하기도 했다. 공동국은 매년 프랑스혁명기념
일이 되면 그들과 중국인들 사이에 가로놓여 있던 울타리를 열고 자
유롭게 입장하여 함께 즐길 수 있게 하였다.

2) 중국인들의 삶과 흔적

프랑스오동나무라고 불리는 플라타너스로 뒤덮인 넓고 깨끗한 하
비로, 프랑스조계를 관통하는 이 대로를 중심으로 33줄기의 거리가
사방으로 교차하고 있다. 그 거리의 이름은 대부분 프랑스의 작가, 음
악가, 예술가, 종교인, 장군, 그리고 프랑스조계를 위해 일했던 외교관
의 이름으로 지어졌다. 상해의 작가들, 특히 프랑스 문화와 문학에 심
취했던 작가들은 이 거리를 거닐며 이국의 정취를 느끼고 일정한 동
질감을 확인하고자 하였다. 청 말 견책소설(譴責小說) 『蘗海花』의 작
가로 잘 알려진 증박(曾樸)은 서정적이고 관능적인 오페라 작곡가로
잘 알려진 마스네의 이름을 딴 마스네로(Massenet, 馬斯南路) 115번지
에 진미선출판사(眞美善出版社)를 차리고 프랑스문화에 심취하였다.

> 마스네는 프랑스 현대 작곡가의 이름이다. 내가 일단 이 거리로 들어서면,
> 그의 오페라 "라오르의 왕"과 "베르테르"가 내 마음속에 울리기 시작한다. 황혼
> 무렵 내가 짙은 나무 그늘 아래 인도를 한가로이 거닐고 있노라면, 르 시드와
> 호라티우스의 비극 이야기가 나의 왼편에서 코르네유로(rue de Corneile, 皐內
> 依路)를 향해 펼쳐진다. 그리고 나의 오른편 몰리에르로(rue de Molière, 莫里哀
> 路)방향에서 "타르튀프 혹은 인간 협오자"의 저 비웃는 웃음소리가 나의 귓가
> 에 들려오는 것만 같다. 라파예트로(Avenue de Lafayette, 辣斐德路)가 내 앞에
> 수평으로 펼쳐진다. … 라파예트가 "클레브 공작부인" 중에 묘사한 장면과 "흥
> 미진진한 비망록" 중의 역사적 장면을 생각나게 한다. 프랑스공원은 나의 뤽

상부르공원이며, 하비로는 나의 샹젤리제 거리이다. 내가 굳이 이곳에 머물고 싶어지는 것은 오로지 그것들이 나에게 주는 이 기이한 이국적 정취 때문이다.51)

증박이 이 하비루를 떠나지 못하는 것은 결국 프랑스조계, 그 속에 녹아있는 프랑스문화가 주는 이국적 정취 때문이었다. 그는 하비로를 나만의 샹젤리제 거리로 상상하고, 그의 출판사가 위치한 길에서 마스네의 아름다운 선율을, 코르네유로와 몰리에르로를 걸으며 프랑스의 문화와 역사를 떠올렸다.

17세기 후반 파리 상류 귀족사회를 중심으로 한 문학 살롱에서 높은 교양과 문학적 재능으로 명성을 떨쳤던 라파예트처럼 증박은 상해에 문학 살롱을 만들고 문학과 예술에 종사하는 지인들을 모아 자유로운 토론과 비평을 통해 상해의 예술정신을 이끌어가고, 새로운 철학을 탄생시키고자 꿈꾸었는지 모른다. 그의 출판사는 프랑스문화의 향취를 맡기 위해 이 거리를 찾아오는 작가들, 지식인들이 모이는 공간-살롱이 되었던 것도 사실이었다.52) 하비로는 상해에 모여든 많은 사람들이 프랑스의 문화와 예술을 간접적으로나마 경험할 수 있는 학습의 장이 되어가고 있었다.

프랑스에서 카페는 주로 도시에 거주하는 예술인들의 문화 아지트였다. 진한 에스프레소 커피향과 담배 연기가 자욱한 밀폐된 공간에서 상징주의 시를 읊는 베를렌느와 랭보가 만나던 곳이며, 시와 예술

---

51) 리어우판, 『상하이모던』, 60쪽.
52) 증박의 출판사에 모였던 인물로는 번역가 이청애(李青崖), 서하춘(徐霞春), 서울남(徐蔚南). 출판인 소순미(邵洵美), 서지마(徐志摩), 전한, 욱달부(郁達夫), 노몽수(盧夢殊). 미학가 부언장, 주응붕, 장약곡 등이 있었다. 이들은 프랑스 작가 빅토르 위고, 아나톨 프랑스, 르콩트 드릴, 조르주 상드, 피에르 로티에 대해 함께 토론하곤 하였다. 리어우판, 『상하이모던』, 61쪽 참고.

의 혼을 이야기하는 문화공간이었다. 두 번에 걸친 세계대전을 겪으면서 지성의 위기와 인간적 절망감을 맛본 프랑스인들이 인류의 나아갈 길을 모색하며 새로운 철학사상과 예술 사조를 탄생시킨 공간이기도 했다.[53] 하비루 일대의 카페는 1920~1930년대 상해의 문인과 지식인들이 모여 삶과 문학을 고민 하던 장소로 작용하였다. 프랑스에 유학한 경험이 있는 자유주의 해파(海派) 문인 장약곡(張若谷)은 카페를 현대도시 생활의 상징이라고 여겼다. 그는 더 넓은 십리양장(十里洋場) 상해에 중국인이 개점한 문예카페 하나 없음을 탄식하기도 하였다. 그는 문예카페를 "현대도시 생활에서 반드시 있어야 할 시설"[54]이라고 생각하고 있었던 것이다. 그가 즐겨 찾았던 곳은 하비로에 있는 러시아인 카페 발칸(Balkan Milk Store)이라는 커피숍이었다. "그곳에서 전한(田漢), 부언장(傅彦長), 주응붕(朱鵬) 등과 커피를 마시며 철학에서부터 문학 · 예술 · 시사 · 요인 · 민족의 장래 등을 소재로 한담하기도 하였다."[55]

국민당(國民黨)의 백색테러가 극성을 부리던 시절에는 반(反) 국민당 정서를 지닌 지식인, 좌익사상을 가진 지식인, 외국의 망명객들에게 있어 외국인이 경영하는 카페는 안전한 활동공간으로 받아들여졌다. 1929년 혁명문학파와 기성문단의 진보파가 연합하여 노신(魯迅)을 대표로 하는 중국좌익작가연맹(中國左翼作家聯盟) 결성을 준비할 때 노신이 살았던 홍구구(虹口區) 북사천로(北四川路)에 위치한 공배가배점(公啡咖啡店) 이층에서 정기적인 주비위원회를 개최하기도 하였다.[56] 또한 손문(孫文)과 같은 실의한 정치인들도 조계 내 카페에서

53) 문화콘텐츠연구회, 『살롱, 카바레, 카페』(예림기획, 2004), 6쪽.
54) 張若谷, 「咖啡」, 『藝術界』(『申報』副刊, 1927. 11. 4).
55) 상동.

열리는 정치행사에 참가하기도 했다.[57] 당시 카페는 문화인과 지식인의 격론의 장으로 활용되는 적극적인 역할을 담당했음을 알 수 있다. 하지만 카페의 서구적이고 귀족적인 분위기는 돈을 들여 대충 배워서 하루아침에 받아들일 수 있는 공간은 아니었다. 저렴한 백러시아인의 커피숍에서부터 상류층 사람들의 살롱까지 보통의 중국인들은 들어가고 싶지만 두려워서 들어가지 못하는 단절의 공간이 되기도 하였다.

하비루에는 프랑스조계의 또 다른 주인이었다고 할 수 있는 러시아인들만의 카페[58] 외에도 제한된 사람들만 출입할 수 있는 카바레와 나이트클럽, 외국 군인뿐만 아니라 각 계층이 편하게 드나드는 곳이자 대중적인 상상의 공간이 된 댄스홀 등이 있었다.[59] 하비루는 중국

<hr />

56) 「“左聯”與虹口──記念“左聯”成立70周年」, 『綠土』第二版 第49期 (2000. 3).

57) “상해에서 일류라고 치는 (칼톤캅페一)에서 나는 呂運亨(여운형)의 소개로 孫逸仙(손일선) 씨를 처음 맛나보앗다. …… 그 때의 孫文(손문)으로 말하면 武昌革命(무창혁명)을 이르켯다가 그만 천추의 한을 품고 실패를 본 뒤 몸을 佛蘭西租界(불란서조계) 안에 숨기고 잇든 때이라 보통 때이면 망명객의 처지로 공연히 이러한 회합에 나올 수 업섯스련만 다행히 그 날 저녁 회합장소는 중국 주권이 마음대로 밋지 못하는 불란서조계 안이 되엿고 ……손문 씨도 마음을 노코 참석하엿든 것이다.” 이광수, 「萬國에 流轉하는 亡命客무리」, 『삼천리』 제11호.

58) “나는 이 거리에 집중해 사는 백계 露시[러시아인]들의 생활 분위기를 관찰키 위하야 마침 이곳에 온 全武吉(전무길)군과 先日(선일) 純露人客(순로인객) 전문의 露人(로인)카페, 레이신에 드레가 보앗다. 수백의 로인남녀가 샨떼리아의 밋헤서 윗까 등을 마시고 잇다. 째쯔 뺀드가 울녀 나올 때 살룬은 舞踏場[무도장]으로 변한다. 뺀드가 끗친다. 다시 자리로 도라와 마시고 먹는다. 뺀드가 또 계속된다. 또 팍스튜로트이다. 때때로 촬스톤 팬당고를 무태에서 한다. 먹고, 추고, 추고 먹고 이리하야 쉬임이 업다. 먹고 뻥뻥 돌고…” 洪陽明, 「楊子江畔에 서서」, 『삼천리』 제15호.

59) “그 카페는 파리지앵보다는 훨씬 못한 곳이었다. 분홍색을 바른 벽면 옆에는 머리를 반으로 가르마를 탄 중국 소년이 피아노를 치고 있었다. 카페의 정 중앙에는 서너 명의 영국 수병들이 짙은 화장을 한 여자를 껴안고 끝없이 어지러운 춤을 추고 있었다. 마지막으로 출입구의 유리문 옆에는 나에게 장미꽃을 팔려다 팔지 못한 중국 노파가 멍하게 서서 춤추는 모습을 지켜보고 있었다. 나는 마치 어떤 화보에서 본 삽화와 같다는 느낌을 받았다. 그림의 제목은 말할 필요도 없이

인들이 프랑스문화를 호흡할 수 있는 소통과 혼효의 공간으로 작용하였을 뿐만 아니라 서구열강에 의해 점령되어져 반식민화된 자기의 모습을 되돌아 볼 수 있는 이중적인 의미를 지닌 공간으로 작용하고 있었다.

근대적인 공원(Public park) 역시 도시이미지를 만들어내는 중요한 공간중의 하나였다. 프랑스조계 안에 있었던 프랑스공원은 교민들이 즐겨 애용하던 공간이었다. 여름밤이면 공원 앞길은 차들로 가득 메워지고 프랑스인들은 더위를 피해 밤늦게까지 공원에서 춤을 추었다. 공원 내의 구락부에서 들려오는 음악소리는 프랑스조계에 생활공간을 둔 많은 젊은이들을 유혹하였고, 젊고 불쌍한 러시아 아가씨들은 울타리 밖에서 구락부에서 흘러나오는 바이올린 선율에 맞춰 천진스럽게 춤을 추고 돌아가는 모습들을 연출하였다.[60] 또한 러시아인이 경영하는 Rio rita's라는 사설 공원은 중국 작가들이 특히 선호하던 공원이었다. 모순(矛盾)은 그의 소설 『子夜』 속에서 "프랑스 유학생, 만능박사, 양잠·양봉의 기술자, 또 미술가에 바쿠닌주의자"인 두신탁의 입을 통해 프랑스조계 내에 만들어진 돈이 있는 사람들만이 들어갈 수 있는 이 공원의 모습을 다음과 같이 형용하고 있다.

나는 몇몇 러시아 망명객들이 새로 연 유원지를 알고 있소. 이름은 리오리타라 하지요. 그곳에는 좋은 포도주와 음악이 있고 제정러시아의 공주와 왕자, 귀족들, 재주 있는 여자들도 있으며 서비스도 매우 훌륭하죠. 그곳에는 장막처럼 무성한 숲과 카펫처럼 깔린 잔디가 있지요! 푸른 바다가 있고 보트도 있다

'상해'였다." 芥川龍之介, 「上海遊記」, 『芥川龍之介全集』 第5卷(岩波書店, 1978), 11쪽.
[60] 『開闢』 38호(1923年)에 실린 金星의 「上海의 녀름」에는 프랑스공원과 매년 7월 14일에 열리는 프랑스혁명 기념일에 관한 자세한 내용을 볼 수 있다.

오! ……아! 하얀 가슴, 하얀 다리, 즐거웠던 쎄느 강변이 떠오르고 프랑스 아
가씨의 불같은 열정이 생각나는 구나.[61]

프랑스조계 내에서 생활하였던 증박뿐만 아니라 이 거리를 찾았던
많은 작가들이 하비루를 거닐며 이국의 정취와 문화를 호흡하고 동경
하였다고는 하지만 프랑스교민들과의 직접적인 교왕은 그리 많지 않
았다. 그러므로 그들이 동방의 작은 파리를 느낄 수 있었던 공간은 카
페나 공원과 같은 공공공간이었다. 그들은 상해의 센 강변인 황포강
변에 늘어선 유럽풍의 근대식 건물들을 바라보며 '동방의 파리'라는
도시이미지를 만들고, 스스로를 '동방의 파리지앵'이라 꿈꾸었는지 모
른다.

4. 나오며

중국의 도시문화를 주로 연구해온 양동평(楊東平)은 19세기 파리에
대한 엥겔스의 평가를 빌어 다음과 같이 상해를 설명하고 있다. "이
도시에는 유럽 문명이 정점에 달해있다. 그리고 유럽의 모든 신경이
여기에 집중되어 있어, 항상 온 세계가 경련을 일으킬 듯한 전기 충격
이 발생하곤 한다." 이를 현대 중국으로 치환해 보면, 베이징이 바로
파리와 같은 성격을 띠고 있는 대도시이다. 그러나 근대 중국에서는
상하이가 중국 제일의 도시였다. 적어도 20세기 전반기의 상하이는
'동양의 파리'로 일컬어졌고, 상하이인 스스로의 자부심도 대단했

---

61) 矛盾, 『새벽이 오는 깊은 밤(子夜)』 김하림 역(중앙일보사, 1989), 195쪽.

다.[62]상해가 파리와 같은 근대성을 대표하는 중국의 대도시로 급성장할 수 있었던 배경이 서구열강에 의한 개항과 조계라는 특별한 사회구조에 근거하고 있다는 점은 부인할 수 없다. 하지만 분명한 사실은 20세기 전반 상해는 중국의 정치, 경제, 문화의 중심이었다는 점이다. 상해라는 도시의 변화는 곧 전 중국의 변화를 대표하는 것이라 여겼기 때문에 로즈 머피는 상해를 "근대 중국의 열쇠"라고 불렀다.

본문은 중국인들이 근대 중국역사의 축소판으로 받아들이는 상해라는 도시를 왜 '동방의 파리'라고 부르기를 좋아했는가라는 문제의식에서 출발했다. 역사적으로 볼 때 베트남의 주도권을 둘러싸고 진행된 중국과 프랑스의 전쟁(1883~1885), 프랑스인 선교사와 지역민 사이의 충돌－서가회교안(徐家汇敎案), 프랑스조계 확장과정에서 발생한 두 번의 사명공소혈안(四明公所血案: 1874, 1894) 등과 같은 사건으로 인해 프랑스에 대한 상해인들의 인상은 결코 좋은 것만은 아니었다. 그리고 상해에 거주했던 교민의 숫자도 적었고, 상해의 도시경제 발전에 투자한 자본금을 따져도 영국과 미국, 그리고 늦게 참가한 일본보다 적었다. 하지만 '동양의 런던', '서방의 뉴욕', '작은 동경'이라는 별칭보다 중국인들이 더욱 선호한 것이 바로 '동방의 파리'라는 이미지이다. 그렇다면 중국의 지식인은 '동방의 파리'라는 이미지 속에서 무엇을 추구하고자 했을까?

나폴레옹 3세와 오스만의 파리 대개조 작업의 출발은 자본주의의 발달로 새로이 등장한 부르주아지 계층의 요구를 만족시키고, 급격한 산업발전과 이에 따른 도시인구의 증가로 인한 파리의 슬럼화를 해결하고, 열악한 주거환경을 개선하여 공중위생을 강화하고자 하는데 있

62) 양동평, 장영권 역, 『중국의 두 얼굴』(펜타그램, 2008), 14쪽에서 재인용.

었다. 프랑스조계를 건설했던 사람들의 마음속에는 본국에서 진행된 대규모 도시 공간 재구조화의 경험을 바탕으로 상해에 이성과 아름다움의 원리에 따라 건설된 파리와 프랑스문화를 이식하고자 하는 청사진을 가지고 있었다. 또한 증박이나 장약곡과 같은 프랑스문화를 추종했던 문화인들은 상해의 특수한 상황이 최종적으로는 온 민족의 미학적 소양을 끌어올릴 것이라 여겼다. 그들은 상해가 중국의 다른 지방에 비해 워낙 이국적이었고 사뭇 달랐기 때문에, 새로운 중국문명이 가능한지 여부를 시험하는 하나의 문화적 실험실[63]이 될 수 있을 것이라 생각했다.

그러나 동방의 작은 파리에 곧게 뻗은 넓은 가로수길, 햇살이 고루 퍼지는 전원주택, 살롱과 카페와 같은 근대적인 도시이미지를 창출했던 물리적 공간들은 프랑스교민과 외국인, 부를 축적한 일부 중국인만을 위한 것이었음이 분명하다. 또한 증박이나 장약곡처럼 하비로의 카페에서 파리지앵을 꿈꾸었던 문화인들의 가슴 속에는 문학과 예술을 산업사회의 물질만능주의로부터 해방시키고, 도덕에서도 자유분방함을 추구하고자 했던 베를렌느나 보들레르와 같은 근대사회의 모순에 대한 인식과 반식민화된 조국의 현실에 대한 인식 역시 부족했다고 할 것이다. 그러나 이러한 인식의 한계에도 불구하고 '동방의 파리, 상해'라는 도시이미지 속에는 당시 지식인과 문화인들이 중국을 프랑스와 같은 세계가 인정하는 문화강국으로, 상해를 파리와 같은 근대 도시의 모범으로 만들고자 하는 염원이 반영되어 있었다고 할 것이다. 때문에 중국의 공산혁명 이후 '동방의 파리 상해'는 '제국주의 침략의 교두보', '부자들의 천국, 가난한 자들의 지옥'이라는 비판과

---

[63] 리어우판, 『상하이모던』, 62쪽.

함께 역사의 무대에서 내려와야만 했다. 하지만 80년대 이후 상해가 중국의 급속한 경제성장을 주도하는 도시로 부활하면서 '동방의 파리 상해'라는 이미지는 1920년대 30년대 상해의 부와 문화를 회복시키자는 "Old−Shanghai Nostalgia" 현상과 함께 화려하게 되살아나고 있다.

3장: '동양의 런던' 상해

이곳은 상해란다. 동양의 런돈.
그 무엇 가르쳐 일홈함인가.
굉장한 부두의 출입하는 배(舟)
꼬리를 맛무러 빗살 박히듯
남경로(南京路)의 화려한 져 건물들라
황포탄(黃浦灘)길이 튼튼한 져 쇠집들은
은행이 아니면 회사라 한다.
아_동양 제일 무역항 이로 알괴라.[1]

1. 들어가는 말

국내 하운(河運)과 해운(海運)의 결절점이었던 상해(上海)를 세계적
인 해항도시로 급속히 성장시키고, 상해의 근대화와 도시화에 중요한
역할을 한 것은 영국이었다. 1832년 상선 로드 애머스트(Lord Amherst)
호를 이용하여 황포강(黃浦江)을 조사한 것도, 여왕의 배 콘월리
스·HMS Cornwallis)호 선상에서 남경조약(南京條約)을 체결하고 1843
년 11월 14일 상해를 개항한 것도 영국이었다. 1845년『상해토지장정

---

[1] 張獨山,「上海雜感」,『개벽』제32호(1923).

(上海土地章程)』을 체결하고 상해에 조계지를 처음 건설한 것도, 소도
회기의(小刀會起義)로 상해현성(上海縣城)이 함락되자 무장한 의용대
를 조직하여 조계의 안전을 도모한 것도 영국이었다. 1854년 조계 내
납세자 대표들로 구성된 거주민자치행정기구 공부국(工部局, Shanghai
Municipal Council)을 만들어 1943년 1월 11일 조계를 반환할 때까지 장
기간 주도권을 장악한 사람들도 영국인이었다. 때문에 상해 연구자들
은 개항 이후 오랜 기간 동안 영국인들이 상해에 거주하는 외국인의
영수로서, 상해에 거주하는 외국인의 주체부분을 이루었다고 말한다.[2]

영국인들은 상해의 정치와 경제, 시정관리 방면에 큰 영향을 끼쳤
을 뿐만 아니라 근대적인 도시 이미지형성에도 중요한 역할을 하였
다. 개항초기의 영국인들은 '모범식민지'라 불린 상해에 인도 등 동남
아 등지의 식민지에서 건축했던 매판스타일(Compradoric Style)의 '영
국 식민지식 건축'을 이식했고, 20세기를 전후해서는 19세기 말 영국
에서 유행한 웅장하고 화려한 신고전주의 양식과 동양과 서양 등 과
거의 모든 경향들을 수용한 절충주의 양식으로 공공건물, 양행건물,
은행건물, 호텔, 사교클럽 등을 건설하여 런던의 템스강변을 연상시
키는 서구적인 근대도시 이미지를 창출하였다. 특히, 1910년에 완공된
영국 상류사회 남성들의 사교장 상해클럽(Shanghai Club, 上海俱樂部)
건물은 '동양런던[東洋倫敦]'이라 불리기도 했다.[3] 그러나 당시 상해를
방문하는 많은 외국인들 중에는 상해를 '동방의 파리'에 비유하는 사
람들이 적지 않았고, 소설가 요코미쓰 리이치(橫光利一)처럼 영국의
'런던'에 비유하는 사람은 많지 않았다.[4] 흥미로운 것은 20세기 초 상

2) 熊月之·高俊, 『上海的英國文化地圖』(上海錦綉出版社, 2011), 4쪽.
3) '東洋倫敦－東風飯店', http://baike.baidu.com(2014. 2. 30 검색)
4) 陳祖恩, 『上海的日本文化地圖』(上海錦繡文章出版社, 2010), 52쪽.

해를 방문했던 한국인들 중에는 대영제국의 권위와 영향력을 과시하는 듯한 이 도시를 '동양의 런던'이라 불렀던 사람이 적지 않았다는 점이다.

중국인들은 상해의 근대화와 도시화에 끼친 영국의 영향을 부정하지 않았다. 하지만 황포강변에 새롭게 건설된 이 근대적인 도시 공간을 '동양의 런던'이라 부르기보다 '동방의 파리'라고 부르기를 좋아했다.[5] 뿐만 아니라 1990년대 이후 상해인들이 황포강변을 지키고 있는 근대시기의 문화유산을 노스탤지어 상품으로 개발하고, 세계를 향해 광고할 때도 '동방의 파리'라는 이미지를 애용하고 있다. 그러면 왜 영국에 대한 역사적 평과와 '동양의 런던'이라는 이미지 사이에 괴리가 발생한 것일까? 본문에서는 상해공공조계(Shanghai International Settlement)의 외탄(外灘, bund)에 런던과도 같은 스카이라인을 건설한 영국인들의 활동을 살펴보면서 그 해답을 찾아보고자 한다.

이를 위해 먼저, 1862년 공공조계의 출범과 함께 공공조계의 시정을 담당했던 공부국에 대해 간략하게 살펴볼 것이다.[6] 공부국의 성격을 이해하는 것은 공공조계의 발전과 도시이미지 구축을 주도했던 집단의 성격을 밝히는데 중요한 출발점이 될 것이다. 그리고 20세기를 전후하여 공공조계의 현관이자 상징으로 작용했던 외탄에 건설된 거리와 공공건물, 은행건물, 클럽건축물을 통해 상해에 '모범 식민지'를 건설하고자 했던 영국인의 의지를 확인할 것이다. 또한 공공조계라는

---

[5] 최낙민, 「東方의 巴黎', 근대 해항도시 上海의 도시이미지」(『역사와 경계』 75, 2010)를 참고 바람.

[6] 상해공공조계 공부국과 관련한 국내의 연구로는 김승욱, 「上海公共租界工部局과 中國人居留民: 五・四運動의 전개와 關聯」, 『서울대동양사학과논집』 13(1989) ; 김태승, 「1930年代 以前, 上海 公共租界의 支配構造와 華人參政運動」, 『東洋史學研究』 제58집(1997) 등이 있다.

공간의 기초 위에서 활동했던 영국인들의 모습을 살펴볼 것이다. 그리고 상해라는 도시 그 자체를 이야기 전개의 중심에 두고 감각적인 필치로 세밀하게 묘사했던 요코미쓰 리이치(橫光利一), 그와 함께 신감각파라 불리기도 했던 최독견(崔獨鵑)[7] 그리고 도시문명의 폐부를 드러내고자 했던 모순(茅盾)의 작품을 통해 한국인과 일본인, 그리고 중국인들이 '동양의 런던'이라는 이미지를 어떻게 그려내었는지 살펴볼 것이다.

2. '동양의 런던', 공공조계의 탄생과 발전

1912년 5년간의 일본유학생활을 마치고 상해로 망명길에 올랐던 역사학자 문일평은 "처음 상해부두에 내려 본 즉 장려하고도 정제(整齊)하게 만들어진 시가의 규모가 듣던 바와 같이 과연 '동양의 런던'임을 수긍케 하는 바였다"[8]라고 기록하였다. 문일평의 기억을 통해 당시 한국인과 일본인들은 바둑판처럼 잘 정돈된 외탄의 거리와 서구적인 건축물을 통해 상해가 런던으로 상징되는 서구적 근대를 대변하는 것으로 받아들였음을 추론할 수 있다. 아래에서는 공공조계의 시정운영을 담당했던 공부국, 영국자본에 의해 지어진 건축물들을 통해 '동양의 런던'이라는 도시이미지를 살펴보고자 한다.

---

7) 정한숙, 『현대한국소설론』(고려대출판부, 1986), 123~124쪽 ; 윤정헌, 『「僧房悲曲」과 「放浪의 歌人」의 거리』(경일대학교 논문집 제16권, 1999), 1137쪽 재인용.
8) 文一平, 「나의 半生」, 『湖岩全集』 제3권(朝光社, 1978), 495쪽 ; 배경한 편, 『20세기 초 상해인의 생활과 근대성』(지식산업사, 2006), 13쪽 재인용.

1) 공부국과 공공조계

1845년 11월 29일, 상해도대(上海道臺) 궁모구(宮慕久)와 영국영사
발포어(George Balfour)는 조계에서 헌법과도 같은 효력을 갖는『상해
토지장정』을 체결하였다. 이를 통해 영국은 남쪽으로 양경빈(洋涇濱)
이라는 작은 하천(현 연안동로, (延安東路)), 북쪽으로 이가장(李家莊,
현 북경동로(北京東路)), 동쪽으로 황포강(즉 외탄)까지를 경계로 하는
830무(畝)의 토지를 거류지로 할양받고, 이가장에 '식민지 외랑식(外廊
式)'의 영국영사관건물을 지었다. 다음해 영국영사는 상해에서 토지를
임대하고 경제활동에 종사하던 자국교민들을 소집하여 도로부두위원
회[道路碼頭委員會, Committee on Roads and Jetties]를 조직하고, 3명의
위원을 선출하였다. 위원회는 영국거류지 내에서의 세금징수와 함께
상업활동과 직결된 도로와 부두, 교량의 건설과 관리에 관한 업무를
책임지게 되었다.[9] 1847년에는 영국정부의 특허은행인 여여은행(麗如
銀行, ORIENTAL BANK)의 상해사무소가 설치되었고, 이화양행(怡和洋
行, Jardine Matheson & Co.)의 상해 대표 달라스(A. G. Dallas) 등 8명의
영국 상인들은 상해영상공회(上海英商工會)를 설립하여 서로의 이익
을 도모하였다.

상해가 정식으로 개항된 이후부터 1853년까지 10년간 영국인들은
『토지장정』의 내용에 따라 중국인의 조계 내 거주를 엄격하게 제한하

---

[9] 영국의 대표적인 건축사학자 마크 기로워드는 "(영국의) 중앙정부는 사실상 수도
의 행정에 참견할 권리가 없었으며(중략), 1855년에야 '대도시사업 사무국'이 시
의 중앙기관으로서 설립되었다. 그러나 이때에도 사무국의 권력은 매우 제한적
이었다."고 하였다. (민유기 역,『도시와 인간』(책과 함께, 2009), 429쪽.) 당시 설
치된 '도로부두위원회'를 통해 상해 개발에 대한 영국정부의 적극적인 의지를 읽
을 수 있다.

여 '화양분거(華洋分居)'를 유지하였다. 때문에 이 기간 동안 영국거류지 내의 인구는 크게 증가하지 않았다. 그러나 1853년 9월 상해 인근에서 '반청복명(反淸復明)'을 주장하는 소도회의 기의가 일어났고, 기의군들이 1855년 2월까지 18개월간이나 상해현성을 점령하는 사건이 발생했다. 소도회의 영향이 조계에 까지 미칠 것을 두려워한 외국인들은 중립을 선언하고, 모든 영국남성이 참가한 상해의용대(이후 萬國商團)를 조직하였다. 350명의 무장한 의용대는 황포강에 정박하고 있던 영국해군과 함께 외국인들의 재산과 생명을 지키는 자위조직이 되었다. 소도회기의가 발생하기 전 상해현성과 주변의 인구는 35만이었는데 청나라 군대가 기의군을 완전히 진압한 1855년, 현성에 남아 있던 인구는 4만에 불과하였다. 공부국의 기록에 따르면 당시 2만 명 이상의 중국인들이 조계로 이주하였다고 한다.[10]

소도회기의라는 우연한 역사적 사건이 진행 중이던 1854년은 외국의 군대가 상해에 상륙하고, 월계축로(越界築路)를 통해 조계가 확장되는 등 외국인거류지의 성격변화에 있어 중요한 전기가 되는 한 해였다. 또한 조계지 내에서는 갑작스럽게 유입된 많은 중국인들의 처리문제를 둘러싸고 조계의 안전과 질서유지를 위해 중국인들의 조계 내 거주를 인정할 수 없다는 주장과 중국인의 대량 유입은 부동산개발을 비롯해 큰돈을 벌 수 있는 기회를 제공하기 때문에 그들의 거주를 허가해야한다는 주장이 맞서고 있었다.

중국인 이주민의 폭발적인 유입은 우려한 되로 치안과 위생, 세금징수 등 여러 가지 방면에서 문제를 야기하였다. 이러한 문제들은 이제까지 소수의 자국민을 관리하던 각국 영사관이 독자적으로 해결하

---

10) 張仲禮 主編, 『近代上海市研究』(上海人民出版社, 1990), 604쪽.

기 어려운 복잡한 것이었다. 이에 1854년 6월, 영국영사 알콕(Alcock)은 청나라를 배제한 채 미국·프랑스영사와 함께 상해조계 내에 하나의 통일적인 행정기관을 조직하고, 토지세를 납부하는 교민들 중에서 몇 명의 동사(董事)를 선출하여 자치적인 운영을 하게하는『상해영미법조계토지장정(上海英美法租界土地章程)』을 마련하고 상해의 각국 영사[11]에게 통보했다.[12] 7월 11일 3국의 영사들은 거류지납세자회의를 소집하여 조계를 확장하고 '화양잡거(華洋雜居)'를 승인하는 등 주요한 내용을 포함하고 있는 새로운 장정을 통과시켰다. 이 회의에서 영국영사 알콕은 조계의 운영에 관한 중요한 연설을 하게 되었다.

조계지 내에서 각국의 거주민과 이 지역 중국인이 함께 거주하기 위해서는 반드시 하나의 통일된 조직, 원칙 그리고 통치 및 관리에 대한 행정제도가 있어야 합니다. 그래야만 공공의 이익을 도모할 수가 있습니다. 이 새로운 토지장정의 명확한 목적은 조계지에 거주하는 모든 외국인을 하나로 묶고, 토지 임대인이 자치를 취득하고, 징수와 납세에 대한 행정권을 행사하는 것입니다. 지속적인 안정을 추구하고 복지를 도모하려면, 이 두 가지 권리를 행사할 수 있어야 합니다. 지금 조계지에서 해야 할 임무는 조속한 시일 내에 하나의 행정기관을 설립하는 것입니다.[13]

---

11) 1868년에 만들어져 다음해 4월부터 사용된 상해공공조계 공부국의 인장과 기장에는 영국, 미국, 프랑스, 독일, 러시아, 덴마크, 이태리, 포르투갈, 노르웨이, 스웨덴, 호주, 스페인, 네덜란드 등 12개국의 국기가 함께 새겨져 있다. 이는 당시 상해공공조계가 최소 이 12개국의 교민 가운데에서 선출된 대표가 공동으로 관리했다는 것을 의미하는 것이다. 이중 1914년 제1차 세계대전을 일으킨 독일의 국기는 지워져 백지로 남았지만, 독자적으로 프랑스조계를 운영하던 프랑스의 국기가 여전히 남아있는 것으로 보아 프랑스는 공부국에서 탈퇴 한 이후에도 공부국과 긴밀한 관계를 유지하고 있었음을 추론할 수 있다.
12) 馬長林,『上海的租界』(天津教育出版社, 2009), 22쪽.
13) 張仲禮 主編,『近代上海市研究』(上海人民出版社, 1990), 605∼606쪽.

많은 중국인들이 외국인거류지 내로 유입되자 개별 영사관이 자국민을 관리하던 기존의 시스템으로는 더 이상 거류지를 관리할 수 없게 되었다. 외국인과 중국인을 통합적으로 관리할 수 있고, 외국인의 안정과 복지를 향상시킬 수 있는 새로운 행정조직의 필요성이 제기된 것이다. 거류지납세자회의는 '토지 임대인'들 중에서 7인의 대표를 선출하고, 징수와 납세에 대한 독자적인 행정권을 가진 새로운 행정조직－공부국(工部局, Shanghai Municipal Council)을 결성하였다. 도로부두위원회가 담당하고 있던 외국인거류지의 도로와 부두, 교량의 건설과 관리에 관한 업무는 공부국 산하의 공무국(工務局)이 대신하게 되었다. 공공조계 내의 도로와 하수, 건물과 공장, 공원과 공지 등에 대한 체계적인 건설계획을 수립하고 집행한 공무국은 상해에 '동양의 런던'을 건설한 주체 중의 하나가 되었다.[14]

청나라 정부의 동의도 구하지 않고 3국의 영사가 '화양잡거'를 공인하는 토지장정을 제정하면서 영국인거류지의 성격은 근본적으로 변하였고, 공부국의 설립과 함께 각 산하기관들이 설치되면서 외국인거류지는 청정부의 통치범위를 벗어나 독립적인 지위를 확보한 '국중지국(國中之國)'의 조계로 변모하게 되었다. 1862년 영국조계와 미국조계가 병합되면서 공부국운영에 대한 영국인의 영향력이 더욱 강화되자, 역사적으로 영국과 불편한 관계에 있었던 프랑스는 공부국에서

---

14) 상해 공부국 산하에는 재무부, 교육부, 음악부, 소방대, 경찰국, 총무국, 위생국, 법무국, 공무국, 도서관과 같은 집행기관들이 갖추어졌다. 특히 도시건설을 담당한 공무국은 行政府(Executive Branch), 土地査勘部(Land Surveyor's Branch), 營造部(Structural and Architectural Branch), 建築査勘部(Building Surveyor's Branch), 溝梁部(Sewerage Branch), 道路工程師部(High Way Engineer's Branch), 工場部(The Workshop Branch), 公園及空地部(Parks and Open Space Branch), 會計(Account)로 구성되었다. 伍江, 『上海百年建築史』(同濟大學出版社, 1999), 51쪽.

탈퇴하여 독자적인 행정기구－공동국(公董局)을 설치하였다. 이때부터 공부국은 실질적으로 영국인에 의해 운영되어졌다.

일찍이 조선과 일본을 방문했던 영국의 탐험가 이사벨라 버드 비숍 여사는 1897년 상해를 방문하고 당시 공부국 참사회의 활동을 다음과 같이 기록하였다.

영국과 미국의 조계지는 지방세 납세자들이 선출한 9인의 자치기구가 관리했는데, 이들에겐 비서진은 물론 일반 직원이 배정되어 납세자가 낸 세금 액을 모든 사람이 혜택을 받을 수 있는 보건과 치안, 복리 그리고 다수의 외국인을 고용하는데 지출했다. 또한 끊임없이 증가하는 조계지 내 중국인의 질서와 복지를 위해서도 사용했는데, 그 목적은 동양의 식민지 전체에 영국이 성실하고 효과 있게 지방행정을 행한다는 사실을 과시하는데 있었다. 덕분에 나도 근사한 거처를 제공받을 수 있었던 것이다.[15]

상해공공조계는 1862년 출범부터 납세자들의 자치기구인 공부국 참사회에 의해 관리되었다. 하지만 비숍의 기록을 통해 참사회는 실질적으로 영국인에 의해 주도되었고, 공부국은 '모범 식민지' 상해에 대한 대영제국의 지배력을 강화하고 권위를 지키기 위해 이용되고 있었음을 확인할 수 있다. 때문에 공부국을 통해 공공조계의 운영을 독점하려고 했던 영국인과 조계 내에서 납세인으로서의 정당한 권리를 확보하고, 반식민지 상태를 타파하고자 했던 중국인들 사이에는 끊임없는 모순과 갈등이 존재할 수밖에 없었다.

1868년에 문을 연 외탄공원(外灘公園, Pubic Garden)은 영국인에 대한 중국인의 분노를 폭발시키는 도화선이 되었다. 외탄공원은 상해도

---

15) 이사벨라 버드 비숍, 김태성 역, 『양자강을 가로질러 중국을 보다』(효형출판, 2005), 42~43쪽.

대(上海道臺)의 지원과 중국인을 포함한 납세인의 세금으로 완공되었
지만 공부국은 개장초기부터 중국인의 출입을 제한했다. 1917년에는
"개와 중국인은 입장을 금한다 (狗與華人不得入內)"라는 악명 높은 표
지판을 세웠다. 공원의 출입을 금지당한 중국인들은 치욕과 분노에
떨면서 공부국에 강력한 항의를 하고,『신보(申報)』등 언론을 통해
공개적으로 문제를 제기하였다. 상해의 행정을 책임지던 도대 역시
불만을 표시하고 여러 차례 조계와 교섭을 했지만 영국인들이 독점하
고 있던 공부국은 거들떠보지도 않고 듣지도 않았다. 영국인들은 중
국인의 요구를 완전히 무시하였다.

1919년 5·4 운동 이후 외세에 대한 중국인들의 각성이 심화되었고,
공공조계운영에 대한 참여권 요구 또한 더욱 거세졌다. 1927년 북벌
을 완수한 장개석 휘하의 민족주의 세력이 상해의 관할권을 인수하게
되면서 상황은 변하였다. 1928년 공부국은 마침내 중국인의 공공조계
운영에 대한 참여를 허용하고 3명의 참사를 임명하고, 중국인의 외탄
공원 출입도 허가하였다. 하지만 영국인과 공부국은 중국인에게 지울
수 없는 자존심의 상처와 모멸감을 주었고, 외탄공원은 중국인의 가
슴속에 민족의 자존을 짓밟힌 치욕의 장소로 각인되어버렸다.

2) '동양의 런던'

1862년 3월 남경을 점령한 태평천국의 공세가 상해에 까지 미치자
독자적인 군대를 갖지 못한 미국은 영국과 조계를 통합하기로 결정하
였다. 두 나라의 조계가 합쳐지고 태평천국의 여파로 중국인의 유입
이 급증하면서 조계 내에서는 간이주택과 도로가 무질서하게 생겨났
다. 공부국은 체계적인 도시개발을 위해 먼저 가로를 정비하고 옛 영

국조계의 거리에 새로운 이름을 부여하기로 하였다. 거리란 도시민들이 일상생활 속에서 이동하는 경로로 사람들이 어떠한 도시에 대한 이미지를 형성하는데 중요한 요소로 작용한다. 때문에 새롭게 형성된 공공조계의 거리에 어떤 이름을 부여하였는가는 시정운영을 전담했던 공부국의 의식을 반영한다고 할 것이다.

1862년 5월 공부국은 「상해가도명명비망록(上海街道命名備忘錄)」을 통해 외탄을 중심으로 남-북 방향으로 난 도로에는 중국의 각 성의 이름을 사용하고, 동-서 방향의 도로에는 도시의 이름을 사용한다는 원칙을 공포하였다. 공부국은 남경조약이 그들에게 가져다준 커다란 이익을 기념하여 Park Lane을 '남경로(南京路, Nankin Road)'라고 명명하고, Consulate Road를 중국 수도의 이름을 따 '북경로(北京路, Pekin Road)'로 바꾸는 등 19개 거리의 영문 이름을 새로운 이름으로 바꾸었다. 그러나 상해인들은 공부국이 일방적으로 결정한 새로운 거리 이름을 거부하고, 그들이 이제껏 사용해 왔던 이름을 고수하여 남경로를 대마로(大馬路)라고 부르고 구강로(九江路)를 이마로(二馬路), 한구로(漢口路)를 삼마로(三馬路), 복주로(福州路)를 사마로(四馬路), 광동로(廣東路)를 오마로(五馬路)라고 불렀다.

이중 우리의 관심을 끄는 것은 공부국이 외탄에서부터 동-서 방향으로 뻗은 다섯 갈래의 거리에 새롭게 부여한 이름이 모두 영국이 조차하고 있는 도시라는 점이다. 새로운 거리의 이름을 통해 영국인들이 외탄을 내륙진출의 출발점이자 대영제국을 연결하는 항구로 개발하겠다는 제국주의적인 의도를 갖고 있었음을 추론할 수 있다. 이러한 추론이 타당하다면 중국인이 새로운 거리 이름을 거부한 것이 결코 우연한 일이 아님을 알 수 있다.

1885년에 제작된 상해 지도를 보면 영국영사관을 기점으로 하여 프랑스조계와 경계를 이루는 양경빈(洋涇濱)에 이르는 외탄과 위의 다섯 갈래 큰 길이 교차하는 곳에는 이화양행, 대영윤선공사(大英輪船公司, The Peninsular and Oriental Steam Navigation Company), 사손양행(沙遜洋行, Sasson & Co.), 인기양행(仁記洋行, Glbb. Livingston & Co.), 보성양행(寶成洋行, (British & Co)과 같은 영국자본의 양행건물과 여여은행, 회풍은행(匯豊銀行, HSBC), 회강은행(匯降銀行, Commercial Bank), 타사은행(叮嗪銀行, Chartered Bank)과 같은 영국계 은행건물, 예사빈관(禮査賓館, Astor House) 등이 있었다. 이를 통해 상해의 경제에서 영국인이 차지하는 비중이 얼마나 큰 것이었나를 확인할 수 있다.[16)]

외탄에 들어선 영국의 공공건물, 양행, 은행 건물들은 시기마다 모습을 달리하며 공공조계의 이미지를 바꿔나갔다.[17)] 1843년에 건축된 영국영사관과 동시대의 건축물들은 〈그림 1〉[18)]에서 보는 것처럼 대부분 영국인들이 인도 등 동남아 등지의 식민지에서 건축했던 외랑식(外廊式) 건축과 동일한 '매판스타일(Compradoric Style)' 또는 '영국 식

---

16) 1943~1911년 상해의 양행(기업) 수

양행 수 / 년 도	1843	1844	1847	1865	1891	1901	1911
전 체 양행(기업)	5	11	24	88	280	432	643
영국계 양행(기업)	5	11	21	58	175	194	258

　　자료 출처: 熊月之·高俊,『上海的英國文化地圖』(上海錦綉出版社, 2011), 22쪽 참조.
17) 상해라는 근대도시와 건축을 연구하는 연구자들은 개항 이후부터 1949년까지의 상해의 역사를 일반적으로 크게 1843(1850)~1889, 1890~19193, 1920~1949까지 3단계로 나눈다. 伍江(2005)은『上海百年建築史』에서 '근대도시의 초보적 형성, 근대건축업의 신속한 발전, 근대 건축의 흥성과 쇠락'으로 구분하고, 田中重光(2005)은『近代·中國の都市と建築』속에서 성장기, 안정기, 성숙기로 나누고 있다. 이안(2003)은『上海 근대도시와 건축』에서 식민지식 건축+복고주의 건축, 복고주의 양식의 양산자 그룹, 경제부흥과 모더니즘의 갈망으로 나누어 서술하고 있다.
18) 그림 출처: Edward Denison,『Building Shanghai』, Wiley-Academy, 2006 ; 최지해,『중국 上海 근대도시로의 이행과정에 관한 연구』, 한양대학교 대학원 석사학위 논문(2012).

〈그림 1〉 1849년 상해 황포강변의 경관

민지식 건축'이었다.[19] 하지만 열대기후에 적합하도록 설계된 외랑식 건축물들은 상해의 기후조건과 맞지 않았고 실용적이지 않아서 차츰 사라지게 되었다. 또한 이러한 건축물들은 광주(廣州) 주강(珠江)변에 건축된 건축양식과 대동소이하여 상해만의 독특한 도시 이미지를 연출하지는 못하였다.

광주와 차별화된 상해의 이미지가 만들어지기 시작한 것은 1860년 대와 1870년대에 유럽의 정통 건축사들이 상해에서 활동하면서부터 였다. 영국왕실건축사협회 회원(RIBA)이었던 윌리엄 카이드너(William Kidner)와 그가 설립한 공화양행(公和洋行, Palmer & Turner Architects and Surveyors)은 '식민지 외랑식 건축물'이 대다수를 차지했던 상해의 건축적 환경을 정통적인 아카데미양식의 복고주의 건축으로 전환시 키는데 중요한 역할을 담당했다.[20] 아카데미파 건축가들은 건축을 예 술로 간주하고, 건축설계를 건축예술의 창작으로 보았기 때문에 그들 의 건축 창작방법은 농후한 고전주의와 절충주의에 속했다.[21] 1877년 카이드너가 설계한 홍콩상해은행(HSBC)은 전형적인 영국 르네상스식 의 복고주의 건축의 효시가 되었고, 이때부터 새롭게 지어지는 공공

---

19) 이안, 『上海의 근대도시와 건축 1845~1949』(미건사, 2003), 65쪽.
20) 이안, 『上海의 근대도시와 건축 1845~1949』(미건사, 2003), 77쪽.
21) 한동주 편역, 『중국 근대건축』(발언, 1994), 226~227쪽 참고.

〈그림 2〉 상해 외탄의 근대건축물

THE BUND - SHANGHAI

SIMON FIELDHOUSE 2008

건물과 업무용 건축물들은 영국의 복고주의 건축양식을 띄게 되었다.

일반적으로 식민자들은 '야만'을 '문명화'한다는 신념으로 지배와 착취를 정당화했기에, 그들 '문명세계'의 우월성을 가시적으로 드러내기 위한 도시 건조환경의 조성에 지대한 관심을 기울여왔다.[22] 공부국과 영국인 건축사들 역시 중국인들에게 대영제국의 권위와 서구문명세계의 우월성을 과시하기 위해 인상적인 비례를 갖추고 기품과 미가 조합된 웅장한 건물을 짓기 시작했다.

1920년대와 30년대 상해에서 활동한 건축가들은 많은 예산과 원대한 포부를 가지고 작업에 임했다. 그들이 선호한 형식은 에드워드 7세(재위: 1901~1910) 시절에 유행한 바로크양식(Edwardian Baroque)이었다. 이 양식은 런던에서 건설되고 있는 공공건물에 자주 사용되는 것이었다.[23] 1910년에 준공된 상해클럽(No.2)을 시작으로 1923년 완공된 홍콩상해은행(No.12)과 1925년에 준공된 세관건물(No.13), 사순빌딩(No.20, 1928), 중국은행(No.23, 1934) 등이 건축되었다.[24] 특히 그리

22) 김백영, 「천황제제국의 팽창과 일본적 근대의 기획」, 『도시연구: 역사 · 사회 · 문화』 창간호(2009), 55쪽.

23) Christian Henriot, "The Shanghai Bund: A History through Visual Sources", *Journal of Modern Chinese History*, Vol. 4, no. 1(2010) ; http://www.virtualshanghai.net/Texts/

24) 관련 그림 출처: Articles. http://www.simonfieldhouse.com/wp-content/uploads/2011/

〈그림 3〉 HSBC 중앙 돔의 그림

스양식으로 지어진 홍콩상해은행과 고대 도리아식으로 새롭게 완공된 세관건물이 보여주는 화려함과 사치스러움은 영국식민통치의 힘을 보여주고자 하는 그들의 의지를 잘 드러내고 있다.

영국인들이 "수에즈운하에서부터 원동의 베링해협에 이르는 지역에서 가장 화려하고 고귀한 건축"[25]이라 찬사를 보냈던 홍콩상해은행은 외탄에 들어선 건물들 중에서 가장 넓은 건축부지와 건축면적을 차지하고 있다. 이 건물의 외관은 전석(轉石)구조를 모방하여 지은 전형적인 고전주의 양식이었고, 넓은 건물 중앙의 거대한 반구형 돔은 이 건축의 주축선을 강조하고 있다. 내부 장식도 전형적인 고전주의 양식인 이오니아식 기둥을 사용한 주랑(柱廊)과 아름다운 문양과 조각·그림으로 장식한 조정식(藻井式) 천장을 채용하여 호화롭고 웅장

12/The_Bund_Shanghai_Simon_Fieldhouse-2.jpg
25) 한동수 편역, 『중국 근대건축』(발언, 1994), 175쪽.

한 장식효과를 추구하였다.[26] 때문에 건축사 연구자들은 로마·르네
상스양식과 바로크양식을 절충한 이 건물이 대영제국 식민지지배자
들의 권위를 표현하고 있다고 평가한다.[27]

또한 중앙 돔 내부에는 홍콩상해은행의 지점이 설치된 6개 도시를
상징하는 그림이 그려져 있다. 지점들이 모두 대영제국의 해운네트워
크로 연결되어 있음을 드러내기라도 하듯 모든 그림은 푸른색의 바다
로 상하가 분할되어 있다. 특히 상해를 그린 그림에는 외탄을 지키던
평화의 여신으로 보이는 여인이 배의 키에 기댄 채 이마에 손을 올려
멀리 황포강을 거슬러 올라가 내륙 깊은 곳의 새로운 항구를 찾고 있
는 듯한 형상을 하고 있고, 그 아래에는 돛에 바람을 가득 싣고 대양
을 항해하는 범선을 품은 남성과 항해의 안전을 기도하는 듯한 여성
의 모습이 그려져 있어 상해가 가진 해항도시로서의 성격을 잘 드러
내고 있다.

중국건축사 연구자들은 이 홍콩상해은행 건축이 물질적, 기능적인
측면에서 영국 제국주의가 중국에 침략하는 본거지 역할을 담당했다.
아울러 정신적인 측면에서도 중국 인민에게 침략 세력의 위력을 선전
하고, 막대한 자금으로 중국인들을 놀라게 하였다. 결국, 전형적인 근
대 은행 건축의 기능과 본질을 반영하고 있다고 평가하였다.[28]

〈그림 5〉에서 보이는 것처럼 홍콩상해은행 옆에 새롭게 지어지고
있는 것이 세관건물이다.[29] 1853년 이후부터 중국의 세관업무를 실질

---

26) 같은 책, 174쪽.
27) 田中重光, 『近代·中國の都市と建築』(相模書房, 2005), 119~121쪽.
28) 侯幼彬, 「주택과 공공건축」, 한동수 편역, 『중국 근대건축』(발언, 1994), 174쪽.
29) 1853년 '소도회기의'가 일어나 연해의 운수관리와 해상무역 징세를 담당하던 강
해관(江海關)은 일시적으로 역할이 박탈되었다. 영국과 미국 프랑스 3국은 이를
빌미로 청나라 정부를 협박하여 "상해관세조약"을 체결하고 3국이 파견한 대표

〈그림 4〉 1925년~
1926년의 외탄 경관

〈그림 5〉 1926년~
1927년의 외탄 경관

적으로 대행하고 있는 영국의 권위와 함께 상해가 대영제국의 '모범
식민지' 해항도시로서 갖는 의미를 부각하기 위해 이 건물에 여러 가
지 장식들을 부가하였다.[30] 특히, 런던의 빅벤(Big Ben)을 모델로 하
여 1858년에 건설된 세관의 시계탑은 '빅칭(Big Ching, 大淸鐘)'으로 불

로 구성된 '관세위원회'가 강해관을 감독하도록 하였다.

[30] "현관은 순수한 도리아식이고 영감은 아테네 파르테논 신정에서 따왔다. 허리선
을 차지하고 있는 기어 사이에는 선박과 바다 신이 장식되어 있는데 대부분의
장식물은 상징성을 지니고 있다. 게다가 식민지적 색채를 강조하기 위하여, 이
종탑 시계는 런던 국회의사당의 빅벤을 본떠 지어졌다. 문화대혁명 기간을 제외
하고 이 종탑시계는 1893년 이래 15분마다 울리고 있다." 리어우판, 장동천 외 역,
『상하이모던』(고려대학교출판부, 2007), 42~43쪽.

리며, 상해 사람들에게 근대적 시간관념을 심어주는 표상이 되었다.

앞에서 소개한 두 건물보다 조금 일찍 완공된 '상해클럽' 건물 역시 동양의 런던이라는 이미지를 구축하는데 있어 중요한 역할을 하였다.[31] 상해에서는 처음으로 철근콘크리트 건물로 완성된 새로운 클럽 건물의 외관 역시 영국의 고전르네상스 양식이었고, 내부 장식은 화려한 바로크적 분위기를 연출했다. 1910년에 완공된 이 건물에는 두 대의 엘리베이터가 설치되어 있었고 냉장고 등 각종 현대적인 가전제품을 완비하고 있었다. 특히 2층에는 이탈리아 대리석으로 만든 당시 극동지역에서 가장 긴 110피트(33.5m) 길이의 바－테이블(bar table)이 설치되어 있었다.[32] 이 건물의 기본설계를 완성한 마해양행의 테란트(H. Tarrant)가 작고한 후, 시모다 기쿠타로(下田菊太郎)가 일본 제국호텔을 참고하여 실내장식을 완성했다고 해서 당시 사람들은 이 건물을 '동양런던[東洋倫敦]'이라 불렀다고 한다.[33] 19세기 이후 중국인들이 일본을 '동양(東洋)'이라 불렀다는 사실을 고려한다면, '동양의 런던'이라는 이미지는 영국과 일본이라는 두 나라와 밀접한 관련을 가진 것으로 생각된다.

이상에서 살펴본 것처럼 20세기 초반 영국인의 자본에 의해 외탄에 재건축된 공공건물과 양행, 은행, 클럽 건물 등에는 영국의 대도시 공공기관이 많이 채택한 '신고전주의 양식'이 적극적으로 도입되었다.

---

[31] 개항 이후 상해로 이주해 온 영국교민들이 늘어나자 공부국은 자국민들을 위한 클럽을 만들고자 계획을 세웠다. 1862년 공부국은 자금을 조성하여 외탄의 가장 좋은 위치(현 中山東一路)에 공사를 시작하고, 1864년 3층 건물의 상해클럽을 완공시켰다. 1909년 공부국은 클럽에 대한 영국인들의 수요를 만족시키기 위해 새로운 클럽건물을 짓기 위한 모금활동을 펼쳐 25만량의 은을 확보하였다.

[32] 이안, 『上海의 근대도시와 건축 1845~1949』(미건사, 2003), 206쪽.

[33] '東洋倫敦－東風飯店' · http://baike.baidu.com

"후기 빅토리아 시대 영국의 관점에서 보자면, 고전주의 형식을 이용하여 제국 정신을 해석하는 것은 합리적인 것이었다. 왜냐하면 유럽에서 사람들이 그리스와 로마의 고전양식이 제국의 건축언어를 표현한다고 믿었기 때문이다."[34]

3. '동양의 런던'과 사람들

상해공공조계 거주민의 절대다수를 차지한 것은 중국인이었다. 제1차 세계대전이 발발한 후에는 일본인 거류민의 수가 영국인을 초과하였고, 홍구(虹口) 지역에는 '일본인 거리'가 형성되고 있었다. 하지만 공공조계는 여전히 영국인과 함께 상해 사람들이 '엉터리 영국인(半吊子)'[35]이라고 조롱했던 미국인이 주도하는 공부국을 중심으로 운영되었다. 때문에 공공조계 내에서는 시정참여에 대한 중국인과 일본인의 요구가 더욱 높아졌고, 크고 작은 모순과 충돌이 끊이지 않았다. 한편으로는 상해를 통해 서양의 문물을 경험하고자 했던 많은 일본인과 한국인들의 방문도 끊이지 않았다.

1) '동양의 런던'과 영국인

19세기 후반 중국은 영국 사람들의 보편적 관심에서 최전방에 놓여

---

34) Thomas R. Metcalf, *An Imperial Vision: Indian Architecture and Britain's Raj* (Berkely: University of Califonia Press, 1989), pp. 177~178 ; 리어우판, 장동천 외 역, 『상하이모던』(고려대학교출판부, 2007), 42쪽 재인용.
35) 熊月之·徐濤·張生, 『上海的美國文化地圖』(上海錦繡文章出版社, 2010), 16쪽.

있었다. 지대한 흥미와 논쟁의 대상이 되고 있는 이 지역에 관한 대중
의 이해를 높이는데 도움이 되는 책들은 환영받았다.[36] 상해에 관한
다양한 정보를 갖게 된 많은 영국인들은 새로운 일자리, 일확천금을
꿈꾸며 상해로 이주하기 시작했다. 1843년 초대 상해영사 벨포어
(George Balfour)와 융화양행(融和洋行), 보순양행(寶順洋行), 이화양행,
의기양행(義記洋行), 화기양행(和記洋行), 인기양행의 관련자 11명 등
26명[37]으로 시작된 영국인의 상해 진출은 지속적으로 증가하여 1935
년에는 9234명으로 최고조에 달했다.[38]

1887년 식민지총독들이 모여 영연방(Commonwealth of Nations) 회
의를 가진 이후 "해가 지지 않는 대영제국"의 국민, 영국인을 규정한
다는 것은 결코 간단한 일이 아니다. 하지만 다른 대영제국의 식민지
에 비해서 상해에서 '영국인'이라고 불렸던 집단은 상대적으로 백인
순수혈통과 배타성이 강조되고 있었다. 상해의 영국인 커뮤니티는 대
형 무역회사나 다국적 기업의 매니저와 사무원을 포함한 엘리트집단
과 보다 많은 수를 차지하는 이주자집단-이러한 사람들은 스스로를
'상해인(Shanghailanders)'이라 불렀다-으로 구성되었다.[39] 상해에 형
성된 영국인사회는 인종적인 요소보다는 경제적인 지위에 따라 자연

---

36) 이사벨라 버드 비숍, 김태성 역, 『양자강을 가로질러 중국을 보다』(효형출판,
   2005), 9쪽.
37) 熊月之・高俊, 『上海的英國文化地圖』(上海錦綉出版社, 2011), 5쪽.
38) 1865~1930년 공공조계 영국, 미국 교민 통계표(단위: 인)

년 도	1865	1870	1876	1880	1885	1890	1900	1910	1915	1920	1925	1930
영국인	1372	894	892	1057	1453	1574	2691	4465	4822	5341	5879	6221
미국인	378	255	181	230	274	323	562	940	1307	1264	1942	1608

   자료출처: 鄒依仁, 『舊上海人口變遷的硏究』. 熊月之, 『異質文化交織下的上海都市生
   活』(上海辭書出版社, 2008), 35쪽 재인용.
39) Harriet Sergeant, *Shanghai, Collision point of cultures, 1918~1939*, Crown Publishers,
   New York 1990. 熊月之 外, 『上海的外國人』(上海古籍出版社, 2003), 66쪽 참고.

스럽게 둘로 분화되어 있었다.

　공공조계라는 개항장에 의지하여 생활했던 'Shanghailanders'의 직업
은 크게 통상항구의 생활과 관리를 담당하는 서비스업자, 부동산 소
유자와 투자자, 그리고 소상인과 같이 3부류로 나누어져 있었다.[40] 큰
부자가 되기 위해 '모험가의 천국' 상해에 모여든 많은 이들은 조계 내
에서　벌어지는　중요한　일을　의결했던　납세외인회의(納稅外人會議,
Foreign Ratepay's Metting)의 회원이 되어 공공조계의 시정에 참여하고,
신분상승을 통해 상해클럽의 회원이 될 수 있기를 희망하였다.『토지
장정』의 규정에 따르면 납세외인회의에 참석할 수 있는 자격은 상해
에서 부동산 지가가 은 500량 이상인 자, 매년 가옥과 택지세로 은 10량
이상을 납세하는 사람, 혹은 매년 집세로 은 500량 이상을 내는 사람
들이었다. 하지만 1930년 공부국의 조사에 따르면 공공조계에 거주하
는 외국인 36471명 중에서 이상의 자격조건에 부합하는 사람은 단지
2677명으로 전체 7.3%에 불과하였다.[41] 물론 이들 중 절대다수를 차
지한 것은 영국인이었다. 이를 통해 공부국이 외탄에 들어선 금융가
에서 활동하는 소수의 영국인 상인과 상인집단에 의해 운영되고 있었
음을 다시 확인할 수 있다.

　　상업 중심지구로 들어서자 늘어선 은행들을 향해서 외환중개인들의 마차가
　줄지어서 질주하고 있었다. 마차는 수많은 돌멩이를 던지는 듯한 말발굽 소리
　를 따가닥따가닥 울리며 겹겹이 줄지어서 대로와 골목길을 달려왔다. 그 마차
　를 끄는 몽골말의 속력이 시시각각으로 뉴욕과 런던의 환시세를 움직이고 있
　는 것이다. …… 그 위에 타고 있는 중개인들은 거의 유럽인이나 미국인이었다.
　그들은 미소와 민첩함이라는 무기를 가지고 이 은행 저 은행을 뛰어다니는 것

----

[40]　상동.
[41]　張仲禮 主編,『近代上海市研究』(上海人民出版社, 1990), 609쪽.

이다. 그들의 주식 매매의 차액은 시시각각으로 동양과 서양에서 경제 활동의
원천이 되어 늘었다 줄었다 한다.[42]

그들은 뛰어가서 계단을 오르며 문을 노크한다. 또한 그들은 책상
에 구부려 앉아 숫자를 적고, 전화를 하고, 전보를 보내고 장사를 한
다.[43] 상해에서 진행되는 서양인들의 경제활동은 런던과 뉴욕의 자본
시장과 긴밀하게 연결되어 있었다. 서양인들은 자신의 재산과 지위를
지키고, 본국의 산업자본과 금융자본의 이익을 보호하기위해 촌각을
다툴 수밖에 없었다. 물론 그들 중에는 아편이나 군수물자 밀무역을
통해 큰돈을 벌어들인 사람들도 있었다.

외탄의 금융가에서 활동하는 영국인들에게 있어 가장 중요한 사교
무대는 상해컨트리클럽, 상해클럽, 상해경마클럽이었다. 그중 상해클
럽은 여성과 중국인의 출입이 제한된 상류사회 남성들을 위한 전용공
간이었다. 각 은행과 양행의 대표들은 황포강이 흐르는 모습처럼 설
계된 클럽의 바-테이블을 독점하였고, 그들의 초청 없이는 다른 사
람들이 감히 앉을 수도 없었다.[44] 상해클럽의 회원이 되기 위해서는
적어도 5년 이상 클럽에 소속되어 있는 정회원 두 명의 추천이 필요
했고, 희망자는 위원회의 엄격한 면접을 받고 그 후에 가입여부가 결
정되었다.[45] 클럽회원권은 150달러에 달했고, 매달 회비 9달러를 납
부해야만 자격이 유지되었다. 하지만 상해클럽에 가입하게 되면 상해

[42] 요코미쓰 리이치, 김옥희 역, 『上海』(小花, 1999), 62~63쪽.
[43] 니코스 카잔차키스, 이종인 역, 『일본·중국 기행』(열린책들, 2008), 51쪽.
[44] Harriet Sergeant, *Shanghai, Collision point of cultures, 1918~1939*, Crown Publishers, New York 1990 ; 熊月之 外, 『上海的外國人』(上海古籍出版社, 2003), 9쪽 재인용.
[45] 위의 책, 7~9쪽 재인용. 크리스토퍼 뉴, 이경민 역, 『상해』 제2권(삼성서적, 1994), 55쪽.

를 대표하고 있는 외국 영사들, 은행가들, 그 외의 많은 거물급 인사들과 교류할 수 있었기 때문에 많은 영국인들은 클럽회원이 되기를 희망하였다. 맨주먹으로 상해에 와서 재산을 모은 모험가들에게 있어 상해클럽의 회원이 된다는 것은 그가 이룬 부를 인정받고, 상류사회로 편입될 수 있는 첩경으로 여겨졌다.

또한 영국인들은 상해클럽의 회원이 된다는 것은 공공조계의 운영을 책임지는 공부국의 참사회에 한걸음 더 다가가는 길이라고 생각했다. 나아가 참사회의 의장이 된다는 것은 아시아 최대의 도시, 전 중국을 움직이는 도시의 우두머리가 되는 것으로 받아들였다. 클럽의 회원들은 세계 각지에서 오는 뉴스를 런던과 동시간대에 수신했고, 본국과 유럽에서 벌어지는 정치문제나 일반사건에 대해 깊이 있는 토론을 펼치기도 했다. 또한 훌륭한 도서관과 본국과 연결된 '메세즈 켈리 앤드 월시(Messrs. Kelly & Walsh)' 같은 대형 서점을 통해 지적 욕구를 충족시킬 수 있었다.[46)]

클럽에 가입할 수 없었던 사람들이나 막 상해에 부임한 사람들, 상해를 여행하는 영국인들을 유혹하는 위락장도 있었다. 상해의 외국인들은 어두워지고 밤이 찾아와 은행, 공장, 사무실이 문을 닫으면 몸을 닦고 향수를 뿌린 다음 거리로 나섰다.[47)] 그들은 상해를 찾는 외국인들이 선상에서 무료한 시간을 보내며 상상했던 상해에서 누릴 수 있는 쾌락을 향유하고 있었다.

상해라는 이름은 신비로움, 모험, 그리고 갖가지 방종을 생각나게끔 한다.

46) 이사벨라 버드 비숍, 김태성 역, 『양자강을 가로질러 중국을 보다』(효형출판, 2005), 44쪽 참고.
47) 니코스 카잔차키스, 이종인 역, 『일본·중국 기행』(열린책들, 2008), 51쪽.

극동을 여행하는 배 위에서 사람들은 '동양의 매춘부'라는 이야기로 승객을 매혹시킨다. 그들은 중국의 갱스터, 결코 닫히는 법이 없는 나이트클럽, 룸서비스로 헤로인을 제공하는 호텔 등을 이야기한다. 그들은 군벌, 스파이, 국제 무기교역상 그리고 상해의 유곽에서 받을 수 있는 특별한 향응을 친숙하게 묘사한다. 배가 닿기도 훨씬 전에 여인들은 멋진 상점에 있는 자신을 떠올리고, 남자들은 반 시간째 유라시안 혼혈 미인을 상상하고 있다.[48)

상해에서 생활하는 영국인들은 여러 가지 방면에서 중국인과 교왕할 수밖에 없었다. 하지만 영국인들은 중국어를 배우는 것은 체면을 구기는 일이며, 현지 사회와 타협하는 것으로 받아들였다.[49) 영국인만 입학이 허용된 학교에서는 "여러분 대영제국은 세계를 문명화시키는 위대한 힘 그 자체입니다. 전 세계의 뒤떨어진 지역에 법과 질서와 진보를 초래해 주고 있습니다"[50)라고 가르치고 있었다. 또한 공부국은 사업에 실패하고 중국인 속에서 삶의 방편을 찾아야 했던 유럽인들이 황색인종 앞에서 백인의 위신을 떨어뜨리는 것을 막기 위해 빈궁에 빠진 유럽인과 아편에 중독 된 백인들을 고국으로 송환시키기 위한 기금을 운영하고 있었다. 영국인들의 많은 활동은 "상해의 옥스포드가Oxford Street이자, 제5번지Fitth Avenue"[51)인 외탄과 남경로에서 펼쳐졌다. 그들은 중국의 거리가 아닌 '동방의 런던'에서 중국인들과 유리된 그들의 만의 삶을 살아가고 있었다.

48) Harriet Sergeant, *Shanghai*, Jonathan Cape, London, 1991, p. 3 ; 리어우판, 장동천 외 역, 『상하이모던』(고려대학교출판부, 2007), 32쪽 재인용.
49) 熊月之 外, 『上海的外國人』(上海古籍出版社, 2003), 66쪽.
50) 크리스토퍼 뉴, 이경민 역, 『상해』 제2권(삼성서적, 1994), 127쪽.
51) 리어우판, 장동천 외 역, 『상하이모던』(고려대학교출판부, 2007), 53쪽 재인용.

2) '동양의 런던'과 동양인

20세기 초 독일인은 조국을 떠나 세계에 흩어져 있어도 항상 조국을 향하고 있는데 반해, 영국인은 타향에 근거를 두게 되면 즉시 그곳에 "새로운 영국"을 만들어 고국으로부터 "이적"한다[52]는 인식이 일반적으로 받아들여졌다. 상해에서 생활하거나, 상해에서 태어난 'Shanghailanders'는 이미 상해를 자기의 고향으로 생각하였기 때문에 자기가 관심을 가진 것이나 좋아하는 것은 모두 상해로 가져오고자 하였다. 때문에 전 세계의 새로운 물건들이 모두 상해로 모여들게 되었다. 영국인들은 '동방의 런던' 상해에 경마장을 건설하여 경마를 즐기고, 겨울이면 인근 사냥터를 찾아 사냥을 즐겼다. 상해의 영국인들은 의식주는 물론 본국에서의 여가생활까지 그대로 유지하였고, 모국에서도 누리기 어려웠을 모든 근대문명을 향수하고 있었다.

상해는 더 이상 쇠퇴해가는 노제국의 항구도시가 아니었다. 상해는 서구문명을 경험하고자 하는 내지의 중국인들뿐만 아니라 한국, 일본, 베트남 등 동아시아의 지식인들을 불러 모으는 '동방의 파리'요 '동양의 런던'이 되었다. 황포강변을 따라 새롭게 건설된 도시의 풍모는 물길을 따라 상해를 찾는 모든 사람들에게 신선한 충격을 주었다. 그들이 상해에서 목격한 것은 이제껏 살아온 농경사회, 전통사회와는 차별화된 것이었다. 거리는 바둑판처럼 반듯하게 정리되었고, 인력거나 우마차가 자동차로 바뀌고, 어둡던 도시에는 가스등이 설치되었고, 모든 물질문명이 급속하게 바뀌어가고 있었다. 1847년 상해를 찾은 왕도(王韜)는 서양인들과 통상을 시작하면서 시국이 일변한 상해의

52) 「植民的國民としての日本人」, 『中央公論』 第18券 第6號(明治 36/1903, 6), 7~8쪽 ; 박지향, 「근대에서 반(反)근대로」, 『영국연구』 제9호(2003), 155쪽 재인용.

모습을 다음과 같이 형용하였다.

> 황포강으로 들어서자 분위기가 확연히 달라졌다. 배 위에서 멀리 내다보니
> 안개 어스럼한 드넓은 수면에는 돛대가 빽빽이 엇가려 있었다. 강변 일대로는
> 모두 서양인들의 집이었는데, 누각은 높고 건물은 화려하였다.53)

1862년에는 일본의 관원과 무사, 상인 등 51명을 태운 천세환(千歲
丸)이라는 영국식 범선이 상해에 입항하였다. 1853년 페리제독이 이끌
고 온 흑선(黑船)에 의해 강제 개항할 수밖에 없었던 일본은 서양화를
통한 개혁과 대외무역을 통해 부국강병의 기초를 쌓고자 했다. 일본
은 개국 이래 영국을 최상의 문명국으로, 그리고 근대성의 표징으로
간주54)하였기 때문에 영국인의 주도로 비약적인 성장을 이룬 상해의
발전을 참고하고자 하였던 것이다. 시찰단에 참가한 젊은 사무라이
다카스기 신사쿠(高杉晉作)의 눈에 비친 상해는 이미 서양문명이 팽배
한 구라파였다.

> 이곳은 중국에서 제일 번성한 항구이다. 구라파(歐羅巴) 여러 나라의 상선과
> 군함 수천척이 정박하였고, 돛대는 빽빽한 삼림처럼 항구를 매울 듯하였다. 육
> 상에 늘어선 여러 나라 상관(商館)의 회칠한 벽은 천척(千尺)이나 되어 마치 城
> 閣(성각)과도 같았다. 그 광대하고 엄렬(嚴烈)함은 붓과 종이로 다 드러낼 수
> 없었다.55)

황포강변에 건설된 새로운 상해의 모습을 목격한 일본사람들은 이

53) 王韜, 『漫遊隨錄』(湖南人民出版社, 1982), 50쪽.
54) 박지향, 「근대에서 반(反)근대로」, 『영국연구』 제9호(2003), 135쪽.
55) 陳祖恩, 『上海的日本文化地圖』(上海錦繡文章出版社, 2010), 7쪽.

곳을 아시아의 '구라파'라고 불렸고, 큰 바다 동쪽에서 온 일본인을 다시 접하게 된 상해인들은 그들을 "동양인(東洋人)"이라는 새로운 호칭으로 부르기 시작하였다. 상해는 동양인의 눈에 비친 동방의 구라파였던 것이다.

일본을 통해 서양의 근대문화를 접하게 된 조선인들에게 있어 영국은 최상의 문명국으로 받아들여졌다. 갑신정변(甲申政變) 이후 신변의 위협을 느낀 개화파 윤치호는 "상해로 가 학교에 머물면서 양인(洋人)과 더불어 상종하고 학예를 익히고자" 나가사키를 경유하여 1885년 1월 26일 아침 상해에 도착했다. 그가 목도한 상해는 "높고 큰 집, 양행과 상점이 즐비하여 가히 구경할 만하다. 한번 보아서는 능히 기억할 수 없는 곳으로 가히 동양의 큰 도시라고 할만"한 곳이었다.[56] 19세기 말 일정한 시간을 격하고 상해라는 도시를 처음 찾은 중국과 일본, 조선의 지식인의 눈에 비친 상해는 쇠락하는 제국의 항구가 아니라 동양의 구라파였다.

20세기에 접어들면서 영국조계의 중심은 사마로라고 불린 복주로에서 대마로라 불리는 남경로로 옮겨갔고,[57] 오늘날 우리가 보고 있는 외탄과 남경로의 웅장한 건물들이 새롭게 건설되기 시작하였다. 외탄이 식민권력과 금융의 본거지로서의 이미지를 완성해 갔다면, 외탄으로부터 서쪽으로 쭉 뻗은 남경로는 바로 상업의 장-'십리양장(十里洋場)'으로 발전하였다. 상해 혜령전문학원(惠靈專門學院) 중문과를

<hr>

56) 윤치호, 송병기역, 『국역 윤치호일기』(연세대학교 출판부, 2011), 232~233쪽.
57) "대개 英租界(영조계)가 상해의 으뜸이고, 四馬路(사마로)가 영조계 중에서도 으뜸이니 이 때문에 유력하는 사람들이 모두 사마로를 칭송하는 것이다. 내가 상해를 유력해보니 (체험해보아야 할 것이) 사마로 외에도 8가지가 더 있다. 희관(戱館), 書場(서장), 酒樓(주루), 茶室(차실), 煙間(연간), 馬車(마차), 花園(화원), 堂子(당자)가 바로 그것이다." 池志澂, 「滬游夢影」, 156쪽.

졸업하고, 1921년부터 일본인이 간행한 상해매일신문(上海日日新聞)'
에서 기자생활을 시작한 최독견은 한국인들에게 변모하는 상해의 모
습을 '동양의 런던'이라 소개하였다.

> 이곳은 상해란다. 동양의 런돈./ 그 무엇 가르쳐 일홈함인가./ 꿩장한 부두
> 의 출입하는 배(舟)/ 꼬리를 맛무러 빗살 박히듯/ 南京路(남경로)의 화려한 져
> 건물들라/ 黃浦灘(황포탄)길이 튼튼한 져 쇠집들은/ 은행이 아니면 회사라 한
> 다./ 아—동양 제일 무역항 이로 알괴라.[58]

  '동양의 런던' 상해가 가진 가장 중요한 이미지는 바로 해항도시라
는 것이었다. 황포강변에 즐비하게 들어선 여러 나라 양행의 부두, 꼬
리에 꼬리를 물고 항구에 출입하는 각국의 상선, 황포강에 정박 중인
열강의 군함들. 황포강변과 남경로에 새롭게 지어지고 있는 '신고전주
의 양식'의 은행과 양행 건물들을 통해 최독견은 상해를 대영제국의
권위를 드러내는 식민지 항구도시, 동양 제일의 무역항, '동양의 런던'
으로 받아들인 것이다.
  최독견이 기자생활을 시작했던 1921년 홍콩상해은행은 원 건물을
헐고 새로운 사옥을 짓기 시작했다. 그가 「上海雜感」이라는 시를 발표
한 1923년, 25개월이라는 오랜 공사기간 끝에 화강석으로 외장을 마감
한 "황포탄길이 튼튼한 져 쇠집"이 준공된 것이다. 최독견은 홍콩상해
은행의 건설과정을 처음부터 지켜보았을 것이다. 이 은행건물이 설계
에서부터 실제 사용상에 이르기까지 엄격한 종족 분리를 관철하고 있
고, 은행의 대형 영업장을 이용할 수 있는 사람들은 외국인 기업과 외
국인들로만 제한되었다는 것을 알고 있었을 것이다. 또한 중국 상인

58) 張獨山, 「上海雜感」, 『개벽』 제32호(1923).

들과 저금을 하려는 일반 대중들은 복주로(福州路)에 있는 매판간(買辦間)까지 가야만 은행 업무를 처리할 수 있다[59]는 사실도 경험했을 것이다.

최독견이 인식했던 '동양의 런던'이란 바로 대영제국의 영광을 구현하고, 엄격한 종족 분리가 이루어지는 제국의 무역항이었다. 그의 날카로운 시각은 "은행이 아니면 회사"에서 바쁘게 움직이는 외국인과 중국인의 일상으로 옮아갔다.

전차와 자동차 밤낮 달니고/ 인력거 마차는 끈일 새 업다./ 전화와 전보기에 불이 생기고/타자기 주판 소래 귀가 압흐다./ 200만 인구가 다 떠러난 듯/ 낫잠 자고 바둑 두는 자/ 하나 업는 듯/ 이것이 과연 산 도회이다.

제국주의자들에게 조차되어 세계적인 무역항으로 성장한 상해의 일상은 전화와 전보라는 근대적인 통신수단을 통해 런던과 뉴욕의 주식시장, 면화시장과 연결되어져 있었다. 실틈 없이 들어오는 세계 각국의 산업정보를 정리하는 타자기소리, 중국의 화폐를 영국의 파운드로 환산하는 주판소리가 온 도시를 덮었다. 모순은 '1930년, 중국의 로맨스'라는 부제가 달린『子夜』를 통해 최독견의 이야기를 더욱 형상적으로 보여주고 있다.

증권거래소는 청과물시장보다도 훨씬 떠들썩했다. 꽉 들어찬 사람들로 거래소 안은 질식할 것 같은 땀 냄새가 가득 찼다. ……테이블을 두드리는 사람, 전화통을 붙들고 있는 사람들의 얼굴이 벌겋게 달아있었다. 그들은 손을 쳐들고 입을 크게 벌리며 외쳐 댔다. 칠팔십 여명 되는 중개업자, 그들의 보조원들 백

59) 侯幼彬,「주택과 공공건축」, 한동수 편역,『중국 근대건축』(발언, 1994), 192쪽 참고.

여 명, 그리고 무수한 투기꾼들이 숫자를 외치는 와자지껄한 소리가 마치 천둥치는 소리 같아서 어느 누구의 귀에도 확실히 들리지 않았다.[60]

1928년 상해를 방문했던 요코미쓰 리이치는 『上海』를 통해 최독견과 모순이 언급한 증권거래소와 주식시장을 뒤덮은 전화 내용을 우리에게 알려 주고 있다.

> 브로커들의 마차는 떼를 지어 일본과 영국의 은행 사이를 분주하게 오갔다. 금 시세가 동과 은 위에서 급등했다. 그러자 산키의 펜은 파운드의 환산에 피곤해지지 시작했다. …… 포르투갈인 타이피스트가 맨체스터 시장에서 온 보고문을 치고 있다. 게시판에서는 강풍 때문에 쌀과 목화의 시세가 오르기 시작했다. 리버풀의 목화 시장이 봄베이 삿타 시장에 의해 유지되었다. 산키가 있는 영업부에서는 인도의 이 두 목화 소시장의 변화를 지켜보는 것이 최대의 임무였다.[61]

상해의 경제는 국제 금융시장과 직결되어 있었고, 상해의 증권거래소 주변에서는 "내가 바로 금값이 비싸고 은값이 싸서 손해 본 사람이요. 성냥을 만드는 원료들, 화학약품, 나무, 상자값, 이 모두가 외국으로부터 수입하는 것들인데, 금값이 오르면 원료값도 따라 오르니 내가 무슨 이익이 있겠소?"[62]라고 하소연 하는 기업인이 속출하였다. 면 방직업에서 시작한 영국의 산업은 인도를 넘어 상해에서 꽃을 피우고 있었지만, 면 방직업을 상해의 대표적인 산업으로 성장시킨 일본기업과 중국민족자본에 맞서 치열한 경쟁을 펼쳐야만 했다. 값싸고 질 좋은 원료를 확보하는 것이 승패의 가름길이 되었다. 세계 각국에서 생

---

[60] 茅盾, 김하림 역, 『칠흑같이 어두운 밤도(子夜)』(한울, 1997), 304쪽.
[61] 요코미쓰 리이치, 김옥희 역, 『上海』(小花, 1999), 122~123쪽.
[62] 茅盾, 김하림 역, 『칠흑같이 어두운 밤도(子夜)』(한울, 1997), 45쪽.

산된 원자재가 모여드는 상해는 국제적인 무역항이자 산업의 중심으로 발전하였다. 리버풀의 목화시장도 상해의 목화시장도 모두 영국의 식민지인 인도의 목화시장에 의해 결정되었고, 영국의 은행들은 동양의 통화를 지배하고 장악하고 있었다.

> 각색 인종 모혀드러 제 힘 자랑해/ 金力(금력)으로 腕力(완력)으로 그 다음 武力(무력)/ 물밀 듯 하도다 생존경쟁이/ 弱肉强食時代遲(약육강식시대지)의 말 아직 적용해/ 뭇노라 이 땅 주인 그 누구인가? / 아_늙은 집주인 공손히 손 揖(읍)하고서/ 왼통 드러 밧첫도다 黃毛鬼(황모귀)의 게/ 알괴라 이 땅 주인 그 누구임을.

서구열강에 힘없이 무너져간 청나라를 대신해 일본을 동양적 근대의 모델로 받아들였던 조선의 많은 지식인들. 그들은 일본인들이 서양문화의 중심이라 여겼던 영국의 모습을 상해의 공공조계에서 찾고자 했을지도 모른다. 하지만 그들이 상해에서 목격한 '동양의 런던'은 결코 그들의 이상향이 될 수 없다는 사실을 확인할 수밖에 없었다. 상해라는 공간은 중국인뿐만 아니라 열강에 국권을 빼앗긴 모든 지식인들에게 제국주의와 약육강식의 새로운 세계질서를 학습하는 공간이었던 것이다. 최독견은 프랑스공원에서 "내가 빌닌 내 땅 안에셔/ 내 옷 입고 드러가면 追出(추출)을 당해/ 아_가슴에 피고인다 노쇠한 집주인"이라고 적었다. 많은 조선인들은 "중국인과 개는 입장할 수 없다"는 경고문이 내걸린 외탄공원에서 가슴에 피가 맺힌 이 땅의 주인을 생각하며 그들을 대신해 분노하고 동정하였다. 조선의 지식인들은 상해에서 이미 일본의 식민지가 되어버린 조선을 떠올리게 되었을 것이다.

4. 나오는 말

상해의 근대화와 도시화는 조계라는 특별한 사회구조와 밀접한 관련을 가지고 있다. 상해연구자 웅월지(雄月之)는 공공조계가 외탄에 동양 최대의 금융무역중심을 건설하고 많은 현대 공업기업을 설립하였다면, 프랑스조계는 우월한 인문사상과 '해납백천(海納百川)'의 문화 풍격에 중요한 영향을 끼쳤다고 개괄하였다. 상해를 찾은 많은 외국인들은 공공조계와 프랑스조계가 보여주는 서로 다른 풍격을 '동방의 파리', '서방의 뉴욕', '동양의 런던'이라는 이름으로 이미지화하였다.

영국은 상해의 근대화와 도시화에 결정적인 역할을 담당했고, 외탄에 신고전주의 양식의 웅장한 건축물들을 세워 런던과도 같은 스카이 라인을 형성했다는 사실은 상해연구자들뿐만 아니라 일반인들도 인정하는 객관적인 역사이다. 하지만 그들은 근대시기의 역사적 유물이 만들어낸 도시 이미지를 '동방의 파리'라고 부르지 '동양의 런던'이라고 부르지 않았다. 본문은 상해의 도시 발전에 있어 영국이 끼친 공로를 인정하면서도 '동양의 런던'이라는 이미지를 기피하는 중국인의 이중적인 태도를 이해하고자 하는 소박한 목적에서 시작되었다.

1920년대 영국인의 자본에 의해 건설된 홍콩상행은행이나 세관건물은 지금도 상해의 외탄을 대표하는 가장 아름다운 근대건축물로 평가되고 있다. 건축연구자들도 황포강변의 전체적인 경관은 파리의 세느강변보다 런던의 템스강변과 더욱 유사한 분위기를 연출한다고 평가한다. 그런데 중국인들은 외탄을 '동양의 런던'이라 부르지 않는다. 그 이유는 중국인의 근대사와 연관된 영국에 대한 인식에서 찾을 수 있을 것 같다.

1840년 아편전쟁, 남경조약, 상해의 개항과 조계의 설치, 공공조계의 탄생 등, 중국인들은 이 모든 불행한 사건의 가해자가 영국이었다고 인식한다. 실제 영국은 공공조계거류민의 자치조직인 공부국을 통해 조계를 반환할 때까지 실질적인 지배를 실시했다. 영국인에 의해 주도되었던 공부국은 영국의 국익을 지키고, 제국의 '모범식민지'에서 효과적인 행정을 펼치고 있음을 과시하고, 자국민의 편의를 위해 중국인과의 충돌과 갈등을 피하지 않았다. 영국인들은 공부국 운영에 참가하려는 중국인들의 정당한 권리를 묵살하였다. 또한 영국인과 공부국은 중국인을 포함한 거류민납세자들의 세금으로 건설한 외탄공원에 "개와 중국인의 출입을 금한다"라는 푯말을 세워 중국인에게 지울 수 없는 자존심의 상처와 모멸감을 주었다. 외탄공원으로 상징되는 공공조계는 중국인의 가슴속 깊은 곳에서 민족의 자존을 짓밟힌 치욕의 장소로 각인되었던 것이다.

또한 대영제국의 자본을 대변하는 공부국은 공공건물, 은행건물, 양행건물들을 통해 상해에 런던과도 같은 도시 이미지를 구축하였다. 하지만 외탄에 들어선 은행건물들은 설계에서부터 실제 사용상에 이르기까지 엄격한 종족 분리를 관철하고 있고, 은행의 대형 영업장을 이용할 수 있는 사람들은 외국인 기업과 외국인들로만 제한되어 있었다. 뿐만 아니라 세계의 금융시장과 산업시장을 제패하고 있던 영국과 미국은 중국민족자본의 성장을 방해하고 있었다. 때문에 30년대의 중국인들은 상해에서 "여러 종류의 사람들이 벌이는 경쟁, 혼란함, 번잡함과 교활함은 제국주의 식민지의 위풍당당한 기세를 대표하는 것"으로 받아들이고 있었다. 또한 '동양의 런던'이라는 이미지 속에는 이미 일본의 그림자가 일정정도 투영되어져 있었다.

그러면 중국인들은 왜 '동방의 파리'라는 이미지를 선호하는 것일까? 건축사나 도시사에 있어 19세기 이후 모든 근대 도시들의 전형으

로 여겨졌던 것은 런던이 아니라 파리였다. 나폴레옹 3세와 조르주-
위젠 오스만 남작의 계획으로 이뤄진 재개발사업의 결과로 파리는 다
른 어떤 도시도 가지지 못한 거대함과 규모를 지니게 되었다. 다른 도
시들은 그것을 모방하고자 노력했다.[63] 그러므로 '동방의 파리'라는
호칭과 이미지는 당시 상해가 갖는 국제적인 지위를 강조하는 것이
자, 서구인의 일반화된 상상 속에서 상해를 구미의 근대 도시와 관련
짓고 있음을 드러낸다고 할 것이다. 때문에 중국인들이 외탄에 건설
된 근대적인 도시를 '동양의 파리'라고 부르기를 좋아했던 것은 1930
년대 이미 세계 6대 도시 중의 하나로서 성장한 상해에 대한 그들의
자부심을 드러낸다고 할 수 있을 것이다.

외탄공원으로 상징되는 공공조계의 외탄은 중국인들의 내면 깊은
곳에서 불행한 근대사와 식민지화된 민족의 비애를 드러내는 상징으
로 자리 잡았을 것이다. 때문에 1920~30년대 중국인의 노력으로 일
구어낸 상해의 경제적, 문화적 번성을 결코 '동양의 런던'이라는 이미
지와 결부시킬 수 없었을 것이다. 혁명에 성공한 중국공산당이 치욕
의 공간 '외탄공원'에 아편전쟁과 5·4운동, 해방전쟁에서 희생된 인민
영웅을 기리는 기념탑을 세워 불행했던 근대의 역사를 바로 세우고자
했던 것에서도 그들의 역사인식을 엿볼 수 있을 것이다.

---

[63] 마크 기로워드, 민유기 역, 『도시와 인간』(책과 함께, 2009), 448쪽.

제4부

해항도시 상해의 한국인

1장: 상해 이주 한국인의 삶과 기억

1. 들어가며

일본제국주의에 의해 영토를 강제점령당한 지 100년이 지났다. 일제강점기는 우리민족의 정통성과 역사, 문화 등 모든 방면에 깊은 상처를 남겼을 뿐만 아니라 많은 한국인들이 해외로 이주하게 되는 주요한 원인이 되었다. 당시에는 "쪽바리 한 놈이 들어오면 30명의 조선인이 나라에서 쫓겨났다"라는 말이 있었다고 한다. 그 결과 1945년 8·15광복 당시의 재외 한국인 수는 약 500만 명으로, 당시 국내 총인구의 약 1/6에 해당되었다.[1] 광복과 함께 일제강점기에 해외로 이주했던 많은 사람들이 부산항과 인천항을 통해 조국으로 귀환하였지만 끝내 고국으로 돌아오지 못하고 현지에 남은 사람들은 지금도 한국의 전통과 문화를 지키며 살아가는 교포사회를 형성하고 있다.

일제강점기 일본의 이민권장정책이나 강제징용으로 일본이나 만주, 남양(南洋) 등지로 끌려간 사람들 외에 자발적 이민을 선택했던 교민들은 항일독립투쟁을 위해 망명한 사람, 보다 낳은 삶을 찾기 위해 이주를 선택한 사람, 새로운 학문을 접하기 위해 떠난 사람 등 그 목적

---

[1] 그 중 일본에 210만 명, 만주에 200만 명, 소련에 20만 명, 중국 본토에 10만 명, 미국과 기타 나라에 3만 명이 있었다. 두산백과사전, http://www.encyber.com

이 서로 달랐다. 하지만, 일제강점기 한국인의 해외 이주가 국권상실이라는 특수한 원인에 기인하는 바가 컸기 때문에 대부분의 해외 이주는 항일독립운동과 직간접인 관계를 가지고 있었다. 항일독립운동과 가장 직접적인 관계를 지니고 있는 이주 지역은 상해와 만주를 들 수 있을 것이다.[2] 특히 새롭게 세계적인 해항도시로 성장하고 있던 상해는 대한민국임시정부가 10여 년 동안이나 둥지를 틀었던 도시였기 때문에 독립운동에 뜻을 둔 많은 사람들이 이주한 공간이 되었다.

한인들이 찾은 상해는 전 세계 50여 개 이상의 국가에서 이주해온 각양각색의 인종을 수용하고 있는 코즈모폴리턴적인 성격을 띤 이민자의 도시였다. 상해는 황금을 쫓아 이주한 사람들에게는 '모험가의 천국'이었고, 서구의 문물을 동경하던 사람들에게는 '동방의 파리' 혹은 '동양의 런던'이었으며, 혁명을 꿈꾸던 민족주의자나 사회주의자들에게는 '자유의 도시, 혁명의 이상향'이기도 했다. 조국의 광복을 위해 상해를 찾은 많은 한국인들은 이곳이 백의민족에게 모국의 어둠을 헤치고 봄날의 새로운 서광을 가져다 줄 수 있는 곳이라 생각했다.[3] 때문에 한국인들은 이질적인 집단과 문화가 교직되어 형성된 상해의 도시환경 속에서도 상당히 특별한 집단문화를 형성하게 되었다. 그들은 대한민국임시정부를 중심으로 교민사회를 형성하고 각종 단체와 민족학교를 중심으로 모여 해항도시 상해에서 조국의 광복을 꿈꾸었다.

---

[2] 무력항쟁이나 빨치산을 운동을 통해 조국의 광복을 추구하던 투사들이 간도나 만주로 옮겨 갔던 것과 달리, 상해로 이주한 세력은 민주계몽을 추구하던 팀이 주축이었다.

[3] "상해! 상해! 흰 옷을 입은 무리들이 그 당시에 얼마나 정다이 부르던 도회였던고! 모든 우리의 억울과 불평이 그 곳의 안테나를 통하여 온 세계에 방송되는 듯하였고, 이 땅의 어둠을 헤쳐 봄 새로운 서광도 그 곳으로부터 비치어 올 듯이 믿어보지도 않았었던가!" 심훈, 「東方의 愛人」, 『일제 강점기 항일독립투쟁소설선집』(계명대학교출판부, 1989).

당시 "모든 조선인들은 오로지 두 가지를 열망하고 있었다. 독립과 민주주의. 실제로 그것은 오직 한 가지만을 원하는 것이었다. 자유. 자유란 말은 자유를 알지 못하는 사람들한테는 금덩어리처럼 생각되는 것이다. 어떤 종류의 자유든 조선인에게는 신성한 것으로 보였던 것이다. 그들은 일제의 압제로부터의 자유, 결혼과 연애의 자유, 정상적이고 행복한 삶을 살아갈 자유, 자기 삶을 스스로 규정할 자유를 원했다."[4] 상해 한인사회의 주요 구성원이었던 독립운동가, 정치인, 학생 등은 자신이 선택한 자유의 도시 상해에서 자유를 위해 투쟁하였다. 그리고 상해에 대한 소개와 함께 상해에서 겪게 되는 희망과 번뇌와 좌절을 기록하였다. 이 글들은 다시 고국의 『開闢』[5], 『三千里』[6], 『別乾坤』[7], 『東光』[8] 등과 같은 잡지와 각종 일간지에 소개되어 일제의

---

4) 님 웨일스 · 김산, 『아리랑』(동녘, 2009), 190~191쪽.

5) 『開闢』은 3 · 1운동 이후 천도교를 배경으로 발행된 월간 종합지이다. 일제에 대한 항쟁을 그 기본노선으로 삼았고, 그러한 투쟁을 효과적으로 수행하기 위하여 평등주의에 입각한 사회개조와 민족문화의 창달을 표방하였다. 1920년 6월 25일에 발행된 창간호가 일제 총독의 비위에 거슬린다 하여 압수되었고, 이틀 후인 27일에 발행된 호외(號外)도 역시 일제 당국의 기휘(忌諱)로 압수되어, 부득이 사흘 후인 30일에 다시 임시호를 발행하였다. 『開闢』지는 발행기간 중 발매금지(압수) 34회, 정간 1회, 벌금 1회의 수난을 당하고, 1926년 8월 1일에 발행된 72호를 끝으로 강제 폐간되었다.

6) 『三千里』는 1929년 창간한 취미 중심의 월간 교양잡지. 편집인 겸 발행인은 김동환(金東煥)이다. 1942년 7월에 폐간되었다. 주로 '가십란'에 치중하여 호기심을 끌 만한 특종을 잘 포착하여 지상에 곧 반영시켰다. 내용이 빈약하였고, 무엇보다 친일적 성격이 강하였다. 초기에는 민족적 입장을 취하였으나 1937년 이후 친일파 · 민족반역자를 등장시켜 반민족적 잡지로 전락하였으며, 끝내는 친일잡지로서 이름을 『대동아』로 바꾸었다.

7) 『別乾坤』은 『개벽』이 1926년 8월 강제 폐간 당한 이후 개벽사에서 그 뒤를 이어 내놓은 종합잡지로 1926년 11월 창간되었다. 그 창간호 여언(餘言)에, 취미라고 무책임한 독물(讀物)만을 늘어놓는다든지, 혹은 방탕한 오락물만을 기사로 쓴다든지 하는 등 비열한 정서를 조장해서는 안 될 뿐만 아니라, 그러한 취미는 할 수 있는 대로 박멸하기 위해서 '우리는 이 취미잡지를 시작하였다.'라고 하여, 그

감시와 억압 속에서 자유를 꿈꾸던 젊은이의 마음을 흔들어 놓았다.

본장에서는 일제 강점기 국내에서 발간된 잡지와 신문기사들 속에서 이역의 흙을 처음 밟은 한인들이 국제도시 상해에 대해 가졌던 호기심과 선망, 넓은 남국의 대륙에서 받은 문화적 충격과 방황, 세계 각국의 사람들과 부대끼며 찾고자 했던 정체성 등 상해 한인사회의 흔적들을 조합하여 그 한 단면을 형상화하고자 한다. 이를 통해 임시정부의 활동과 독립운동을 중심으로 진행된 기존의 연구성과를 보충할 수 있기를 기대한다. 나아가 다양한 나라, 복잡한 계층, 서로 다른 목적을 지니고 이주해온 사람들을 모두 받아들일 수 있었던 상해의 다양성과 포용성을 통해 해항도시가 갖는 의미를 다시 한 번 생각해 보고자 한다.

2. 한인들의 눈에 비친 상해

1883년 나가사키-부산-인천-상해를 연결하는 증기선의 취항으로 상해의 다양한 신문물이나 신문화가 조선 사회로 유입되었고, 사람들

발간의 취지를 밝히고 있다. 1930년대를 전후하여 '삼천리'와 더불어 대중지의 쌍벽을 이루었다.

8) 『東光』은 1920∼1930년대 국내 민족주의계열의 주요세력인 흥사단을 배경으로 주요한(朱耀翰)이 편집·발행한 월간 종합지. 1926년 5월 창간, 1933년 1월 통권 제40호로 강제 폐간되었다. 이중 제3호(26년 7월호)는 원고 검열로 말미암아 간행되지 못했으며, 1927년 8월 통권 제16호로 휴간되었다. 1931년 1월 속간된 통권 제17호에는 이광수(李光洙)의 속간사가 실렸는데, 여기서 이광수는 〈무실역행(務實力行)〉을 강조하고 〈시국에 대한 정확한 이해와 타당한 비판을 가질 것〉 등의 10대 강령을 제시하였다. 『東光』은 철저하게 민족주의 사상을 표방하였고, 문예면에 많은 지면을 할애하는 등 현대문학 발전에 크게 공헌하였다.

은 상해에 대한 동경을 가지게 되었다. 일본제국주의에게 강점된 조국은 자유를 꿈꾸는 이에겐 감옥과도 같았다. 일제의 감시와 압제로부터 자유를 찾기 위해, 빼앗긴 주권을 회복하기 위해 많은 한국인들은 상해를 망명지로 선택했다. 상해에 도착한 한인들은 세계 각국 사람들이 모여 있고, 세계 각국의 말을 들을 수 있었던 혼종의 공간, 개방의 공간, 자유의 공간 상해에서 서양의 물질문명과 서방제국주의를 직접 몸으로 경험하기 시작하였다.

1) 국제도시 상해

한인들이 언제부터 상해를 출입했는지에 대한 정확한 자료는 남아 있지 않다. 하지만 1894년 3월 일본에 망명 중이던 개화파 지도자 김옥균(金玉均)이 상해 동화양행(東和洋行)에서 홍종우(洪鍾宇)에게 살해당했다는 소식이 국내에 알려지면서 상해는 망명과 애수의 땅으로 기억되었다. 조선과 일본에서 정치적 좌절을 경험한 김옥균은 주위의 만류에도 불구하고 상해로 건너가 당시 중국의 실권자 이홍장(李鴻章)을 만나 동아시아의 대사를 논하고, 조선을 개혁할 방안을 찾고자 한 것이다. 근대 초기 개화파 김옥균과 윤치호(尹致昊)에게 있어 상해가 망명의 땅이었듯, 1920년대 조선 독립을 위해 일본과 싸웠던 식민지 조선의 지식인들에게도 상해는 망명지가 되었다.

1919년 상해에 대한민국임시정부가 수립되기 전, 상해 한인사회 형성을 주도했던 인물 중의 한 사람은 몽양(夢陽) 여운형(呂運亨)이었다. 1913년 일제가 조작해낸 사이토 총독 암살 음모사건(일명 105인 사건)에 연루된 여운형은 선교사의 도움을 받아 잠시 서간도(西間道)로 몸을 피했다. 그곳에서 신흥무관학교(新興武官學校)를 방문한 후 여운형은 국외에서의 독립운동의 필요성을 절감하고 1914년 28살의 나이로 중국으로 유학길에 올랐다. 여운형은 자서전을 통해 만주나 간도가 아닌 상해를 망명지로 선택한 이유를 밝히고 있다. 그의 선택은 당시 한국의 지식인들이 상해를 어떻게 인식하고 있었는지 보여주는 좋은 자료이다.

> 　서간도 일대로 말하면 토지가 광막하고 한편으로 露西亞(러시아)를 끼고 잇어서 무슨 큰 일이든지 이르킬 무대로는 조치만은 교통이 심히 불편하다. 그러기에 세계 대세를 따저볼 때에는 장차 시국에 관심을 가진 자일진대 문화가 압서고 인문이 개발되엇고 또 교통이 편하야 策源地(책원지)로써 가장 갑이 잇는 상해 남경 등지가 조흐리라고 단정하엿든 것이다.[9]

　망명지로 만주(滿洲)와 남지나(南支那)를 두고 고민하던 여운형은 장차 조국의 운명이 일본, 미국, 중국과의 국제관계에 의해 결정되리라는 것을 예견하였다. 때문에 그는 편벽한 만주 대신, 교통이 편리하고 각국의 정보와 중요 인물들을 빨리 접할 수 있는 해항도시 상해와 남경을 망명지로 결정한 것이다. 여운형은 국외의 동정을 살피고, 그들의 문화를 이해하는 것이 중요하다고 판단하여 동생 여운홍(呂運弘)을 미국으로, 사촌동생 여운일(呂運一)을 일본으로 유학 보내고, 자신은 남경 금릉대학(金陵大學) 영문과에 입학하여 외국어를 학습하기로 결심하였다. 무력항쟁이나 의병활동 보다 민주계몽과 외교적인 수단을 통해 한국의 국제정의를 보장받음으로서 독립을 추구하고자 했던 많은 지식인들이 상해로 모여든 이유는 여운형이 상해에 대해 가졌던 이해와 크게 다르지 않았다.

---

9) 여운형, 「나의 上海時代, 自敍傳 第二」, 『삼천리』 제4권 제10호(1932년 10월).

그들이 찾은 상해는 과연 동양 최대의 상업 항구였을 뿐만 아니라 새로운 과학과 기술, 종교와 문화, 사상과 예술, 온 세상의 정보가 모여드는 국제적인 도시였다.

상해는 소위 五方雜處(오방잡처)의 區(구)로 世界要津(세계요진)의 一(일)이며 중국 최대의 商港(상항)됨은 만인이 共知(공지)하는 바이엇다. 然(연)이나 상해의 支那(지나)의 정치상에 대한 지위 지나의 장래 운명 及(급) 文化(문화)에 대한 可能的支配力(가능적지배력)등의 제문제에 至(지)하야는 世人(세인)이 此(차)를 간과하는 점이 有(유)하나 연이나 학술사조등 문화적영향이 상해를 통하야 지나에 급하는 세력은 실로 적지 안이하야 상해는 지나문화의 중심으로 볼 수 잇다. 상해는 지나의 歐洲(구주), 米國(미국), 濠洲(호주), 印度(인도)등의 제대륙 제지방을 결부한 중심지로 교통기관은 단히 물질뿐 안이라 지식감정사상 및 정치적 영향 문화적 세력등을 운반하는 중요처이엇다.[10]

상해라는 해항도시는 단순히 상업항의 역할만을 수행한 것이 아니었다. 당시 많은 사람들이 간과하고 있었지만 서구나 일본에서 수입되는 선진적인 학술사조 등은 대부분 상해를 통해 전 중국으로 파급되어 나갔다. 세계 각 대륙 각 해항도시와 연결된 상해의 해양네트워크는 단순히 상품을 실어 나르는 통로만이 아니라 지식, 감정, 사상, 문화를 소통시키는 역할을 담당하고 있었다. 유럽인과 미주인의 내왕이 잦고 외국인 거주자가 많아 국제적인 정보수집과 여론형성이 용이하다는 상해의 정치적, 외교적 장점에 관심을 가진 여운형의 선택은 정확했다.

1919년 초 동경에서 "조선의 독립국임과 조선인의 자주민임을 선언"하고, "최후의 일인까지 최후의 일각까지 민족의 정당한 의사를 쾌히

---

10) 上海寓客, 「上海의 解剖」, 『개벽』 제3호(1920년 8월).

발표하라"며 민족의 궐기를 촉구하는 「2·8 독립선언서」를 기초했던 춘원(春園) 이광수(李光洙)는 2월 3일 상부의 명령을 받고 일본을 떠나 상해로 탈출하였다. 상해에 도착한 이광수는 국제도시 상해의 장점을 십분 이용하여 상해에 지사를 두고 있는 외국 언론사를 통해 "조선의 독립국임과 조선인의 자주민임"을 전 세계에 타전하였다.

> 타이푸라이타— 한 대를 사다노코 영어는 그 중에도 내가 낫다하여 —를 영어로 여러 장 박어서 파리 잇는 웰손이고, 크레만소고, 로이도 쪼-지고 하는 분들에게 전보를 첫다. 그때 상해에는 諸威人(제웨인)이 경영하는 萬國電信局(만국전신국)이 잇섯는데 내가 그 電文(전문)을 가지고 가니 局員(국원)들은 깜작 놀내다가 조곰도 서슴지 안코 곳 전보를 처주엇다. 그 전보비만 720원! 전보가 성공된 것을 보자 나는 다시 도라와 영문으로 기사를 쓰고 거기 부처서 —를 번역하여서 두 벌을 만들어가지고 상해에선 가장 유력한 外字紙(외자지)인 米國系(미국계)의 촤이나푸레쓰와 英國系(영국계)의 字林報(자림보)에 가지고 갓다. 나는 편집국장을 맛나서 불충분한 영어로나마 각종 內地 (내지)정보를 전하고 이 기사를 긔어히 내어달나고 부탁하엿다.[11]

춘원은 만국전신국을 이용해 세계 각처에 조선의 독립국임을 전파하고, 상해에서 발행되는 영자신문을 통해 번역한 「2·8 독립선언서」와 함께 일본에 강점된 조선의 소식을 알리고자 하였다. 같은 해 8월부터 이광수는 주요한(朱耀翰), 조동우(趙東祐) 등과 함께 임시정부의 기관지 『獨立新聞』의 발행을 책임지고 임시정부와 상해 한국인사회를 대변하는 역할을 담당하였다. 『독립신문』이 가장 왕성하게 발행될 때에는 5천 부 정도가 발행되었고, 조선과 중국 본토뿐만 아니라 일본, 미국까지도 발송되었다.[12] 세계 해상교통과 네트워크의 중심지 상해

---

11) 이광수, 「나의 海外 亡命時代」, 『삼천리』 제4권 제1호(1932년 1월).

는 식민지 조선과 전 세계에 흩어져 있는 교민을 연결하는 결절점이었고, 전 세계를 향해 대한민국 독립의 정당성을 발신하는 외교와 정치의 중심지였다.

2) 자유의 도시, 평화의 이상향

근대에 들어 한반도, 월남, 필리핀 등 한 나라의 식민지가 되어버린 아시아 국가들과 달리 상해는 서구제국주의에 의해 조계라는 형식으로 점령당하였다. 일국의 식민지는 식민모국의 이익을 위해 타자의 개입이 배제되어버린 독점적 공간이었다고 한다면, 상해는 영국과 미국을 중심으로 한 공공조계와 프랑스조계를 중심으로 50여 개 국의 사람이 공생하던 중국이지만 중국이 아닌 열린 공간, 자유도시로서의 가능성을 지니고 있었다.

> 상해는 원래— 자유의 도시이며 평화의이상향 이었다. 고로 상해는 東亞(동아)에 在(재)한 경제적 중심지일뿐 아니라 종종 雜多(잡다)의 목적으로써 혹은 경제상 혹은 자유를 愛(애)하는 上世界(상세계) 각처의 人人(인인)이 자유로 출입하는 巢窟(소굴)이 되었다. 그리하야 其等人人(기등인인)의 중에는 각자의 本局(본국)에 대하야 정치적 불만을 抱(포)하고 來(래)한 자가 多(다)하며 從(종)하야 其處(기처)는 종종의 음모를 企(기)하는 자유의 도시로 소위 危險人物(위험인물) 사회의 낙오자 腐敗分子(부패분자)등 잡다의 浪人豪客(낭인호객)이 聚集(취집)하는 점에서 상해는 일면 광명의 도시됨과 동시에 一面(일면) 暗黑(암흑)의 都市(도시)라 하야도 과언이 안이겠다.[13]

---

12) 日本上海史研究會, 『上海人物誌』(東方書店, 1997), 73쪽.
13) 上海寓客, 「上海의 解剖」, 『개벽』 제3호(1920년 8월).

식민의 도시이자 자유의 도시인 상해는 그 성격상 '광명의 도시'와 '암흑의 도시'라는 이중적 성격을 가질 수밖에 없었다. 암흑의 도시 상해는 "현대의 세계가 나흔 일체의 미추선악(美醜善惡)을 강렬한 네온 싸인과 복잡한 음향 속에 교착하고 잇는 동양의 기괴한 大商埠地(대상부지)!"였으며 "19세기와 20세기와 동과 서의 문명의 야합(野合)으로 된 이 동방의 혼혈아의 도회(都會)"였다.[14] 그 암흑 속에서는 서구열강과 일본제국주의뿐만 아니라 청방(靑幇)이나 홍방(紅幇)과 같은 폭력조직이 주인공이었고, 도박과 아편 매음 등 자본주의의 온갖 폐해가 자행되고 있었다.

한편, 상해는 평화의 공간이었다. 1917년 10월 러시아에서는 혁명이 일어나 소비에트 정권이 들어섰다. 보수적이고 반볼셰비키적인 귀족과 대지주, 부르주아 및 그 추종자들인 백계러시아인들은 공산화된 러시아를 떠나 선박을 이용하여 대거 해항도시 상해로 이주해왔다. 1920년대 30년대에는 2만 1,000명에 달하는 러시아인들이 일정한 지역에 집단 거주하기보다는 조계 여기저기에 흩어져 살았다. 그들은 중국인들과 직접적인 교류를 통해 상해에 서구적인 생활문화를 소개하고, 음악과 예술 발전에 많은 영향을 끼쳤다. 1938년을 전후해서는 수많은 유태인들이 상해로 모여들었고, 약 2만 명의 유태인이 프랑스조

---

[14] "中原(중원) 대중의 피와 膏血(고혈)로 싸흔 뻔드 일대의 대건축물의 林立(림립)! 세기말의 頹廢(퇴폐)한 挽歌(만가)를 부르는 환락의 밤의 상해 가두에 군벌혼전과 자본주의의 침입에 쫓겨 농촌으로부터 餓死線上(기아선상) 一夜(일야)의 객을 구하야 헤매이는 인육시장의 淫賣婦(매음부)의 大群(대군)! 수십 종의 황백인종의 亂麻(란마)와 갓흔 넓은 生活部面(생활부면) 속에서 攫人(확인) 강도단의 不絕(불절)한 출몰 공공연한 도박 아편 그리고 오늘 세상에 梁山泊(양산박)의 꿈을 쫓는 靑幇(청방) 紅幇(홍방)의 徒黨(도당) 에나멜 구두를 신은 불량모보 굽놉흔 킷트구두를 신은 모껄의 浮薄(부박)한 딴스, 아메리카 에로 영화에 흘니는 갑산 염가의 눈물!" 홍양명, 「上海風景, 누란 事件」, 『삼천리』 제3권 제12호(1931).

계에 집단촌을 형성하고 생활했다. 2차 세계대전기간에는 유태인에게 여권 없이 이주와 거주의 자유를 부여한 유일한 공간이었기 때문에 상해로 이주한 유태인의 수는 더욱 증가하였다. 비록 중국인들과 별다른 왕래가 없었지만 그들 난민들에게 상해는 평화와 안식의 공간으로 기억되었다. 뿐만 아니라 나라를 잃은 많은 조선인들도 프랑스조계를 중심으로 독자적인 교민사회를 형성하고 있었다.

상해는 자유의 공간이기도 했다. 공공조계와 프랑스조계에서는 중국인 거주지역과는 완전히 다른 사법·행정제도가 시행되고 있었기 때문에 중국 혁명인사들의 주요한 활동무대가 되었다. 신해혁명 이후 상해에는 진보적인 지식인들이 모여 문학과 사상의 개혁운동을 펼쳤다. 1903년 장계(張繼)에 의해 "무정부주의"가 번역된 곳도 상해이며, 도쿄·홍콩과 더불어 혁명출판물의 기지가 된 곳도 이곳이었다. 1921년 프랑스조계의 한 여학교에서 중국공산당창당대회가 개최되어 상해는 중국공산혁명의 시원지가 되었으며, 1927년 4월 12일 국민당에 의한 대대적인 탄압이 있기 전까지 상해를 중심으로 세력을 키워나갔다. 뿐만 아니라 필리핀·인도·베트남 등 동남아 여러 국가의 민족운동세력들도 상해에 모여 연대를 펼쳤다.

한국인들에게도 상해는 사회주의, 무정부주의 등 새로운 정치 사조를 자유롭게 학습하고 수용할 수 있었던 공간이었다. 혁명적인 한인들은 상해를 통해 새로운 사상을 받아들였고, 무정부주의를 꿈꾸는 아나키스트들이 자유롭게 거리를 활보하였다. 그들에게 상해는 근대적 사상적 자유가 넘치는 이상향이기도 하였다. 때문에 일제는 "북미와 하와이 방면에 왕래하고자 하는 조선인으로서 이 지역을 경유하지 않는 자 없을 뿐만 아니라 하와이에서 발행되는 여러 불온 인쇄물 등도 역시 이 지역을 경유하여 조선내로 수입된다.[15]라고 판단하여 상해 한인사회에 대한 감시와 감독을 강화하였다.

심훈은 그의 상해시절을 소재로 한 자전적 소설 「東方의 愛人」 속에서 대한민국 독립운동의 범위를 뛰어 넘어 전 세계의 고통 받는 인민을 위해 투쟁하겠다는 새로운 의지를 밝혔다.

> 남녀간에 맺어지는 연애의 결과는 조그만 보금자리를 얽어 놓는데 지나지 못하고 어버이와 자녀간의 사랑은 핏줄을 이어 나아가는 한낱 情實(정실)관계에 그치고 마는 것입니다. 우리는 보다 더 크고 깊고 변함이 없는 사랑 가운데 살아야 하겠습니다. 그러려면 우리 民族(민족)과 같은 계급에 처한 남녀 노소가 사랑에 겨워 껴안고 몸부릴칠 만한 새로운 공통된 애인을 발견치 않고는 견디지 못할 것입니다.[16]

심훈은 국내에서 독립운동을 하다가 상해로 망명한 두 주인공을 통해 "무슨 파 무슨 파를 갈라 가지고 싸움질을 하는" 당파적 분열상을 비판하고, "삼천리 강토"니 "이천만 동포"니 하는 협애한 민족주의를 넘어, 전 세계의 무산대중을 행복하게 할 수 있는 새로운 "공통된 애인", 즉 사회주의 혁명의 길에 나서겠다는 자신의 사상적 변화를 밝힌 것이다. 소설 『아리랑』의 주인공 김산은 상해에서 경험한 자기 사상의 전변과정을 다음과 같이 적고 있다.

> 1920년 상하이에 도착했을 당시, 나는 약간의 무정부주의적 경향을 가진 한 명의 민족주의자일 뿐이었다. 나는 온갖 종류의 사람들을 만났으며 제반 정치사상과 논리가 서로 각축하는 소용돌이 속에 휘말렸다. 처음에는 자연히 민족주의자 문화그룹에 들어갔으며, 그 후 어느 정도 공부와 관찰을 하고 나자 테

15) 『한국독립운동자료사』 3, 자료출처: 국사편찬위원회 한국사데이터베이스.
16) 심훈(1931), 「東方의 愛人」, 『일제 강점기 항일독립투쟁소설 선집』(계명대학교 출판부, 1989), 161쪽.

러리스트와 무정부부주의자들에게 기울었다. 그것은 민족주의자의 강령이 무기력하다고 느꼈기 때문이다. 공산주의 운동은 이제 막 싹트고 있었으므로 나는 마르크스시즘에 대해서 별로 몰랐으며 레닌주의에 대해서는 전혀 몰랐다.

3) 이민의 도시

인천이나 부산에서 배를 타든, 만주를 거쳐 중국 안동현(安東縣, 현 丹東), 천진(天津), 대련(大連)에서 윤선(輪船)을 타든, 일본에서 우선(郵船)을 타든 바닷길을 통해 상해로 망명한 한국인들을 반기는 것은 양자강과 황포강이 솟아 낸 황토물이었다. 물이 혼탁해 지면 질수록 목적지 상해에 가까이 왔음을 알 수 있었다. 눈앞에 들어온 상해의 첫 모습은 각국의 무수한 군함과 기선들로 가득한 세계 해상교통의 중심지요 거대한 항구도시였다.

> 黃浦江(황포강)─이 長江(장강)이라는 大排泄系(대배설계) 중의 적은 小腸(소장)에 상해라는 彼女(피녀) 중국의 허페(肺)가 ****. 그러나 얼마나 불행하엿드냐. 彼女(피녀) 중국의 허페에는 악성의 帝國主義菌(제국주의균)의 亂麻(난마)와 가튼 吸盤(흡반)이 뿌리집히 네리워 잇다. 수십 수백의 星條旗(성조기), 米字旗(미자기), 日章旗(일장기), 三色旗(삼색기) 등의 날리는 軍艦(군함)과 商船(상선)의 林立(임립)과 滑走(활주)하는 런치와 고대의 노예선 '허레이'와 갓튼 짠크(戎克)와 數千(수천)의 삼판과……등은 이러한 의도에서 排列(배열)되고 잇다. 놀라운 聚集(취집)이다. 18세기와 20세기의 混沌(혼돈)한 水上雜景(수상잡경)이다.[17]

1843년 영국에 의해 강제 개항된 이후 황포강에는 자국민과 산업을

---

17) 洪陽明, 「楊子江畔에 서서」, 『삼천리』 제15호(1931. 5. 1).

보호한다는 명목으로 영국과 미국, 프랑스, 일본 등 제국주의열강의 수많은 군함들이 정박하고 있었다.[18] 수많은 상선들이 실어 나르는 외국 상품과 원자재가 조수처럼 밀려들어왔고, 개항한지 10년 만에 상해의 수출입 총액은 중국 최대의 수출입 항구였던 광주(廣州)를 압도하게 되었다.[19] 황량하던 황포강변에는 식민모국과 상해를 연결하는 수많은 선박들이 정박할 수 있는 부두와 상품을 보관하는 창고들이 늘어서게 되었다. 강을 따라 남북으로 곧게 뻗은 황포탄로(黃浦灘路, 현 中山東一路)에는 은행과 증권거래소 등 고층빌딩들이 이국의 방문객들을 압도하고 있었다.

상해에 도착한 한국인들은 남경로나 복주로에 나가 마천루(摩天樓)처럼 솟아있는 빌딩숲을 거닐면서 국제도시 상해를 실감하였다. 거리에는 붉은색 터번을 감아올린 인도인 순포(巡捕)의 수신호에 따라 이동하는 각양각색의 외국인과 알아들을 수 없는 수많은 언어로 가득했다. 물질적으로도 정신적으로 여유를 갖지 못한 많은 한인들이 더위를 식히기 위해 자주 찾은 공간은 황포강과 소주하(蘇州河)가 만나는 곳에 위치한 만국공원(萬國公園)이었다. 무덥고 긴 상해의 여름을 피해 찾아 나선 공원에도 외국인이 가득했다.

맷상 멀끔한 미국인, 활게 내두르는 서면이나 노위사람, 엉덩이 내두르는 불란서 녀자, 점잔을 빼는 영국 아해들, 생글생글 웃는 혼혈아들, 사람을 녹이게

---

18) "河川(하천)에 軍艦(군함)이 두둥실 떠다고 하면 놀나겠지, 과연 上海(상해)는 2만 톤 넘은 큰 배도 유유히 더러오며 出雲(출운) 八雲(팔운) 盤手(반수)와 9,000톤쯤에 軍艦(군함)은 전혀 문제 꺼리도 못된다. 기선으로서 2만톤 급의 세계항로에 취항하는 巨船(거선)이 入港(입항)하는 黃浦江(황포강)이다." 黃浦江人, 「三百萬名사는 上海 最近의 모양은 엇더한가」, 『삼천리』 제8권 제1호(1936).

19) 鄭祖安, 「近代上海都市的形成: 1843年至1914年上海城市發展述略」, 『上海史硏究』(學林出版社, 1984), 179쪽.

아름다운 포도아 녀자, 장화 신은 아라사 노동자, 하오리 닙고 게다 끄는 일인, 양복 닙은 중국인, 내복 저구리만 닙은 인도 문직이꾼들, 니빨 색캄한 安南人[월남인]의 떼, 동글한 모자 쓴 土耳古人[터키인], 턱석뿌리 猶太[유대] 녕감, 또록또록하는 波斯人[페르시아인], 가이써 수염 기른 독일인, 뚱뚱한 和蘭[네덜란드] 녀자, 어청어청하는 조선인, 키 적은 이태리 사람, 神父(신부)텨럼 생긴 에급 사람들이, 제각기 제나라 의복 혹은 제나라식의 양복을 닙고 가지각색의 방언을 주절거리면서 형형색색의 거름거리로 공원 안이 떠들썩해진다."[20]

"각종각양의 색(色) 닽느고 말 닽느고 행색(行色) 다른 인간들이 양키화한 다수의 중인(中人) 동양풍(東洋風) 그대로의 무수(無數)의 보수당(保守黨)에 석겨 혼연(混然)한 인종전람회(人種展覽會)"를 이룬 모습을 통해 상해가 "코스모폴리탄의 도시"이며 "세계의 변형(變形)이다. 축도(縮圖)다! 지구의 축사체(縮寫體)"[21]였음을 경험하게 되었다. 상해에 모인 수많은 이민자들에게 있어 만국공원은, 적어도 여름날 저녁 몇 시간만은 아무런 민족적 차별이나 국제적 질시가 존재하지 않는 세계 만국 사람이 다 같이 즐기는 평화의 공간임을 확인할 수 있었다.

한인들이 경험한 상해조계는 근대시기 서구열강에 의해 건설된 다른 조계와 차별화된 특별한 공간이었다. 남경조약(南京條約)에 의해 개항된 상해, 광주(廣州)의 사면(沙面), 하문(廈門)의 고랑서(鼓浪嶼), 복주(福州), 영파(寧波) 5곳의 항구에 만들어진 조계는 내국인과 외국인의 분리가 엄격하게 지켜졌다.[22] 하지만 1853년 9월 상해에서 소도회기의가 일어나 주변의 중국인들이 난을 피해 조계로 피난하게 되면

---

20) 金星, 「上海의 녀름」, 『개벽』 제38호(1923년 8월).
21) 홍양명, 「楊子江畔에 서서」, 『삼천리』 제15호(1931년 5월).
22) 일본의 개항장인 나가사키의 조계지 데지마(出島), 고베의 외국인거류지 이진칸(異人街) 역시 일본인과 외국인의 잡거를 허용하지 않았기 때문에 조계지의 규모가 크지는 않았다.

서 중국인의 거주가 허용된 것이다. '화양잡거(華洋雜居)가 인정된 상해에는 전 중국의 자본과 사람들이 모여들게 되었고, 조계의 규모는 급속하게 확대되었다. 이주민을 통한 상해인구의 증가와 자본의 축적은 다시 외국인을 유인하는 요소가 되어 많을 때는 53개국의 이민자들이 공생하였고,[23] 1930년대에는 인구 300만이 넘는 세계 6대 도시의 하나로 성장한 것이다.[24]

상해는 국내외의 이주로 인해 동양 최대의 국제도시가 되었다. 뿐만 아니라 전국과 세계 각지에서 이주해온 이주민은 상해에 그들의 문화와 사상, 전통을 이식하였다. 상해에 처음 도착한 한국인들은 서양의 물질문명과 자본주의, 그리고 동양문화와 서양문화의 혼종이 빚어낸 풍요로움과 비참함이 어우러져 있는 이 드넓은 도시에 매료되었다.

3. 상해 한인들의 삶과 교육

상해 한인사회의 성격은 임시정부의 활동과 밀접한 관련을 지니고 있었다. 때문에 한인사회의 성격은 임시정부가 상해를 떠나 항주로

---

23) 熊月之, 『異質文化交織下的上海都市生活』(上海辭書出版社, 2008), 31쪽.
24) 〈표 1〉 상해의 인구변화

단위: 명(괄호 안은 %)

년도	華界	공공조계	프랑스조계	총인구수
1865	543,110(78.5)	92,884(13.42)	55,925(8.08)	691,919
1910	671,806(52.11)	501,541(38.90)	115,946(8.97)	1,289,353
1915	1,173,653(58.49)	683,920(34.08)	149,000(7.43)	2,006,573
1927	1,503,922(56.94)	840,226(31.81)	297,072(11.25)	2,641,200
1930	1,702,130(54.13)	1,007,868(32.04)	434,807(13.83)	3,144,805

鄒依仁(1980), 『舊上海人口變遷的研究』, 上海: 上海人民出版社. 김태승, 「上海人의 上海, 중국인의 上海」, 『도시연구』 제2호(도시사학회, 2009), 33쪽 재인용.

옮겨간 1932년을 중심으로 크게 두 시기로 나누어진다. 1919년을 전후
하여 임시정부를 중심으로 형성된 한인사회는 프랑스조계를 근거지
로 하여 항일독립운동을 펼친 주도세력이었다.[25] 그러나, 1932년 윤
봉길 의사의 홍구공원(虹口公園)의 쾌거가 빌미가 되어 일제의 대대적
인 체포위협에 직면한 임시정부는 13년 동안 둥지를 틀었던 프랑스조
계를 떠나야 했고, 같은 해 상해사변(上海事變)을 계기로 일본군이 상
해에 진주하면서 상해지역 한인사회에는 큰 변화가 발생했다. 친일세
력들이 득세하기 시작했고 한인사회의 중심도 일본인이 많이 거주하
던 공공조계 내 홍구지역으로 옮겨가게 되었다. 여기에서는 1919년부
터 1932년에 이르는 시기만을 살펴볼 것이다.

1) 상해 한인들의 삶의 공간 – 프랑스조계

1863년 영국과 미국의 조계가 통합되어 공공조계로 바뀌면서 상해
는 공공조계와 프랑스조계를 중심으로 한 북시(北市), 중국의 관리 하
에 있는 화계(華界)인 남시(南市)로 나누어졌다. 1917년 이전 상해로
이주한 한인들은 경제적 형편에 따라 마음대로 거주지를 선택할 수
있었다. 하지만 1917년 신규식(申圭植), 박은식(朴殷植), 조소앙(趙素
昻) 등이 상해에서 "대동단결선언"을 발표하고 신국가건설을 제기하
면서부터 항일독립운동가에 대한 일본의 감시와 체포가 강화되었다.
이때부터 항일의식을 가진 한국인들은 일본의 영향력이 점차 커지고

---

[25] "당시 상해에 있는 한인은 500여 명 가량 되었다. 그 가운데 약간의 상업 종사자
와 유학생, 10명 남짓의 전차회사 검표원(檢票員)을 제외하면 대부분 독립운동을
목적으로 본국·일본·미주·중국·러시아 등에서 모여든 지사였다." 김구, 『백
범일지』(돌베개, 2002), 300쪽.

있던 공공조계를 떠나 화계나 프랑스조계로 이주하게 되었다.[26]

그 결과 1920년대에는 많은 한국인들이 프랑스조계에 집중적으로 거주하게 되었다.[27] 일본총독부의 자료에 따르면 "프랑스는 자유·평등을 이상으로 하는 국가이기 때문에 1866년에 설립된 프랑스 조계의 분위기는 비교적 자유로웠다. 프랑스조계는 독자적으로 정치하고, 사법사무에 있어서도 공조(共助)에 응하지 않았다. 그래서 조선인은 이 국제적 관계를 이용하고 일본의 주권이 미치지 않는 프랑스조계 안에서 각종의 책동을 개시함에 이르렀다"[28]고 기록하고 있다.

김구 선생의 기록에 따르면 "당시 불란서 조계 당국은 우리 독립운동에 대해 특별히 동정적이었다. 그런 까닭으로 일본 영사가 우리 독립운동자의 체포를 요구할 때, 불란서 당국은 미리 우리 기관에 통지하였고, 마침내 체포할 때는 일본 경관을 대동하고 빈집을 수색하고 갈 뿐이었다."[29] 임시정부는 프랑스조계 당국의 비호 하에 안정적으로 독립운동을 펼칠 수 있었으며, 임정 요인들도 다른 어느 곳에서 보다 신변의 안전을 보장받을 수 있었다. 공공조계와 프랑스조계 두 지

---

26) 1911년 한인의 거주지 분포를 보면, 전체 49명 중 32명이 공공조계에 거주하였고, 프랑스조계에 거주한 사람은 3명에 불과하였다. 孫科志, 『上海韓人社會史』(한울아카데미, 2001), 60~62쪽.
27) 〈표 2〉 한인의 거주지역 분포(단위: 명)

	1921	1925	1926	1927	1928	1929	1930	1931
프랑스조계	458	514	534	531	423	405	516	497
공공 조계	69	253	271	53	43	53	344	268
중국인지역	60	28	42	120	186	176	77	91
합 계	567	795	847	704	653	634	937	856

출전: 日本外務省亞細亞局, 『支那在留本邦及外國人人口統計表』(1925~1931). 孫科志, 『上海韓人社會史』(한울아카데미, 2001), 63쪽 재인용.
28) 金正明, 『朝鮮獨立運動』 2(原書房, 1967), 435쪽.
29) 김구, 『백범일지』(돌베개, 2002), 302~304쪽.

역의 한인들은 상호 왕래가 거의 없었다. 혹 프랑스조계나 화계에 거주하는 한인들이 공동조계에 출입하거나, 반대로 공동조계 거주자가 프랑스조계에 나타나면 일제 스파이로 의심받는 상황이었다.[30]

당시 독립운동에 투신하기 위해 상해를 찾은 많은 지사들은 경제적인 문제로 햇빛도 들지 않고 바람도 잘 통하지 않는 좁은 정자간(亭子間)에 머무르는 경우가 많았다. 때문에 그들은 사람을 만나거나, 과업을 수행하거나, 더위를 시키며 시간을 보내기 위해 프랑스공원에 갔다. 프랑스조계에 거주하는 모든 한국인들에게 가장 친근한 휴식공간은 프랑스공원이었다.

> Liberte(自由) Egalite(平等) Fraternite(博愛)의 三標語(삼표어)를 상징하는 三色旗(삼색기) 날니는 佛租界(불조계)의 공원인만큼 여기 조선의 피끌는 청년과 력사오랜 선구자들의 족적이 수천수만으로 찍히여 잇는 조선인과 深切(심절)한 관계에 잇는 공원이다. 지금도 물론 그러하다. 불조계내의 조선 거류민은 현재 약 9백인이다. 불란서공원의 잔듸밧에 드러누어 두 시간만 잇스면 조선동포의 1,2인은 반다시 만나게 된다.[31]

프랑스공원에 들어가려면 반드시 양복을 입어야만 했다. 하지만 일정한 직업도 없이 국내에서 송금된 돈으로 살아가야만 했던 젊은 지사들에게 양복을 갖춰 입는다는 것이 그리 쉬운 일만은 아니었다. 그러면 불란서 공원에서 만난 조선동포 1, 2인은 누구였을까? 그 대답은 1930년 초 상해에서 활동했던 무력투쟁단체의 활동과 관련해서 찾아볼 수 있다. 김원봉(金元鳳)의 의열단(義烈團), 백범이 주도하고 이봉창(李奉昌)과 윤봉길(尹奉吉)이 속했던 한인애국단(韓人愛國團), 정화

---

30) 金喜坤, 『중국 관내 한국독립운동단체 연구』(지식산업사, 1995), 40쪽.
31) 홍양명, 「楊子江畔에 서서」, 『삼천리』 제15호(1931년 5월).

암(鄭華巖)을 중심으로 한 아나키스트들의 남화연맹(南華聯盟)[32]의 단원들은 신변의 안전을 보장받을 수 있는 프랑스공원을 선호하였다.

> 의열단원들은 마치 특별한 신도처럼 생활하였다. 그들의 생활은 명랑함과 심각함이 기묘하게 혼합됐다. 언제나 죽음을 눈앞에 두고 있었으므로 생명이 지속되는 한 마음껏 생활하였던 것이다. 그들은 기막히게 멋진 친구들이었다. 의열단원들은 스포티한 멋진 양복을 입었고, 머리를 잘 손질하였으며, 어떠한 경우에도 결벽 할 정도로 말쑥하게 차려입었다. 그들은 사진 찍기를 아주 좋아했는데 언제나 이번이 죽기 전에 마지막으로 찍는 것이라 생각했다. 또 그들은 프랑스 공원을 산책하기를 즐겼다. 모든 조선 아가씨들은 의열단원을 동경하였으므로 수많은 연애사건이 있었다.[33]

프랑스당국은 임정의 독립운동에 불간섭정책을 택하였고 일본경찰이 조계에서 한인을 직접 체포하는 것을 허락하지 않음으로써 임정요인을 보호하기도 하였다. 이러한 호의는 평화적인 독립운동을 전제로 한 것으로 살인이나 폭탄소요와 같은 무장활동에는 찬성하지 않았고, 조계 내의 한인 공산주의 세력의 활동에 대해서는 엄밀하게 감시해 왔다.[34]

하지만 당시 "임시정부는 외국인은 고사하고 한인도 국무위원들과 10여 명의 의정원 의원 이외에 찾아오는 사람이 없었으니, 당시 일반의 평판과 같이 임시정부는 이름만 있고 실체가 없었다"[35]고 말할 정도로 활동이 저조했고, 한인사회의 적극적인 지지를 얻지 못하고 있던 상태였다. 임시정부는 독립운동의 분위기를 진작시키고, 대한민국

32) 김학준, 『혁명가들의 항일회상』(민음사, 2005), 381~382쪽.
33) 님 웨일즈·김산, 『아리랑』(동녘, 2009), 164~165쪽.
34) 孫科志, 『上海韓人社會史』(한울아카데미, 2001), 213~226쪽.
35) 김구, 『백범일지』(돌베개, 2002), 327쪽.

의 존재를 부각시키며, 동포사회의 결집을 위해 무력투쟁을 감행할 수밖에 없게 되었다. 임시정부는 1931년 말 이봉창 의사를 일본에 파견해 다음해 1월 동경에서 히로히토 천황 암살을 시도하였다. 이 사건이 발생한 후 프랑스 공무국에서는 다음과 같은 내용의 비밀통지를 김구 선생에게 보내왔다.

> 10여 년 동안 불란서에서 김구를 극히 보호하여 왔으나, 이번에 김구가 부하를 보내서 일본 황제에게 폭탄을 던진 사건에 대해 일본이 반드시 체포 인도를 조회해 올 것이다. 그런 까닭에 불란서가 일본과 전쟁을 하기로 결심을 하기 전에는 김구를 보호하기 힘들다.[36]

독립운동의 돌파구를 찾아야 했던 임시정부는 프랑스조계당국의 경고에도 불구하고 같은 해 4월 29일 윤봉길에게 홍구공원에서 거행될 천장절(天長節) 경축식장에서 폭탄 테러를 감행하도록 명령하였다. 윤봉길의사의 의거는 한인들에 대한 중국인들의 감정을 호전시켰을 뿐만 아니라 장개석 국민당정부의 정치적, 재정적 지원을 이끌어 내는 계기가 되었다. 또한 미주·하와이·멕시코·쿠바 등지의 한인 교포들의 임시정부에 대한 성원도 답지했다. 어려운 살림살이를 하던 상해의 교민들도 임시정부에 세금을 납부하고 김구 선생의 활동에 대해 적극적으로 지원하였다.

하지만 폭탄투척사건 이후 일본외무성, 조선총독부, 상해주둔군 사령부가 김구 선생의 목에 60만 원의 현상금을 내걸고 대대적인 체포작전을 감행하자 프랑스조계당국도 더 이상 김구를 보호하기 힘들어졌다. 결국 김구를 위시한 임시정부 요인들은 13년의 프랑스조계 생

---

36) 김구, 『백범일지』(돌베개, 2002), 327쪽.

활을 정리하고 항주로 옮겨갈 수밖에 없었다. 많은 독립운동가들이 상해를 떠나면서 한인사회에 변화가 일어났다. 임시정부가 떠나고 일본의 상해진출이 본격화되면서 프랑스조계를 중심으로 형성되었던 한인사회는 급격하게 붕괴되고 점차 일본의 영향권으로 편입되게 되었다.

2) 상해 한인사회의 거류민 조직
— 상해대한인거류민단(上海大韓人居留民團)

　언제부터 한국인들이 상해에 출입했는지에 대한 정확한 자료는 남아있지 않다. 1930년대 언론인 유광렬(柳光烈)은 "전한(前韓) 고종제(高宗帝) 당시에 개성(開城) 홍삼(紅蔘)은 제실(帝室)에서 관리하야 친청파(親清派)이요 수구당(守舊黨)인 민역익(閔泳翊)씨가 고종제의 어명으로 30여년 전에 상해가서 홍삼판매에 힘썻으니 조선인이 들어나게 상해와 인록을 맺기는 이때부터인 듯하다"[37]는 견해를 밝혔다. '조선'이란 국호가 아직 사용되고 있던 1885년, 개화당과 가까웠던 윤치호(尹致昊)가 일본 나가사키를 경유해 상해로 망명하였고, '대한제국' 시절에는 명성황후의 친정 조카로서 개화기 개화업무를 이끌었던 민영익이 상해에 은행을 개설했다고 하나 아직 한인사회를 형성할 수준은 아니었다.[38]
　해외 교민사회의 한 가지 중요한 표식은 거류민 조직의 형성이다.

---

37) 柳光烈, 「上海와 朝鮮人」, 『동광』 제31호(1932년 5월).
38) 梅天 黃玹, 『梅泉夜錄』, 第3卷 「辛丑年條」: "민영익은 본국의 상란(喪亂: 乙未事變) 소식을 듣고는 귀국할 뜻이 없어져 홍콩과 상해를 오가며 스스로 만전의 계책을 세웠다. 홍삼을 취급하여 많은 이익을 남겨 상해에 은행까지 설립했는데, 사치가 지나쳐 王公(왕공)을 능가할 정도였다."

거류민 조직의 형성, 발전과 완성은 교민사회 형성의 최종적인 상징
이다. 교민조직은 전체교민을 연결하는 역할을 하여 교민의 집단의식
을 형성하는데 중요한 역할을 하고 있다.[39] 상해 한인사회의 거류민
조직은 1918년 성립된 '상해대한인거류민단'(이하 민단이라 칭함)이
처음이었다고 할 수 있을 것이다.

> 상해 대한인거류민단은 처음에 교민친목회라는 이름으로 상해재류동포의
> 情誼(정의)를 敦睦(돈목)함으로써 주되는 목적을 삼았다. ……(교민친목회는)
> 광복사업을 輔翼(보익)하는 단체를 조직하기 위하여 기초위원 십인을 선정하
> 였다. 삼월 십륙일 오후삼시에 同會館(동회관)에서 삼월 삼일 선정된 위원이
> 제정한 교민친목규칙을 통과하고 회장으로 申獻民(신헌민)씨를 選(선)하였다.
> 당시 회원수가 삼백사십오인이라 회원의 부담은 입회금 一元(일원) 月捐金(월
> 연금) 이십전이었다. 救國義捐金(구국의연금)을 모집하니 총액 일천일백사십
> 원이라. 그중 수입된 액 팔백여원에서 륙백원을 구월십일일에 림시정부에 納
> (납)하였다.[40]

위의 자료에 근거하면 상해에 거주하던 동포들이 서로간의 정의를
돈독히 하기 위해 만든 교민친목회가 상해대한인거류민단의 전신임
을 알 수 있다. 교민친목회의 정식 이름은 상해고려교민친목회(上海
高麗僑民親睦會)로 1918년 여운형 등에 의해 조직되었고 당시 회원 수
가 345명이었다. 1919년 9월 22일에는 교민친목회의 명칭을 상해대한
인민단(上海大韓人民團)으로 고치고 여운형을 단장으로 선출하였다.
다음해 1월 9일 다시 명칭을 상해대한인거류민단이라 하고 단장 여운
형, 총무 선우혁(鮮于爀), 간사 김보연(金甫淵)과 임재호(任在鎬)를 선

---

39) 孫科志, 『上海韓人社會史』(한울아카데미, 2001), 64쪽.
40) 한국독립운동사 자료 3(임정편Ⅲ): 中國에서의 臨政傘下 및 後援團體, 上海 大韓人
居留民團, 過去와 現在狀況(출처: 국사편찬위원회 한국사데이터베이스).

출하였다.

상해에서 한인들의 거류민 조직을 만드는데 중요한 역할을 담당했던 인물은 여운형이다. 남경 금릉대학에서의 학업을 포기하고 1918년 미국인이 경영하는 협화서국(協和書局)[41]에서 일하던 여운형은 구미유학을 희망하는 70여명의 한국청년들에게 유학을 알선해 주었고,[42] 상해지역의 교민들을 규합하여 교민 상호간의 친목을 도모하고, 독립운동을 돕기 위한 조직을 만들었다. 이처럼 상해의 거류민 조직은 그 출발부터 농후한 독립운동 색채를 띠고 있었음을 알 수 있다. 1919년 4월 임시정부는 교민친목회를 산하단체로 편입시키면서 상해 한인사회의 기반을 확보하게 되었다.

1919년 임정 수립 당시, 많은 한국인들은 우리도 제1차 세계대전 이후에 태어난 신생독립국의 대열에 낄 수 있을 것이라는 희망을 가졌다. 그러나 '베르사유 강화협정'이 진행되는 과정을 지켜본 한인들 중에는 쉽게 독립이 이룩되기 어렵다는 것을 깨닫고 모든 것을 포기하고 귀국한 사람도 적지 않았다. 일부는 무장투쟁에 참여하고자 만주로 갔고, 중국 각지의 군관학교에 입학한 사람들도 있었다. 중국 혹은 외국의 대학에 입학해 실력양성의 길을 택한 사람도 많았다. 한편 상해에 남아있는 사람들도 직장을 갖고 벌이를 하면서 독립투쟁의 장기전을 모색하게 되었다.[43]때문에 상해거류민단은 한인사회를 공고히 하기 위해 단원의 자격을 다년간 당지에 거류한 자와 가족과 함께 사

---

41) 협화서국은 대개 여행권 없이 미국으로 가려는 사람이나 사진결혼으로 미국을 건너가려하는 사람들을 미국 기선회사와 관계당국에 교섭하여 주는, 일종의 주선기관이었는데 매년 수백 명씩 지원자가 있었다고 한다. 이곳에서 여운형이 처음 주력한 일은 동포청년들의 구미유학 알선과 도항절차 알선이었다.
42) 정병준, 『몽양 여운형 평전』(한울, 1995) 참고.
43) 김자동, 「길을 찾아서」, 『한겨레신문』(2010. 1. 19).

는 사람과 상당한 직업이 있는 사람으로 제한하였다. 1920년 3월에
는 상해거류민단 등록규칙을 제정하여 상해에 거주하는 민국인민은
상해 도착 7일 이내에 민단에 신고를 해야 하고, 상해 이외의 지역이
나 귀국을 할 때에는 퇴거신고를 해양한다고 규정하여 지역 내의 교
민들 동정을 파악하고, 그들을 보호하고 행정적인 도움을 주고자 했
다. 이때 조사된 교민은 18세 이상의 남자가 367명 여자가 91명이었
고, 18세 이하의 남자가 47명 여자가 33명으로 모두 538명인 것으로
나타났다.[44]

　같은 해 7월 여운형은 상해대한인거류민단 단장의 신분으로 동요하
는 상해 한인사회 동포들에게 대한인으로서 자부심을 지키기 위한 행
동규칙을 공포하였다.

　제군이 그르치면 아민족 전체의 수치가 되고 제군의 하는 바가 선하면 칭찬
받는 바가 될 것이다. 만국인이 모여 거주하는 상해와 如(여)한 地(지)에 있는
아등은 장유의 別(별) 없이 모두 我(아) 국가와 민족을 대표한 대사 또는 공사
와 여하다고 하겠다. 대사 혹은 一言一動(일언일동) 다 주의하지 아니하면 안
된다. 대개 기 일언일동에 인하여 기대표된 국가민족을 선하게도 악하게도 판
단되는 까닭이다. 제군 제군은 아국과 아민족을 수치스럽게 하고저 하는자이
냐? 영광스럽게 하고저 하는자이냐? 여차 제군의 책임이 중대한 事(사)를 解得
(해득)한다면 반드시 모든 사에 깊이 주의할 것이라고 믿어서 의심치 않는바이
다. 況次(황차) 제군의 些細(사세)한 과실이 직접 간접으로 아독립에 관계가 있
음에 있어서랴.[45]

　여운형은 전 세계인이 모여 사는 상해에서 생활하는 우리 교포 한

44) 한국독립운동자료사 3(임정편3) 출처: 국사편찬위원회 한국사데이터베이스.
45) 상동

사람 한 사람은 모두 민족을 대표하는 공사요 대사라고 했다. 대한민
국사람으로서의 자부심을 잃지 말자고 호소하는 연설 내용은 상해 거
주 한인들이 자신들을 하나의 운명공동체로 의식하고 있었음을 보여
준다. 또한, 상해의 한인들은 조국의 독립을 위해 활동하는 해외민족
운동의 주도세력으로서의 사명감을 공유하고 있었다. 이것이 바로 상
해 한인사회의 정체성이며 행동강령이었다.

상해의 한인들은 당당하게 전 세계인들과 교류하고, 공생의 관계를
형성하기 위해 말 한마디, 행동 하나에도 주의해야만 했다. 나아가 그
들과 연합하여 전 세계에 대한의 독립국임을 알려야 할 사명이 있었
다. 여운형은 이를 실천하기 위한 12가지의 규칙[46]을 공포하고 깊이
생각하고 힘써 실행할 수 있기를 요구하였다. 또한 민단은 상해에서
개최되는 각종 행사를 주관하고, 강연회를 개최하여 교민들의 민족의

---

[46] 1. 假令 何處를 不問하고 누구에 對하던지 何事이던지 欺瞞함이 없이 참으로 正
直하게 하여 信用을 지킬 事 / 2. 何處를 不問하고 何時이던지 何事를 不問하고 大
韓人의 體面을 保全할 事/ 3. 公園에 가서는 歌를 唱하고 又는 騷擾를 피우며 又는
걸상에서 자고 上衣를 脫하며 其他 體面을 그르쳐서 公衆의 妨害가 되는 言說 又
는 行動을 하지 말 事/ 4. 道路를 往來할 時는 多數 隊伍하여 他人의 通行을 妨害
하고 又는 우서제끼거나 떼미는等과 如한 體面을 그르치는 行動을 絶對로 하지
말 事/ 5. 家屋과 衣服을 質素하게 하고 淸潔을 爲主하여 內로는 衛生을 重히 하고
外로는 外人의 보는 바를 생각하여 穩當치 않음이 없도록 할 事/ 6. 婦人과 兒孩
의 衣服과 其他 丹粧을 絶對로 깨끗이 할 事 /7. 人力車夫와 賃金으로 다투고 又는
此를 毆打함과 如한 事를 하지 말 事/ 8. 되도록 醉치 않도록 注意하고 特히 街上
에서 醉한 模樣을 보이지 말 事/ 9. 茶樓 又는 娼妓의 家에 가지 말고 路上에서는
娼妓와 戲弄하지 말 事 此는 오직 體面만을 損傷하는 것이 아니라 治療할 수 없는
病에 걸려 自己의 一生을 不幸케 할 뿐만 아니라 子孫代의 不幸을 남기는 것으
로 特히 注意할 事/ 10. 路上 又는 家屋內에서 夜十一時 後는 騷擾치 말 事·11. 路
上 又는 家屋內에서 唾를 無斷히 吐하고 又는 大小便을 注意치 않아 보는 사람으
로 하여금 不快한 念을 起케 하는 事를 하지 말 事/12. 諸君의 身體는 國家를 爲하
여 바친 것이므로 건강과 몸가짐에 特히 注意하여 早寢 무起 書를 讀하고 運動을
하여 何事이고 着實히 工夫할 事. 상동

식과 애국심을 고취하였으며, 사해동포와 공생하기 위한 마음자세를
다져가고 있었다.

3) 인성학교(仁成學校)

인성학교는 상해 한인사회 자제들의 교육을 담당하고 상해대한인
거류민단과 함께 상해의 한인 사회를 단결시키는데 중요한 역할을 담
당한 민족학교였다. 인성학교는 1916년 여운형이 세운 상해한인기독
교소학교(上海韓人基督敎小學校)로 출범했고, 1918년 6월에는 교민친
목회로 소관단위가 옮겨갔다.[47] 1920년부터 임시정부는 해외 한인거
주지에 대해 교민단제(僑民團制)를 실시하였는데, 각 민단의 임무 가
운데에서 최우선 순위는 교육이었다. 앞에서 살펴본 것처럼 1920년
상해대한인거류민단이 임시정부의 산하기관으로 편입되었고, 이와
동시에 인성학교도 공립학교로 전환되어 상해지역에 거주하는 교민
들의 자제들을 교육하는 기관으로 승격되었다.

조국을 떠나 상해로 이주해온 한인들은 "교육, 교육은 우리 민족의
생명이다. 교육이 있어야 살고 교육이 없다면 죽을 것이다. 이번 독립
운동은 과거 10년간 교육의 결과이다. 이 운동이 아직 성공할 수 없음
은 민족의 힘의 원천인 교육이 아직 부족한 결과이다. 장래 우리 민족
의 흥왕의 길은 오직 교육에 있다"는 강한 신념을 가지고 있었다.[48]
1923년 상해에서 열린 국민대표회의에서는 한인 교육문제가 심각하
게 토의되었다. 6월 13일자 『獨立新聞』에 실린 결의안을 보면 인성학

---

[47] 한국독립운동자료사 3(임정편3) : 中國에서의 臨政傘下 및 後援團體, 上海 大韓
人居留民團, 過去와 現在狀況.
[48] 한국독립운동자료사 3(임정편3): 上海韓人學校 基金募集 趣旨書

교의 교육방침이 독립운동과 민족의식 향상에 역점을 두고 있었음을 알 수 있다.

1. 교육종지는 조국광복의 정신하에서 건전한 시대적 인물을 양성할 것
2. 교육방침은 최신 교육의 원리를 응용하여 우리 민족에 적합하도록 학교, 특수의 양종 교육을 시행할 것
3. 교육제도는 현대의 실용제도를 채용하되, 소학은 남녀 만 7세부터 13까지 의무제로 할 것
4. 교과용도서는 중앙교육기관에서 최단기간 내에 편찬 발행토록 할 것.

그러나 당시 해외에 거주하는 동포의 수가 200만이요 이미 취학 연령대에 있는 자제가 50만인데 당시 상태에서는 보통교육·직업교육·전문교육을 불문하고 교육기관의 설비가 전무한 상태였다. 1920년 새롭게 인성학교 교장이 된 여운홍은 교사를 신축하고 학교유지비를 마련하기 위해 총액 2만 5천 원을 목표로 동포사회와 구미인들에게 모금 취지서를 만들어 돌리며 도움을 호소하였다.

먼저 가장 교통이 편하고 안전한 지점에 일개의 모범 교육기관을 설치하는 것이 가장 지혜로울 것이다 여기에 記名者(기명자)들은 작년 이래 상해에 설립되어 현재 오십여명의 아동을 교육하는 한인학교를 택함으로써 완비된 모범 교육기관을 만들고 힘이 미치는데 따라 중등교육 전문교육 등의 기관과 외국에 류학하고자 하는 청년의 준비교육기관을 설립함으로써 해외한인교육의 기초를 확립하기로 결심하였다[49]

하지만 인성학교 교사 증축을 위한 모금사업의 결과는 성공적이 못

---

49) 상동

하였고, 학교운영이 어렵기는 매한가지였다. 프랑스 공동국에서 교육 자선사업 보조금의 명목으로 연간 600달러를 지원받기도 했지만 인성 학교의 유지에 큰 도움을 준 집단은 바로 상해 한인사회였다. "상해의 특수한 직업엔 이곳 외국인 전차회사의 티케트, 인스펙터(車票監督) 다니는 60여 명의 동포와 뻐스회사의 감독으로 다니는 60여 명의 동포와 뻐스회사의 차장으로 다니는 50여 명의 동포의 힘으로 (인성학교가) 유지되고 있었다."

인성학교는 소학교교육을 담당하였을 뿐만 아니라 중등학교 전문교육 등의 기관과 외국에 유학하고자 하는 청년의 예비교육기관을 설립함으로써 해외한인교육의 기초를 확립하기로 하였다. 16살의 나이로 혈혈단신 상해로 망명한 소설 『아리랑』의 주인공 김산도 낮에는 이광수가 편집하는 비합법의 급진주의적 민족주의 신문 『독립신문』의 교정자 겸 식자공으로 일하고, 저녁이면 인성학교에 가서 영어와 에스페란토어, 무정부주의 이론 등을 공부하였다고 회상하고 있음을 통해 인성학교가 담당했던 또 다른 역할을 엿볼 수 있다.[50]

상해 한인사회에서 한인 자제들에 대한 교육 이외에 인성학교가 갖는 또 다른 의미는 동포사회의 단결을 도모하는 역할을 담당했다는 것이다. 해마다 어린이날이 되면 인성학교는 춘계운동회를 개최하여 프랑스조계에서 생활하는 모든 한인들이 한자리에 모여 회포를 풀 수 있는 기회를 제공하였다.

상해에 재류하는 동포들은 단체로서 野遊(야유)하는 일은 적든바 어느해든지 인성학교운동회날은 상해에 사는 동포들의 야유회날로 생각하야 왓습니다. 그리하야 인성학교운동회를 기회삼아 운동회겸 야유회를 여러 들판에 나아가

50) 님 웨일즈 · 김산, 『아리랑』(동녘, 2009), 140쪽.

꽃구경을하며 할발스럽게 뛰노는 어린이들의 자미잇는 운동도 볼것이라하야 학부형과 일반동포들은 누구를물론하고 그날을 기다리고 잇다합니다.[51]

야유회란 꿈도 못 꾸고 힘들고 고달픈 일상을 보내던 동포들은 어린이날 넓은 공원에 모여 인성학교 교장선생님의 선창에 따라 목이 터져라 한 목소리로 애국가를 부르고, 봄 구경 겸하여 이곳저곳 나무 아래에 모여 회포를 풀었으며, 부인들은 푸르고 붉고 희고 검은 우리 한복을 입고 참가하여 사람들에게 고국의 회포를 돕게 하였다. 오후 늦게 운동회에 참가한 모든 한인들이 함께 만세삼창을 하며 행사를 마무리하고 노을을 뒤로하며 해어졌다. 한 번도 여유로운 학교운영을 해 본적이 없는 인성학교였지만 상해의 유일한 한인 초등교육기관으로서 20여 년 동안 운영되면서 소학 졸업생 95명과 유치원 졸업생 150명을 배출하였다.[52]

4. 나오면서

20세기 초 상해가 국제적인 도시로 성장할 수 있었던 것은 해항도시로서 가진 경제적 우월성, 정치적 개방성, 문화적 포용성에서 기인한 것이었다. 일제강점기 많은 한국인들이 자유를 찾아 상해로 이주하게 된 원인은 조계지라는 정치적 환경 이외에도 세계 각 대륙의 해항도시와 연결된 네트워크를 통해 수입된 새로운 지식, 사상, 문화를 접할 수 있는 신천지였기 때문이었다.

---

51) 『동아일보』(1924. 5. 2).
52) 孫科志, 『上海韓人社會史』(한울아카데미, 2001), 166쪽.

하지만 상해를 처음 경험한 한국인 이주자들은 서구인들이 세워놓은 마천루와 백화점 은행 등 웅장하고 권위적인 건축물들을 통해 서구자본주의와 물질문명, 제국주의와 군국주의의 위협을 느끼게 되었다. 하지만 그들에게 상해는 여전히 자유의 도시였고, 평화의 공간이었으며, 새로운 사상을 학습하고 실천할 수 있는 가능성의 땅이었다. 상해의 한국인 이주자들은 대한민국임시정부를 중심으로 거류민조직을 결성하여 한인사회를 단결시키고, 민족학교를 세워 자라나는 후손들에게 민족혼을 배양하고 배움의 기회를 제공하였다. 그들은 한 순간도 잃어버린 나라를 되찾겠다는 조국광복의 의지를 포기하지 않았다.

1920년 상해를 찾은 상해우객(上海寓客)이라는 조선의 지식인은 상해에서 자유를 꿈꾸고 있었다.

상해는 一小天地(일소천지) 幾多(기다)의 민족인종이 協在(협재)하야 차등의 경향을 나타내는 점에서 此(차)로써 세계의 一小縮圖(일소축도)라 운함도 또한 과언이 안이겟다. 上海在留(상해재류) 民族人種(민족인종) 상호간의 관계는 즉 세계에 대한 열국간의 관계와 如(여)하야 友和的(우호적) 정신과 協調的(협조적) 행동을 不離(불리)하고 각자의 地步(지보)를 점하는 소위 대강령을 不失(불실)하겟다. 들어내 노코 론하면 상해인은 但(단)히 상해시민의 자격이 안이오. 세계에 範(범)을 示(시)하는 대포부가 無(무)치 안이 함이 불가하다. 이 점에서 상해는 실로 支那(지나)문화의 현재 중심될 뿐만 안이라 장차 동양문화의 범을 좌우할 自由鄕(자유향)이라 할 수 잇다."[53]

한인들은 상해에서 새로운 자유의 세계를 경험하였다. 서구열강이 만들어놓은 근대적인 해항도시 상해에서 스스로의 힘을 키워가고 있

53) 上海寓客, 「上海의 解剖」, 『개벽』 제3호(1920년 8월).

는 중국민족자본, 전세계인민의 행복을 꿈꾸는 사회주의자, 아나키즘
의 세례를 받은 지식인 등 새로운 중국, 새로운 세계를 건설하고자 하
는 해항도시 상해의 역동적인 움직임 속에서 한인들은 조국을 찾고자
하는 꿈을 이어가고, 전 세계에서 모여든 사람들과 공생과 혼종의 가
능성을 꿈꾸고 있었다.

2장: 한국문학에 나타난 상해의 공간표상

1. 들어가는 말

1919년 "조선의 독립국임과 조선인의 자주민임을 세계만방에 고한" 3·1 운동은 한국 근대사뿐만 아니라 근대문학에 있어서도 중요한 분기점이 되는 사건이다. 평화롭고 질서 있게 진행되었던 3·1 운동은 일본제국주의의 무력진압으로 끝이 났고, 민족지도자들에 대한 일제의 감시와 억압은 더욱 강화되었다. 국내에서의 독립운동이 힘들어지게 되자 많은 젊은이들은 "넓은 무대를 찾자! 우리가 마음껏 소리 지르고 힘껏 뛰어 볼 곳으로 나가자!"[1]라고 다짐하며 일본, 중국, 미국, 러시아 등지로 이주와 망명을 단행하게 되었다. 한국 근대문학의 창작 공간 역시 국내를 넘어 해외까지 확대되었다.

중국 내에서 조선인 이민자가 가장 많았던 곳은 간도(間島)와 상해(上海)였다. 간도는 '정치적으로는 일제의 강압과 수탈로 내몰린 유이민적 비극의 현장이었고, 경제적으로는 박탈된 자의 저항의 공간이었으며, 문학적으로는 본토와 유리된 고아적 문단 상황이었다.'[2]하지만

---

1) 沈熏, 「東方의 愛人」, 『일제 강점기 항일독립투쟁소설 선집』(계명대학출판부, 1989), 174쪽.
2) 이희춘, 「강경애 소설 연구」, 『한국언어문학』 46집(2001.5), 372쪽.

1930년대 초 용정(龍井)에서는 이주복(李周福) 등이 발기한 문학동인 단체 '북향회(北鄕會)'가 발족되어 동인지『北鄕』을 발간하고 문학창작을 발전시키고 후진 양성 사업을 활발히 진행하였고,『滿鮮日報』를 중심으로 한 망명문단을 형성하였다.[3] 상해는 간도에 비해 이주민 자체가 적었고, 역량 있는 작가도 적었다. 또한 발표지면을 가지지 못했기 때문에 독자적인 상해문단을 형성하지는 못하였다.

그러나 당시 상해에는 주요섭(朱耀燮), 심훈(沈熏), 최독견(崔獨鵑), 김광주(金光洲), 강로향(姜鷺鄕) 등 자유를 찾아, 배움을 위해 모여든 젊은이들이 있었다. 그들은 북경을 대신해 중국의 새로운 문화중심지로 부상한 '동방의 파리', '서방의 뉴욕' 상해에서 고등교육을 받았고, 전 세계에서 모여든 사람들을 접촉하게 되면서 세계의 변화에 눈뜨게 되었다. 그들은 조계라고 하는 이국적인 공간, 황포탄을 가득 메운 각종 인간들, 새로운 사상, 한인사회의 갈등과 대립, 민중의 참담한 삶 등 '세계 6대 도시' 상해에서 보고 경험한 것들을 국내의 일간지와 잡지에 발표하였다. 또한 자신이 경험한 트라우마를 다양한 형태의 글쓰기를 통해 표현해 냄으로서 한국근대문학 속에서 도시문학의 가능성을 보여주었다.

1920년대 30년대 상해라는 도시를 배경으로 한 이들의 글쓰기는 픽션이든 논픽션이든 "자유의 도시이며 평화의 이상향"으로 인식되었던 근대도시 상해에서의 공간 체험에 바탕을 두고 있다. 그러나 흥미로운 점은 그들의 작품 속에 표상된 상해는 드러나든 드러나지 않든 일본제국주의의 영향력이 미치는 공간─공공조계와 그렇지 않은 자유

3) 김종회,「중국 조선족문학에 대하여」,『해외동포문학·중국 조선족』小說 I 總論 (해외동포문학편찬사업추진위원회, 2006), 407쪽. 김종회,「중국 조선족문학의 어제와 오늘」,『한민족 문화권의 문학』(국학자료원, 2003), 407쪽.

의 공간-프랑스조계로 분리되어 나타난다는 것이다. 당시 상해에서 생활하던 한인들은 상해라는 공간을 일본제국주의의 예속을 벗어날 수 있는 자유의 공간임과 동시에 위험과 감시가 공존하는 공간으로 명확하게 인식하고 있었음을 말하는 것이다. 하지만 기존의 문학연구에서는 상해라는 공간이 갖는 근대적 의미가 강조되었을 뿐, 실제 두 개의 공간과 두 개의 세력으로 분리된 상해 한인사회와 그들의 공간인식에 대한 관심은 적었다.

본장에서는 식민지가 되어버린 한반도와 상해를 연결하던 프랑스조계의 황포부두(黃浦埠頭)와 공공조계의 양수포부두(楊樹浦埠頭)를 통해 상해에 대한 조선인의 공간 표상을 살펴보고자 한다. 다음으로는 프랑스조계의 하비로(霞飛路)와 공공조계의 북사천로(北四川路)를 중심으로 서로 다른 두 개의 커뮤니티를 이루고 있던 상해의 한인사회의 실제적인 모습을 김광주와 강로향 등의 작품을 통해 살펴볼 것이다. 또한 그들의 작품을 통해 상해를 자유도시로 받아들임과 동시에 식민지로 인식하는 이중적인 모습, 상해를 조선과 동일시하는 이중적인 공간표상을 확인하고자 한다.

2. 상해의 두 현관 – 양수포부두와 포동부두

黃浦江(황포강)과 蘇州河(소주하)가 합류하는 지역을 중심으로 새롭게 건설된 상해는 대양을 항해하는 기선과 열강의 군함들이 무상으로 출입하는 해항도시로 급성장하였다. 황포강 양안에는 크고 작은 수많은 부두들이 만들어졌지만,[4] 상해를 찾는 한국인들이 주로 사용하게 되는 부두는 양수포부두와 포동부두였다. 하지만 특정한 한국인들에게 있어 두 부두는 천당과 지옥과도 같은 큰 차이를 가진 공간이었다.

1) '작은 동경(小東京)'의 현관 양수포부두

양수포부두는 1845년 영국의 맥변양행(麥邊洋行)이 상해 중심지역의 동북부, 황포강 하류 서북안에 건설한 부유식 터미널(floating terminal), 회산부두[滙山碼頭]에서부터 시작되었다. 1863년 양수포로(楊樹浦路) 일대가 미국조계에 편입되면서 도로가 확장되고 공장과 주택이 들어서는 등 본격적인 개발이 시작되었다. 강변에는 부두가 건설되고 창고시설이 집중되면서 상해 최초의 공업지대로 성장하였다.[5] 1902년 미츠이양행(三井洋行)이 양수포에 상해방직공장(上海紡織工場)을 세우면서부터 상대적으로 지가가 낮은 이곳으로 일본 기업들이 모여들기 시작했다. 양수포지역에 정착하는 일본기업이 증가하고 물동량이 늘어나자 일본우선주식회사(日本郵船株式會社)는 1903년 맥변양행(麥邊洋行)으로부터 부두를 구입하여 일본우선 전용부두로 개발하게 되었다. 1920년대에 들면서 황수포지역은 부두를 중심으로 세계적인 규모의 일본 방직공장타운으로 성장하였다.[6]

일본우선은 늘어나는 이민자들을 위해 1923년부터 나가사키와 상해를 최단거리로 연결하는 '일지연락선(日支聯絡船)' 운항을 시작했고,

---

4) "황포강 양안에 집중된 부두의 규모는 갈수록 커졌는데, 부두의 총 연장은 1921년에 4만 5,540피트, 1936년에는 6만 7,365피트로 무려 47.9% 증가했다. 1936년 통계에 의하면 蘇州河에는 시영부두가 123곳(座), 사영부두가 14곳(座)이 있었다." 전인갑, 「동방의 뉴욕」, 상하이」, 『세계의 도시와 건축』(KNOU PRESS, 2009), 67쪽.

5) 熊月之, 『上海通史』 1卷(上海社會科學院, 1999), 127쪽.

6) 日本上海史硏究會, 『上海人物誌』(東方書店, 1997), 91쪽.

배는 그들의 전용부두인 회산부두-양수포부두에 입항시켰다. 멀리
상해의 번드(bund)를 바라보는 이 부두가 많은 일본들이 출입하는 상
해의 현관이 된 것이다.[7] 양수포부두를 통해 수많은 일본인 기업가와
노동자, 군국주의자들이 유입되어 1926년에는 홍구(虹口)지역에 2만
명 이상의 일본인들이 거주하게 되었다. 다음 해에는 2만 5천명으로
늘어나 상해 외국인의 47%를 차지하게 되었다.[8] 그들은 홍구지역에
중국속의 '작은 동경(小東京)'을 건설하였다. 1924년 6월에는 조선우선
(朝鮮郵船)주식회사가 1만 6,000톤급 부산환(釜山丸)을 투입하여 부산
-인천-진남포-상해를 연결하는 정기항로를 만들었다.[9] 한반도와
상해를 연결하게 된 부산환 역시 양수포항으로 입항하게 되었다. 하
지만 이 부두로 입항하는 조선인들 대부분은 일본영사관의 비호를 받
는 조선거류민단(朝鮮居留民團)에 속한 사람들이었고, 그렇지 않은 한
국인들은 양수포항으로 입항하는 것을 꺼려했다.

최독견의 소설 「黃昏」은 항일독립운동에 참여하던 당시 한국인들
이 양수포부두을 어떻게 인식하고 있었는지를 잘 보여주고 있다. 기
미년 만세운동 끝에 일본경찰을 피해 가족과 조국을 뒤로하고 상해로
흘러온 주인공 朴(박). 어느 날 아내로부터 일본의 몬지(門司)를 거쳐
근강환(近江丸)이라는 일본 배를 타고 상해에 도착하겠으니 마중 나
와 달라는 서신을 받아들었다.

7) 和田博文 外, 『言語都市·上海』(藤原書店, 2006), 213쪽.
8) 高橋孝助 外, 『上海史』(東方書店, 1995), 123쪽.
9) "上海處女航海, 來月六七日頃出發. 朝鮮郵船上海航路處女航海는 來月六七日頃出發
釜山發釜山丸(總噸數一千六百二十五噸)을 就航하기로되얏는대 鎮南浦寄港은 荷物
이 相當數量에 達한 境遇를 限하야 仁川碇泊中에 回航하기로결정되고 運賃에 就
하야는 目下認可申請中이라고." 『東亞日報』(1924.5.10.).

아내가 타고 온다는 기선의 입항하는 날짜를 알기 위하여 거리로 나가 日本郵船會社(일본우선회사)로 전화를 걸어 보았다. 내일 아침 여덟 시에 우선회사 앞 埠頭(부두)에 닿는다 한다. 그는 우선 회사가 일본영사관과 마주 앉은 것을 생각하고 자기가 친히 마중 나가지 못할 것을 직감하였다.[10]

상해에는 초행인 아내, 얼굴조차 본 적이 없는 4살짜리 어린 아들 '만세'를 위해 직접 마중 나가는 일은 너무나 당연한 일이다. 하지만, 일본우선회사와 일본영사관으로 표상된 양수포항은 불령선인(不逞鮮人) 박이 직접 마중 나갈 수 있는 공간이 아니었다.

이갑녕은 상해 法租界(법조계)가 어떤 곳이며 양수포가 뭐인지도 모르고 보낸 편지였다. 양수포란 일본영사관에서 가까운 거리에 있는 부두이며, 그들의 관할하에있는 조선거류민단에 등록되어 있지 않는 한국사람으로서는 이 근처에 일없이 어정대기만 한다는 것도 항시 위험을 각오해야 했다. 그곳은 日警(일경)이 무슨 트집이나 구실을 붙여서든지 한국사람을 제멋대로 잡아갈 수 있는 지역이었는데 이갑녕은 누구나 마음대로 나가서 기선에서 내릴 곳인 줄 안 모양이었다.[11]

김광주 역시 서울에서 몇 번 만난 적이 있는 이갑녕(李甲寧)이라는 지인으로부터 모일모시에 양수포에 도착하니 마중 나와 달라는 한 통의 서신을 받아들었다. 하지만 최독견 소설의 주인공 박과 마찬가지로 김광주는 지인을 마중할 수 없었다. 왜냐하면 양수포항은 항일의식을 가진 그들이 제멋대로 드나들 수 있는 부두가 아니었기 때문이었다.

1919년 조선조정에서 고관을 지냈던 동농(東農) 김가진(金嘉鎭)이 선

---

10) 최상덕, 「黃昏」, 『신민』(1927. 8) ; 『신채호 · 주요섭 · 최상덕 · 김산의 소설』(보고사, 2007), 556쪽.
11) 김광주, 「上海時節回想記」, 『세대』 제3권 통권 제29호(1965, 12).

편을 통해 상해로 망명하여 국제사회에 일본의 만행을 고발한 일이 발생하였다. 이후 조선총독부는 중국의 주요 항구에 설치한 일본영사관 경찰과 긴밀하게 연계하여 독립운동가들의 국외 망명을 감시하고 있었기 때문이다. 대련항(大連港)에서 일본경찰에 체포되어 죽음에 이르게 된 이회영(李會榮)의 경우에서 보는 것처럼, 일본 경찰과 헌병이 감시하는 부두는 애국지사들에게 있어서는 사자의 아가리와도 같이 위험한 곳이었다. 일본인들에게 상해의 현관으로 표상되어진 양수포항은 일본 제국주의에 대항하는 조선인들에게는 '할아버지께서 오신다 해도 마중 나가지 못하는' 금지된 공간, 죽음의 공간으로 받아들여지고 있었다.

양수포항을 통해 상해에 도착한 박의 아내, 동경대학(東京大學) 유학생으로 서울에서 춤꾼으로 이름을 날리던 이갑녕의 출현은 임시정부 산하의 '상해대한인거류민단(上海大韓人居留民團)'과 일본영사관의 비호를 받는 '조선거류민단'으로 양분된 상해 한인사회에 새로운 갈등이 일어날 것임을 암시하는 복선인 것이다. 박의 아내는 민족지사인 남편에게 전향을 권하고, 이갑녕은 일본영사관 통역으로 촉탁되었다. 당시 한국인 통역이 일본영사관에서 담당해야 할 임무가 무엇이었는지는 쉽게 상상할 수 있는 일이다. 이후 상해에서 조선거류민단장이라는 친일파의 우두머리가 된 이갑녕은 1945년까지 임정의 요인들과 김광주와 같은 청년들에 대해 끊임없는 감시와 감독, 회유와 협박을 자행하였다.

양수포부두는 항일조선인들에게 금지의 공간으로 표상되었을 뿐만 아니라, 항쟁의 공간으로도 기억되고 있다. 1922년 3월 의열단원(義烈團員) 오성륜(吳成崙)[12]이 김익상(金益相), 이종암(李鍾岩)과 함께 양수

---

[12] 오성륜은 김약산(金若山)과 함께 가장 뛰어난 두 명의 조선인 테러리스트 중의 한 사람이다. 일본경찰은 현지의 다른 어떤 조선인보다도 이 두 사람을 체포하

포항에서 배를 내리는 육군대신 다나카 기이치(田中義一)13)를 향하여 권총을 발사하고 폭탄을 투척하는 테러를 감행한 것이다. 저격에 실패한 오성륜과 김익상은 현장에서 체포되어 일본영사관 감옥에 수감되었다. 하지만 오성륜은 감옥을 부수고 탈주하여 광주(廣州)를 거쳐 독일로 망명하였다. 『아리랑』의 주인공 김산은 오성륜에게서 들은 이때의 이야기를 바탕으로 중국어로 된 단편소설 「기묘한 武器」를 발표하여 중국인들에게 일본에 맞서는 조선 젊은이들의 기개를 알렸다.

거미줄처럼 짜여진 감방의 철벽과 철막대가 끼워진 창을 보고 오는 이것이 세상과 작별하는 첫 번째 정거장이라고 생각했다. 때때로 창에 기대여 밖을 내다보면 황포강에 끊임없이 일었다가 스러지는 파도들이 일어났다 싶으면 금새 다른 파도로 가루처럼 부서져내리고 그러면서도 강은 유유히 흐르고만 있었다. 그것은 그대로 인생의 물거품을 상징하는듯해서 저도 모르게 슬퍼지군했다.……지금 이 세계는 사람이 사람을 죽이는 세계, 강한자가 약한자를 죽이는 세계인 것이다. 그는 이 세계를 움켜쥐어 작은 공으로 만들어서 있는 힘을 다해 지면에 내던져 가루로 만들어버릴수 없는 것이 원통했다.14)

임시정부수립 초기 독립운동을 위해 상해로 망명하던 많은 지사들 중에 양수포부두에서 일본영사관경찰의 검문에 걸려 체포된 인물이 적지 않았다. 또한, 오성륜처럼 상해에서 체포된 많은 민족 지사들과 무고한 조선인들이 일본영사관 4층 감옥에 수감되었다가 양수포항을 통해 조선총독부나 일본 내지─나가사키(長崎)로 보내져 재판을 받고

려고 혈안이 되어있었다. 독일을 거쳐 모스크바에서 공산주의자가 된 오성륜은 이후 황포군관학교(黃埔軍官學校)에서 러시아어와 계급투쟁, 민족문제 등을 강의하였다.
13) 다나카 기이치는 일본제국의 영토 확장 계획을 수립한 지도적인 이론가로 일본 국왕에게 중국 정복계획 「다나카 각서」를 작성하여 올린 사람으로 알려져 있다.
14) 김산, 「기묘한 武器」, 『新東方』(1930. 4).

수감되거나 형장의 이슬로 사라지게 되었다. 상해 진출을 획책하던
일본제국주의의 교두보요, 현관이 되어버린 양수포부두. 죽음을 두려
워하지 않는 나라 잃은 조선의 지사들에게는 또 다른 투쟁의지를 불
사르게 하는 공간으로 표상되어지고 있다.

2) '동방의 파리'의 관문, 포동부두

대련, 천진(天津), 청도(靑島)와 같은 중국의 주요 항구에 대한 일본
제국주의의 영향력이 증대하였다. 하지만 독립운동에 투신했던 지사
들 중에는 일제의 감시를 피해 해로를 이용하여 중국으로 밀항하는 인
물들도 많았다. 1919년 음력 2월 어느 날, 조선에서 육로를 통해 안동
현(安東縣, 현 丹東)에 도착한 김구 선생은 여관에서 좁쌀장수로 변장
하고 영국국적의 아일랜드인 조지 쇼우(Jeorge Show)가 운영하는 이륭
양행(怡隆洋行)의 선편을 이용해 상해로 출발하였다. 김구와 15명의 동
지를 태운 배의 최종목적지는 프랑스조계에서 가까운 포동부두였다.

　　황해안을 지나갈 때 일본 경비선이 나팔을 불고 따라오며 배를 세울 것을
　　요구하나 영국인 선장은 들은 체도 아니하고 전속력으로 경비구역을 지나서 4
　　일 후 무사히 浦東(포동) 선창에 내렸다. 같이 탄 동지는 모두 15명이었다. 안
　　동현에서는 아직 얼음덩이가 첩첩이 쌓인 것을 보았는데, 黃浦(황포)선창에 내
　　리며 바라보니 녹음이 우거졌다.[15]

사선을 넘어 포동부두에 무사히 도착한 백범의 "눈에 선뜻 들어오
는 것은 치마도 입지 않은 여자들이 삼판선(三板船)의 노를 저으면서

15) 김구, 『백범일지』(돌베개, 2002), 284쪽.

선객들을 실어 나르는 번잡한 광경이었다.[16] 포동부두에 도착한 김구 일행은 삼판선을 이용해 황포 선창, 아마 프랑스조계에 위치한 십육포항(十六浦港)에 상륙하였을 것으로 보인다. 양수포부두가 일본인의 현관으로 작용했다면, 안동현에서 출발한 조지 쇼우의 윤선이 출입하는 포동부두는 임정의 통로였다.

이륭양행의 지배인은 아일랜드인 테러리스트였는데 우리 조선인들은 그를 '샤오(Sao)'라 불렀다. 그는 일본인을 거의 영국인만큼이나 싫어하였다. 그래서 한 푼의 돈도 받지 않고 오로지 동정심에서 스스로 조선을 도왔다. 조선인 테러리스트들은 몇 년 동안 그의 배로 돌아다녔으며, 위험할 때에는 안동에 있는 그의 집에 숨었다.[17] 1920년 일제가 내란죄로 조지 쇼를 고발한 고소장을 보면 당시 포동항구가 상해 임정에 어떠한 역할을 담당했는지를 간접적으로 확인할 수 있다.

> 1919년 7월경부터 1920년 7월 상순 사이에 좌 안동현 피고 소유의 거실·점포·창고의 일부를 상해임시정부 및 대한청년단원에게 빌려주고 운동하여 편리하게 해주거나 혹은 자기의 관리에 속하는 船腹(선복)을 공급해서 피고 등 동지가 상해─안동현 간의 왕복 및 무기·탄약·불온문서 등의 운반을 도와주거나 혹은 일본관헌의 행동을 不逞徒(불령도)에게 통보해서 교묘하게 체포를 면하게 하거나 혹은 직접 독립운동에 유익한 조언을 해주거나 선내에서 조달했던 독립군자금을 피고가 발행하는 수표로 상해임시정부로 송금하거나 임시정부로부터 발송된 중요한 문서 혹은 하물의 수령 인명을 고의로 피고 쇼 명의로 운반의 안전을 도모하는 등 여러 가지 방법으로써 내란행위를 방조했다.[18]

---

16) 위의 책 299쪽.

17) 김산·님 웨일즈, 『아리랑』(동녘, 2009), 170~171쪽.

18) 法秘 第1253號, 「內亂事件受理及處理件」, 1920年8月11日, 총독齋藤→외무대신 內田, 『英人逮捕』1. 한철호, 「조지 엘 쇼(George L. Shaw)의 한국독립운동 지원활동과 그 의의 : 체포·석방 과정을 중심으로」, 『한국근현대사연구』 제38집 재인용.

프랑스조계에 임시정부를 수립한 대한민국임시정부에 있어 일제의 경찰력이 미치지 않는 포동부두와 황포부두는 국내의 독립운동지도자가 안전하게 상해에 도착할 수 있는 공간이었을 뿐만 아니라 독립운동자금과 무기, 탄약, 비밀문서, 불온문서가 전달되는 중요한 항구로 작용하고 있었음을 알 수 있다.

황포강변의 포동과 십육포에는 조선 진남포의 사과를 실은 선박이 입항[19]하기도 하였고, 독립운동 지도자 외에도 상해를 동경하는 젊은 이들 유학생, 삶의 방편을 찾아 중국을 유랑하다 아무런 연고도 없이 갈 곳 없어 법계로 흘러드는 조선인에게도 열려진 공간이었다. 김광주의 소설 「北平서 온 '슈監'」에서는 포동부두에서 친구를 기다리며 하염없는 상념과 향수에 빠진 주인공 나를 만날 수 있다.

나는 어느날 고향에서 어렸을 때부터 가치자라난 친고하나이 상해로 오겠다는 실없는편지를 받고 아츰부터 부실부실 내리는비에 우산하나도 없이 포동부두 녹스른 란간을 부여잡고 黃浦灘(황포탄)의 누런물을 바라보고 서 있었다.(이 지옥같은 놈의곧엘 무엇하러 또 오논고?) (그는 무슨 소식을 가지고 오랴는고? 고향─얼마나 변했을고?) 봄비를 맞아 찰랑거리는 강물─벗을 기대리는 내마음도 오래 그렸던 애인이나 마지하러 나온 사람같이 까닭없이 어수선하였다. …… [20]

친구를 마중하기 위해 나섰던 부두에서, 친구는 만나지 못하고 "작달막한 키, 때가 꾀죄죄흐르는 남빛 中服(중복)두루매기, 해빛에 바랠대로 바랜 낡은 중절모, 등에 질머진 개나리보짐, 주름살잡힌 이마, 여윈두볼, 피곤이두눈─" 가득한 얼굴로 "대관절 조선 사람들이 많이

19) 김광재, 「상인 독립군─ 金時文의 上海 생활사」, 『한국민족운동사연구』 64, 133쪽.
20) 김광주, 「北平에서 온 슈監」, 『新東亞』 제5권(1936.2).

산다는 法界(법계)란 곳은 어데바로 붙어있단 말이요!"라고 묻는 유랑
하는 동포를 만났다.

　당시 포동부두는 지옥과도 같은 상해와 떠나온 고향, 사랑하는 부
모의 소식을 전해주는 연결과 소통의 공간이었다. 이국땅 중국에서
조선동포들이 많이 산다는 프랑스조계를 찾는 나라 잃은 백성들이 모
여드는 장소였다. 포동항구는 나라 잃은 조선 사람과 나라를 되찾고
자하는 조선사람, 한국사람을 받아들이는 자유의 항구였다. 포동항구
에서 난 길은 조선인들이 살고 있는 법계(法界)의 신작로 하비로(霞飛
路)와 이어져 있었다.

3. 하비로와 북사천로의 조선인

　1919년 4월 "자유의 도시이며 평화의 이상향", "동양의 기괴(奇怪)한
코스모포리탄의 대도시"[21] 프랑스조계에 대한민국임시정부가 수립되
었다. 상당수의 조선인들이 일본의 영향력이 강하게 미치는 공공조계
를 떠나 일제의 경찰권이 미치지 않는 프랑스조계로 모여들면서 상해
의 조선인 거주지는 두 지역으로 분할되었다.[22] 일본과 동맹 관계에
있었던 영국은 공동조계 내에서 일제가 한국 독립운동가를 체포하는

---

[21] 金沼葉, 「봄 물결을 타고—遼寧에서 上海까지」, 『新人文學』(1935)
[22] 한인의 거주지역 분포도 단위(명)

年度	1921	1925	1926	1927	1928	1929	1930	1931
法界	458	514	534	531	423	405	516	497
公同	69	253	271	53	43	53	344	268
華界	60	428	42	120	186	176	77	91
合計	567	795	847	704	653	634	937	856

것을 용인한 반면 프랑스는 이를 허용하지 않았다. 때문에 1932년 임시정부가 상해를 떠날 때까지 법조계의 중심거리 하비로는 한국 독립운동의 중심지가 되었다.

1) 지사(志士)의 거리 하비로

1920년대 조선인의 눈에 비친 상해는 실로 세계의 축소판으로 혹은 자유를 사랑하는 전 세계 각처의 사람들이 자유롭게 출입할 수 있는 근거지가 되었다. 그 사람들 중에는 본국의 정치적 상황에 불만을 품고 상해로 온 사람도 많았다. 때문에 상해는 여러 가지 목적을 가진 다양한 세력들이 그들 나름의 계획을 수립하고 실천하던 자유의 도시였다.[23] 그 가운데 한 세력이 조선인들이었다. 그들은 조국을 강점한 일본제국주의를 몰아내기 위해 프랑스조계에 모였다. 동양에서 '프랑스 문화'와 세력을 확대하는데 관심을 가지고 있었던 프랑스 당국은 조선인의 독립운동을 탄압하지 않았다. 왜냐하면 임시정부가 프랑스 당국에 보호해주는 대가로 수수료를 지불하였고, 대표를 파리에 보내어 정부의 존재 이유를 설명하였기 때문이다.[24]

기미년 대한민국임시정부수립 이후 조국광복의 큰 뜻을 품고 상해에 모여든 청년들이 한때 천여 명을 육박했다. 이들은 주로 임정이 자리한 하비로의 동쪽을 중심으로 동으로는 담수로(淡水路)에서 서로는 숭산로(崇山路)의 양쪽과 북으로는 금릉서로(金陵西路), 남으로는 부흥중로(復興中路)에 이르는 지역, 현재의 노완구(盧灣區)를 활동무대로 삼았다.[25] 일본의 경찰은 1921년 현재, 프랑스조계에 거주하는 한

---

[23] 上海寓客, 「上海의 解剖」, 『開闢』(1920. 8).
[24] 김산·님웨일즈, 『아리랑』(동녘, 2009), 141쪽.

인 약 700명 가운데 200명 가량을 직업적인 독립운동가로 파악하고
있었다.[26] 이를 통해서 당시 프랑스조계를 중심으로 형성된 한인사회
는 정치적 성향이 아주 강한 집단이었음을 알 수 있다.

일본제국주의의 식민지가 되어버린 조선을 벗어나 혁명과 사랑, 자
유를 찾아 하비로로 옮겨온 많은 청년들은 이 신천지에서 여러 민족
지도자들을 만나고 서구의 문물과 새로운 사상의 세례를 받게 되었
다. 3·1운동 이후 동경, 만주를 거쳐 상해에 도착한 김산은 상해에서
이동휘(李東輝), 안창호(安昌浩), 이광수(李光洙), 김원봉(金元鳳)과 같
은 많은 민족지도자들과 교류하면서 몇 차례 사상적 변화를 경험하게
되었다.

    1920년 상하이에 도착했을 당시, 나는 약간의 무정부주의적 경향을 가진 한
    명의 민족주의자일 뿐이었다. 나는 온갖 종류의 사람들을 만났으며 제반 정치
    사상과 논리가 서로 각축하는 소용돌이 속에 휘말렸다. 처음에는 자연히 민족
    주의자 문화그룹에 들어갔으며, 그 후 어느 정도 공부와 관찰을 하고 나자 테
    러리스트와 무정부부주의자들에게 기울었다. 그것은 민족주의자의 강령이 무
    기력하다고 느꼈기 때문이다. 공산주의 운동은 이제 막 싹트고 있었으므로 나
    는 마르크스시즘에 대해서 별로 몰랐으며 레닌주의에 대해서는 전혀 몰랐다."[27]

조국의 독립을 꿈꾸었던 청년 김산은 하비루에서 민족주의 노선의
무기력함에 한계를 느끼고 테러리스트나 무정부주의에 기울어졌다.
이후에는 톨스토이적인 이상주의에서 벗어나 마르크스주의자가 되어
광주(廣州) 꼬뮨과 중국공산당에 참가하게 되었다. 심훈의 소설 「동방

25) 上海市盧灣區誌編纂委員會 編, 『盧灣區誌』(上海社會科學院出版社, 1998), 1101쪽.
26) 國會圖書館 編, 『韓國民族運動史料·三一運動篇 其一』(國會圖書館, 1997), 931쪽.
27) 김산·님웨일즈, 『아리랑』(동녘, 2009), 148쪽.

의 애인」[28]의 주인공들 역시도 김산과 같은 사상의 변화를 거쳤다. 3·1운동 때 일경에 체포되어 1년 넘게 옥살이를 한 박진과 김동렬은 서대문감옥을 나서면서 "우리가 마음껏 소리 지르고 힘껏 뛰어 볼 곳으로 나가자!" 다짐한다. 두 주인공은 중국인의 목선을 이용해 바다를 건너 상해에 도착한 후 ×씨(이동휘)를 만나 민족주의자에서 사회주의 혁명가로 성장하고, 조선의 식민지 상황을 타개하기 위해 서울로 잠입한다. 심훈은 소설 첫머리 '작자의 말'을 통해 남녀 간의 사랑을 넘어, 전 세계 인민이 사랑해야 할 새로운 애인을 소개하고자 하는 열망을 토로하였다.

우리는 보다 더 크고 깊고 변함이 없는 사랑 가운데 살아야 하겠습니다. 그러려면 우리 民族(민족)과 같은 계급에 처한 남녀 노소가 사랑에 겨워 껴안고 몸부림칠 만한 새로운 공통된 애인을 발견치 않고는 견디지 못할 것입니다. 나는 그것을 찾아내고야 말았습니다. – 오랫동안 초조하게도 기다려지던 그는 우리와 지극히 가까운 거리에서 아주 평범한 사람들 속에 나타나고 있었던 것입니다. 그와 동시에 여러분에게 그의 정체를 보여드려야 하는 義務(의무)와 感激(감격)을 느낀 것입니다.[29]

조국광복만을 꿈꾸던 민족주의자들이 세계인민의 해방과 행복을 함께 고민하게 된 것이다. 상해는 심훈이 동경했던 사회주의적 근대의 기원적 공간이었으며, 사회주의 혁명의 고향인 모스코바와 연결되어진 사상해방의 공간, 혁명과 사랑을 완결할 수 있는 자유의 공간이

[28] 1930년 10월 29일부터 『朝鮮日報』에 연재했지만, 무산계급혁명에 성공한 러시아를 표상한 불온한 소설이었기에 일제의 검열을 버티지 못하고 12월 10일 연재를 마지막으로 미완으로 끝이 난 작품이다.
[29] 沈熏, 「東方의 愛人」, 『일제 강점기 항일독립투쟁소설 선집』(계명대학출판부, 1989), 161쪽.

었다. 김산과 심훈 등에 의해 표상된 하비로는 민족 지사의 집결지이
자 새로운 사상을 학습하는 교육 현장이며, 조선에서의 실천을 위한
준비의 공간이었다.

그러나 하비로의 지사들을 괴롭히는 것은 경제적인 문제였다. 당시
상해 임정의 재정 상태는 극히 열악하여 김구의 말대로 '거지나 다름
없는' 시절이었다. 때문에 일정한 직업을 갖지 못하고 임정의 경제적
지원도 받지 못했던 망명객, 혁명가들의 생활은 말로 표현하기 어려
운 상황이었다. 때문에 백범이나 이동녕 선생은 항상 청년들에게 실
망을 안겨 줄 수는 없으니 해외든 어디든 가서 배울 수 있는 사람은
배우고, 직장을 가지고 돈을 벌 수 있는 사람은 벌고 해서 공부하면서
일하라고 말했다. 청년들이 생계유지를 위해 일정한 수입을 가지면서
자기 앞길을 설계하는 것도 장기적인 독립운동 계획의 하나라고 늘
주장했던 것이다.[30] 1930년『東亞日報』신춘문예 소설부문 당선작 김
명수의「두 電車 인스펙터」는 혁명을 위해, 학업을 위해 상해에 모여
든 조선 지식인들의 생활을 소개하고 있다.

현재 전차회사에만 사십륙명 새로생긴 버스에 륙십명이넘는 젊은조선동포
가 다 이런처지에잇다. 모다 맨처음에는 공부를 하러왓다가 학비가끊어지니까
밥벌이로, 당당한지사라 하는 사람들도 처자를 먹여살릴랴니까 이런밥버리라
도 모다모다 죽지못해 하는 그 노릇이다. 그러나 그 중에 또 어떤자는 돈벌어
저금해서 자긔도 포-드 같은 사람이 되겠다고 꿈꾸는 사람도 있겠지만.[31]

차장의 요금횡령을 감독하는 인스펙터는 조선의 지식인에게 열려

---

30) 정정화,『長江日記(녹두꽃)』(학민사, 2005), 90쪽.
31) 金明水,「두 電車 인스펙터」,『東亞日報』(1930년 2월 6~9일).

진 거의 유일한 직장이었다. 거나마 일정한 월급을 받을 수 있었던 그
들은 어려운 임정의 살림뿐만 아니라, 상해 유일의 민족학교 인성학
교 운영 등에 중요한 경제적 조력자 역할을 담당한 것이다.

하지만 인스펙트조차 할 수 없었던 많은 혁명가들은 그들의 생활을
본국의 가족에게 의지해야만 했고, 이는 또 다른 갈등관계를 형성하
기도 했다. 최독견의 작품 「黃昏」(1927)의 주인공 박진은 1919년 3 · 1
운동 이후 일제의 체포를 피해, 몸 무거운 아내를 고국에 남겨두고 언
제고 돌아올 기약도 없이 혁명의 길에 올랐다. 하지만 상해에서의 생
활은 조석조차 해결하기 어려운 날들의 연속이었다. 박진은 아내에게
"집칸이라도 잡히든지 팔든지 하여 얼마간이라도 보내주어야 살겠다"
는 가신을 보냈지만 아내의 반응은 싸늘했다. 어느 날, 조선에서 학교
선생으로 재직 중인 박의 아내가 갑자기 상해로 찾아와 일제에게 전
향할 것을 간청하였다.

> 내가 지금 조선에 들어가 할 일이 무엇이요. 감옥에 밖에 더 갈 곳이 있소!
> 감옥에는 안 가도록 될 수가 있어요 …… 그뿐 아니라 상당한 생활 보장까지도
> 당신이 들어만 가신다면 될 수 있어요……먼저 자신의 안정된 생활을 도모하고
> 그럼으로써 당신만을 믿는 약한 처자를 구해주는 것도 되지도 않을 큰일을 위
> 하여 일생을 희생하는 것보다 값있는 일이 아니겠어요.[32]

소설은 설교보다 더 지리한 아내의 말을 듣고 있던 박진이 머릿속
으로 "자기의 아내와 아들이 곱다란 상여가 보이고 괭이와 거적을 짊
어진 동지가 찾아가는 자기의 시체"를 상상하는 모습으로 끝이 난다.

---

[32] 최독견(1927), 「黃昏」, 『일제 강점기 항일독립투쟁소설 선집』(계명대학출판부,
1989).

마지막 14행이 검열로 삭제되어 그 결말을 단언할 수 없지만, 경제적 어려움과 아내의 회유에도 불구하고 조국독립에 목숨을 바칠 것을 다짐하는 하비루 민족지사들의 의지를 엿볼 수 있다. 1920년대에 발표된 작품 속에 형상된 하비루는 분명하게 새로운 사상을 학습하고 현장을 준비하며, 새로운 혁명의 장을 찾아 떠나는 민족지사의 거리로 표상되어지고 있다.

2) 보헤미안의 거리 하비로

'아메리카파'와 '시베리아—만주파'의 민족주의 진영과 사회주의 진영 등 다양한 민족세력 의 연합으로 탄생한 임시정부는 출발부터 사상적 갈등과 자금난 등으로 해서 많은 어려움이 있었다. 하비루에서 태어난 김자동은 독립의 희망이 점점 불투명해 지면서 '열 사람이 모이면 뜻이 열 개가 나오고(十人十志)' 가까스로 두 개 당이 합치고 보면 세 개 당이 나올 정도로 의견 통합이 힘들었다고 회고하고 있다.[33]

김구는 임정의 존재를 알리고 민족진영의 통합을 이끌어내기 위해 1932년 1월 일본 국왕암살, 4월 천장절(天長節)날 상해 홍구공원(虹口公園)에서 벌어진 일본군의 상해사변 전승 축하식장에서 폭탄테러를 감행하였다. 그 결과 임정은 해외동포의 격려와 함께 자금을 확보했을 뿐만 아니라 국민당(國民黨)의 보호와 협력을 이끌어 내는데 성공했다. 하지만 공산주의 운동과 폭력적인 테러에 반대했던 프랑스 공부국은 일본과의 외교적 마찰을 피하기 위해 김구와 임정에 대한 보호를 포기했고, 임정은 13년의 프랑스조계 생활을 정리하고 항주로

---

33) 김자동, 「어머니에 대하여」. 정정화, 『長江日記(녹두꽃)』(학민사, 2005), 331쪽.

탈출해야만 했다.

 임정이 떠나고 일본의 상해 진출이 본격화되면서 프랑스조계의 한인사회는 급격하게 붕괴되었다. 많은 사람들이 공동조계로 옮겨갔고, 하비로에 남은 지사들 중 많은 사람들이 일본경찰에 체포되었다. 그들 중 절반에 가까운 지사들이 일제에 전향했으며, 나머지 사람들에 대한 일제의 감시와 외압이 강화되었다. 하나의 이탈자가 생길 때마다 나머지 사람들은 그만큼 의지가 저하되지 않을 수 없었고, 그 반대로 일본은 상해에서 날로 강대해지고 있었다. 하지만 임정이 떠나고 많은 지사들이 일제에 전향했지만 하비로는 여전히 조선인에게 지사와 항쟁의 거리로 표상되고 있었다.

 1930년대 하비루에서 일어났던 조선인 사회의 변화를 가장 잘 소개하고 있는 작가는 김광주이다.[34] 1929년 포동부두에 도착한 김광주는 "이십부터 삼십까지 꼭 10년 동안," "가장 젊은 시절이요 또 가장 감격적인 세월"[35]을 하비로 남쪽 망지로(望志路, 현 興業路) 북영길리(北英吉里)에서 지냈다. 김광주는 "혁명가의 후예라는 우월감속에서 그날그날을 살아가고 있는 법조계 청년들 틈에서 연극이니, 문학이니, 예술이니 인간성의 자유니하는 따위를 떠들고 있는 一群(일군)의 보헤미안" 중의 한사람으로 자처하며 문학동인지를 만들고 '보헤미안극사(劇社)'를 조직하기도 했다.

---

34) 김광주가 상해에서 발표한 작품으로는 「上海와 그 女子」(『조선일보』, 1932. 3. 27.~4. 4), 「장발 노인」(『조선일보』, 1933. 5. 13.~5. 20), 「밤이 깊어갈 때」(『신동아』, 1933. 10), 「鋪道의 憂鬱」(『신동아』, 1934. 2), 「南京路의 蒼空」(『조선문단』, 1933. 6), 「北平에서 온 令監」(『신동아』, 1936. 2), 「野鷄」(『조선문학』, 1936. 2) 등의 소설과 약간의 시가 있다.
35) 김광주, 「上海時節回想記」 上, 『世代』 제3권 통권 제29호(1965년 12월), 244쪽.

상해를 떠돌아 들어온 그 당시의 청년치고 보헤미안 아닌 사람이 없었겠지만, 나는 내 자신을 집시 같은 보헤미안이라고 불러서 자위를 삼아보기도 했다. 국적도 없고, 또 국적을 누가 인정해 주지도 않는 청년들이 허줄구레한 모습으로 국제도시 뒷골목을 어깨가 축 처져서 돌아다니는 모습은 집시보다 무엇이 달랐으랴!36)

김광주는 "상해법조계같은 데서는 아무 필요도 없는 대렬밖의 인간", 이방인으로 자처하였다. 보헤미안에게 식민지 "조국이란 것이 그리 매력 있는 존재도 아니었다. 허울 좋은 애국자니 혁명투사니 하는 위선과 독선도 보기 싫어했다." 하지만 언제나 "올바른 길을 걷겠다는 다짐"을 했던 김광주는 "점잖으나 차디찬 풍자"와 "민족혼"을 바로 세우려는 노신(魯迅)의 문학정신을 흠모하여 글을 통해 하비루의 위선적인 지사, 변절하고 타락한 지사의 명예욕과 타락한 생활을 풍자하고 비판하고자 하였다. 국적도 없고, 또 이미 일본의 식민지가 되어버린 조선을 인정해 주지도 않았다고 자포자기도 했지만, 그에겐 지키고 싶은 민족혼이 있고, 지사의 거리를 지켜야 한다는 사명감이 있었다.

춤과계집과 술과 마장, 연분홍빛 향락을쫓아 일생을살라는 계급들— 그러나 지사(志士)의 거리 '상해'라는 이아름다운 명사가 그들의이런 생활을 곱게곱게 덮어주고있는것이아니냐?' (껍질을벗겨야 한다. 그들의 생활을덮고있는 이어두컴컴한 껍질을 벗겨서 밝은태양아래 드러내야한다. ……나는이것만위여서라도 일생을 붓대를들고 싸워보자!)37)

---

36) 김광주, 「上海時節回想記」 上, 『世代』 제3권 통권 제29호 (1965년 12월), 266~267쪽.
37) 김광주(1935), 「南京路의 蒼空」.

상해에서 생활하는 동안 김광주는 김구 선생의 특별한 애정을 받았으며, 해방 후에는 서울에서 김구 선생을 신처럼 옆에서 모시기도 했었다.[38] 하지만 당시 절대 자유와 평등이 보장되는 이상적인 새로운 사회를 건설코자 했던 아나키스트조직 "남화한인청년연맹(南華韓人靑年聯盟)"에 적극적으로 참여했던 김광주는 민족진영 내부에서 벌어지는 당파, 분열, 독선에 대해서도 날카롭고 과감한 비판을 가했다.

조선놈은 黨派(당파)싸흠으로 망하우. 망하지 안코 되겠소! 생각하면 허무한 일이거던! 한 나라 한민족을 생각하고 목숨을 바친다는 사람들이 조고마한 당파! 드러난 영웅심리에 넉을 일코 산대서야 될 말이요 붓그럽소! 젊은 사람들 보기가 붓그럽소! 내가 십여 년을 해 논 게 무어란 말이요! 그도 참된 일을 위한다면야 못 할 일이 아니지만 개인적인 명예를 위하는 싸흠에 지나지 못하거던 ……[39]

제도화된 모든 정치조직, 권력, 사회적 권위를 부정했던 아나키스트 김광주. 하지만 일제의 착취를 피해 고국을 떠나와 중국에서 고달픈 삶을 살아가는 유랑하는 동포들에 대해서는 특별한 동정심을 가졌다. 초기 상해 이주자들과 달리, 1930년대에 상해로 이주한 사람들 가운데에는 생계형 이주자가 많았다. 고향을 떠나 변변한 삶의 방편을 갖지 못한 이주민들이 궁여지책으로 선택하게 되는 것이 아편밀매와 계집장사였다.[40] 많은 조선의 여성들이 희생되었다.

----

38) 오효진, 「오효진의 인간탐험-"칼의 노래" 金薰」(『월간조선』, 2002. 2), 624쪽.
39) 김광주(1933), 「長髮老人」.
40) "(아편밀매의) '오로시모토(총도매상)는 외국인이다. 그들은 ×艦에다 싣고 오기까지 한다. 결국은 조선인이 그 수족 노릇을 하는 것으로, 문제는 조선인은 대부분이 밀매를 한다는 것이다." 從軍文士 林學洙, 「北京의 朝鮮人」, 『삼천리』 제12권 제3호(1940).

집시, 보헤미안이라 자처하던 김광주는 "국제도시! 동양의파리! 또는 젊은이들의 허영심과 호기심을 자아낼 어떠한 奇妙(기묘)한 이름을 부치더라도 상해란 결국 조계라는 그럴듯한 洋裝(양장)을 입혀가지고 코큰사람들의 歡樂場(환락장)으로제공한 한 가엾은 妖婦(요부)일"[41]뿐이라는 표상을 가지고 있었다. 또한, "일체의 支配(지배)를 싫어하는" 자유인이라 자부했던 그는 '지사의 거리' 하비로가 위선자의 거리로 전락하는 것을 강하게 비판하고 있다.

3) 북사천로의 보헤미안 강로향

공동조계 내의 조선인 집거지 북사천로는 '일본인조계', '작은 동경'이라고도 알려진 홍구지역의 메인스트리트로, "밤의 豪華版(호화판), 상해의 歡樂街(환락가)"라고 불렸다. "북사천로에서 老靶子路(노파자로)로 접어들면 거리는 俄然活氣(아연활기)를띠었다. 朝鮮民會(조선민회) 앞을 지나 吳淞路(오송로)로 들어서면 여기는 완연히 日本街(일본가)의 감을 가지게할만큼 日本店鋪(일본점포)가 櫛比(즐비)햇다."[42] 북사천로일대에는 1차, 2차 상해사변을 경과하면서 일본인 인구가 급격하게 증가하였고, 일본영사관의 비호를 받는 많은 조선인들이 조선민회를 구성하고 인삼상, 잡화상, 음식점 등을 하면서 생활을 꾸려가고 있었다.

당시 북사천로에는 일본인이 경영하는 내산서점(內山書店)이 있었는데, 이곳에서는 마르크스 전집이나 일본 사상계의 동향을 파악할 수 있는 신간서적들을 구입할 수 있었다. 때문에 김광주 등 청년들은

---

41) 강로향, 「江南夏夜散筆」, 『東亞日報』(1935. 8. 6).
42) 강로향, 「江南紀行第三信, 虹口素描」, 『東亞日報』(1938. 6. 24).

"아무도 모르게 가든·부리지를 넘어서 북사천로 일본인 촌으로 건너가서 일본서적을 사다가 읽곤 했다." 임정의 경무국(警務局)과 일본영사관경찰 모두 두 거리를 내왕하는 조선인들에게 대해 촉각을 곤두세우고 있었다. 때문에 백범은 김광주 등을 불러다 "왜 요즘 북사천로에는 자주 드나들지? 조심해! 사내자식이 땐스방출입이나 하고 어통 비통 해서는 못쓰느니"하고 꾸지람을 할 정도로 두 공간은 격리되어 있었다.

> 이 시절의 북사천로에서 우리들과 호흡이 맞을 수 있는 한국청년으로는 일찍이 『開闢』잡지 시대부터 中間小說(중간소설)을 써오던 강노향 한사람뿐이었다. 그는 겁을 냈음인지 여간해서 法租界(법조계)에 나타나지 않았지만, 나는 아무도 모르게 가든·부리지를 넘어가서 그와 滿醉(만취)해가지고 날 잡아갈 테면 잡아가라는 듯이 氣焰(기염)을 토하다가는 법조계로 살짝 뺑소니쳐 오곤 했었다.[43]

하비로의 김광주가 북사천로를 넘나들며 밤새 통음을 하며 문학이야기를 나누었다는 강로향의 본명은 강성구(姜聖九)이며, 스스로를 "상해생활 도합 8년을 해온 사람"으로 "상해에 거주하는 조선동포의 생활을 잘 아는 사람 중의 하나였다"고 밝혔다.[44] 하지만 그의 인적사항에 대해서는 잘 알려져 있지 않다.[45] 김광주의 기억처럼 그는 『개

---

[43] 김광주, 「上海時節回想記」上, 『학민』제58호(1925. 4. 1).
[44] 강로향, 「海內 海外 朝鮮同胞의 現地報告, 朝鮮人發展策 新年之辭」, 『삼천리』제13권 제1호(1941. 1. 1).
[45] 그의 소설과 그가 남긴 중간소설들을 종합해 보면 강로향은 경상남도 하동군 악양(岳陽)이 고향인 듯하다. 상해의 대동대학(大同大學)에서 공부했으며, 1934년에는 잡지 『開闢』의 상해특파원으로 중간소설을 발표하였다. 일시 귀국하였다가 1938년 4월 다시 상해로 들어가 1941년에는 상해중화영화회사(上海中華映畵會社) 문예부에 근무하고 있었다.

벽』에 상해특파원 강성구라는 이름으로 순문학과 통속문학의 중간되
는, 저널리즘에 편승한 '중간소설' 「上海異域에 展開된 國際三脚愛의
血祭」(1934), 「上海夜話」(1935)를 발표했고, 「집웅밑의 新秋」(1936), 「港
口의 東쪽」(1936)과 같은 상해 공동조계를 배경으로 하는 소설을 남겼
다.

  1930년대 김광주의 소설이 독립운동, 사회주의운동, 청년 혁명가의
고뇌, 변절한 지사들의 모습 등을 소재로 했다면 북사천로의 작가 강
로향은 어떤 목적이 없이 되는대로 상해로 이주한, 즉 "만연도항(漫然
渡航)" 때문에 벌어지는 인생의 비극을 주요 내용으로 하였다. 강로향
의 소설에 등장한 인물들은 조국의 광복, 세계 인민의 행복보다 개인
의 물질적 욕망과 생활을 위해 상해로 이주한 사람들의 이야기가 중
심이었다. 「港口의 동쪽」의 주인공 김서훈은 상해로 온 목적을 다음
과 같이 이야기 하고 있다.

  애당초 상해에 흘러 온 것은 그저 자그마치 돈만이나 잡어가지고 한평생 밥
  걱정이나 없이 지나보겠다는 아주 평범한 그러나 어느 점으로 엄청난 요행을,
  그리고 그 요행을 또 어느 점으로 보면 내 딴에는 비범한 각오와 자못 굉장한
  웅도에서 뛰어나온 괴물같이, 구름을 잡는 것 같은 막연한 기대에 의한 것이었
  다.[46]

  하지만 상해의 현실은 녹녹하지 않았다. "현실의 기대와는 엄청난
배반을 보이게 되자 그 낙심과 슬픔은 누구보다도 컸으며 따라서 상
해에 대한 나의 애착도 이슬같이 스러지고 남은 것은 쓸쓸한 환멸뿐
이었다." 하지만 김서훈과 같이 요행을 바라고 일확천금을 꿈꾸며 상

---

46) 강노향, 「港口의 동쪽」, 『강노향 소설집』.

해로 모여든 사람들은 이미 일본제국주의의 식민지가 되어버린 고향
으로 돌아가겠다는 생각은 꿈도 꾸지 않았다.

「집웅밑의 新秋」는 공공조계 신유구리(新西鳩里)에 있는 김유성의
차가(借家)를 배경으로 상해에서 살아가는 조선인의 삶을 그리고 있
다. 김유성이란 인물은 누이동생 세 명을 댄스홀에 내보내고, 자신은
집에서 빈둥거리며 그녀들이 육체와 바꿔온 돈으로 생활하는 몰염치
한 인물이었다. 김유성의 아내 또한 어린 여자아이를 사와서 춤을 배
워주고 장차 댄스홀에 내보내서 돈을 벌겠다는 인신매매와 매음을 자
행하는 인물로 그려지고 있다. 김유성의 집에 세 들어 사는 최성균 역
시 헤로인 밀매라는 범죄적 수단으로 살아가고 있고, 경제적 성공을
위해 상해에 온 오창세와 김상련이 한 집에 살았다. 김유성의 집을 뻔
질나게 드나드는 고려식료품점 주인의 아들 홍서운, 일본 R제약회사
의 약을 주문 해다 판매하는 임종태, 넥타이 행상을 하는 정은석 등을
통해 공동조계 홍구지역에서 생활하는 한인들의 생활상을 보여주고
있다.

1937년 제2차 상해사변 이후 일제는 조선에서 모집한 여성을 소위
'위안부'라는 명목으로 상해로 강제 이주시키면서 상해 한인인구 중에
서 여성인구가 차지하는 비중이 높아졌다.[47] 1938년 대련에서 상해로

---

[47] 上海 朝鮮人 人口構成(1931~1937)

年度	1932	1933	1934	1935	1936	1937	1938	1939	1940
戶數	438	425	448	491	496	393	892		4,668
男子	742	983	939	846	897	491	1,423		4,984
女子	610	409	644	877	900	592	1,715		2,871
全體	1,352	1,392	1,583	1,723	1,797	1,083	3,138	6,133	7,855

출전: 日本外務省亞細亞局, 『支那在留本方人及外國人人口統計表(1930~1931)』; 上
海日本總領事館, 「韶和12年特高警察關于官內地區狀況之調査」, 『日本外務省特殊調
査文書』 27, 719~720쪽을 조합한 표.

가는 선상에서 강로향은 어디로 가는지도 모른 채 두려움에 떨고 있
는 수많은 조선의 소녀들을 목격하였다.

> 대련에서 상해로 가는 奉天丸(봉천환) 3등객실 선객의 태반은 娘子群(낭자
> 군)이엇다. 그중에는 십삼, 사세밖에 안되어보이는 어린 소녀도 잇엇다. ……저
> 편구석을보니 中支(중지)로 팔려가는상싶은 어떤 여자가 흙흙느끼고잇다. 슬
> 픔을 하소할길없어 곁에앉은 동료에게 가끔우름석인소리로무엇을 중얼거리는
> 소리를들으니 확실히 경상도사투리다. "우리들은 어디로 간다나?" "몰라……"
> 이구석저구석에서 낭자군들은자기네들의가시만흔 人的行路(인적행로)의 방향
> 을 서로들 물어보는모양이엇다.48)

상해를 다시 찾은 강로향은 홍구지역의 "조선인중에는 수천원내지
수만원을 잡은 사람이 제법잇엇다. 대개 육해군위안부(陸海軍慰安婦)
이 아니면 연초(煙草)장사를한것이엇다"는 사실을 확인하였다. 또한
1938년부터 조선인이 비약적으로 증가하여 "앞으로 선편마다 오, 육백
명씩 쏟아질 예상"이라는 사실을 확인하고 앞으로 상해의 경기가 어
지간할 모양이라 예상하였다. 하지만 그 와중에 돈을 버는 사람들은
일부 일본제국주의와 결탁한 조선인들이었고, 해외에 나와 몇 년 동
안이나 돈을 벌어보겠다고 이를 악물고 노력하는 많은 사람들은 여전
히 그늘진 생활에서 한 걸음도 벗어나지 못하고 있었다. 저주스러운
현실은 상해의 조선인들을 아편밀매나 매음과 같은 윤리적 타락으로
몰아갔다.

> 전등불조차 드문 깜깜한 장안리 골목, 이 골목에 충만한 어둠과도 같이 이
> 골목에 숨결을 담은 뭇사람의 생활도 역시 암담하였다. 특히 이 장안리 골목에

48) 강로향, 「江南紀行第二信, 明暗 上海航路」, 『東亞日報』(1938. 6. 24).

는 조선 사람이 많이 살았다. 그들은 대개가 자기의 안해에게 밀매음을 강요하여 거기서 나오는 돈으로 어두운 생활을 지속하고 있는 것이다.[49]

최독견의 소설 「樂園이 부서지네」는 먹고살기 위해 시작한 아내의 매음이, 결국 가정의 파괴로 이어지는 비참한 이야기를 짧은 편폭 속에서 그려내고 있다. '모던ー남자'는 순종적인 본처를 버리고 '모던ー걸'과 재혼한다. '남자'는 모던ー아내의 권유로 상해로 옮겨왔지만 그들의 모던 생활을 방해 한 것은 경제적 곤란이었다. 상해에서 일자리를 찾지 못한 남자를 대신해 모던ー아내는 밀매음을 시작했고, 가장으로서의 권위를 상실한 남자는 아내를 찾는 손님을 모시기에 급급한 인물로 묘사되고 있다.

일제의 식민지통치 때문에 겪은 민족의 수난은 정신적인 좌절로 특정 지을 수 있는 것이기 이전에 민족 구성원 대다수에게 처참한 빈곤을 가져다주었다.[50] 조국을 떠나 상해라는 낯선 공간으로 이주한 절대다수의 조선인들 역시 경제적 빈곤에 허덕이고 있었다. 때문에 국제도시 상해에서 도시빈민으로 전락한 조선인의 삶은 모든 작가들의 공동의 주제였다. 그러나 강로향의 소설에는 빈곤의 문제를 파헤쳐 현실 인식을 심화하고 일제에 항거하려는 분명한 의도는 보이지 않는다.[51] 하지만 강로향의 상해를 배경으로 한 도시소설은 분명 일정한

---

49) 강노향, 「지붕밑의 신추」, 『강노향 소설집』.

50) 조동일, 『한국문학통사』 5(지식산업사, 2005), 200쪽.

51) 한국근대문학에서 신경향파로 분류되는 주요섭(朱耀燮)은 상해 호강대학(滬江大學) 유학시절 도시빈민의 삶을 묘사한 「人力車軍」(1925)과 야계(野鷄)의 생활을 형상화한 「殺人」(1927)을 발표하였고, 김광주도 「野鷄」(1936)를 통해 매춘부로 전락한 조선 여인의 참담한 삶을 형용하고 있다. 하지만 이들의 작품 역시 빈곤의 원인과 해결책이 무엇인가에 대한 사회적 반성을 결여하고 있어 시대적 한계를 드러내고 있다.

의의를 가진다. 보헤미안 강로향의 소설에 형상된 북사천로는 삶의 토대를 잃어버린 조선인, 경제적 안정을 위해 상해를 찾은 조선인이 자본주의 물질문명 앞에서 좌절하고, 삶을 꾸려나가기 위해 도덕조차 버려야 하는 물신의 거리로 표상되었다.

4. 나오는 말

한국근대문학연구에 있어 상해와 관련된 작가나 작품을 연구한 성과는 결코 적다고 할 수 없다. 기존 연구에서는 대부분 상해를 통일된 하나의 공간으로 간주하고, 상해가 보여주는 근대성을 강조하여 기형적인 메트로폴리스, 동방의 파리, 혁명가의 아지트 등과 같이 표상하고 있다. 하지만 당시 상해는 중국인이 거주하는 화계, 공동조계 그리고 프랑스조계로 분할되어 서로 다른 행정체계와 사법권 경찰권이 행해지고 있었으며, 조선인 이주커뮤니티도 공동조계와 프랑스조계로 나누어져 있었다는 사실에 대한 주의와 관심이 부족했다.

본문에서 살펴본 것처럼 1920년대 30년대 작품 속에 표상된 상해는 드러나든 드러나지 않든 일본제국주의 영향력이 미치는 공간-공동조계와 그렇지 않은 자유의 공간-프랑스조계로 분리되어 나타난다는 특징을 가지고 있다. 이러한 공간인식은 상해를 출입하는 모든 국가의 사람들이 가진 것은 아니었다. 해상을 통해 상해로 망명한 대부분의 조선인들이나 상해에 거주하는 거류민들에게 있어 양수포부두는 대양을 건너 상해까지 확대된 일본의 군국주의를 확인할 수 있는 위험한 공간 혹은 저항의 공간으로, 포동부두는 조선인의 게토인 프랑스조계로 연결되는 자유의 항구로 표상되어지고 있었다는 사실은 상해문학연구에 있어 관심을 요하는 부분이라 생각된다.

또한, 1920년대에 발표된 작품 속에서 프랑스조계의 하비루는 조선의 지사와 청년들이 새로운 사상을 학습하고 국내에서의 실천을 준비하는 공간, 개인적인 사랑과 혁명의 완성을 통일하는 공간, 고단한 이국 생활에서도 절대 독립운동의 의지를 포기하지 않으려는 "志士의 거리"로 표상되고 있다. 하지만 1930년대에 들어서면서 하비루는 일체의 지배에 항거하는 청년들이 상해의 민족진영 내부에서 벌어지는 당파·분열·독선에 대해 과감하게 도전하고, 인간성의 자유와 문학과 예술을 추구하는 '보헤미안의 거리'가 되었다. 이에 반해 공동조계 홍구의 북사천로를 배경으로 한 작품에는 조국의 독립이나 세계인민의 해방이나 행복보다는 일본제국주의의 그늘 아래에서 "그저 자그마치 돈만이나 잡어가지고 한평생 밥걱정이나 없이 지나보겠다는 아주 평범한" 목적을 가진 조선인들이 모여든 공간으로 표상되어지고 있다.

기존의 연구성과에서 밝히고 있는 것처럼 만주에 비해 상해는 이주민 자체가 적었고, 역량 있는 작가와 독자적인 발표지면을 가지지 못했기 때문에 독자적인 상해문단을 형성하지는 못하였다. 하지만 상해에서 활동했던 작가들의 작품을 통해 상해의 분할된 공간에 대한 인식을 재해석하고, 강로향과 같은 잊힌 작가들에 대한 자료를 발굴하고 심도 있는 연구가 진행될 수 있다면 근대문학 속에서 상해문학이 갖는 의미를 더욱 풍부하게 할 수 있으리라 생각된다.

3장: 해항도시 상해와 김광주

부두—이 거리의 입은
어제밤도 오늘밤도 배가다올때마다
환락, 우울, 음모, 자살……　모든생활의단편들을
땀을 흘려가며 커다란 입으로 훅훅 내뿜습니다.
　　　　　　………
부두—이 거리의입은
더위와 피곤에 못이기여 긴한숨을 내뿜습니다
비오는듯흐르는 땀을 씻을줄도 모르고……1)

1. 들어가는 말

　황해로부터 장강(長江)의 지류인 황포강(黃浦江)을 따라 18km 거슬러 올라간 강변에 건설된 상해의 포동부두(浦東埠頭)나 양수포항(楊樹浦港)은 바다를 항해하는 배들이 드나드는 해항(海港)이다. 열강의 군함과 상선들이 끊임없이 드나들었던 상해는 근대에 만들어진 많은 식민지 해항도시들처럼 식민지모국과 식민지를 연결하는 식민지 착취의 '중추신경'으로 작용하였다. 뿐만 아니라 상해는 종교와 문화 사업

---

1) 김광주, 「埠頭·여름」, 『東亞日報』(1934. 7. 25).

을 통해 식민화를 정당화하고자 했던 각국 선교사들의 활동중심지로
도 작용했고, 그들이 펼친 교육·의료·복지사업은 상해의 전반적인
문화수준을 제고하기도 하였다. 그러나 식민통치자들이 상해에 건설
하고자 한 것은 진정으로 서방 문명의 기준에 근거한 것은 아니었다.
외국인의 눈에 비친 상해는 비숍의 표현처럼 '모범적인 조계지'였을
따름이다.2)

서구 식민주의자들이 모범적인 조계지 상해에 건설하고자 한 것은
두 가지였다. 하나는 식민지에 종주국의 존엄한 형상을 유지하는 것
이었고, 또 하나는 식민지를 그야말로 정욕의 낙원으로 변모시키는
것이었다. 전자는 그들로 하여금 식민지에 서방과 연결된 많은 문명
적 설비를 세워 식민지를 문명과 발전의 표지가 되도록 하였고, 후자
는 문명적 설비에 기형적인 원시적 욕망을 기탁하게 하였다.3) 때문에
자본주의의 침탈을 상징하는 '모험가의 천국' 상해에는 근대적인 도시
문명을 상징하는 '동방의 파리' 혹은 '동양의 런던'이라는 아름다운 호
칭이 있었고, 욕망과 암흑 그리고 범죄를 대변하는 '동방의 시카고'라
고 하는 부정적인 이미지가 공존하였다. 근대적인 해항도시 상해가
가진 이러한 이중적인 성격은 '마도(魔都)'라는 이름과 함께 '현대중국
의 열쇠'라는 이름으로도 형상화 되었다.

중국의 근대 지식인들은 상해에 건설된 '식민지모국의 존엄한 형상'
을 반영하는 문명적인 공간에서 서방문명을 경험하고 학습하였다. 카
페나 살롱에 모여 앉은 그들은 프랑스대혁명의 불씨를 키운 프랑스인

---

2) 이사벨라 버드 비숍, 김태성 역, 『양자강을 가로질러 중국을 보다』(효형출판사,
   2005), 42쪽.
3) 陳思和, 「해파문학의 전통」, 『동아시아, 개항을 보는 제3의 눈』(인하대학교출판
   부, 2010), 220~221쪽.

들처럼 중국의 근대화와 혁명을 토론하고 시정을 비판하기도 했다.[4] 하지만, 반(半) 식민지화된 상해의 본질을 망각하고 자본주의가 가져온 물질문명과 향락적인 소비문화에 빠져든 지식인들도 존재하였다. 이는 단지 중국 지식인만의 모습은 아니었다. 상해라는 국제도시에서 근대적 서구문명을 처음 접하게 된 한국의 지식인들 역시 이와 비슷한 양태를 보였다.

1910년 8월 29일 한일합방조약이 체결되면서 대한제국은 일본제국자의자들에게 통치권을 빼앗기게 되었다. 조선의 독립과 자유를 갈구했던 많은 지식인들은 상해가 백의민족에게 조국의 어둠을 헤치고 해방의 새로운 서광을 가져다 줄 수 있는 코즈모폴리터니즘적인 도시, 독립운동의 책원지가 될 수 있으리라 생각하고 세계적인 해항도시 상해로 모여들었다.[5] 1919년, 상해에 모인 민족지도자들은 대한민국임시정부(이하 '임정'이라 칭함)를 건립하고 '상해대한인거류민단(上海大韓人居留民團)'을 중심으로 상해에 모여든 한인들을 규합하였다. 한국인들은 제국주의의 각축장이 된 상해에서 항일독립운동과 밀접한 관련을 갖는, 정치적인 색채가 강한 특별한 이주민사회를 형성하였다.

1932년 상해사변(上海事變)을 계기로 상해에 진주한 일본군 수뇌부를 척결한 윤봉길의 의거는 상해 한인사회의 단결과 임정에 대한 장개석(蔣介石) 국민정부(國民政府)의 관심과 지원을 이끌어 내었다. 그

---

4) 최낙민, 「"東方의 巴黎", 근대 해항도시 上海의 도시이미지」, 『역사와 경계』 75, 부산경남사학회(2010) 참고.
5) "상해! 상해! 흰 옷을 입은 무리들이 그 당시에 얼마나 정다이 부르던 도회였던고! 모든 우리의 억울과 불평이 그 곳의 안테나를 통하여 온 세계에 방송되는 듯하였고, 이 땅의 어둠을 헤쳐 봄 새로운 서광도 그 곳으로부터 비치어 올 듯이 믿어보지도 않았었던가!" 沈熏(1930), 「東方의 愛人」, 『일제 강점기 항일독립투쟁 소설선집』(계명대학교출판부, 1989), 174~175쪽.

러나 항일세력에 대한 일본제국주의의 감시와 통제가 강화되면서 임
정은 어쩔 수 없이 상해를 떠나야만 했다. 임정이 상해를 떠나자 상해
에는 친일적인 성향을 띈 조선인과 생계형 이주민의 유입이 크게 증
가되었고, 한인사회는 양적인 팽창과 함께 친일단체인 '상해거류조선
인회(上海居留朝鮮人會)'를 중심으로 급속히 재편되었다.[6] 1933년『삼
천리』에는 "아무튼 상해는 녜날은 정객(政客)의 망명지대(亡命地帶)더
니 지금은 연애인(戀愛人)의 망명지대가 되었는가"[7]라는 기사가 날
정도로 상해의 한인사회에는 커다란 변화가 일어나고 있었다.

  심훈(沈熏), 주요섭(朱耀燮), 최독견(崔獨鵑), 김명수(金明水), 김광주
(金光洲) 등 상해에서 작품 활동을 했던 많지 않은 작가들 중, 김광주
는 1930년대를 전후한 상해 한인사회의 변화와 한인들의 불우한 삶과
고민을 가장 잘 반영한 작가로 평가되고 있다.[8] 그는 1929년 만주(滿
洲)를 출발하여 대련(大連)에 도착하고, 대련에서 배편을 이용하여 상
해에 도착하였다. 일본군이 진주하기 시작한 1938년 포동항(浦東港)에

---

6) 〈표 1〉 한인의 인구구성(1931~1937)

年度	1931	1932	1933	1934	1935	1936	1937
戸數		438	425	448	491	496	393
男子	717	742	983	939	846	897	491
女子	139	610	409	644	877	900	592
全體	856	1,352	1,392	1,583	1,723	1,797	1,083

출전: 日本外務省亞細亞局,『支那在留本方人及外國人人口統計表(1930~1931)』; 上
海日本總領事館,「昭和12年特高警察關于官內地區狀況之調查」,『日本外務省特殊調查
文書』27, 719~720쪽을 조합한 표. 孫科志,『上海韓人社會史』(한울아카데미, 2001),
133쪽 재인용.
7) 김광주,「金源珠氏의 上海行」,『삼천리』제5권 제9호(1933.9.1).
8) 김광주가 상해에서 생활하면서 발표한 작품을 다룬 논문으로는 다음과 같은 것
  이 있다. 김철,「김광주의 前期 小說 硏究」,『김학철·김광주 외』(보고사, 2007) ;
  김종호,「金光洲論」,『현대소설연구』4 ; 서은주,「1930년대 문학에 나타난 '모던
  상하이'의 표상」,『한국문학이론과 비평』제40집(제12권 제3호, 2008) 등.

서 천진(天津)으로 향하는 배에 오르기까지 김광주는 10년간 상해에서 생활했다. 입항하는 배들이 쏟아내는 군상들에 따라 매번 다른 모습을 연출하는 황포강과 부두는 김광주 작품의 주요한 배경이 되었고, 그 속에서 생활했던 한인들은 작품의 주요 인물로 등장하고 있다. 1930년대 상해를 배경으로 한 김광주의 소설에 등장하는 주인공의 성격은 모두 상해라는 공간과 상해 한인사회라는 환경 속에서 배태되어진 것이다.9) 때문에 김광주 문학작품의 진정한 주인공은 상해와 한인사회 그 자체라고도 말 할 수 있을 것이다.

본 장에서는 먼저, 기존의 연구에서 주의하지 않았던 해항도시－부두 상해에 대한 김광주의 인식변화를 살펴볼 것이다. 다음으로, 1934년 김광주가 발표한 「埠頭·여름」이라는 시에서 사용한 환락(歡樂), 우울(憂鬱), 음모(陰謀)와 자살(自殺)이라는 시어를 중심으로 그의 작품 속에서 형상화된 상해의 한인과 한인사회, 나아가 상해인의 삶에 대해 분석하고자 한다.10) 그리고, 1930년대 이미 세계적인 도시로 성장한 상해의 모습을 통해 근대시기 동아시아지역에 형성된 해항도시의 문화적 특징을 재고하고, 그 한계를 밝히는 것으로 이 책의 전체 결론을 대신하고자 한다.

---

9) "김광주는 소설의 주인공들을 현실과 일정한 거리를 두면서 방관자적 관찰자로서 설정한 경우가 많았다. 이러한 간접화 방식은 장면의 구체성과 인물의 생동감을 떨어뜨리기도 한다." (김종호, 「金光洲論」, 『현대소설연구』 4). "하지만 소박함과 투명함을 그 특징으로 하는 김광주의 글쓰기는 이율배반적이고 중층적인 상해라는 공간을 가장 자연스럽게 드러내는 형상화 방식이 되었다고 볼 수 있다." 서은주, 「1930년대 문학에 나타난 '모던 상하이'의 표상」, 『한국문학이론과 비평』 제40집(제12권 제3호, 2008), 456쪽.

10) 김광주는 해항도시 상해의 번영과 환락을 상징하는 '부두'를 공간 축으로 하고, "더위"와 "비오는 듯 흐르는 땀"으로 상징되는 '여름'으로 1930년대 중국과 상해의 혼란상을 드러내는 시간 축을 삼아, 그 좌표 속에서 살아가는 인간 군상들의 삶을 환락, 우울, 음모 그리고 자살이라는 네 개의 시어를 통해 드러내었다.

2. 김광주의 상해 인식

김광주는 18년간의 중국 생활 중 10년을 상해에서 지냈다. 만주에서 병원을 운영하는 형의 강요로 상해에 있는 남양의과대학(南洋醫科大學)에 입학을 신청한 스무 살 청년 김광주가 마분지로 만든 트렁크 하나만 동그마니 들고 상해 포동부두에 내려선 것은 1929년 7월이었다. 하지만 당시 청년 김광주의 가슴을 가득 채우고 있었던 것은 의사가 되겠다는 꿈이 아니라 시와 문학에 대한 열정이었다.

異域(이역)의흙을 처음으로밟는 문학소년의 좁은가슴은 국제도시의 神奇(신기)한 호기심과 이넓은 南國(남국)의 대륙을 훨훨 거리낌없이 헤매이고 그속에서 복잡한 인생을사색하고 티검블하나 걸려본일이없는 純潔(순결)한열정과 아름다운 멜로디ー로 東方(동방)의넓은 벌판, 이땅의 온갖삶을 시로역거 싸코또 싸코 고히고히 藝術塔(예술탑)을 건설하랴든 그시절! 11)

낯선 남국의 대륙, 자유와 신비로움으로 가득 찬 국제도시 상해에서 문학에 대한 순결한 정열과 아름다운 멜로디로 예술의 상아탑을 쌓고자 꿈꾸었던 문학청년 김광주. 그날그날 목숨을 연명하기 위해 인력거를 끌고 조계지 아스팔트 위를 달음질치는 인력거꾼들이 흘리는 땀과 상해 하층 도시민의 열악한 삶조차도 이 문학청년의 눈에는 그저 아름답고 낭만적인 일로만 비치고 있었다. 김광주는 남양의과대학에 다니면서 『보헤미안』이라는 동인지를 발간하고, 연극에 심취해서 '보헤미안劇社(극사)'를 조직하여 창작극을 공연하는 등 문학 활동에 상당한 열정을 보였다. 의학공부에는 취미를 붙이지 못했던 김광

---

11) 김광주, 「上海를 떠나며」, 『東亞日報』(1938. 2. 18).

주는 1931년 결국 학업을 포기하고, 사회의 관습이나 규율을 무시하고 방랑과 자유분방한 삶을 추구하며 문학창작에 전념하는 도시 룸펜이 되었다.

보헤미안을 꿈꾸던 김광주는 상해에서 우당(友黨) 이회영(李會榮)을 만나 누구도 억압하지 않으며 누구에게도 억압당하지 않는 "절대 자유, 평등의 이상적 신사회를 건설코자" 하는 아나키즘 사상을 학습하고 남화한인청년연맹(南華韓人靑年聯盟)의 하부 조직인 남화구락부(南華俱樂部)에 참가하게 되었다.12) 또한, 백범 김구가 조직한 한인애국단(韓人愛國團)에서 이봉창, 윤봉길 의사와 함께 생활하면서 한인 청년들을 조직하여 동인극단을 운영하기도 했다. 상해에서의 폭넓은 교류를 통해 자유와 평등을 갈망하는 김광주의 세계관은 더욱 굳건해졌고, 상해에 대한 역사인식에도 큰 변화를 가져왔다. 이러한 점은 김광주가 상해 생활의 취미(趣味)와 이국정서(異國情緒)를 궁금해 하는 고향 친구에게 보낸 편지 속에서 확인할 수 있다.

> 상해라면 무슨 별천지같이 아는사람들이잇고 부모덕에 고생모르며하든 공부도 중도폐지하고 뛰어들어오는 사람이잇으나 그실 이곳은 그다지 동경할만한곳이 못되네. 국제도시! 동양의파리! 또는 젊은이들의 허영심과 호기심을 자아낼 어떠한기묘한 이름을 부치더라도 상해란 결국 조계라는 그럴듯한 洋裝(양장)을 입혀가지고 코큰사람들의 歡樂場(환락장)으로제공한 한 가엾은 妖婦(요부)일세.13)

청년 김광주는 상해를 무슨 별천지로 생각하는 고국의 친구와 청년

---

12) 이덕일,『아나키스트 이회영과 젊은 그들』(웅진닷컴, 2001), 232~265쪽 참고 ; 최병우,「김광주의 상해 체험과 그 문학적 형상화 연구」,『한중인문학연구』제25권 (2008).

13) 김광주,「江南夏夜散筆」,『東亞日報』(1935. 8. 6).

들에게 '국제도시', '동양의 파리'라는 아름다운 수사가 붙어있는 상해
의 실질은 "이때나 그때나 '상해는 나를 위해서 생겼오하는듯이 이 반
드러운 거리 양옆으로 코큰 서방님, 눈파란 아가씨들이"14)활보하는
서양인들에게 점령된 조계이고, 서양인들이 욕정을 발산하는 환락장
이며, 노란 얼굴에 양장을 한 가엾은 요부에 지나지 않는다고 단언하
였다. 서구열강에 의해 번성하게 된 해항도시 상해에 대한 김광주의
인식은 처음에 비해 냉철해졌고 명확해졌다.

김광주가 국내 잡지와 일간지에 상해와 상해 한인들의 삶을 형상화
한 작품들을 발표한 것은 1932년부터 1937년까지였다. 1932년은 상해
에 거주하던 많은 우국지사와 청년들에게 있어 어려운 선택의 시점이
었다. 그들은 임정 요인들과 함께 상해를 떠날 것인가 아니면 고국으
로 돌아갈 것인가, 상해에 남아 계속 투쟁할 것인가 아니면 일제에 전
향할 것인가 결정을 내려야 했다. 이 기간 동안 상해 일본총영사관에
의해 체포된 독립운동가가 96명이었고, 이중 전향하거나 자수한 지사
들이 전체 48%에 달하였다.15)단지 일부 아나키스트들만이 프랑스조
계에 남아 지하활동을 펼치고 있을 뿐이었다. 상해는 더 이상 전 세계
를 향해 조선의 독립국임을 알릴 수 있는 자유의 공간이 아니었고, 지
사와 운동가들에게 투항과 전향을 강요하는 압제의 땅으로 변모하고
있었다.

누구에게도 지배받지 않고 명령받기 싫어했던, 그래서 이 도시에서
저 항구로 자유롭게 떠돌고자 했던 김광주. 그를 정든 고향과 부모로

---

14) 김광주(1936), 「北平서 온 슈監」. 본 논문에 인용된 김광주의 소설작품은 연세국
학총서73/조선민족문학대계13,『김학철·김광주 외』(보고사, 2007)를 기본텍스트
로 하였다. 이후 자세한 서지사항은 생략한다.
15) 김광재, 「'上海居留朝鮮人會'(1933~1941)」,『한국근현대사연구』 제35집(2005), 152
쪽 부록 참조.

부터 밀어낸 것은 일본군국주의였고, 자유의 항구 상해에서 밀어낸 것도 일본제국주의였다. 1937년 일본 폭격기가 상해의 남시(南市)를 폭격하고 육전대(陸戰隊)가 상해에 진주하는 제2차 상해사변이 발생하자, 일본제국주의 皇軍(황군)의 앞잡이가 되어버린 동포들은 김광주로 하여금 상해를 떠나게 만들었다.16)

> 그때도 역시 여름이었다. 상해가 놈들에게 陷落(함락)을 당하게 되는 마지막 날까지 사흘낮 사흘밤을 亭子間(정자간)좁은방에 꼼작않고 드러누워서 어찌할 바를 모르고 있던 나에게는 길이 잊기 어려운 상해의 여름이었다. 나는 이때 이 세상에 나와서 처음으로 울어보았다. 혼자서 자리에 드러누워서 응, 응 소리치고 울어보았다. 하늘에서는 空襲(공습)의 爆彈(폭탄)소리 요란하고 南市(남시)는 불바다로 화하고…17)

자유와 평화를 사랑하는 조선의 애국지사들을 한반도에서 몰아내었던 일본제국주의는 자유와 자존의 공간 상해에서도 그들을 강하게 압박하기 시작하였다. 일본의 폭격을 받아 불바다가 되어버린 상해에서 변절한 동포들의 감시를 받게 된 김광주는 소리 내어 울 수밖에 없었다. 1938년 김광주는 전별하는 이 아무도 없이 그의 젊은 날을 보냈던 상해를 떠나 또 다른 항구도시로 방랑길에 올랐고, 해방이 될 때까

16) "나에게 망명이란 외람된 일이 있을 리 없고, 마음껏 또 하늘을 우러러 볼 수 있는 방랑이 그저 좋았고, 아무도 나를 지배하려 들지 않고, 명령하려하지 않는 이역 하늘에서 이 도시에서 저 항구로, 간다온다 말도 없이 흘러가서는, 그 전에 있던 곳을 그리워하는 까마득한 추억의 심경에서 사는 것이 젊은 내 넋을 꿈없이 유혹했을 뿐만 아니라, 왜놈들의 마수는 보잘것없는 나 같은 길손조차 한곳에 그대로 머물러 두기 싫어서 심심하면 까닭 없이 지근덕거렸고 이 앞잡이가 되어서 나를 방랑객을 만들어 다른 곳으로 몰아내려는 것은 예외 없이 皇軍(황군)을 신봉하는 사랑스러운 동포들이었으며, 이럴 때마다 나는 이국의 또 하나 다른 하늘을 찾아서 보따리를 싸곤 하였다." 김광주, 「廬山春夢」, 『백민』(1947).
17) 김광주, 「槍林彈雨 3日間의 上海」, 『민성』(1949), 65쪽.

지 더 이상 작품을 발표하지도 않았다.

　서양인의 환락장, 일본군국주의의 점령지 상해에서 김광주가 밥을 굶고 헐벗어도 행복할 수 있었던 것은 새롭게 찾은 희망의 빛 창작활동 때문이었다. 아름다운 시어로 일상을 노래하고자 했던 김광주는 중국문단에 대한 지속적인 관심을 놓지 않았고, 노신(魯迅)과 곽말약(郭末若)에게서 많은 계발을 받게 되었다.

　　노신의 소설과 말약의 시, 좁디좁은 정자간안에서 손바닥만한 유리창으로 남국의아침을 호흡하면서 노신의 점잔으나 차디찬諷刺(풍자)와 말약의 가을날의湖水(호수)를 연상케하는 沈着(침착)과新詩(신시)에 近接(근접)하든때, 그때의 나로하여금 橄欖(감람)열매를 씹는것같은 쌉쌉하나 어데인지 구미당기는 일종의 형언키어려운 애착을가지게하든 상해…18)

　식민주의자들의 노리개가 되어버린 상해에 울려 퍼지는 노신과 곽말약의 외침은 문학청년 김광주에게는 폐를 맑게 하고 목구멍을 부드럽게 하며, 그 진액으로 독을 해소하는 감람열매와 같은 청량감을 주었다. "중국을 사랑하고 사랑하는 나머지 도리혀 그를미워하고 그를 풍자치아니치못하던 노신"19)처럼 김광주는 도덕적으로 해이해지고 타락해가는 상해 한인사회를 향해 날카로운 메스를 들이 되고자 하였다. 아름다운 시어로 순수한 예술탑을 쌓고자 꿈꾸던 문학청년은 식민의 해항도시 상해에서 가슴에 뜨거운 열정을 품은 풍자객(諷刺客)이 되었다.

　　춤과계집과 술과 마장, 연분홍빛 향락을쫓아 일생을살랴는 계급들— 그러

---

18)　김광주, 「上海를 떠나며…派浪의港口에서」, 『동아일보』(1938. 2. 18).
19)　상동

나 지사의 거리 '상해'라는 이아름다운 명사가 그들의이런 생활을 곱게곱게 덮
어주고있는것이아니냐? (껍질을벗겨야 한다. 그들의 생활을덮고있는 이어두컴
컴한 껍질을 벗겨서 밝은태양아래 드러내야한다. ……나는이것만위야서라도
일생을 붓대를들고 싸워보자!)[20]

김광주가 기억하는 상해는 조국의 광복과 인류의 행복을 위해 목숨
을 아끼지 않던 우국지사와 운동가들이 모여 혁명을 도모하던 '지사
의 거리'였고, 자유와 존엄의 공간이었다. 그러나 1932년 임정이 상해
를 떠난 후 이 거리의 많은 지사들은 떠나야만 했고, 일부 지사들은
타락하거나 변절하여 일제의 앞잡이가 되었다. 때문에 아직도 '지사의
거리'로 기억되고 있는 상해에 남은 김광주는 술과 여자, 도박을 일삼
는 향락적인 생활에 빠진 지사연하는 명사들의 치부를 만천하에 드러
내고 비판하고자 하였다. 그리고 생활의 방편을 찾아 낯선 이국땅을
유전하다 상해에 뿌리내린 가난한 민중들의 삶과 애환을 보듬고자 하
였다.[21]

3. 상해의 환락, 음모 그리고 우울과 자살

1) 상해의 환락

중국 대륙이 쏟아 내는 황톳물을 거슬러 황포강에 닻을 내린 배가

---

[20] 김광주(1935), 「南京路의 蒼空」.
[21] 상해를 배경으로 한 김광주의 소설은 모두 6편이다. 그 내용을 크게 나누면 지사
와 명인들의 타락을 비판한 「上海 그 여자」(1932), 「鋪道의 憂鬱」(1934), 「南京路
의 蒼空」(1935)과 민중들의 애환을 소재로 한 「長髮老人」(1933), 「北平에서 온 令
監」(1936), 「野鶏」(1936)로 나누어 볼 수 있다.

부두의 계선주(繫船柱)에 로프를 묶어 뭍과 한 몸이 되면 부두는 거리
의 입이 되어 배가 싣고 온 화물과 승객들을 황포탄로(黃浦灘路)에 내
뿜기 시작한다. 부두는 짐을 내리는 쿠리[苦力]들로 바빠지고, 화주(貨
主)와 매판들은 거친 대양을 항해하고 부두에 하역된 각종 상품들을
확인하고, 숫자를 적고, 전보를 보내고 새롭게 얻게 될 재화로 희망에
들뜬다. 부두에 어둠이 내리면 해항도시 상해는 붉은 빛, 푸른 빛 네
온사인 아래 환락을 찾아 나선 사람들을 유혹하는 노란색, 하얀색 얼
굴을 한 각 인종의 사이렌—야계(野鷄)[22]들이 주인이 된다.

> 그 단편중의 한토막은
> 향기로운 異怪(이괴)의 肉香(육향)과 강렬한 알콜을찾어
> 레스토랑, 빠—, 캬바레—, 그리고 野淫窟(야음굴)의 문을녹크합니다
> 거룩한 이거리의 신사, 숙녀!
> 그러나 가련한 이성의 상실자!
> 그들에게 나체로 거리를 헤매지못하는 이성이나마 아즉 남어잇는가 봅니다
> 수선스런 人形(인형)들의 광란이여!

　"거룩한 이 거리의 숙녀!"요 "이괴"인 부두의 여자들—야계는 어둠
이 내리면 여자의 머리에 날카로운 발톱을 가진 새의 모습을 하고 남
자를 유혹하는, 강력한 무기인 사랑스럽고 달콤한 노래로 바다를 항
해하는 뱃사공의 넋을 빼앗고 영혼을 빼앗아 죽도록 하였다는 사이렌

---

22) 청 광서년간(光緒年間, 1874~1908)에 이르기까지 상등(上等)의 기녀(妓女)를 '선
생(先生)' 또는 '장삼(長三)'이라 불렀고, 그 다음 등급의 기녀를 '마이(麼二, yaoni)'
라고 불렀고, 가장 낮은 등급의 기녀를 '야계(野鷄)'라 불렀다. 야계란 공부국에서
영업허가증을 받지 않고 거리에서 호객행위를 하는 사창(私娼)을 가리킨다. 야계
의 수는 1918년 여름에 진행된 조사에서 5,000명 이상, 1919년에는 적어도 6,000
명 이상으로 조사되고 있었다. 또한 일본, 러시아, 스페인 등 외국기녀들도 많았
다. 熊月之 主編, 『上海編年史』(上海書店出版社, 2009), 318~321쪽 참고.

처럼 뭍에 오른 선원, 젊은 수병(水兵), 귀족처럼 성장(盛裝)을 한 백인
과 매판들을 알코올과 육향이 가득한 환락의 장소로 유혹한다.

"패랭이 같은 상투달닌 모자를머리뒤통수에다 걸치고 술이취하야
비틀거리며 몰려드러오는 불란서해군"[23]들과 오랜 항해로 술과 여자
를 접할 수 없었던 소금기가 배어있는, 피부가 검게 그을린 선원들은
"항구의 항구마다 여자가 잇다. 물고기 업는 바다는 잇서도 인육시장
(人肉市場)이 업는 항구는 업다"[24]고 노래하며 하루 밤의 아내를 사기
위해 상해 거리를 해매이고, 성장을 한 노란머리, 검은머리의 여행객
들과 '모험가의 천국'에서 일확천금을 꿈꾸는 군상들은 대낮의 이성적
인 모습을 버리고 발정한 짐승처럼 야계들을 따라 아편과 환락을 찾
아 나선다.

상해와 조선을 연결하는 연락선은 이미 수많은 식민지 조선인들을
상해 부두에 토해 놓았고, 그들 대부분은 상해에서 자기 앞가림조차
하기 어려운 힘든 생활을 하고 있었다. 하지만 오늘도 상해부두에 닿
은 증기선은 그런 그들을 의지가지로 여기고 찾아드는 친구와 친지들
을 싣고 왔다. 이는 고통스러운 일이었지만 그들이 가져왔을 고향소
식은 사람들을 향수에 빠지게 만들었고, 그들만의 게토를 찾아 값싼
향락을 찾게 하였다.

『바-코리아』는 조선사람들의 다만하나인 환락장이였다. 운동가 망명객 문
학청년예술가 지원자! 그리고 상해의번화를 바람쏘히고십허서 부모의허락도
업시 조선을 뛰여나온젊은친구들-가지각색사람들이몰녀드러 밤이깁허가는
지 날이새여가는지 정신업시알콜과 계집의분냄새 고기냄새 그리고 갑싼우숨
에 취하는곳이다.[25]

23) 김광주(1934), 「鋪道의 憂鬱」.
24) 高麗帆, 「女, 世界의 港口獵奇案內」, 『별건곤』 제66호(1933).

1932년 이후 상해에는 조국의 독립을 위해 활동하는 해외민족운동
의 주도세력으로서, 한국인으로서의 자부심을 잃지 않을 것을 요구하
고 "되도록 취하지 않도록 주의하고 특히 가상(街上)에서 취한 모양을
보이지 말고, 차루(茶樓)나 창기(娼妓)의 집에는 출입하지 말라"[26]고
요청하던 임시정부와 상해대한인거류민단이 존재하지 않았다. 상해
의 한인들은 자유롭게 알코올과 육향, 그리고 값싼 웃음에 취해가고
있었다.

일부 지사들 중에는 상해의 향락적인 분위기에 절어 자발적으로
"샹하이안"이 되고자 하는 인물도 있었다. 김광주는 「남경로(南京路)
의 창공(蒼空)」에서 주인공 명수의 중학시절 스승 A를 통해 지사들의
타락상을 고발하였다. 제자들을 아들딸처럼 귀하게 여기고, 사회와
민족의 앞날을 걱정하며 가장 진실한 인간으로 자처하던 스승 A는
해삼위(海蔘威, 블라디보스토크)출신 댄서 소니아를 아내로 맞이하기
위해 월급 푼 받는 것을 다 털어 바치고, 일시에는 교육계에서 퇴출될
지경에까지 이르렀던 성적 욕망에 탐닉한 "가련한 이성의 상실자"로
형상화되고 있다.

> 요새, 내생활이란 이러하이, 자네비웃지는말게……술과 춤과 ……도시(都市)
> 더군다나 '상해'같은곳에서 살자니할수있나……이것을 소위 샹하이안의 생활
> 이라할까……참, 오래간만에 춤이나 추러가세……이사람 취직자리를 운동시
> 키려면 가끔 땐싱 튀켈장이라도 사갖고 와야하느니……허……웃음의 소리일
> 세……

25) 김광주(1933), 「長髮老人」.
26) 여운형, 「團長 呂運亨의 公表文」, 한국독립운동자료사3(임정편Ⅲ), 한국사데이터
베이스.

A선생은 상해라는 도시가 자신을 알코올과 여자, 춤에 빠지게 만들었다고 변명하였다. 하지만 상해의 명사와 지사들을 타락과 환락의 극한으로 몰고 간 것은 상해 부두에 만연한 아편이었다. 아편은 대륙의 수천수만의 아편중독자를 만들었을 뿐만 아니라 한인 사회에도 깊숙이 파고들었다.

「남경로의 창공」에는 지사에서 아편밀매업자로 타락해버린 아버지와 주인공 명수의 갈등도 담고 있다. 명수의 아버지는 아무리 어려워도 남을 속일 줄은 손톱만큼도 모르고 남에게 내 의지를 굽히기는 죽기보다 싫어하는, 그래서 상해에서 지사라고 지칭되던 사람이었다. 5년 전, 작은 약종상(藥種商)을 내놓고 그날그날의 생활에 쪼들리면서도 아들딸을 공부시키기 위해 허덕이던 아버지는 명수가 P시에서 K대학을 마치고 돌아왔을 때에는 아편밀수입자가 되어 있었다. 지금 그의 생활은 밤이면 밤마다 이 여자의 유방에서 저 여자의 허리로 육향을 쫓는 것이 전부였다. 아편 브로커가 되어버린 아버지의 변화를 어떻게든 이해하고자 하는 명수를 통해 김광주는 당시 지사들의 전향에 대해 다음과 같은 자문을 던졌다.

너무나 괴로운 생활 속에서 나온 물질에 대한 욕망?
영웅호색이라는 썩어진 관렴의 작란?
뜻을 이루지 못하는 환멸의 비애?

하지만 그 원인이 무엇이든, 그것을 이제와 생각하는 것이 어리석다는 것을 깨닫게 된 명수는 결국 집을 떠나기로 결심하게 되었다. 김광주는 열악한 생활, 요원해진 조국의 독립, 그 어떤 원인도 지사들의 전향을 합리화 할 수 없다고 생각하였다.

김광주는 처녀작 「上海와 그 여자」[27)]에서 상해 조선사람 사회에서는 첫 손 꼽을 만치 넉넉한 생활을 하는, 고려의원(高麗醫院)을 운영하는 김씨 성을 가진 의사의 모습을 통해 아편에 중독되어 환락을 쫓는 한 지식인의 파멸을 형상화하고 있다. 한때는 ××단이니 ××결사이니 하고 젊은 혈기에 상해 천지를 자기 세상같이 알고 돌아다니던 김의사는 지사요 망명객으로 자처하는 사람이었다. 하지만 몇 년 전부터 아편을 빨기 시작하여 하루에 병원에서 벌어들이는 돈을 아편 연기로 날려버리는 아편중독자가 되었다. 상해에 온지 오래되지 않은 김의사의 동생 은순에게 오빠의 타락은 도덕적으로 받아들여지지 않았다.

> 글쎄 저의 오라버니만 하더라도 그렇지요. 밤이나 낮이나 아편 연기에 도취하여 넋을 잃고 지내면서도 그래도 자기 딴에는 가장 무슨 지사연 하는 꼴이란……버젓한 아내를 두고도 자식까지 둘씩 가진 사람이 간호부란 간호부는 꼭 젊은 여자로만 골라들여서는 모두 야욕을 채우려 드니, ……무어니 무어니 하는 조선사람들의 말썽도 말썽이지만 제일 무지한 중국사람에게 그 창피한 꼴이란.

코즈모폴리턴의 도시 상해에서 비록 나라는 망하였지만 한국인으로서의 자부심을 지키고자 했던 은순에게 아편에 취해 아내와 자식을 내팽개치고, 육욕을 채우기 위해 젊은 중국인 간호사를 겁탈하려고 혈안이 된 오빠의 모습은 용서될 수 없는 것이었다. 뿐만 아니라, 그런 오빠를 아직도 지사인양 치켜세우고 그에게서 돈푼이나 얻어 쓰려는 한인사회에 대해 "상해란 참말 못 살 곳이야요. 야심가, 위선자(僞善者)들만 살 곳이지 어디 정말 사람이 살 곳입니까?"라고 비판을 가

---

27) 김광주(1932), 「上海와 그 여자」, 『일제 강점기 항일독립투쟁소설선집』(계명대학교출판부, 1989).

하였다. 화려한 도시 상해의 한 복판에 서서 인간생활의 아름다움을
이 세상 모든 사람들에게 들려주고자 했던 김광주는 결국 탄식하고
말았다.

> 아침에 정의와 도덕을 말하고 밤에 鴉片密輸人(아편밀수인)을 찾는
> 이거리의 紳士(신사)를실고 享樂(향락)과陰謀(음모)를찾어 미친 듯이 허매는 저
> 자동차바퀴의 급속한 곡선으로 … (중략)
> 내 어찌 내 마음의 畵幅(화폭)의 아름다운 선을 글수있겠습니까?[28]

2) 상해의 음모

한적하던 작은 어촌마을 상해가 강제 개항된 것은 자본주의 시장을
확대하려는 서구열강의 음모 때문이었다. 음모의 땅 상해에 모여든
군상들이 종국에 추구하는 것은 "어떻게 하면 돈이나 맘대로 잡어 볼
고"하는 물질적 욕망이었다. 식민주의자들은 카페와 바, 나이트클럽
과 구락부 같은 문명적인 공간에 모여들어 기형적인 원시적 욕망을
발산하고, 소유욕을 만족시키기 위한 돈벌이를 위해 온갖 음모와 술
수를 획책하였다.

당시 상해는 모순(矛盾)의 『子夜』나 요코미쓰 리이치(橫光利一)의
『上海』속에 그려진 것처럼 중국의 민족 산업자본을 삼키기 위한 열
강의 금융자본과 매판들의 암투가 펼쳐지는 음모의 공간이었고, 세계
공황의 영향으로 실업자가 넘쳐나는 공간이었으며, 새롭게 등장한 공
산당을 중심으로 반제국주의 노동운동이 진행되던 혁명의 공간이기
도 했다.

....

28) 김광주, 「마음의 畵幅」, 『동아일보』(1934. 6. 12).

그단편중의 다른 한토막은
석냥갑을쌓놓은것같이 문어지지않을가겁나는
열층-스무층 뽀족한 아파-트의 密會室(밀회실)
어슴푸레한 푸른불빛아래에서
죄없는 담배만을 정복하고 앉엇습니다
(인생이 본래 담배연기거니―어떻게 하면 돈이나 맘대로 잡어볼고?)
국적을무시하는 거룩한 코스모 포리탄들의 밀회이외다
노란머리―검은머리―높은코―얄은코――攫千金(일확천금)!
귀여운 인간소유욕의 국제회의여!

　황포강을 따라 하늘을 찌를 듯이 솟은 높은 호텔, 외국계 은행과 증권거래소의 사무실에서는 매일 노란머리 검은머리들이 모여들어 국제회의를 진행하고 있었다. "국적을무시하는 거룩한 코스모 포리탄들의 밀회"의 목적은 이성을 공유하고, 전 인류를 동포로 보는 보편적 인류공동체를 건설하고자 했던 칸트의 이상과는 달랐다. 그들의 목적은 마르크스와 엥겔스가 "공산당선언"에서 부르주아지들이 세계시장의 착취를 통해 모든 나라의 생산과 소비에 "코즈모폴리턴의 성격"(cosmopolitan character)을 부여했다고 설명한 것처럼 자본주의 세계화와 제국주의의 팽창을 통한 식민지약탈이라는 음모를 꾸미는 자리였다.[29)]

　자본가와 제국주의자들의 인간소유욕을 만족시키기기 위한 거대한

---

29) 코즈모폴리턴 이념에 대한 논의의 틀은 아마 칸트와 마르크스에서 시작할 수 있을 것이다. 보편적 이상을 제시하는 칸트의 코즈모폴리터니즘 개념은 민족국가 형성 이전에 성립된 것인 반면, 마르크스와 엥겔스의 그것은 민족국가가 자본주의와 연계되면서 제국주의적 팽창으로 나아가던 역사적 단계를 배경으로 한다. 코즈모폴리턴 개념에 관해서는 조규형, 「코스모폴리탄 문학과 민족문학: 루쉬디의 함의」(『안과 밖』 8집, 200.1, 31~33쪽) ; 서은주, 「1930년대 문학에 나타난 '모던 상하이'의 표상」(『한국문학이론과 비평』 제40집(제12권 제3호), 453쪽) 참조.

음모에 휩싸여 나라를 빼앗긴 수많은 조선인들은 낯선 이국땅에서 새
로운 삶을 모색하고자 상해로 만주로 이주하였다. 그러나 동북지역의
혼란과 전쟁은 많은 이주민들을 궁지로 몰아넣었고, 중국말에 능통하
지 못한 조선인들은 국제적인 도시 상해에서 안정적인 일자리를 찾기
가 어려웠다. 김광주의 눈에 비친 상해는 실향과 인생유전을 경험한
조선인들이 마지막으로 찾아드는 막장과도 같은 공간으로 기억되어
져 있다. 이는 초기 조선인들이 상해를 유럽이나 제3국으로 출국하기
위한 경유지로 생각했던 것과는 분명한 차별성을 가지는 부분으로 해
항도시가 가진 또 다른 이미지중의 하나라고 할 것이다.

　1936년에 발표한 「北平서 온 令監」과 「野鷄」의 주인공은 고향에서
밀려나 간도(間道)나 북경을 거쳐 막장 상해에 정착한 하층 이주민들
이다. 「북평서 온 영감」의 주인공은 부모의 얼굴조차 기억하지 못하
는 고아로 고향에서 머슴살이를 하다 남의 꾐에 빠져 길림(吉林)으로
간도로 만주 바닥을 헤매며 농사 품을 팔았고, 북평(北平, 현 북경)으
로 흘러들어가 아편과 갈보장사를 하는 동포 장사군의 하수인으로 일
하다 감옥살이를 하고, 결국은 상해에 흘러들어온 인물이었다. 김광
주는 「야계」[30]의 여주인공 이쁜이의 입을 빌어 고국을 떠나 이역 땅
을 유전하는 조선인 이주민의 역정을 간결하게 드러내었다.

　　농사를 짓다 짓다 안되면 악에 받쳐 아편장사, 그도 맘대로 안되면 남의 집
　유부녀와 처녀를 꼬여내 가지고 계집장사, 만주로 용뿔이나 뺄 것같이 나온 사
　람들의 말로가 모두 이렇구나. …… 도적 같은 삼촌은 힘 안들이고 목적을 달성
　했고 나는 만주 바닥을 구르고 굴러서 상해까지 흘러왔다.

---

[30] 김광주(1936), 「野鷄」.

초기 상해 이주자들과 달리 1930년대 상해 이민자 가운데에는 생계형 이주자가 많았다. 이처럼 고향을 떠나 변변한 삶의 방편을 갖지 못한 이주민들이 궁여지책으로 선택하게 되는 것이 아편밀매와 계집장사였다.[31] 일본에 의한 고의적인 과장이 있었겠지만 1940년 경 아편밀매에 조금이라도 관련된 한인이 교민의 7할에 달하였다고 한다.[32] 때문에, 당시 친일적인 한일들은 "상해에 있는 외국인은 물론 내지인까지도 조선인은 아편장사나 매음업이나 또는 밀수업 등을 하는 가장 천하고 가장 고약한 놈들로 인식되어 있기 때문에 좀처럼 신임을 받을 수가 없고 무슨 사업을 하자해도 상대하려 하지 않았다"[33]라고 불만을 드러내었다. 하층 이주민들은 돈을 벌기 위해 인륜도 돌아보지 않고 발악을 하였지만 상해에서의 삶은 조금도 나아지지 않았고, 이러한 열악한 삶이 자본주의에 의한 세계적인 수탈음모와 연결되어 있음을 자각 할 수도 없었다.

상해라는 거대한 도시에서 얼굴색 다른 코즈모폴리턴들의 음모가 만들어낸 또 다른 산물은 매춘업이었다. 1920~1930년대 상해에서 가장 열악한 삶의 조건에 처한 계층은 하층사회와 이민사회의 여성이었다. 매춘은 사회 전체의 평균적인 빈곤보다는 오히려 경제적 불평등의 표현이었다. 자본주의와 식민주의의 혜택을 받지 못한 "이민, 소수민족, 날품팔이 노동자 등의 계층은 혜택 받은 계층에 비해서 항상 거

---

31) "(아편밀매의) '오로시모토(총도매상)는 외국인이다. 그들은 ×艦에다 싣고 오기까지 한다. 결국은 조선인이 그 수족 노릇을 하는 것으로, 문제는 조선인은 대부분이 밀매를 한다는 것이다." 從軍文士 林學洙, 「北京의 朝鮮人」, 『삼천리』제12권 제3호(1940).

32) 孫科志, 『上海韓人社會史』(한울, 2001), 134~135쪽.

33) 박계주, 「上海時報 總經理 崔敬洙氏와 上海의 朝鮮人 諸問題를 語함」, 『삼천리』제13권 제4호(1941).

대한 매춘의 공급원"으로 위치하게 되었다.[34] 전 세계에서 일확천금
을 꿈꾸며 상해로 모여든 남성들은 매춘시장의 주요한 소비자였고,
나라 잃은 조선과 러시아 여성들뿐만 아니라 각국에서 모여든 이주민의
어린 딸들은 상해라는 거대한 매춘시장의 수요를 충족시키고 있었다.

「야계」의 주인공 16살 이쁜이, 어려운 환경에서도 작가가 되겠다는
꿈을 키우던 그녀는 오빠를 죽인 부면장의 첩실이 되기를 거부하고
고향 밤나무골을 야반도주 하듯 떠났다. 16살 어린 조카를 만주로 불
러들여 되놈에게 팔아먹자는 망나니 삼촌의 흉계에 걸려든 것이다.
전쟁 중인 만주에서 국민당(國民黨) 군인에게 정조를 잃고 자포자기
하는 심정으로 몸을 파는 야계가 되어버린 이쁜이가 중국 대륙을 구
르고 굴러 마지막으로 흘러들어온 곳이 상해였다. 상해의 유흥가 대
세계(大世界)거리에서 몸을 파는 야계가 되어버린 이쁜이의 삶은 자
본주의의 거대한 음모에 휩싸인 힘없는 조선 이주민뿐만 아니라, 나
라를 잃은 여성들의 삶을 대변하고 있다. 1932년 이후 상해 한인사회
에서 차지하는 여성의 비중이 점차 증가하기 시작하였다.[35] 이러한
현상은 중일전쟁 후 일제가 한국에서 여성을 모집하여 상해에서 위안
소를 운영한 것과 관련이 있다. 1937년 11월부터 1938년 10월까지 상
해로 끌려온 한인 여성이 1,006명에 달하였다.[36]

국권을 상실한 조선에서도 가장 소외된 계층, 소작농의 딸로 태어
난 이쁜이는 자신의 망가진 운명이 제국주의와 일본군국주의의 거대
한 음모에 의한 것임을 이해할 수 없었다. 하지만 거대한 자본의 음모

[34] Vern Bullough & Bonnie Bullough, 서석연 · 박종만 역, 『매춘의 역사』(까치, 1992),
439쪽.
[35] 〈표 1〉 참고.
[36] 孫科志, 『上海韓人社會史』(한울, 2001), 133쪽.

가 난무하는 상해에서 돈, 오직 돈만이 자기를 지킬 수 있는 방편이고 돈만이 자신의 운명을 바꿀 수 있는 유일한 수단임을 인식하기 시작하였다.

> 소설도 시도 미지근한 세상의 동정도 나는 싫다. 돈, 돈만이 나를 구할 수가 있다. 나는 그것을 똑똑히 알았다. 어차피 이리 된 바에야 내몸은 어찌되든 좋다. 그대신 어느 놈이든 든든한 놈이 거리거든 나는 덮어놓고 바가지를 쉬워 내 몸값을 해주고 시원스럽게 이곳을 떠나겠다. 그야말로 굴레 벗은 말같이 들을 훨훨 싸지는 닭의 떼같이 돈으로 계집의 몸을 저며가는 사내놈들. 나도 돈으로 사랑을 살 것이고 남편을 살 것이다.

가난과 식민 그리고 전쟁의 와중에 몸을 파는 야계로 전락한 이쁜이, 상해의 밤을 밝히는 붉은빛 푸른빛을 발하는 '네온싸인' 아래에서 그녀는 돈으로 사랑을 사고, 돈으로 한 남자의 아내가 되어 "정말 귀여운 아들딸을 두 팔에 하나씩 안고 하루라도 다만 한시라도 에미 노릇을 하다 죽고 싶다"는 소박한 꿈을 가지게 되었다. '지사의 거리' 상해에서 일제에 전향하고 마약밀매상, 매음업자로 전락한 지식인들에게 날카로운 비수를 겨누었던 김광주는 상해 도시 하층민과 몸을 팔아 생활을 연명하는 야계들의 삶에 따뜻한 동정을 표하였지만, 자본주의와 제국주의자들의 음모를 정면으로 드러내지는 못하고 있다.

3) 상해의 우울과 자살

상해라는 환락과 음모의 공간에서 일확천금의 꿈을 이룬 사람이 있는가 하면, 하룻밤 사이에 가산을 탕진한 사람도 있었다. 상해에서 새로운 대동사회건설의 희망을 찾은 사람이 있는가 하면, 요원해진 조국의 독립을 가슴아파하는 사람이 있었다. 상해는 꿈을 이룬 사람에게 있어 천국이었지만 꿈을 이루지 못한 사람에게는 지옥이었다. 자본가에게 있어 상해는 천국이었지만 노동자에게는 지옥이었다. 거대한 자본의 음모로 좌절하고 소외된 사람, 조국의 독립과 세계동포의 꿈을 접어야 했던 지식인들에게 상해는 우울과 자살의 공간으로 다가왔다.

> 그단편중의 다른 한토막은
> 飮氷室(음빙실) 좁은 테-블에 가슴을펴헤치고 앉엇습니다
> 빈대와싸우는 좁은방의더위--그리고 밤도시의 우울
> 다만한잔의 아이스크림으로 그것을 녹여버리랴는 안타까운 마음이여!

40도를 넘나드는 고온과 황포강이 쏟아내는 습기가 합쳐진 상해의 여름은 덥다고 느끼기 전에 땀부터 흘러내린다. 바람조차 통하지 않는 정자간 좁은 방의 더위는 밤이라 크게 달라지지 않는다. 음빙실에 앉아 가슴을 풀어헤치고 "한 잔의 아이스크림으로 그것을 녹여버리랴"고 하지만 자본에서 소외된, 당장 끼니를 걱정해야만 하는 도시의 룸펜에게는 이 또한 쉬운 일이 아니었다.

'우울(憂鬱)'은 상해시기에 발표된 김광주의 시와 산문 그리고 소설에서도 자주 나타나는 단어였다. 우울은 김광주를 끝없이 괴롭히던 화두였다. 「鋪道의 憂鬱」[37]의 주인공 철은 한때 민족 운동가였지만 지금은 가정 속에 파묻혀 끼니와 아내의 출산경비를 걱정하는 룸펜이다. 소설의 주인공은 중국인 여성 왕학분(王學芬)과 사랑에 빠져 혁명의 길을 벗어나 도피 길에 올랐던 김광주[38]의 분신과도 같은 인물이다.

---

[37] 김광주(1934), 「鋪道의 憂鬱」.

"먹을것도없고 방세에 쫓기면서 병원으로가기만 하면 어떠게 한단 말이요!"라는 아내의 목소리를 뒤로하고 어떻게든 병원비를 마련하려고 무작정 포도(鋪道)로 나선 철. 지금 철의 경제적 어려움을 도와줄 수 있는 사람은 아버지의 재산으로 서양 사람들이 살고 있는 일본인 거리에서 식료품가게를 경영하는 손위처남이다.

돈을벌게 돈을버러 세상을 뒤흔들듯한 소래를 하던놈들도 돈앞에는 꼼작못하네 배ㅅ속에서 쪼로록 소래가 나 보아야 사람이 어떠타는 것을 아느니-

아직 운동가이기를 완전히 포기하지 못한 철은 "사람에게는 돈밖게는 감정도 의리도 아모것도 없다는" 훈계를 일삼는 처남에게 증오에 가까운 분노를 갖고 있었다. 때문에, 철의 자존심은 처남에게 사정하여 다만 몇 십 원이라도 돌려쓰고자 하는 아내의 바람을 받아들일 수 없었다. 그를 괴롭히는 우울은 단순히 경제적 소외에서 기인하는 것만은 아니었다.

선택의 공간 상해에서 혁명을 포기하고 사랑을 선택한 철은 이 순간 "일을 하겠다고 이곳까지 튀여나온놈이 게집에게 정신을쏘더 그래 가정생활의 맛이 어떠하냐!"라고 비판하던, "안전지대를 차저와서 일을하겠다는 것은 거짓말이다 비열한 일이다" 선언하고 죽음을 무릅쓴 체 조선으로 돌아간 동지들을 떠올린다.

(이년 전) 그러나 그때에는 철에게도 아직 젊은이의 정열이있었다. 굶주림과 헐버슴을 같이하고 세상을 바로잡어 보겠다는 든든한 동지들이 있었다. 저

---

38) 최병우, 「김광주의 상해 체험과 그 문학적 형상화 연구」, 『한중인문학연구』 제25권, 106~113쪽.

녁을 못먹고도 밤을 새우며 얼골과손에 먹투성이를하고 등사판 '로 - 러'를 굴 넛섰다.

한때 남화구락부에 참가했던 김광주처럼, 동지들과 세상을 바로잡 겠다는 정열로 가득했던 시절 철에게 배고픔은 문제가 아니었다. 하 지만, 지금 철은 전향과 생활고라는 이중의 중압감에 짓눌려 좌절과 우울에 빠져들고 있었다. 김광주가 이야기하는 "밤도시의 우울", 철이 황량한 포도위에서 느끼는 우울은 경제적인 어려움, 혁명의 길에서 벗어난 후회, 죽음을 불사하고 투쟁하는 동지들에 대한 부채의식, 자 신의 선택에 대한 부끄러움이 서로 엉킨 초라한 자신에 대한 연민인 것이다.

"황혼이 - 고요한 황혼이 찾어올때마다 · 우울에젖는 보히얀 향수!"[39] 집을 떠나 낯선 이국땅을 헤매는 방랑자에게 순간순간 찾아오는 우 울, 두고 온 고향과 가족에 대한 그리움이 사무치면 유성기에서 흘러 나오는 조선의 노래 소리에 마음을 위로받고자 동포가 운영하는 바를 찾지만 이곳 또한 언제나 위로가 되는 것은 아니었다.

> 마음이 공연히침울할 때 그리고 조선『레코ー트』소래가 듯고십흐면『이각』 (二角)짜리 은전합입을들고가서 갑싼『칵텔』을한잔식노코『쟈스』에취한도시 의젊은이들의모양을 구경하고소위사회를위하야 일한다는 젊은친구들의 타락 된가면쓴생활을보며 주먹으로 테ー블을치고나오는때도잇섯다.[40]

어디에서도 위안을 받지 못한 방랑자들은 상해 도심을 유유히 흘러 가는 황포강을 찾아 시원한 바람을 쐬며 "동양의 파리! 일음이 조타!

---

39) 김광주, 「黃昏의 鄕愁」, 『東亞日報』(1934. 3. 31).
40) 김광주(1933), 「長髮老人」.

에이 빌어먹을 곳! 개에게라도 물녀가거라!"[41]하고 큰 소리를 지른다. 김광주는 "한숨과 탄식이 피끌는 젊은이의 양식될수없음을" 잘 알았기 때문에 "봄이오거던 나도 모든 우울을 집어던지고 어린아이같은 명랑한 속에서살자"[42] 다짐해 보았다. 하지만 잃어버린 산하의 봄은 아직도 멀기만 하였다.

누런 황포강물을 하염없이 응시하고 선 우울에 쌓인 사람 중에는 '도황포(跳黃浦)', 즉 '황포강에 뛰어 들어 자살한다'는 상해방언처럼 생을 마감하기 위해 이곳을 찾은 사람도 많았다.[43] "굼주림과 싸우다 자살한 어리석으나 또한 가엾은벗"처럼, 그들은 기름진 음식과 아름다운 음악이 흐르는 황포강변을 뒤로하고 누런 황톳물에 몸을 던져 생을 마감하려는 비참한 도시인들인 것이었다.

> 그단편중의 다른 한토막은
> 황포강의 누런물을 응시하고 섯은지오랩니다
> (인간생활이 본래도박이거니—)
> 觀馬(관마)가 그의애인이엇습니다
> (내일조간(朝刊)은 나의죽엄에대하야 무엇을쓸것인고—?)
> 그러나 텀벙뛰어들어가지못하는 어리석은생의미련!
> 도박의룸팬이여! 만성자살병자여!

인간의 삶 자체가 도박이고, 고향을 떠나 상해라는 막다른 공간으

---

41) 상동
42) 김광주, 「바다에서 黃昏을 안고」, 『東亞日報』(1935. 8. 23).
43) 1929년에서 1934년 사이 상해에서 매년 일어나는 자살사건은 2,000여건에 달했다. 당시 상해인구가 약 400만이었다고 한다면 이 숫자는 상당히 높은 것이었다. 상해시정부는 "자살은 현재 가장 엄중한 사회문제다." 그리고 생산수단을 갖지 못한 여성의 자살은 더욱 심각한 사회문제였다. http://bbs.fdc.com.cn/showtopic-16372427.aspx). 2010. 10. 28.

로 옮겨온 것 또한 도박이었다. 뿐만 아니라 상해는 이익을 쫓아 모여
든 사람들로 이루어진 이민도시이자 개방적인 해항도시였기 때문에
세계 각지의 도박이 다 들어와 있었다.[44] 대지를 떠나 상해라는 이상
향을 찾았던 많은 중국인들, 특히 하층시민들은 복권에 당첨되어 벼
락부자가 되려는 환상을 가지고 있었다. 이와 같은 기대심리에 부응
하여 도박 상품의 상금은 높아졌고, 하루에 벌어들인 돈을 도박장에
서 탕진하고 결국 죽음을 선택하는 사람들이 속출하였다. 또 고향의
가산을 정리해 상해로 옮겨온 사람들 중에는 주식에 투자해 일확천금
을 꿈꾸는 사람들도 많아 "하루 밤 사이에 적지 않은 사람들이 가산을
모두 탕진하고 황포가에 뛰어들어 자살"[45]하는 경우가 빈번하였다.

　우울과 향수에 쌓여 "아편과 마작에 정신을 잃은 이 도시의 애스팔
트위로 피곤한 거름을"[46]옮기는 김광주는 새로운 생명이 피어나는 봄
을 기다리지만 희망의 새봄은 오지 않았다. "살이썩는것같은 비린내
음새!"[47]로 가득한 허영과 죄악에 싸인 환락과 타락의 도시 상해, "정
의·도덕·량심ㅡ그것들은 이바다 가에서 사라진지 오래거니 …"[48]
하지만, 김광주는 아직도 황포강변에 서서 "저, 저, 거칠른 물결속 깊
이깊이 꿈틀거리는 보이지 안는힘"을 기대하고 있었다.

---

44) 당시 상해에는 광주에서 전래된 위성도박(闈姓賭博), 소흥(紹興)과 영파(寧波)에
　　서 들어온 화회도박(花會賭博)뿐만 아니라 서구에서 유입된 경마, 경견, 하이알리
　　이(스페인의 대표적 구기), 룰렛, 복권 등이 유행하고 있었다. 熊月之 主編,『上海
　　編年史』(上海書店出版社, 2009), 315~316쪽.
45) 徐鑄成,『報海舊聞』三四, 申報. "一夜之間, 就有不少人傾家蕩産, 跳黄浦的".
46) 김광주,「異域에서 기다리는 봄」,『東亞日報』(1935. 2. 24).
47) 김광주,「마음의 畵幅」,『東亞日報』(1934. 6. 12).
48) 김광주,「바다에서 黃昏을 안고」,『東亞日報』(1935. 8.23).

4. 나오는 말

김광주가 상해에 첫발을 내디딘 것은 1929년 7월이었고, 상해를 떠난 것은 1938년 2월이었다. 본문에서는 김광주가 1932년부터 상해를 떠날 때까지 국내의 신문과 잡지에 발표한 시와 산문뿐만 아니라 상해에서 살아가는 한인들의 삶을 소재로 한 소설을 중심으로 상해와 한인사회를 살펴보았다. 물론, 이 시기에 발표된 소설의 시간적 배경이 반드시 이 기간에 국한된 것이라고 단정 지을 수는 없다. 하지만, 사실주의적인 창작경향이 강했던 김광주의 작품을 통해 당시 상해의 한인사회를 살펴보는 것은 분명 유의미한 작업이라 생각한다.

김광주는 "어제 밤도 오늘밤도 배가 들어올 때 마다 환락, 우울, 음모, 자살…… 모든생활의단편들을 땀을 흘려가며 커다란 입으로 훅훅 내뿜고 있는" 부두라는 공간을 통해 국제적인 도시 상해의 본질을 파악하였다. 상해에 '국제도시', '동방의 파리' 등 온갖 화려한 수식을 더하더라도, 상해의 본질은 식민지모국과 식민지를 연결하는 통로였고, "조계라는 그럴듯한 양장을 입혀가지고 코 큰 사람들의 환락장으로 제공한 한 가엾은 요부"에 불과한 공간으로 김광주에게 다가왔다.

제국주의자들에게 환락장으로 제공된 상해는 유교나 기독교 등 전통적인 지역질서에 볼모로 잡혀있던 사람들에게 마치 모든 것을 덮어줄 수 있는 '익명의 섬'처럼 다가왔고, 그들은 상해에서 술과 여자, 아편을 통해 환락을 추구하였다. 뿐만 아니라, 상해에서는 자본축적을 위한 온갖 음모가 난무하였고, 이 과정에 소외된 사람들은 도박이라는 모험을 통해 일확천금을 꿈꾸었다. 이 또한 실패한 사람들은 자살이라는 막다른 선택을 할 수 밖에 없었다. 김광주의 문학작품 속에서

부두－해항도시 상해의 모습은 "살이썩는것같은 비린내음새!"로 가득한 허영과 죄악에 싸인 환락과 타락의 세기말적 공간이었다.

상해시절 우당 이회영과 젊은 아나키스트들의 영향을 받은 것으로 생각되는 김광주는 "압박자의 지위에 있는 자를 모조리 타도하고 무정부 자유의 신사회를 건설"을 꿈꾸었다. 때문에 김광주는 "주의와 주장이 다를 때 총부리로 내 동포를 죽이는 일쯤은 예사로이 아는" 당시 상해 한인사회와 민족 운동가들의 파벌과 분열적 양태에 대해 비판적 태도를 명확히 하고 있다. 상해를 기억할 대마다 김광주가 떠올리는 인물은 "사람이란 것을 그리고 인류의 행복이란 것을 누구보다도 더 만히생각하던," "사람이란 남을 지배하고십허하면 불행하다라"고 말하던 장발노인이었다.

근대적 수탈과 환락의 공간, 해항도시 상해에서 조국의 독립과 "절대 자유, 평등의 이상적 신사회 건설"을 꿈꾸었던 김광주는 경제적 소외와 이상의 포기라는 이중적 중압감에 짓눌려 우울에 빠지기도 하였다. 하지만, 그는 이 상해에서 조국의 광복과 인류의 행복에 대해 고민하고 지배받는 도시 하층민과 망국인들의 험난한 삶을 동정하던 지사들의 모습을 회상하고, 새로운 봄을 기다리는 어린아이와 같은 명랑한 꿈을 결코 포기하지 않았다.

출 전

* 본서에 수록된 10편의 문장은 필자가 학술잡지에 기 발표한 논문들을 수정하고 보완하여 완성한 글들이다. 다음과 같이 출처를 밝히고 질정을 구한다.

제1부 서론: 명의 해금정책과 해항도시의 변화

「明의 海禁政策과 泉州人의 해상활동 : 嘉靖年間以後 海寇活動을 중심으로」
『역사와 경계』 제78집, 부산경남사학회, 2011년 3월.

제2부 해항도시 마카오의 문화교섭

1장: 마카오의 개항을 둘러싼 동서양의 갈등
「澳門의 開港을 둘러싼 明 朝廷과 佛郎機의 갈등」
『중국학』 제44집, 대한중국학회, 2013년 4월.

2장: 마카오문학의 비조 탕현조(湯顯祖)
「湯顯祖의 廣東 徐聞縣 貶謫에 관한 小考」
『동북아문화연구』 제10집, 동북아시아문화학회, 2006년 4월.

3장: 마카오의 중국인 신부 오어산(吳漁山)
「예수회신부 吳漁山의 '오중잡영'을 통해 본 해항도시 마카오」
『중국학』 제43집, 대한중국학회, 2012년 12월.

제3부 해항도시 상해의 문화교섭

1장: 서가회(徐家匯)와 근대 상해
「徐家匯와 近代上海 - 천주교 예수회와의 관계를 중심으로」
『동북아문화연구』 제7집, 동북아시아문화학회, 2004년 10월.

2장: '동방의 파리' 상해
「"東方의 巴黎", 근대 해항도시 上海의 도시이미지 - 프랑스조계를 중심으로-」
　『역사와 경계』 제75집, 부산경남사학회, 2010년 6월.

3장: '동양의 런던' 상해
「'동양의 런던', 근대 해항도시 上海의 도시이미지 - 공공조계를 중심으로-」
　『동북아문화연구』 제38집, 동북아시아문화학회, 2014년 3월.

제4부 해항도시 상해의 한국인

1장: 상해 이주 한국인의 삶과 기억
「日帝 强占期 上海 移住 韓國人의 삶과 기억 - 1909~1932년을 중심으로」
　『해항도시문화교섭학』 제2호, 한국해양대학교 국제해양문제연구소,
　2010년 4월.

2장: 한국문학에 나타난 상해의 공간표상
「1920~1930년대 한국문학에 나타난 上海의 공간표상」
　『해항도시문화교섭학』 제7호, 한국해양대학교 국제해양문제연구소,
　2012년 10월.

3장: 해항도시 상해와 김광주
「金光洲의 문학작품을 통해 본 海港都市 上海와 韓人社會」
　『동북아문화연구』 제26집, 동북아시아문화학회, 2011년 3월.

참고문헌

〔국내서〕

김찬호, 『도시는 미디어다』, 책세상, 2002.
Vern Bullough & Bonnie Bullough, 서석연 · 박종만 역, 『賣春의 歷史』, 까치, 1992.
W. 프랑케, 김원모 역, 『동서문화교류사』, 단대출판부, 2002.
가시모토 미오 · 미야지마 히로시, 김현영 외 역, 『조선과 중국 근세 오백년을 가다』, 역사비평사, 2004.
강노향, 『강노향 소설집』, 명현 global soft, 2010.
高良昌吉, 원정식 역, 『류큐 왕국』, 소화, 2008.
국회도서관편, 『韓國民族運動史料 · 三一運動篇 其一』, 국회도서관, 1977.
김광주, 『金學鐵 · 金光洲 外』 연세국학총서73, 보고사, 2007.
김구, 『백범일지』, 돌베개, 2002.
김희곤, 『중국 관내 한국독립운동단체 연구』, 지식산업사, 1995.
김명섭, 『대서양문명사』, 한길사, 2002.
김상근, 『동서문화의 교류와 예수회 선교역사』, 한들출판사, 2006.
김종회 외, 『해외동포문학 · 중국 조선족』 소설 I, 해외동포문학편찬사업추진위원회, 2006.
김종회, 『한민족 문화권의 문학』, 국학자료원, 2003.
김학준, 『혁명가들의 항일회상』, 민음사, 2005.
니코스 카잔차키스, 이종인 역, 『일본 · 중국 기행』, 열린책들, 2008.
니코스 카잔차키스, 정영문 역, 『천상의 두 나라』, 예담, 2002.
데이비드 E. 먼젤로, 김성규 역, 『동양과 서양의 위대한 만남 1500~1800: 대항해 시대 중국과 유럽은 어떻게 소통했을까』, 휴머니스트, 2009.

데이비드 E. 먼젤로, 이향만 외 역,『진기한 나라, 중국: 예수회 적응주의와 중국 학의 기원』, 나남, 2009.

도시사학회,『도시연구』제2호, 도시사학회, 2009.

동북아역사재단,『明史 外國傳 譯註』1·2, 동북아역사재단, 2011.

마크 기로워드, 민유기 역,『도시와 인간』, 책과 함께, 2006.

마테오 리치, 송영배 역,『天主實義』, 서울대학교출판부, 1999.

마테오 리치, 신진호·전미경 역,『마테오 리치의 중국견문록』, 문사철, 2011.

茅盾, 김하림 역,『칠흑같이 어두운 밤도(子夜)』, 한울, 1997.

文一平,『湖岩全集』제3권, 朝光社, 1978.

문화콘텐츠연구회,『살롱, 카바레, 카페』, 예림기획, 2004.

미셸 페로 편집, 전수연 역,『사생활의 역사』4, 새물결, 2002.

민현기,『일제 강점기 항일독립투쟁소설 선집』, 계명대학출판부, 1989.

배경한 편,『20세기초 상해인의 생활과 근대성』, 지식산업사, 2006.

相田武文, 이정형 역,『도시디자인의 계보』, 발언, 2002.

서양자,『16세기 동양선교와 마테오 리치 신부』, 성요셉출판사, 1980.

서양자,『중국천주교회사』, 가톨릭신문사, 2001.

서양자,『청나라 궁중의 서양 선교사들』, 순교의 맥, 2010.

소현수,『마테오 리치』, 서강대학교 출판부, 1996.

孫科志,『上海韓人社會史』, 한울아카데미, 2001.

앤소니 킹, 이무용 역,『도시문화와 세계체제』, 시각과 언어, 1999.

양동핑, 장영권 역,『중국의 두 얼굴』, 펜타그램, 2008.

요셉 봐이스마이어 외, 전헌호 역,『교회의 영성을 빛낸 수도회 창설자 - 근세 교회』, 가톨릭출판사, 2002.

요코미쓰 리이치, 김옥희 역,『上海』, 小花, 1999.

윤대원,『상해시기 대한민국임시정부 연구』, 서울대학교 출판부, 2007.

윤치호, 송병기 역,『국역 윤치호일기』, 연세대학교 출판부, 2011.

李歐梵, 장동천 외,『상하이 모던』, 고려대출판부, 2007.

이냐시오, 한국 예수회 역,『로욜라의 성 이냐시오 자서전』, 이냐시오 영성연구소, 2009.

이덕일,『Anarchist 李會榮과 젊은 그들』, 웅진닷컴, 2001.

이븐 바투타, 정수일 역주,『이븐 바투타 여행기』1·2, 창작과비평사, 2001.

이사벨라 버드 비숍, 김태성 역, 『양자강을 가로질러 중국을 보다』, 효형출판, 2005.

이안, 『上海의 근대도시와 건축 1845-1949』, 미건사, 2003.

정병준, 『몽양 여운형 평전』, 한울, 1995.

정정화, 『長江日記(녹두꽃)』, 학민사, 2005.

정한숙, 『현대한국소설론』, 고려대출판부, 1986.

조너선 D. 스펜스, 김희교 역, 『현대 중국을 찾아서 1』, 이산, 2001.

조너선 D. 스펜스, 주원준 역, 『마테오 리치, 기억의 궁전』, 이산, 1999.

조너선 D. 스펜스, 이준갑 역, 『강희제』, 이산, 2001.

조너선 클레멘츠, 허강 역, 『해적왕 정성공』, 삼우반, 2008.

조동일, 『한국문학통사』 5, 지식산업사, 2005.

줄리오 알레니, 『職方外紀』, 일조각, 2005.

陳思和 외, 『東亞細亞, 開港을 보는 제3의 눈』, 仁荷大學校出版部, 2010.

최상덕 외, 『신채호 · 주요섭 · 최상덕 · 김산의 소설』, 보고사, 2007.

카를로 치폴라, 최파일 역, 『대포 범선 제국: 1400-1700년, 유럽은 어떻게 세계의 바다를 지배하게 되었는가?』, 미지북스, 2010.

크리스토퍼 뉴, 이경민 역, 『상해』 전4권, 삼성서적, 1994.

티모시 브룩, 이정 · 강인환 역, 『쾌락의 혼돈: 중국 명대의 상업과 문화』, 이산, 2005.

페르낭 멘데스 핀투, 이명 역, 『핀투 여행기』, 노마드북스, 2006.

平川祐弘, 노영희 역, 『마테오 리치』, 동아시아, 2002.

프레더릭 F. 카트라이트 외, 김훈 역 『질병의 역사』, 가람기획, 2004.

하네다 마사시, 이수열 · 구지영 역, 『동인도회사와 아시아의 바다』, 선인, 2012.

한국사전연구사 편집부, 『종교학대사전』, 한국사전연구사, 1998.

한동주 편역, 『중국 근대건축』, 발언, 1994.

〔외국서〕

『四庫全書』

『詩經』

『明史』

『左傳』

芥川龍之介, 『芥川龍之介全集』第5券, 岩波書店, 1978.

高橋孝助 外, 『上海史』, 東方書店, 1995.

高良昌吉, 『琉球王國』, 岩波書店, 1993.

顧炎武, 『天下郡國利病書』, 廣文書局, 1968.

顧長聲, 『傳敎士與近代中國』, 上海人民出版社, 1991.

橋爪紳也, 『繪はがきで読む尾お大大阪』, 倉元社, 2010.

屈大均, 『廣東新語』

唐振常, 『近代上海繁華錄』, 商務印書館, 1993.

馬端臨, 『續文獻通考』, 中華書局, 2006.

馬長林, 『上海的租界』, 天津敎育出版社, 2009.

馬學强·曹勝梅, 『上海的法國文化』, 上海錦繡文章出版社, 2010.

馬歡, 萬明 校註, 『瀛涯勝覽』, 海洋出版社, 2005.

毛效同編, 『湯顯祖資料彙編』(全2册), 上海古籍出版社, 1986.

方豪, 『中國天主敎史人物傳』中卷, 中華書局, 1988.

范金民, 『明淸江南産業的發展』, 南京出版社, 1998.

桑原隲藏, 陣裕菁 譯訂, 『蒲壽庚考』, 中華書局, 2009.

上海徐匯文物保護單位, 『留存的歷史』, 上海文化出版社, 2008.

上海市盧灣區誌編纂委員會編, 『盧灣區誌』, 上海社會科學院出版社, 1998.

上海通史編, 『舊上海史料匯編』, 北京圖書館出版社, 1998.

徐光啓, 『農政全書』, 岳鹿書社, 2002.

徐光啓, 『徐光啓集』, 上海古籍出版社, 1981.

徐朔方, 『晩明曲家年譜』, 浙江古籍出版社, 1993.

薛理勇, 『舊上海租界史話』, 上海社會科學出版社. 2002.

薛理勇, 『舊上海租界史話』, 上海社會科學院出版社, 2002.

邵洛羊, 『吳歷』, 上海人民美術出版社, 1962.

孫科志·金光載, 『上海的韓國文化地圖』, 上海錦綉出版社, 2010.

孫金富 主編, 『上海宗敎志』, 上海社會科學出版社, 2001.

松原一枝, 『幻の大連』, 新潮新書, 2008.

沈德符, 『萬曆野獲編』, 中華書局, 2004.

余秋雨, 『文化苦旅』, 東方出版中心, 2002.

伍江,『上海百年建築史』, 同濟大學出版社, 1999.

吳歷撰, 章文欽箋注,『吳漁山集箋注』, 中華書局, 2007.

吳友如等畵,『點石齋畵報』, 上海文藝出版社, 1998.

吳志良・湯開建・金國平 主編,『澳門編年史』第1・2卷, 廣東人民出版社, 2009.

吳志良 外,『澳門人文社會科學研究文選・歷史卷』上・中・下卷, 社會科學文獻出
版社, 2010.

温雄飛,『南洋華僑通史』, 東方印書館, 1929.

王韜,『漫遊隨錄』, 湖南人民出版社, 1982.

王士性,『廣志繹』

王錫昌 等,『明代國際關係』, 臺灣學生書局, 1968.

王靑建,『科學譯著先師徐光啓』, 科學出版社, 2000.

熊月之・高俊,『上海的英國文化地圖』, 上海錦綉出版社, 2011.

熊月之・徐濤・張生,『上海的美國文化地圖』, 上海錦綉文章出版社, 2010.

熊月之 外,『上海的外國人』, 上海古籍出版社, 2003.

熊月之 主編,『上海通史』1~3권, 上海人民出版社, 1999.

熊月之,『異質文化交織下的上海都市生活』, 上海辭書出版社, 2008.

熊月之 主編,『上海編年史』, 上海書店出版社, 2009.

劉然玲,『文明的博奕』, 廣東人民出版社, 2008.

易中天,『讀城記』, 上海文藝出版社, 2006.

李卓吾,『焚書』, 中華書局, 2011.

印光任・張汝霖,『澳門記略』, 國家圖書館出版社, 2009.

日本上海史硏究會,『上海人物誌』, 東方書店, 1997.

莊景輝,『海外交通史迹硏究』, 廈門大學出版社, 1996.

章文欽,『澳門歷史文化』, 中華書局, 1999.

張燮,『東西洋考』, 中華書局, 1981.

張星烺 編注, 朱杰勤 校訂,『中西交通史料匯編』, 中華書局, 2003.

張愛玲 外,『上海人』, 學林出版社, 2002.

張仲禮 主編,『近代上海市硏究』, 上海人民出版社, 1990.

田中重光,『近代・中國の都市と建築』, 相模書房, 2005.

鄭若曾,『籌海圖編』, 中華書局, 2007.

鄭祖安,『上海史硏究』, 學林出版社, 1984.

鄭祖恩,『上海的日本文化地圖』, 上海錦繡出版社, 2010.

趙汝适, 楊博文 校釋,『諸蕃志校釋』, 中華書局, 1996.

朱國棟外,『上海移民』, 上海經濟大學出版社, 2008.

中國航海學會·泉州市人民政府,『泉州港與海上絲綢之路』第1·2輯, 中國社會科
　　　學院出版社, 2003.

陳伯海 主編,『上海文化通史』上,下卷, 上海文藝出版社, 2001.

泉州港與古代海外交通編寫組,『泉州港與古代海外交通』, 文物出版社, 1982.

清岡卓行,『偶然のめぐみ』, 日本經濟出版社, 2007.

鄒依仁,『舊上海人口變遷的研究』, 上海人民出版社, 1980.

鄒自振,『湯顯祖綜論』, 巴蜀書社, 2001.

湯顯祖, 徐朔方箋校,『湯顯祖全集』(全4册), 北京古籍出版社, 1999.

許明 主編,『中國知識分子的人文精神』, 河南人民出版社, 1994.

許政,『澳門宗敎建築』, 中國全力出版社, 2008.

邢榮發,『明淸澳門城市建築硏究』, 華夏文化藝術出版社, 2007.

和田博文 外,『言語都市·上海』, 藤原書店, 2006.

黃文錫 外,『湯顯祖傳』, 中國戲曲出版社, 1986.

黃美眞 主編,『論上海硏究』, 復旦大學出版社, 1991.

黃芝岡 外,『湯顯祖編年評傳』, 中國戲曲出版社, 1992.

Anon, *All About Shanghai, a Shanghai guidebook from 1934*, the University Press,
　　　1934.

Ch. B. Maybon & Jean Fredet, 倪靜蘭 譯,『上海法租界史』, 上海社會科學院出版社,
　　　2007.

G.E. Miller, *Shanghai-the Paradise of adventure*, Orsay, 1937.

Grabrielle M. Vassal, *On And Off Duty in Annam*, London : W. Heinemann, 1910.

BOI TRAN HUYNH, *VIETNAMESE AESTHETICS FROM 1925 ONWARDS*, THE
　　　UNIVERSITY OF SYDNEY, 2005.

Kevin Lynch, *THE IMAGE OF THE CITY*, The MIT Press, 1960.

Ljungstedt, 吳義雄 等譯,『早期澳門史』, 東方出版社, 1997.

Matteo Ricci·Nicolas Trigault 著, 何高濟·王遵仲·李申 譯,『利瑪竇中國札記』, 廣
　　　西師範大學出版社, 2001.

Timothy Brook,『縱樂的困惑』, 三聯書店, 2004.

〔논문류〕

Christian Henriot, "The Shanghai Bund: A History through Visual Sources", *Journal of Modern Chinese History*, Vol. 4, no. 1, 2010.

Liam Matthew · BROCKEY, *Journey to the East: The Jesuit Mission to China, 1579-1724*, Harvard Univ Pr, 2008.

강창룡, 「17世紀 中葉 中國人의 濟州 漂到」, 『耽羅文化』 25號, 2004.

김광재, 「'上海居留朝鮮人會'(1933-1941)」, 『한국근현대사연구』 제35집, 2005.

김광재, 「상인 독립군- 金時文의 上海 생활사」, 『한국민족운동사연구』 64.

김광재, 「上海居留朝鮮人會(1933~1941)연구」, 『한국근현대사연구』, 2005년 겨울호 제35집.

김백영, 「천황제제국의 팽창과 일본적 근대의 기획」, 『도시연구: 역사 · 사회 · 문화』 창간호, 2009.

김종호, 「金光洲論」, 『현대소설연구』 4.

김태승, 「上海人의 上海, 중국인의 上海」, 『도시연구』 제2호, 2009.

박지향, 「근대에서 반(反)근대로」, 『영국연구』 제9호, 2003.

박혁순, 「見聞錄에 비친 근대 상해의 거리와 문화」, 『지방사와 지방문화』 9권 1호.

謝必震, 「論福建在古代中國海上交通的地位」, 『中國海洋文化研究』, 海洋出版社, 2005.

徐朔方, 「湯顯祖和梅毒」, 『文學遺産』(北京, 中國社會科學院, 2000) 第1期.

서은주, 「1930년대 문학에 나타난 '모던 상하이'의 표상」, 『한국문학이론과 비평』 제40집(2008).

孫志鳳, 『1920~30年代 한국문학에 나타난 상해의 의미』, 한국정신문화연구원, 석사학위논문, 1988년.

송도영, 「상징공간의 정치: 프랑스의 북아프리카 식민도시정책」, 『한국문화인류학』 35-2, 2002.

呂運亨 「團長 呂運亨의 公表文」, 한국독립운동자료사3(임정편 Ⅲ), 국사편찬위원회 한국사데이터베이스.

翁佳音, 「十七世紀的福佬海商」, 『中國海洋發展史論集』 第7輯, 1999.

우동선, 「하노이에서 근대적 도시시설의 기원」, 『대한건국학회논문집』 제23권 제4호, 2007.

원정식, 「明末-淸 中期 閩南의 市場과 宗族」, 『歷史學報』 第155集, 1997.

이경규, 「宋 · 元 泉州 해외무역의 번영과 市舶司 설치」, 『大邱史學』 第81集.

이수열, 「지배와 향수」, 『日語日文學 』 제50집, 2011.

이희춘, 「강경애 소설 연구」, 『한국언어문학』 46집, 2001.

張增信, 「明季東南海海寇與巢外風氣(1567-1644)」, 『中國海洋發展史論文集』 第三
　　　輯, 1989.

張增信, 「明季東南海海寇與巢外風氣(1567-1644)」, 『中國海洋發展史論文集』 第三
　　　輯, 1989.

조규형, 「코스모폴리탄 문학과 민족문학: 루쉬디의 함의」, 『안과 밖』 8집, 2001.

曹永和, 「明洪武朝的中琉關係」, 『中國海洋發展史論文集』 第3輯, 1989.

陣文源, 「明淸時期廣東政府對澳門社會秩序的管理」, 『廣東社會科學』, 2012年 6期.

최낙민, 「"東方의 巴黎", 근대 해항도시 上海의 도시이미지」, 『역사와 경계』 75,
　　　2010.

최낙민, 「貴生思想初探」, 『中國學研究』 第5輯, 濟南出版社, 2001.

최낙민, 「孝與慈: 湯顯祖思想的一個重要組成部分」, 『學術月刊』 2004年 增刊(上海,
　　　學術月刊社, 2004).

최병우, 「김광주의 상해 체험과 그 문학적 형상화 연구」, 『한중인문학연구』 25권.

최지해, 『중국 上海 근대도시로의 이행과정에 관한 연구』, 한양대학교대학원 석
　　　사학위논문, 2012.

湯開建, 「明朝在澳門設立的有關職官考證」, 『暨南學報』 第21卷 1999年 第1期.

한철호, 「조지 엘 쇼(George L. Shaw)의 한국독립운동 지원활동과 그 의의 : 체
　　　포 · 석방 과정을 중심으로」, 『한국근현대사연구 』 제38집.

黃中靑, 「明代福建海防的水寨與遊兵」, 『中國海洋發展史論文集』 第7輯, 1999.

〔자료 및 기타〕

잡지

『개벽』, 『삼천리』, 『동광』, 『별건곤』, 『新人文學』, 『세대』, 『인문평론』,
『월간조선』, 『藝術界』

신문

『東亞日報』, 『한겨레신문』, 『文匯報』

http://baike.baidu.com

Simon Fieldhouse – Artist. http://www.simonfieldhouse.com

국사편찬위원회 한국사데이터베이스 http://db.history.go.kr

찾아보기

저자소개

최낙민

| 復旦大學(복단대학) 문학박사
한국해양대학교 국제해양문제연구소 HK교수
주요 논저로 『洙泗考信錄』(공역), 『바다가 어떻게 문화가 되는가』
(공역), 『칭다오, 식민도시에서 초국적 도시로』(공저),
「예수회신부 吳漁山의 「嶴中雜詠」을 통해 본 해항도시 마카오」 등